令和6年版教科書対応

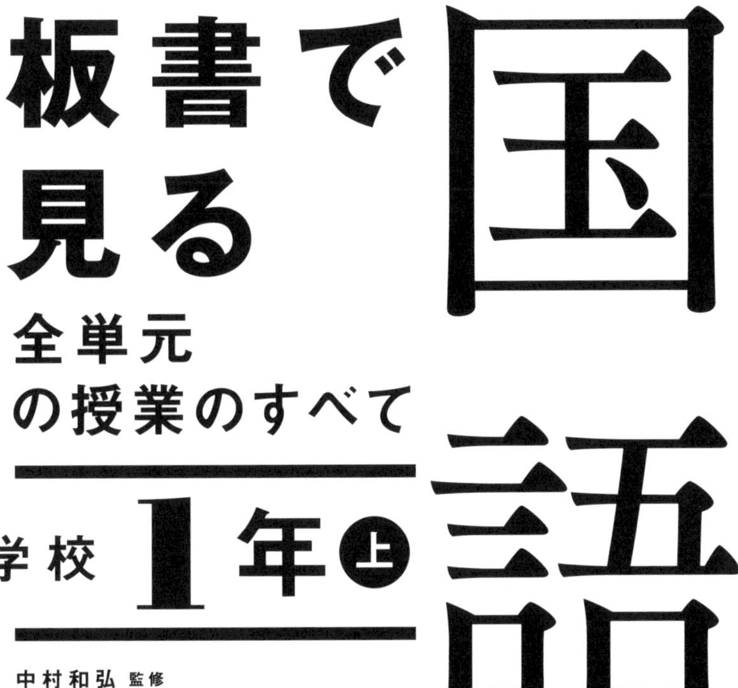

東洋館
出版社

まえがき

令和２年に全面実施となった小学校の学習指導要領では、これからの時代に求められる資質・能力や教育内容が示されました。

この改訂を受け、これからの国語科では、

・言語活動を通して「言葉による見方・考え方」を働かせながら学習に取り組むことができるようにする。

・単元の目標／評価を、〔知識及び技能〕と〔思考力、判断力、表現力等〕のそれぞれの指導事項を結び付けて設定し、それらの資質・能力が確実に身に付くよう学習過程を工夫する。

・「主体的・対話的で深い学び」の視点から、単元の構成や教材の扱い、言語活動の設定などを工夫する授業改善を行う。

などのことが求められています。

一方で、こうした授業が全国の教室で実現するには、いくつかの難しさを抱えているように思います。例えば、言語活動が重視されるあまり、「国語科の授業で肝心なのは、言葉や言葉の使い方などを学ぶことである」という共通認識が薄れているように感じています。

あるいは、活動には取り組めているけれども、「今日の学習で、どのような言葉の力が付いたのか」が、子供たちだけでなく教師においても、ややもすると自覚的でない授業を見ることもあります。

国語科の授業を通して「どんな力が付けばよいのか」「何を教えればよいのか」という肝心な部分で、困っている先生方が多いのではないかと思います。

＊　　　　　＊

さて、『板書で見る全単元の授業のすべて 小学校国語』（本シリーズ）は、平成29年の学習指導要領の改訂を受け、令和２年の全面実施に合わせて初版が刊行されました。このたび、令和６年版の教科書改訂に合わせて、本シリーズも改訂することになりました。

GIGA スクール構想に加え、新型コロナウイルス感染症の猛威などにより、教室での ICT 活用が急速に進み、この４年間で授業の在り方、学び方も大きく変わりました。改訂に当たっては、単元配列や教材の入れ替えなど新教科書に対応するだけでなく、ICT の効果的な活用方法や、個別最適な学びと協働的な学びを充実させるための手立てなど、今求められる授業づくりを発問と子供の反応例、板書案などを通して具体的に提案しています。

＊　　　　　＊

日々教室で子供たちと向き合う先生に、「この単元はこんなふうに授業を進めていけばよいのか」「国語の授業はこんなところがポイントなのか」と、国語科の授業づくりの楽しさを感じながらご活用いただければ幸いです。

令和６年４月

中村　和弘

本書活用のポイント―単元構想ページ―

本書は、各学年の全単元について、単元全体の構想と各時間の板書のイメージを中心とした本時案を紹介しています。各単元の冒頭にある単元構想ページの活用のポイントは次のとおりです。

教材名と指導事項、関連する言語活動例

本書の編集に当たっては、令和6年発行の光村図書出版の国語教科書を参考にしています。まずは、各単元で扱う教材とその時数、さらにその下段に示した学習指導要領に即した指導事項や関連する言語活動例を確かめましょう。

単元の目標

単元の目標を示しています。各単元で身に付けさせたい資質・能力の全体像を押さえておきましょう。

評価規準

ここでは、指導要録などの記録に残すための評価を取り上げています。本書では、記録に残すための評価は❶❷のように色付きの丸数字で統一して示しています。本時案の評価で色付きの丸数字が登場したときには、本ページの評価規準と併せて確認することで、より単元全体を意識した授業づくりができるようになります。

同じ読み方の漢字 （2時間扱い）

単元の目標

知識及び技能	・第5学年までに配当されている漢字を読むことができる。第4学年までに配当されている漢字を書き、文や文章の中で使うとともに、第5学年に配当されている漢字を漸次書き、文や文章の中で使うことができる。((1)エ)
学びに向かう力、人間性等	・言葉がもつよさを認識するとともに、進んで読書をし、国語の大切さを自覚して思いや考えを伝え合おうとする。

評価規準

知識・技能	❶第5学年までに配当されている漢字を読んでいる。第4学年までに配当されている漢字を書き、文や文章の中で使うとともに、第5学年に配当されている漢字を漸次書き、文や文章の中で使っている。((知識及び技能)(1)エ)
主体的に学習に取り組む態度	❷同じ読み方の漢字の使い分けに関心をもち、同訓異字や同音異義語について進んで調べたり使ったりして、学習課題に沿って、それらを理解しようとしている。

単元の流れ

時	主な学習活動	評価
1	学習の見通しをもつ 同訓異字を扱ったメールのやり取りを見て、気付いたことを発表する。 同訓異字と同音異義語について調べるという見通しをもち、学習課題を設定する。 同じ読み方の漢字について調べ、使い分けられるようになろう。 教科書の問題を解き、同訓異字や同音異義語を集める。 〈課外〉・同訓異字や同音異義語を集める。 ・集めた言葉を教室に掲示し、共有する。	❶
2	集めた同訓異字や同音異義語から調べる言葉を選び、意味や使い方を調べ、ワークシートにまとめる。 調べたことを生かして、例文やクイズを作って紹介し合い、同訓異字や同音異義語の意味や使い方について理解する。 学習を振り返る 学んだことを振り返り、今後に生かしていきたいことを発表する。	❷

授業づくりのポイント

〈単元で育てたい資質・能力〉

本単元のねらいは、同じ読み方の漢字の理解を深め、正しく使うことができるようにすることである。

同じ読み方の漢字
156

単元の流れ

単元の目標や評価規準を押さえた上で、授業をどのように展開していくのかの大枠をここで押さえます。各展開例は学習活動ごとに構成し、それぞれに対応する評価をその右側の欄に示しています。

ここでは、「評価規準」で挙げた記録に残すための評価のみを取り上げていますが、本時案では必ずしも記録には残さない、指導に生かす評価も示しています。本時案での詳細かつ具体的な評価の記述と併せて確認することで、指導と評価の一体化を意識することが大切です。

また、学習の見通しをもつ 学習を振り返るという見出しが含まれる単元があります。見通しをもたせる場面と振り返りを行う場面を示すことで、教師が子供の学びに向かう姿を見取ったり、子供自身が自己評価を行う機会を保障したりすることに活用できるようにしています。

そのためには、どのような同訓異字や同音異義語があるか、国語辞典や漢字辞典などを使って進んで集めたり意味を調べたりすることに加えて、実際に使われている場面を想像する力が必要となる。

選んだ言葉の意味や使い方を調べ、例文やクイズを作ることで、漢字の意味を捉えたり、場面に応じて使い分けたりする力を育む。

［具体例］

○教科書に取り上げられている「熱い」「暑い」「厚い」を国語辞典で調べると、その言葉の意味とともに、熟語や対義語、例文が掲載されている。それらを使って、どう説明したら意味が似通っているときでも正しく使い分けることができるかを考え、理解を深めることができる。

〈教材・題材の特徴〉

教科書で扱われている同訓異字や同音異義語は、子どもに身に付けさせたい漢字や言葉ばかりであるが、ともすれば練習問題的な扱いになりがちである。子ども一人一人に応じた配慮をしながら、主体的に考えて取り組める活動にすることが大切である。

本教材での学習を通して、同訓異字や同音異義語が多いという日本語の特色とともに、一文字で意味をもち、使い分けることができる漢字の豊かさに気付かせたい。そのことが、漢字に対する興味・関心や学習への意欲を高めることになる。

［具体例］

○導入では、同訓異字によってすれ違いが起こる事例を提示する。生活の中で起こりそうな場面を設定することで、これから学習することへの興味・関心を高めるとともに、その事例の内容から課題を見つけ、学習の見通しをもたせることができる。

〈言語活動の工夫〉

数多くある同訓異字や同音異義語を区別して正しく使えるようになることを目標に、集めた言葉を付箋紙またはホワイトボードアプリにまとめる。言葉を集める際は、「自分たちが使い分けられるようになりたい漢字」という視点で集めることで、主体的に学習に取り組めるようにする。

さらに、例文やクイズを作成する過程では、使い分けができるような内容になっているかどうか、友達と互いにアドバイスし合いながら対話的に学習を進められるようにする。自分が理解するだけでなく、友達に自分が調べたことを分かりやすく伝えたいという相手意識を大切にしたい。

〈ICT の効果的な活用〉

調査：言葉集めの際は、国語辞典や漢字辞典を用いたい。しかし、辞典の扱いが厳しい児童にはインターネットでの検索を用いてもよいこととし、意味や例文の確認のために辞典を活用するよう声を掛ける。

記録：集めた言葉をホワイトボードアプリに記録していくことで、どんな言葉が集まったのかをクラスで共有することができる。

共有：端末のプレゼンテーションソフトなどを用いて例文を作り、同訓異字や同音異義語の部分を空欄にしたり、選択問題にしたりすることで、もっとクイズを作りたい、友達と解き合いたいという意欲につなげたい。

157

授業づくりのポイント

ここでは、各単元の授業づくりのポイントを取り上げています。

全ての単元において〈単元で育てたい資質・能力〉を解説しています。単元で育てたい資質・能力を確実に身に付けさせるために、気を付けたいポイントや留意点に触れています。授業づくりに欠かせないポイントを押さえておきましょう。

他にも、単元や教材文の特性に合わせて〈教材・題材の特徴〉〈言語活動の工夫〉〈他教材や他教科との関連〉〈子供の作品やノート例〉〈並行読書リスト〉などの内容を適宜解説しています。これらの解説を参考にして、学級の実態に応じた工夫を図ることが大切です。各項目では解説に加え、具体例も挙げていますので、併せてご確認ください。

ICT の効果的な活用

1人1台端末の導入・活用状況を踏まえ、本単元における ICT 端末の効果的な活用について、「調査」「共有」「記録」「分類」「整理」「表現」などの機能ごとに解説しています。活用に当たっては、学年の発達段階や、学級の子供の実態に応じて取捨選択し、アレンジすることが大切です。

本ページ、また本時案ページを通して、具体的なソフト名は使用せず、原則、下記のとおり用語を統一しています。ただし、アプリ固有の機能などについて説明したい場合はアプリ名を記載することとしています。

〈ICT ソフト：統一用語〉

Safari、Chrome、Edge →ウェブブラウザ ／ Pages、ドキュメント、Word →文書作成ソフト

Numbers、スプレッドシート、Excel →表計算ソフト ／ Keynote、スライド、PowerPoint →プレゼンテーションソフト ／ クラスルーム、Google Classroom、Teams →学習支援ソフト

本書活用のポイント―本時案ページ―

単元の各時間の授業案は、板書のイメージを中心に、目標や評価、学習の進め方などを合わせて見開きで構成しています。各単元の本時案ページの活用のポイントは次のとおりです。

本時の目標

本時の目標を示しています。単元構想ページとは異なり、各時間の内容により即した目標を示していますので、「授業の流れ」などと併せてご確認ください。

本時の主な評価

ここでは、各時間における評価について２種類に分類して示しています。それぞれの意味は次のとおりです。

○❶❷などの色付き丸数字が付いている評価

指導要録などの記録に残すための評価を表しています。単元構想ページにある「単元の流れ」の表に示された評価と対応しています。各時間の内容に即した形で示していますので、具体的な評価のポイントを確認することができます。

○「・」の付いている評価

必ずしも記録に残さない、指導に生かす評価を表しています。以降の指導に反映するための教師の見取りとして大切な視点です。指導との関連性を高めるためにご活用ください。

本時案

同じ読み方の漢字

本時の目標

・同訓異字と同音異義語について知り、言葉や漢字への興味を高めることができる。

本時の主な評価

❶同訓異字や同音異義語を集めて、それぞれの意味を調べている。【知・技】
・漢字や言葉の読みと意味の関係に興味をもち、進んで調べたり考えたりしている。

資料等の準備

・メールのやりとりを表す掲示物
・国語辞典
・漢字辞典
・関連図書（『ことばの使い分け辞典』学研プラス、『同音異義語・同訓異字①②』童心社、『のびーる国語 使い分け漢字』KADOKAWA）

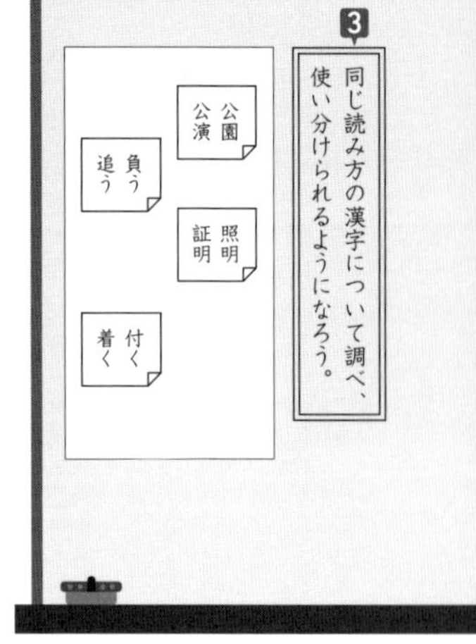

授業の流れ ▷▷▷

1 同訓異字を扱ったやり取りを見て、気付いたことを発表する 〈10分〉

T 今から、あるやり取りを見せます。どんな学習をするのか、考えながら見てください。
○「移す」と「写す」を使ったやり取りを見せることで、同訓異字の存在に気付いてその特徴を知り、興味・関心を高められるようにする。
・「移す」と「写す」で意味の行き違いが生まれてしまいました。
・同じ読み方でも、意味が違う漢字の学習をするのだと思います。
・自分も、どの漢字を使えばよいのか迷った経験があります。

ICT 端末の活用ポイント

メールのやり取りは、掲示物ではなく、プレゼンテーションソフトで作成し、アニメーションで示すと、より生活経験に近づく。

2 学習のめあてを確認し、同訓異字と同音異義語について知る 〈10分〉

T 教科書 p.84の「あつい」について、合う言葉を線で結びましょう。
・「熱い」と「暑い」は意味が似ているから、間違えやすいな。
T このように、同じ訓の漢字や同じ音の熟語が日本語にはたくさんあります。それらの言葉を集めて、どんな使い方をするのか調べてみましょう。
○「同じ訓の漢字（同訓異字）」と「同じ音の熟語（同音異義語）」を押さえ、訓読みと音読みの違いを理解できるようにする。

同じ読み方の漢字
158

資料等の準備

ここでは、板書をつくる際に準備するとよいと思われる絵やカード等について、箇条書きで示しています。なお、⤓の付いている付録資料については、巻末にダウンロード方法を示しています。

ICT 端末の活用ポイント／ICT 等活用アイデア

必要に応じて、活動の流れの中での ICT 端末の活用の具体例や、本時における ICT 活用の効果などを解説しています。

学級の子供の実態に応じて取り入れ、それぞれの考えや意見を瞬時に共有したり、分類することで思考を整理したり、記録に残して見返すことで振り返りに活用したりなど、学びを深めるための手立てとして活用しましょう。

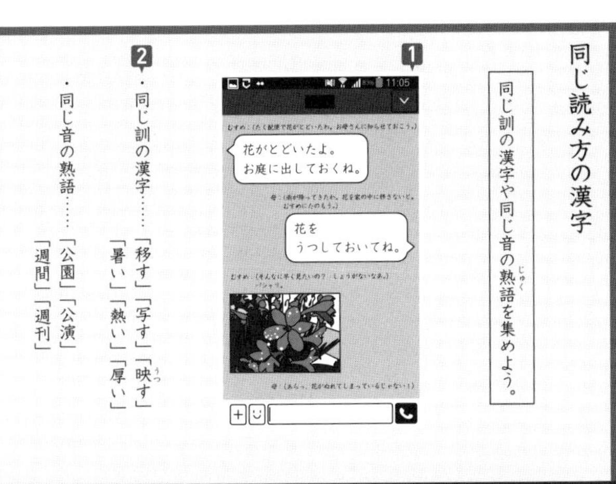

3 教科書の問題を解き、同訓異字や同音異義語を集める 〈25分〉

T 同じ訓の漢字や同じ音の熟語は、意味を考えて、どの漢字を使うのが適切かを考えなければなりません。教科書の問題を解いて、練習してみましょう。

○初めから辞典で調べるのではなく、まずは子ども自身で意味を考えさせたい。難しい子どもには、ヒントとなるような助言をする。

T これまで習った漢字の中から、自分たちが使い分けられるようになりたい同じ訓の漢字や、同じ音の熟語を集めてみましょう。

○漢字辞典や国語辞典だけでなく、関連図書を準備しておくとよい。

T 次時は、理解を深めたい字の使い分け方について調べて、友達に伝えましょう。

ICT 等活用アイデア

調査活動を広げる工夫

第１時と第２時の間の課外で、同訓異字・同音異義語を集める活動を行う。辞典だけでなく、経験やインタビュー、さらにインターネットなどを活用するとよい。

また、集めた言葉を「同じ訓の字」と「同じ音の熟語」に分けてホワイトボードアプリに記録していくことで、友達がどんな言葉を見つけたのか、どのくらい集まったのかをクラスで共有することができる。

第1時
159

本時の板書例

子供たちの学びを活性化させ、授業の成果を視覚的に確認するための板書例を示しています。学習活動に関する項立てだけでなく、子供の発言例なども示すことで、板書全体の構成をつかみやすくなっています。

板書に示されている12などの色付きの数字は､「授業の流れ」の各展開と対応しています｡どのタイミングで何を提示していくのかを確認し､板書を効果的に活用することを心掛けましょう。

色付きの吹き出しは、板書をする際の留意点です。実際の板書では、テンポよくまとめる必要がある部分があったり、反対に子供の発言を丁寧に記していく必要がある部分があったりします。留意点を参考にすることで、メリハリをつけて板書を作ることができるようになります。

その他、色付きの文字で示された部分は実際の板書には反映されない部分です。黒板に貼る掲示物などが当たります。

これらの要素をしっかりと把握することで、授業展開と一体となった板書を作り上げることができます。

よりよい授業へのステップ

ここでは、本時の指導についてポイントを絞って解説しています。授業を行うに当たって、子供がつまずきやすいポイントやさらに深めたい内容について、各時間の内容に即して実践的に示しています。よりよい授業づくりのために必要な視点を押さえましょう。

授業の流れ

1時間の授業をどのように展開していくのかについて示しています。

各展開例について、主な学習活動とともに目安となる時間を示しています。導入に時間を割きすぎたり、主となる学習活動に時間を取れなかったりすることを避けるために、時間配分もしっかりと確認しておきましょう。

各展開は、T：教師の発問や指示等、・：予想される子供の反応例、○：留意点等の３つの内容で構成されています。この展開例を参考に、各学級の実態に合わせてアレンジを加え、より効果的な授業展開を図ることが大切です。

板書で見る全単元の授業のすべて
国語 小学校１年上 ―令和６年版教科書対応―
もくじ

まえがき …… 001
本書活用のポイント …… 002

1 第１学年における授業づくりのポイント

「主体的・対話的で深い学び」を目指す授業づくりのポイント …… 010
「言葉による見方・考え方」を働かせる授業づくりのポイント …… 012
学習評価のポイント …… 014
板書づくりのポイント …… 016
ICT 活用のポイント …… 018
〈第１学年及び第２学年　指導事項／言語活動一覧表〉 …… 020
第１学年の指導内容と身に付けたい国語力 …… 022

2 第１学年の授業展開

きょうかしょの　なかに　おでかけしよう
はるが　きた …… 028

さあ　はじめよう …… 034

ことばの　たいそう
こえに　だして　よもう「あさの　おひさま」 …… 064
よく　きいて、はなそう …… 068
ことばを　さがそう …… 076

はなの　みち …… 082

としょかんへ　いこう …… 098

かきと　かぎ …… 104

ぶんを　つくろう …… 110

ねこと　ねっこ …… 122

わけを　はなそう …… 130

おばさんと　おばあさん …… 136

あいうえおで　あそぼう …… 144

つぼみ …… 154

おもちやと　おもちゃ …… 172

おおきく　なった …… 178

おおきな　かぶ …… 190

㊕㊖㊗を　つかおう …… 204

すきな　こと、なあに …… 214

おむすび　ころりん …… 230

こんな　ことが　あったよ …… 242

としょかんと　なかよし …… 258

ことばの　たいそう
こえを　あわせて　よもう「いちねんせいの　うた」 …… 266

みんなに　しらせよう …… 272

ことばを　みつけよう 280

おはなしを　たのしもう
やくそく 286

かたかなを　みつけよう 306

よんで　たしかめよう
うみの　かくれんぼ 312

かずと　かんじ 332

監修者・編著者・執筆者紹介 342

1

第１学年における
授業づくりのポイント

「主体的・対話的で深い学び」を目指す授業づくりのポイント

1 国語科における「主体的・対話的で深い学び」の実現

平成29年告示の学習指導要領では、国語科の内容は育成を目指す資質・能力の３つの柱の整理を踏まえ、〔知識及び技能〕と〔思考力、判断力、表現力等〕から編成されている。これらの資質・能力は、国語科の場合は言語活動を通して育成される。

つまり、子供の取り組む言語活動が充実したものであれば、その活動を通して、教師の意図した資質・能力は効果的に身に付くということになる。逆に、子供にとって言語活動がつまらなかったり気が乗らなかったりすると、資質・能力も身に付きにくいということになる。

ただ、どんなに言語活動が魅力的であったとしても、あるいは子供が熱中して取り組んだとしても、それらを通して肝心の国語科としての資質・能力が身に付かなければ、本末転倒ということになってしまう。

このように、国語科における学習活動すなわち言語活動は、きわめて重要な役割を担っている。その言語活動の質を向上させていくための視点が、「主体的・対話的で深い学び」ということになる。学習指導要領の「指導計画の作成と内容の取扱い」では、次のように示されている。

> 単元など内容や時間のまとまりを見通して、その中で育む資質・能力の育成に向けて、児童の主体的・対話的で深い学びの実現を図るようにすること。その際、言葉による見方・考え方を働かせ、言語活動を通して、言葉の特徴や使い方などを理解し自分の思いや考えを深める学習の充実を図ること。

ここにあるように、「主体的・対話的で深い学び」の実現は、「資質・能力の育成に向けて」工夫されなければならない点を確認しておきたい。

2 主体的な学びを生み出す

例えば、「読むこと」の学習では、子供の読む力は、何度も文章を読むことを通して高まる。ただし、「読みましょう」と教師に指示されて読むよりも、「どうしてだろう」と問いをもって読んだり、「こんな点を考えてみよう」と目的をもって読んだりした方が、ずっと効果的である。問いや目的は、子供の自発的な読みを促してくれる。

教師からの「〇場面の人物の気持ちを考えましょう」という指示的な学習課題だけでは、こうした自発的な読みが生まれにくい。「〇場面の人物の気持ちは、前の場面と比べてどうか」「なぜ、変化したのか」「A と B と、どちらの気持ちだと考えられるか」など、子供の問いや目的につながる課題や発問を工夫することが、主体的な学びの実現へとつながる。

この点は、「話すこと・聞くこと」や「書くこと」の授業でも同じである。「まず、こう書きましょう」「書けましたか。次はこう書きましょう」という指示の繰り返しで書かせていくと、活動がいつの間にか作業になってしまう。それだけではなく、「どう書けばいいと思う？」「前にどんな書き方を習った？」「どう工夫して書けばいい文章になるだろう？」などのように、子供に問いかけ、考えさせながら書かせていくことで、主体的な学びも生まれやすくなる。

3 対話的な学びを生み出す

対話的な学びとして、グループで話し合う活動を取り入れても、子供たちに話し合いたいことがなければ、形だけの活動になってしまう。活動そのものが大切なのではなく、何かを解決したり考えたりする際に、１人で取り組むだけではなく、近くの友達や教師などの様々な相手に、相談したり自分の考えを聞いてもらったりすることに意味がある。

そのためには、例えば、「疑問（〇〇って、どうなのだろうね？）」「共感や共有（ねえ、聞いてほしいんだけど……）」「目的（いっしょに、〇〇しよう！）」「相談（〇〇をどうしたらいいのかな）」などをもたせることが有用である。その上で、何分で話し合うのか（時間）、誰と話し合うのか（相手）、どのように話し合うのか（方法や形態）といったことを工夫するのである。

また、国語における対話的な学びでは、相手や対象に「耳を傾ける」ことが大切である。相手の言っていることにしっかり耳を傾け、「何を言おうとしているのか」という意図など考えながら聞くということである。

大人でもそうだが、思っていることや考えていることなど、頭の中の全てを言葉で言い表すことはできない。だからこそ、聞き手は、相手の言葉を手がかりにしながら、その人がうまく言葉にできていない思いや考え、意図を汲み取って聞くことが大切になってくる。

聞くとは、受け止めることであり、フォローすることである。聞き手がそのように受け止めてくれることで、話し手の方も、うまく言葉にできなくても口を開くことができる。対話的な学びとは、話し手と聞き手とが、互いの思いや考えをフォローし合いながら言語化する共同作業である。対話することを通して、思いや考えが言葉になり、そのことが思考を深めることにつながる。

国語における対話的な学びの場面では、こうした言葉の役割や対話をすることの意味などに気付いていくことも、言葉を学ぶ教科だからこそ、大切にしていきたい。

4 深い学びを生み出す

深い学びを実現するには、言葉による見方・考え方を働かせ、言語活動を通して国語科としての資質・能力を身に付けることが欠かせない（「言葉による見方・考え方」については、次ページを参照）。授業を通して、子供の中に、言葉や言葉の使い方についての発見や更新が生まれるということである。

国語の授業は、言語活動を通して行われるため、どうしても活動することが目的化しがちである。だからこそ、読むことでも書くことでも、「どのような言葉や言葉の使い方を学習するために、この活動を行っているのか」を、常に意識して授業を考えていくことが最も大切である。

そのためには、例えば、学習指導案の本時の目標と評価を、できる限り明確に書くようにすることが考えられる。「〇場面を読んで、人物の気持ちを想像する」という目標では、どのような語句や表現に着目し、どのように想像させるのかがはっきりしない。教材研究などを通して、この場面で深く考えさせたい叙述や表現はどこなのかを明確にすると、学習する内容も焦点化される。つまり、本時の場面の中で、どの語句や表現に時間をかけて学習すればよいかが見えてくる。全部は教えられないので、扱う内容の焦点化を図るのである。焦点化した内容について、課題の設定や言語活動を工夫して、子供の学びを深めていく。言葉や言葉の使い方についての、発見や更新を促していく。評価についても同様で、何がどのように読めればよいのかを、子供の姿で考えることでより具体的になる。

このように、授業のねらいが明確になり、扱う内容が焦点化されると、その部分の学習が難しい子供への手立ても、具体的に用意することができる。どのように助言したり、考え方を示したりすればその子供の学習が深まるのかを、個別に具体的に考えていくのである。

「言葉による見方・考え方」を働かせる授業づくりのポイント

1 「言葉を学ぶ」教科としての国語科の授業

国語科は「言葉を学ぶ」教科である。

物語を読んで登場人物の気持ちについて話し合っても、説明文を読んで分かったことを新聞にまとめても、その言語活動のさなかに、「言葉を学ぶ」ことが子供の中に起きていなければ、国語科の学習に取り組んだとは言いがたい。

「言葉を学ぶ」とは、普段は意識することのない「言葉」を学習の対象とすることであり、これもまたあまり意識することのない「言葉の使い方」（話したり聞いたり書いたり読んだりすること）について、意識的によりよい使い方を考えたり向上させたりしていくことである。

例えば、国語科で「ありの行列」という説明的文章を読むのは、アリの生態や体の仕組みについて詳しくなるためではない。その文章が、どのように書かれているかを学ぶために読む。だから、文章の構成を考えたり、説明の順序を表す接続語に着目したりする。あるいは、「問い」の部分と「答え」の部分を、文章全体から見つけたりする。

つまり、国語科の授業では、例えば、文章の内容を読み取るだけでなく、文章中の「言葉」の意味や使い方、効果などに着目しながら、筆者の書き方の工夫を考えることなどが必要である。また、文章を書く際にも、構成や表現などを工夫し、試行錯誤しながら相手や目的に応じた文章を書き進めていくことなどが必要となってくる。

2 言葉による見方・考え方を働かせるとは

平成29年告示の学習指導要領では、小学校国語科の教科の目標として「言葉による見方・考え方を働かせ、言語活動を通して、国語で正確に理解し適切に表現する資質・能力を次のとおり育成することを目指す」とある。その「言葉による見方・考え方を働かせる」ということついて、『小学校学習指導要領解説　国語編』では、次のように説明されている。

> 言葉による見方・考え方を働かせるとは、児童が学習の中で、対象と言葉、言葉と言葉との関係を、言葉の意味、働き、使い方等に着目して捉えたり問い直したりして、言葉への自覚を高めることであると考えられる。様々な事象の内容を自然科学や社会科学等の視点から理解することを直接の学習目的としない国語科においては、言葉を通じた理解や表現及びそこで用いられる言葉そのものを学習対象としている。このため、「言葉による見方・考え方」を働かせることが、国語科において育成を目指す資質・能力をよりよく身に付けることにつながることとなる。

一言でいえば、言葉による見方・考え方を働かせるとは、「言葉」に着目し、読んだり書いたりする活動の中で、「言葉」の意味や働き、その使い方に目を向け、意識化していくことである。

前に述べたように、「ありの行列」という教材を読む場合、文章の内容の理解のみを授業のねらいとすると、理科の授業に近くなってしまう。もちろん、言葉を通して内容を正しく読み取ることは、国語科の学習として必要なことである。しかし、接続語に着目したり段落と段落の関係を考えたりと、文章中に様々に使われている「言葉」を捉え、その意味や働き、使い方などを検討していくことが、言葉による見方・考え方を働かせることにつながる。子供たちに、文章の内容への興味をもたせるとともに、書かれている「言葉」を意識させ、「言葉そのもの」に関心をもたせることが、国語科の授業では大切となる。

3 〔知識及び技能〕と〔思考力、判断力、表現力等〕

言葉による見方・考え方を働かせながら、文章を読んだり書いたりさせるためには、〔知識及び技能〕の事項と〔思考力、判断力、表現力等〕の事項とを組み合わせて、授業を構成していくことが必要となる。文章の内容ではなく、接続語の使い方や文末表現への着目、文章構成の工夫や比喩表現の効果など、文章の書き方に目を向けて考えていくためには、そもそもそういった種類の「言葉の知識」が必要である。それらは主に〔知識及び技能〕の事項として編成されている。

一方で、そうした知識は、ただ知っているだけでは、読んだり書いたりするときに生かされてこない。例えば、文章構成に関する知識を使って、今読んでいる文章について、構成に着目してその特徴や筆者の工夫を考えてみる。あるいは、これから書こうとしている文章について、様々な構成の仕方を検討し、相手や目的に合った書き方を工夫してみる。これらの「読むこと」や「書くこと」などの領域は、〔思考力、判断力、表現力等〕の事項として示されているので、どう読むか、どう書くかを考えたり判断したりする言語活動を組み込むことが求められている。

このように、言葉による見方・考え方を働かせながら読んだり書いたりするには、「言葉」に関する知識・技能と、それらをどう駆使して読んだり書いたりすればいいのかという思考力や判断力などの、両方の資質・能力が必要となる。単元においても、〔知識及び技能〕の事項と〔思考力、判断力、表現力等〕の事項とを両輪のように組み合わせて、目標／評価を考えていくことになる。先に引用した『解説』の最後に、「『言葉による見方・考え方』を働かせることが、国語科において育成を目指す資質・能力をよりよく身に付けることにつながる」としているのも、こうした理由からである。

4 他教科等の学習を深めるために

もう１つ大切なことは、言葉による見方・考え方を働かせることが、各教科等の学習にもつながってくる点である。一般的に、学習指導要領で使われている「見方・考え方」とは、その教科の学びの本質に当たるものであり、教科固有のものであるとして説明されている。ところが、言葉による見方・考え方は、他教科等の学習を深めることとも関係してくる。

これまで述べてきたように、国語科で文章を読むときには、書かれている内容だけでなく、どう書いてあるかという「言葉」の面にも着目して読んだり考えたりしていくことが大切である。

この「言葉」に着目し、意味を深く考えたり、使い方について検討したりすることは、社会科や理科の教科書や資料集を読んでいく際にも、当然つながっていくものである。例えば、言葉による見方・考え方が働くということは、社会の資料集や理科の教科書を読んでいるときにも、「この言葉の意味は何だろう、何を表しているのだろう」と、言葉と対象の関係を考えようとしたり、「この用語と前に出てきた用語とは似ているが何が違うのだろう」と言葉どうしを比較して検討しようとしたりするということである。

教師が、「その言葉の意味を調べてみよう」「用語同士を比べてみよう」と言わなくても、子供自身が言葉による見方・考え方を働かせることで、そうした学びを自発的にスタートさせることができる。国語科で、言葉による見方・考え方を働かせながら学習を重ねてきた子供たちは、「言葉」を意識的に捉えられる「構え」が生まれている。それが他の教科の学習の際にも働くのである。

言語活動に取り組ませる際に、どんな「言葉」に着目させて、読ませたり書かせたりするのかを、教材研究などを通してしっかり捉えておくことが大切である。

学習評価のポイント

1 国語科における評価の観点

各教科等における評価は、平成29年告示の学習指導要領に沿った授業づくりにおいても、観点別の目標準拠評価の方式である。学習指導要領に示される各教科等の目標や内容に照らして、子供の学習状況を評価するということであり、評価の在り方としてはこれまでと大きく変わることはない。

ただし、その学習指導要領そのものが、「知識及び技能」「思考力、判断力、表現力等」「学びに向かう力、人間性等」の資質・能力の３つの柱で、目標や内容が構成されている。そのため、観点別学習状況の評価についても、この３つの柱に基づいた観点で行われることとなる。

国語科の評価観点も、これまでの５観点から次の３観点へと変更される。

「(国語への）関心・意欲・態度」
「話す・聞く能力」
「書く能力」
「読む能力」
「(言語についての）知識・理解（・技能)」

→

「知識・技能」
「思考・判断・表現」
「主体的に学習に取り組む態度」

2 「知識・技能」「思考・判断・表現」の評価規準

国語科の評価観点のうち、「知識・技能」と「思考・判断・表現」については、それぞれ学習指導要領に示されている〔知識及び技能〕と〔思考力、判断力、表現力等〕と対応している。

例えば、低学年の「話すこと・聞くこと」の領域で、夏休みにあったことを紹介する単元があり、次の２つの指導事項を身に付けることになっていたとする。

・音節と文字との関係、アクセントによる語の意味の違いなどに気付くとともに、姿勢や口形、発声や発音に注意して話すこと。　〔知識及び技能〕(1)イ
・相手に伝わるように、行動したことや経験したことに基づいて、話す事柄の順序を考えること。　〔思考力、判断力、表現力等〕A 話すこと・聞くことイ

この単元の学習評価を考えるには、これらの指導事項が身に付いた状態を示すことが必要である。したがって、評価規準は次のように設定される。

「知識・技能」	姿勢や口形、発声や発音に注意して話している。
「思考・判断・表現」	「話すこと・聞くこと」において、相手に伝わるように、行動したことや経験したことに基づいて、話す事柄の順序を考えている。

このように、「知識・技能」と「思考・判断・表現」の評価については、単元で扱う指導事項の文末を「〜こと」から「〜している」として置き換えると、評価規準を作成することができる。その際、単元で育成したい資質・能力に照らして、指導事項の文言の一部を用いて評価規準を作成する場合もあることに気を付けたい。また、「思考・判断・表現」の評価を書くにあたっては、例のように、冒頭に「『話すこと・聞くこと』において」といった領域名を明記すること（「書くこと」「読む

こと」も同様）も必要である。

3 「主体的に学習に取り組む態度」の評価規準

一方で、「主体的に学習に取り組む態度」の評価については、指導事項の文言をそのまま使うということができない。学習指導要領では、「学びに向かう力、人間性等」については教科の目標や学年の目標に示されてはいるが、指導事項としては記載されていないからである。そこで、「主体的に学習に取り組む態度」の評価規準は、それぞれの単元で、育成する資質・能力と言語活動に応じて、次のように作成する必要がある。

「主体的に学習に取り組む態度」の評価規準は、次の①～④の内容で構成される（〈　〉内は当該内容の学習上の例示）。

①粘り強さ〈積極的に、進んで、粘り強く等〉
②自らの学習の調整〈学習の見通しをもって、学習課題に沿って、今までの学習を生かして等〉
③他の２観点において重点とする内容（特に、粘り強さを発揮してほしい内容）
④当該単元（や題材）の具体的な言語活動（自らの学習の調整が必要となる具体的な言語活動）

先の低学年の「話すこと・聞くこと」の単元の場合でいえば、この①～④の要素に当てはめてみると、例えば、①は「進んで」、②は「今までの学習を生かして」、③は「相手に伝わるように話す事柄の順序を考え」、④は「夏休みの出来事を紹介している」とすることができる。

この①～④の文言を、語順などを入れ替えて自然な文とすると、この単元での「主体的に学習に取り組む態度」の評価規準は、

「主体的に学習に取り組む態度」	進んで相手に伝わるように話す事柄の順序を考え、今までの学習を生かして、夏休みの出来事を紹介しようとしている。

と設定することができる。

4 評価の計画を工夫して

学習指導案を作る際には、「単元の指導計画」などの欄に、単元のどの時間にどのような言語活動を行い、どのような資質・能力の育成をして、どう評価するのかといったことを位置付けていく必要がある。評価規準に示した子供の姿を、単元のどの時間でどのように把握し記録に残すかを、計画段階から考えておかなければならない。

ただし、毎時間、全員の学習状況を把握して記録していくということは、現実的には難しい。そこで、ABC といった記録に残す評価活動をする場合と、記録には残さないが、子供の学習の様子を捉え指導に生かす評価活動をする場合との、２つの学習評価の在り方を考えるとよい。

記録に残す評価は、評価規準に示した子供の学習状況を、原則として言語活動のまとまりごとに評価していく。そのため、単元のどのタイミングで、どのような方法で評価するかを、あらかじめ計画しておく必要がある。一方、指導に生かす評価は、毎時間の授業の目標などに照らして、子供の学習の様子をそのつど把握し、日々の指導の工夫につなげていくことがポイントである。

こうした２つの学習評価の在り方をうまく使い分けながら、子供の学習の様子を捉えられるようにしたい。

板書づくりのポイント

1 縦書き板書の意義

国語科の板書のポイントの１つは、「縦書き」ということである。教科書も縦書き、ノートも縦書き、板書も縦書きが基本となる。

また、学習者が小学生であることから、板書が子供たちに与える影響が大きい点も見過ごすことができない。整わない板書、見にくい板書では子供たちもノートが取りにくい。また、子供の字は教師の字の書き方に似てくると言われることもある。

教師の側では、ICT 端末や電子黒板、デジタル教科書を活用し、いわば「書かないで済む板書」の工夫ができるが、子供たちのノートは基本的に手書きである。教師の書く縦書きの板書は、子供たちにとっては縦書きで字を書いたりノートを作ったりするときの、欠かすことのできない手がかりとなる。

デジタル機器を上手に使いこなしながら、手書きで板書を構成することのよさを再確認したい。

2 板書の構成

基本的には、黒板の右側から書き始め、授業の展開とともに左向きに書き進め、左端に最後のまとめなどがくるように構成していく。板書は45分の授業を終えたときに、今日はどのような学習に取り組んだのかが、子供たちが一目で分かるように書き進めていくことが原則である。

黒板の右側　授業の始めに、学習日、単元名や教材名、本時の学習課題などを書く。学習課題は、色チョークで目立つように書く。

黒板の中央　授業の展開や学習内容に合わせて、レイアウトを工夫しながら書く。上下二段に分けて書いたり、教材文の拡大コピーや写真や挿絵のコピーも貼ったりしながら、原則として左に向かって書き進める。チョークの色を決めておいたり（白色を基本として、課題や大切な用語は赤色で、目立たせたい言葉は黄色で囲むなど）、矢印や囲みなども工夫したりして、視覚的にメリハリのある板書を構成していく。

黒板の左側　授業も終わりに近付き、まとめを書いたり、今日の学習の大切なところを確認したりする。

3 教具を使って

⑴ 短冊など

画用紙などを縦長に切ってつなげ、学習課題や大切なポイント、キーワードとなる教材文の一部などを事前に用意しておくことができる。チョークで書かずに短冊を貼ることで、効率的に授業を進めることができる。ただ、子供たちが短冊をノートに書き写すのに時間がかかったりするなど、配慮が必要なこともあることを知っておきたい。

⑵ ミニホワイトボード

グループで話し合ったことなどを、ミニホワイトボードに短く書かせて黒板に貼っていくと、それらを見ながら、意見を仲間分けをしたり新たな考えを生み出したりすることができる。専用のものでなくても、100円ショップなどに売っている家庭用ホワイトボードの裏に、板磁石を両面テープで貼るなどして作ることもできる。

⑶ 挿絵や写真など

物語や説明文を読む学習の際に、場面で使われている挿絵をコピーしたり、文章中に出てくる写真や図表を拡大したりして、黒板に貼っていく。物語の場面の展開を確かめたり、文章と図表との関係を考えたりと、いろいろな場面で活用できる。

⑷ ネーム磁石

クラス全体で話合いをするときなど、子供の発言を教師が短くまとめ、板書していくことが多い。そのとき、板書した意見の上や下に、子供の名前を書いた磁石も一緒に貼っていく。そうすると、誰の意見かが一目で分かる。子供たちも「前に出た○○さんに付け加えだけど……」のように、黒板を見ながら発言をしたり、意見をつなげたりしやすくなる。

4 黒板の左右に

⑴ 単元の学習計画や本時の学習の流れ

単元の指導計画を子供向けに書き直したものを提示することで、この先、何のためにどのように学習を進めるのかという見通しを、子供たちももつことができる。また、今日の学習が全体の何時間目に当たるのかも、一目で分かる。本時の授業の進め方も、黒板の左右の端や、ミニホワイトボードなどに書いておくこともできる。

⑵ スクリーンや電子黒板

黒板の上に広げるロール状のスクリーンを使用する場合は、当然その分だけ、板書のスペースが少なくなる。電子黒板などがある場合には、教材文などは拡大してそちらに映し、黒板のほうは学習課題や子供の発言などを書いていくことができる。いずれも、黒板とスクリーン（電子黒板）という２つをどう使い分け、どちらにどのような役割をもたせるかなど、意図的に工夫すると互いをより効果的に使うことができる。

⑶ 教室掲示を工夫して

教材文を拡大コピーしてそこに書き込んだり、挿絵などをコピーしたりしたものは、その時間の学習の記録として、教室の背面や側面などに掲示していくことができる。前の時間にどんなことを勉強したのか、それらを見ると一目で振り返ることができる。また、いわゆる学習用語などは、そのつど色画用紙などに書いて掲示していくと、学習の中で子供たちが使える言葉が増えてくる。

5 上達に向けて

⑴ 板書計画を考える

本時の学習指導案を作るときには、板書計画も合わせて考えることが大切である。本時の学習内容や活動の進め方とどう連動しながら、どのように板書を構成していくのかを具体的にイメージすることができる。

⑵ 自分の板書を撮影しておく

自分の授業を記録に取るのは大変だが、「今日は、よい板書ができた」というときには、板書だけ写真に残しておくとよい。自分の記録になるとともに、印刷して次の授業のときに配れば、前時の学習を振り返る教材として活用することもできる。

⑶ 同僚の板書を参考にする

最初から板書をうまく構成することは、難しい。誰もが見よう見まねで始め、工夫しながら少しずつ上達していく。校内でできるだけ同僚の授業を見せてもらい、板書の工夫を学ばせてもらうとよい。時間が取れないときも、通りがかりに廊下から黒板を見させてもらうだけでも勉強になる。

ICT 活用のポイント

1 ICT を活用した国語の授業をつくる

GIGA スクール構想による 1 人 1 台端末の整備が進み、教室の学習環境は様々に変化している。子供たちの手元にはタブレットなどの ICT 端末があり、教室には大型のモニターやスクリーンが用意されるようになった。また、校内のネットワーク環境も整備されて、かつては学校図書館やパソコンルームで行っていた調べ学習も、教室の自分の席に座ったままでいろいろな情報にアクセスできるようになった。

一方、子供たちの机の上には、これまでと同じく教科書やノートもあり、前面には黒板もあって様々に活用されている。紙の本やノート、黒板などを使って手で書いたり読んだりする学習と、ICT を活用して情報を集めたり共有したりする学習との、いわば「ハイブリッドな学び」が生まれている。

それぞれの学習方法のメリットを生かし、学年の発達段階や学習の内容に合わせて、活用の仕方を工夫していきたい。

2 国語の授業での ICT 活用例

ICT の活用によって、国語の授業でも次のような学習活動が可能になっている。本書でも、単元ごとに様々な活用例を示している。

共有する

文章を読んだ意見や感想、また書いた作文などをアップロードして、その場で互いに読み合うことができる。また、付箋機能などを使って、考えを整理したり、意見を視覚化して共有しながら話合いを行ったりすることもできる。ICT を活用した共有や交流は、国語の授業の様々な場面で工夫することができる。

書く

書いたり消したり直したりすることがしやすい点が、原稿用紙に書くこととの違いである。字を書くことへの抵抗感を減らす点もメリットであり、音声入力からまずテキスト化して、それを推敲しながら文章を作っていくという支援が可能になる。同時に、思考の速度に入力の速度が追いつかないと、かえって書きにくいという面もあり、また国語科は縦書きが多いので、その点のカスタマイズが必要な場合もある。

発表資料を作る

プレゼンテーションソフトを使って、調べたことなどをスライドにまとめることができる。写真や図表などの視覚資料も活用しやすく、文章と視覚資料を組み合わせたまとめを作りやすいというメリットがある。また、調べる活動もインターネットを活用する他、アンケートフォームを使うことでクラス内や学年内の様々な調査活動が簡単に行えるようになり、それらの調査結果を生かした意見文や発表資料を作ることが可能になった。

録音・録画する

話合いの単元などでは、グループで話し合っている様子を自分たちで録画し、それを見返しながら学習を進めることができる。また、音読・朗読の学習でも、自分の声を録音しそれを聞きながら、読み方の工夫へとつなげることができ、家庭学習でも活用することができる。一方、教材作成の面からも利便性が高い。例えば、教師がよい話合いの例とそうでない例を演じた動画教材を作って授業中に効果的に使うなど、様々な工夫が可能である。

蓄積する

自分の学習履歴を残したり、見返すことがしやすくなったりする点がメリットである。例えば、毎時の学習感想を書き残していくことで、単元の中の自分の考えの変化に気付きやすくなる。あるいは書いた作文を蓄積することで、以前の「書くこと」の単元でどのような書き方を工夫していたかをすぐに調べることができる。それらによって、自分の学びの成長を実感したり、前に学習したことを今の学習に生かしたりしやすくなる。

3 ICT 活用の留意点

⑴ 指導事項に照らして活用する

例えば、「読むこと」には「共有」の指導事項がある。先に述べたように、ICT の活用によって、感想や意見はその場で共有できるようになった。一方で、そうした活動を行えば、それで「共有」の事項を指導したということにはならない点に気を付ける必要がある。

高学年では「文章を読んでまとめた意見や感想を共有し、自分の考えを広げること」(「読むこと」カ）とあるので、「自分の考えを広げること」につながるように意見や感想を共有させるにはどうすればよいか、そうした視点からの指導の工夫が欠かせない。

⑵ 学びの土俵から思考の土俵へ

ICT は子供の学習意欲を高める側面がある。同時に、例えば、調べたことをプレゼンテーションソフトを使ってスライドにまとめる際に、字体やレイアウトのほうに気が向いてしまい、「元の資料をきちんと要約できているか」「使う図表は効果的か」など、国語科の学習として大切な思考がおろそかになりやすい、そうした一面もある。

ICT の活用で「学びの土俵」にのった子供たちが、国語科としての学習が深められる「思考の土俵」にのって、様々な言語活動に取り組めるような指導の工夫が必要である。

⑶「参照する力」を育てる

ICT を活用することで、クラス内で意見や感想、作品が瞬時に共有できるようになり、例えば、書き方に困っているときには、教師に助言を求めるだけでなく、友達の文章を見て書き方のコツを学ぶことも可能になった。

その際に大切なのは、どのように「参照するか」である。見ているだけは自分の文章に生かせないし、まねをするだけでは学習にならない。自分の周りにある情報をどのように取り込んで、自分の学習に生かすか。そうした力も意識して育てることで、子供自身が ICT 活用の幅を広げることにもつながっていく。

⑷ 子供が選択できるように

ICT を活用した様々な学習活動を体験することで、子供たちの中に多様な学習方法が蓄積されていく。これまでのノートやワークシートを使った学習に加えて、新たな「学びの引き出し」が増えていくということである。その結果、それぞれの学習方法の特性を生かして、どのように学んでいくのかを子供たちが選択できるようになる。例えば、文章を書くときにも、原稿用紙に手で書く、ICT 端末を使ってキーボードで入力する、あるいは下書きは画面上の操作で推敲を繰り返し、最後は手書きで残すなど、いろいろな組み合わせが可能になった。

「今日は、こう使うよ」と教師から指示するだけでなく、「これまで ICT をどんなふうに使ってきた？」「今回の単元ではどう使っていくとよいだろうね？」など、子供たちにも方法を問いかけ、学び方を選択しながら活用していくことも大切になってくる。

〈第１学年及び第２学年　指導事項／言語活動一覧表〉

教科の目標

	言葉による見方・考え方を働かせ、言語活動を通して、国語で正確に理解し適切に表現する資質・能力を次のとおり育成することを目指す。
知識及び技能	(1) 日常生活に必要な国語について、その特質を理解し適切に使うことができるようにする。
思考力、判断力、表現力等	(2) 日常生活における人との関わりの中で伝え合う力を高め、思考力や想像力を養う。
学びに向かう力、人間性等	(3) 言葉がもつよさを認識するとともに、言語感覚を養い、国語の大切さを自覚し、国語を尊重してその能力の向上を図る態度を養う。

学年の目標

知識及び技能	(1) 日常生活に必要な国語の知識や技能を身に付けるとともに、我が国の言語文化に親しんだり理解したりすることができるようにする。
思考力、判断力、表現力等	(2) 順序立てて考える力や感じたり想像したりする力を養い、日常生活における人との関わりの中で伝え合う力を高め、自分の思いや考えをもつことができるようにする。
学びに向かう力、人間性等	(3) 言葉がもつよさを感じるとともに、楽しんで読書をし、国語を大切にして、思いや考えを伝え合おうとする態度を養う。

〔知識及び技能〕

（１）言葉の特徴や使い方に関する事項

(1) 言葉の特徴や使い方に関する次の事項を身に付けることができるよう指導する。	
言葉の働き	ア　言葉には、事物の内容を表す働きや、経験したことを伝える働きがあることに気付くこと。
話し言葉と書き言葉	イ　音節と文字との関係、アクセントによる語の意味の違いなどに気付くとともに、姿勢や口形、発声や発音に注意して話すこと。 ウ　長音、拗（よう）音、促音、撥（はつ）音などの表記、助詞の「は」、「へ」及び「を」の使い方、句読点の打ち方、かぎ（「　」）の使い方を理解して文や文章の中で使うこと。また、平仮名及び片仮名を読み、書くとともに、片仮名で書く語の種類を知り、文や文章の中で使うこと。
漢字	エ　第１学年においては、別表の学年別漢字配当表*（以下「学年別漢字配当表」という。）の第１学年に配当されている漢字を読み、漸次書き、文や文章の中で使うこと。第２学年においては、学年別漢字配当表の第２学年までに配当されている漢字を読むこと。また、第１学年に配当されている漢字を書き、文や文章の中で使うとともに、第２学年に配当されている漢字を漸次書き、文や文章の中で使うこと。
語彙	オ　身近なことを表す語句の量を増し、話や文章の中で使うとともに、言葉には意味による語句のまとまりがあることに気付き、語彙を豊かにすること。
文や文章	カ　文の中における主語と述語との関係に気付くこと。
言葉遣い	キ　丁寧な言葉と普通の言葉との違いに気を付けて使うとともに、敬体で書かれた文章に慣れること。
表現の技法	（第５学年及び第６学年に記載あり）
音読、朗読	ク　語のまとまりや言葉の響きなどに気を付けて音読すること。

*…学年別漢字配当表は、『小学校学習指導要領（平成29年告示）』（文部科学省）を参照のこと

（２）情報の扱い方に関する事項

(2) 話や文章に含まれている情報の扱い方に関する次の事項を身に付けることができるよう指導する。	
情報と情報との関係	ア　共通、相違、事柄の順序など情報と情報との関係について理解すること。
情報の整理	（第３学年以上に記載あり）

（３）我が国の言語文化に関する事項

(3) 我が国の言語文化に関する次の事項を身に付けることができるよう指導する。	
伝統的な言語文化	ア　昔話や神話・伝承などの読み聞かせを聞くなどして、我が国の伝統的な言語文化に親しむこと。 イ　長く親しまれている言葉遊びを通して、言葉の豊かさに気付くこと。
言葉の由来や変化	（第３学年以上に記載あり）
書写	ウ　書写に関する次の事項を理解し使うこと。 (ア)姿勢や筆記具の持ち方を正しくして書くこと。 (イ)点画の書き方や文字の形に注意しながら、筆順に従って丁寧に書くこと。 (ウ)点画相互の接し方や交わり方、長短や方向などに注意して、文字を正しく書くこと。
読書	エ　読書に親しみ、いろいろな本があることを知ること。

〔思考力、判断力、表現力等〕

A　話すこと・聞くこと

	(1)　話すこと・聞くことに関する次の事項を身に付けることができるよう指導する。	
話すこと	話題の設定	ア　身近なことや経験したことなどから話題を決め、伝え合うために必要な事柄を選ぶこと。
	情報の収集	
	内容の検討	
	構成の検討	イ　相手に伝わるように、行動したことや経験したことに基づいて、話す事柄の順序を考えること。
	考えの形成	
	表現	ウ　伝えたい事柄や相手に応じて、声の大きさや速さなどを工夫すること。
	共有	
聞くこと	話題の設定	【再掲】ア　身近なことや経験したことなどから話題を決め、伝え合うために必要な事柄を選ぶこと。
	情報の収集	
	構造と内容の把握	エ　話し手が知らせたいことや自分が聞きたいことを落とさないように集中して聞き、話の内容を捉えて感想をもつこと。
	精査・解釈	
	考えの形成	
	共有	
話し合うこと	話題の設定	【再掲】ア　身近なことや経験したことなどから話題を決め、伝え合うために必要な事柄を選ぶこと。
	情報の収集	
	内容の検討	
	話合いの進め方の検討	オ　互いの話に関心をもち、相手の発言を受けて話をつなぐこと。
	考えの形成	
	共有	
(2)　(1)に示す事項については、例えば、次のような言語活動を通して指導するものとする。		
	言語活動例	ア　紹介や説明、報告など伝えたいことを話したり、それらを聞いて声に出して確かめたり感想を述べたりする活動。 イ　尋ねたり応答したりするなどして、少人数で話し合う活動。

B　書くこと

(1)　書くことに関する次の事項を身に付けることができるよう指導する。	
題材の設定	ア　経験したことや想像したことなどから書くことを見付け、必要な事柄を集めたり確かめたりして、伝えたいことを明確にすること。
情報の収集	
内容の検討	
構成の検討	イ　自分の思いや考えが明確になるように、事柄の順序に沿って簡単な構成を考えること。
考えの形成	ウ　語と語や文と文との続き方に注意しながら、内容のまとまりが分かるように書き表し方を工夫すること。
記述	
推敲	エ　文章を読み返す習慣を付けるとともに、間違いを正したり、語と語や文と文との続き方を確かめたりすること。
共有	オ　文章に対する感想を伝え合い、自分の文章の内容や表現のよいところを見付けること。
(2)　(1)に示す事項については、例えば、次のような言語活動を通して指導するものとする。	
言語活動例	ア　身近なことや経験したことを報告したり、観察したことを記録したりするなど、見聞きしたことを書く活動。 イ　日記や手紙を書くなど、思ったことや伝えたいことを書く活動。 ウ　簡単な物語をつくるなど、感じたことや想像したことを書く活動。

C　読むこと

(1)　読むことに関する次の事項を身に付けることができるよう指導する。	
構造と内容の把握	ア　時間的な順序や事柄の順序などを考えながら、内容の大体を捉えること。 イ　場面の様子や登場人物の行動など、内容の大体を捉えること。
精査・解釈	ウ　文章の中の重要な語や文を考えて選び出すこと。 エ　場面の様子に着目して、登場人物の行動を具体的に想像すること。
考えの形成	オ　文章の内容と自分の体験とを結び付けて、感想をもつこと。
共有	カ　文章を読んで感じたことや分かったことを共有すること。
(2)　(1)に示す事項については、例えば、次のような言語活動を通して指導するものとする。	
言語活動例	ア　事物の仕組みを説明した文章などを読み、分かったことや考えたことを述べる活動。 イ　読み聞かせを聞いたり物語などを読んだりして、内容や感想などを伝え合ったり、演じたりする活動。 ウ　学校図書館などを利用し、図鑑や科学的なことについて書いた本などを読み、分かったことなどを説明する活動。

第１学年の指導内容と身に付けたい国語力

1　第１学年の国語力の特色

小学校第１学年は小学校教育において基盤となる、〔知識及び技能〕〔思考力、判断力、表現力等〕の育成が肝要となる。その際には、〔学びに向かう力、人間性等〕の態度の育成も見据えた学習環境をデザインしていく必要がある。入学段階において、子供たちの言葉への興味・関心や、その経験に個人差がある。指導者は、このことを十分に理解した上で、学びの場を設けていくようにする。

〔知識及び技能〕に関する目標は、全学年を通して共通である。第１学年では今後の基盤となることを念頭において育成をしていくべきだろう。言葉を学ぶのは、日常生活で、よりよい言語生活を営むためということを、頭だけの理解ではなく実感することのできる場を設けるようにしたい。

〔思考力、判断力、表現力等〕に関する目標では、「順序立てて考える力」と「感じたり想像したりする力」を養い、「伝え合う力」を高めることと、「自分の思いや考え」をもつことが示されている。これらの力は、「日常生活における人との関わりの中」で生きて働く力である。

〔学びに向かう力、人間性等〕では、「言葉をもつよさを感じる」「楽しんで読書」をすることなどが示されている。これは、先の２つの柱の育成の原動力となるものであるとともに、今後の小学校生活の基礎となる部分であることをよく理解した上で学習を進めていくようにする。

2　第１学年の学習指導内容

〔知識及び技能〕

学習指導要領では「⑴言葉の特徴や使い方に関する事項」「⑵情報の扱い方に関する事項」「⑶我が国の言語文化に関する事項」から構成されている。〔思考力、判断力、表現力等〕で構成されているものと別個に指導をしたり、先に〔知識及び技能〕を身に付けるという順序性をもたせたりするものではないことに留意をするようにする。

「⑴言葉の特徴や使い方に関する事項」では、正確性や具体性があることを「よさ」として認識させることが大切である。また、日常的かつ継続的に取り扱うことで習熟していくことも同様である。語彙指導の重要性も学習指導要領改訂時に指摘をされている。個人差がある第１学年の子供の学力差の背景に語彙の量と質があるという指摘である。量的な学びに終始するだけではなく、質的な学びも忘れてはならない。

教科書上巻では、文字の表記や助詞の使い方、句読点の打ち方などの内容が示されている「⑴ウ」に重点を置いた教材が多く配置されている。今後の言語活動の基礎となる部分であることを意識した丁寧な指導をしていくようにするとよい。

「⑵情報の扱い方に関する事項」では、情報と情報の関係について、「共通」「相違」「事柄の順序」という３つのキーワードを念頭に置くようにする。

教科書にある『つぼみ』『うみの　かくれんぼ』『じどう車くらべ』『どうぶつの　赤ちゃん』は、同じような文章構成で、複数のものを比較しながら説明をしている文章である。これらの教材と、〔思考力、判断力、表現力等〕の指導内容と関連付けた指導ができるだろう。

「⑶我が国の言語文化に関する事項」には、「伝統的な言語文化」の項に、「言語文化に親しむ」「言葉の豊かさに気付く」という文言がある。「読書」の項にも「読書に親しみ」という言葉がある。第１学年での学びが第２学年の学びをより充実させることが、今後の小学校生活における学びの豊かさにつながっていく。

1年生の教科書では「⑶イ（言葉の豊かさ）」と「⑶エ（読書）」に重点が置かれた教材が多く配置されている。これらの教材では、子供たち自身でも楽しみ方を見いだせるような工夫をしていきたい。

〔思考力、判断力、表現力等〕

① A 話すこと・聞くこと

低学年の「話すこと」では、「身近なことや経験したいこと」から話題を設定し、様々な相手を想定して相手に伝わるように「話す事柄の順序を考えること」が示されている。実際の場において、表現を身に付けていくようにするとよい。学習指導要領解説には、「自分の伝えたいことを表現できたという実感を味わわせ、工夫して話そうとする態度へとつなぐことが大切である。」と書かれている。

1年生の学習初期の中心は話す言語活動である。小学校に入学し、新しい環境で緊張している子供たちが、安心して生活できるようにしていくことが大切になる。第一教材『はるが　きた』では、挿絵を見ながら気付いたことを話していく。友達と一緒に見付けたものを話すことで、友達と話すことの楽しさや自分の感じたことを声に出したときに受け止めてもらえる心地よさを味わうことができるようにしたい。安心感をもって学びに参加できるようにすることが大切である。

「聞くこと」では、「話し手が知らせたいことや自分が聞きたいことを落とさないように集中して聞き、話の内容を捉えて感想をもつこと。」が示されている。話し手の立場で大切であったことが、聞き手の立場でも同様に大切にされている。感想については、教師が手本を示したりしながら少しずつ言えるように導いていくとよい。

「話し合うこと」では、「互いの話に関心をもつ」ことが示されている。これは、話し合いにおいて前提となる態度である。

本書では、教科書の最初の教材である『はるが　きた』の単元目標として、「挿絵をもとに気付きや想像を広げ、相手の発言を受けて話をつなぐことができる」ことを挙げている。最初の教材で「A⑴オ」の指導事項に触れていることに注目をしたい。一般にコミュニケーション能力というと、自分の思いや考えを発信することに目が向きがちであるが、まずは相手の言葉を受け止めることを重視しているのである。1年生の子供は自分の考えを伝えるということに熱心になる傾向があり、時に、自分の発言が終わったら、友達の意見に関心を示さないという姿も見せる。教室における学びというのは、自分だけで完結するのではなく、友達とともにつくっていくものであることを示すことには、大きな意義がある。

「A⑵イ　尋ねたり応答したりするなどして、少人数で話し合う活動。」を想定した教材の配置は下巻からである。『これは、なんでしょう』という教材では、友達に質問をしたり、それに応えたりする活動に取り組む。『ものの　名まえ』では、お店屋さんごっこをする中で、「お店屋さん」と「お客さん」という役割に応じた会話をしていくことになる。これらの学習に至るまでに、態度とともに、力を育てておくようにする。

② B 書くこと

書くという行為は、話すことと比べると難しさを感じる子供が多い。第1学年の子供においては、それを感じる度合いも大きくなる。指導者はこのことを念頭においた上で指導に当たる必要があるだろう。教科書でも、書く活動は話す活動の後に設定されている。書く活動に取り組む際には、何を書くのかを明確にした、丁寧な指導が必要である。本書では、『おおきく　なった』で、書く際の観点を子供にもたせることに重点をおいた単元計画を設定し、『すきな　こと、なあに』では、「話すこと・聞くこと」での学びと関連をさせた計画としている。

学習指導要領では、書くよさを子供が実感できるように「情報の収集」に重点が置かれている。子供に負担のないように書くことが見つけられるようにするとよい。「構成の検討」では、「自分の思いや考えが明確になるように」構成を考えることが示され、「考えの形成」でも「内容のまとまりが分かるように」書くことが示されている。両者に共通しているのは、自分の考えの明確化である。「推敲」では、文章を読み返す行為の習慣化が重要事項となっている。「共有」の項にある「自分の文章の内容や表現のよいところ」が示しているのは、具体性である。

一連の学びの成果を生かす教材として下巻には『いい　こと　いっぱい、一年生』が位置付けられている。１年生最後の「書く活動」を見据えた上で、学びを積み重ねていくようにするとよい。教科書には「絵日記」の形が例示されている。日々の活動として絵日記に取り組み、１年生最初の絵日記と最後の絵日記を読み比べることで、自身の成長を感じさせることもできる。

「書くこと」に限ることではないが、１年後のゴールのイメージをもって、学びを積み重ねていくことができるようになると、より充実した学級経営を進めていけるようにもなる。

③Ｃ読むこと

学習指導要領では、「構造と内容の把握」から「精査・解釈」という流れで指導事項が示されている。物語文であれ、説明的文章であれ、「構造と内容の把握」では、「内容の大体を捉えること」が示されている。しかし、これは文章をあっさりと読んで終わるということではなく、内容の大体を捉えた上で、叙述に即した理解と解釈を進めていくという思考の流れを示したものである。叙述を頼りとして読みを構築していくことを、第１学年の時期にこそ確かめておく必要がある。

「考えの形成」では、「文章の内容と自分の体験を結び付けて、感想をもつ」とある。子供の体験は子供それぞれである。それによって読んだ感想にも違いが出るだろう。それらを「共有」する際には、互いの感想を尊重し合う態度をもって行うように場をつくるようにする。

１年生教材では物語文が説明的文章よりも多く配置されている。それらの教材では、「Ｃ⑴イ」の指導事項に重点が置かれている。それらを指導していく上で、挿絵も１年生にとっては重要な要素である。

最初の教材である『はるが　きた』は、「話すこと・聞くこと」に重点を置いた教材ではあるものの、挿絵から様々なことを読み取り、想像をすることができるということを、子供に意識付けることができる。これは、子供が親しんでいる絵本と同じである。子供たちが国語の学習で読む最初の教材である『はなの　みち』も挿絵から文章には書かれていないことを読み取ることができる。

ただ、授業者は、子供たちの読みの根拠が、文章にあるのか、挿絵にあるのか、それとも両方にあるのかをきちんと整理して、子供の発言を受け止める必要がある。根拠となるものがそろっていないと、子供の意見がかみ合わない場合があるからである。また、子供に自分の読みの根拠がどこにあるのかを伝えていくことで、読みの観点をもたせることにもつなげることができるだろう。「文から分かることを探してみよう」「絵から分かることを探してみよう」などと、観点を明確にした問いを発してもよいだろう。

物語文は下巻になると上巻よりも分量が増えてくる。読みを構築していく上で、読み取っておく必要のある事柄も、それに合わせて増えてくる。前提となる叙述を読み飛ばしてしまっていたり、意識から抜け落ちてしまっていたりすると、児童の読みに妥当性がなくなってしまう。

１年生最後の物語文『ずうっと、ずっと、大すきだよ』では、主人公と犬の交流を丁寧に読み取っていかないと、読後感に差が出てしまうことが危惧される。

説明的文章として配置されているのは、『つぼみ』『うみの　かくれんぼ』『じどう車くらべ』『どうぶつの　赤ちゃん』の４つである。これらの文章上の特徴は、①の「⑵情報の扱い方に関する事項」の項でも述べたように、同じ文章構成で複数のものを説明しているというところである。繰り返しを通して、子供はその文の役割を学んでいくのである。

『つぼみ』で、「問いの文」と「答えの文」という役割を知り、『うみの　かくれんぼ』でもその学びを活かすことができる。また、「答えの文」の内容を補足する「説明の文」という役割にも気付くことができるだろう。その学びは、『じどう車くらべ』を読む際にも生かされていく。『どうぶつの赤ちゃん』では、「C(1)ウ」に指導の重点が置かれている。この力は、教材文以外の図書資料を読む際にも生かされる。本書では「表」を用いることで、読み取った情報を整理する活動を示している。「表」にすることで、同系統の情報を比較することも容易になる。２年次以降の説明的文章を読んでいく際にも有効である。

一つ一つの教材をよく読める手立てを用意するだけではなく、次の教材につながる手立てを意識していくことが、子供の豊かな学びを育むことになる。

3 第１学年における国語科の学習指導の工夫

第１学年の子供にとって、小学校で学ぶこと、取り組むことの多くが初めてのことである。新しいことを学ぶという意欲もあるが、同時に「やり方が分からない」「間違えたらどうしよう」という不安もある。新しいことに取り組む際には、教師が手本を見せたり他の子供の活動の様子を見せたりするなど、丁寧な指導を心掛けるようにする。また、既に指導したことであっても繰り返し指導するなど、丁寧な指導は継続していく必要がある。

①話すこと・聞くことにおける授業の工夫について

【正確に伝えるための土台づくり】 第１学年では自分の思いを伝えられる力を身に付けることが求められている。その土台となるのが、正確な「姿勢や口形、発声や発音」である。授業の開始時に短い詩の音読を行ったりして、継続的に身に付けていけるように工夫をするとよい。家庭学習として保護者の協力を仰ぐ際には、どのような点に気を付けてほしいのかをあらかじめ伝えておくようにする。

また、少人数で話すときと学級全体に向けて話すときなど、場に応じた声量についても指導をするようにする。

【少人数での会話】 ペアや３、４人の少人数グループで会話をする機会を授業の中にこまめに取り入れる。自分の考えを伝えることができた、友達の話をしっかりと聞くことができたという実感をもたせるようにする。考えの交流だけではなく、授業時における相談の場としても機能をさせることができる。習慣化することで、学習に迷ったとき、互いに教え合い学び合う学級風土をつくることもできる。

【全体の場での発表】 第１学年の子供であっても、学級全体の前で話をするということには緊張を伴うものである。そういった緊張を和らげる方法の一つとして、あらかじめ話をする内容を決めておくというものである。「書くこと」の学習で書いた作文などを読ませるのもよい。

②書くことにおける授業の工夫について

【題材集めの習慣化】 書くことの学習でつまずきを覚える子供の多くは、「何を書いたらよいのか分からない」という不安をもっている。書くことの学習に先立って、学級で「伝えたいこと」「教えてあげたいこと」などを集め、掲示しておくとよい。これらは学級の財産となると同時に、日常的に題材を探すことを習慣化することが期待できる。

【文章構造の視覚化】「はじめ・なか・おわり」という文章構成の際には、「なか」の部分を明らかに大きくしたワークシートなどを用意することで、どこを厚く記述すればよいのかが子供に明確になる。構成ごとに文字数を変えたワークシート（例：始、終15文字　中：40文字）を用意することも有効である。

【作品の交流】 子供たちが「書いてよかった」と思えるのは、自分が書いたものに対して、友達からの反応があったときである。学級掲示としたり、学級文集としてまとめたりするなどして、互いの作品を読み合う機会を設けるようにする。朝の会のスピーチの材とするのもよい。

③読むことにおける授業の工夫について

【音読】 声に出して読むことは、低学年期の子供にとって内容を理解するのに有効である。第１学年の文章教材の多くは短いものが多いので、授業の始まりでは全文の音読をするとよい。音読が内容理解に有効である理由の第一が、その言葉を自分が理解できているのかどうかが、子供自身にも明確になることである。目で追っているときには、飛ばして読めてしまうが、声に出す限り、それをすることができない。教師にとっても、子供の音読に耳を傾けることで、子供自身の理解を確かめることができる。

そして、必ずしも斉読をしなくてもよい。子供それぞれに合った速さがあるからである。また、斉読であると自分が声を出さなくても大丈夫だという思いを子供が抱いてしまう危惧もある。

【劇化・動作化】 読み取ったことを劇にしたり、動作として表したりするためには、正確な理解が必要である。音読同様に、教師は、劇化・動作化をしている姿から、その子供の理解を確かめることもできる。体を動かすことは低学年期の子供にとって自然な行為である。そのため、体を動かすことに注意が向くあまり、叙述から離れた動きとなってしまうことも多い。常に、自分の動きと叙述を確かめさせるようにするとよい。

【文章内容の視覚化】 低学年教材において、写真や絵は情報として大きな役割を担っている。子供自身もそこから多くの情報を得ながら、内容を捉えている。板書をする際にも、それらを積極的に活用していくとよい。説明的文章の構成や物語の内容を整理する際にも、図や表、矢印、吹き出しなど、視覚的な板書を心掛けるようにする。

④語彙指導や読書指導などにおける授業の工夫について

【生活に生かす】 語彙指導において、量的な学びは多く行われてきた。しかし、言葉を集めて終わりでは、質的な学びとはならない。言葉遊びで言葉のおもしろさを感じたり読むことの学習で言葉の意味や効果を考えたり自分の体験と言葉を結び付けたりして、言葉の理解を広げ使えるようにしていくことが大切である。

【意図的な選書】 この時期の子供たちには毎日の読み聞かせを実施したい。もちろん学校事情に応じた形で構わない。選書については意図をもってするようにしたい。学習している教材に関連したものだけではなく、あえて子供が手に取らないような絵本を選ぶのもよい。読み聞かせの後には、内容理解の定着を確かめるような質問はせず、子供の素直な感想を大切にすることで、子供と読書との距離を近づけることができる。

4 第１学年とICT端末

１年生のICT端末の操作能力は、個人差が大きい。入学後、初めてICT端末に触れる子供もいることも考え、少しずつ使い始めて活用の幅を広げていくことが必要となる。「動画を撮る」「写真を撮影する」「音声を記録する」などは１年生でも取り組みやすい。家庭学習で音読の動画を撮影する、「あ」のつくものの写真を撮影するなど、保護者にも協力してもらうとよい。

2

第 1 学年の授業展開

きょうかしょの　なかに　おでかけしよう

はるが　きた　（2時間扱い）

単元の目標

知識及び技能	・言葉には、事物の内容を表す働きや、経験したことを伝える働きがあることに気付くことができる。((1)ア)
思考力、判断力、表現力等	・互いの話に関心をもち、応答することができる。(A オ)
学びに向かう力、人間性等	・言葉がもつよさを感じるとともに、楽しんで読書をし、国語を大切にして、思いや考えを伝え合おうとする。

評価規準

知識・技能	❶言葉には、事物の内容を表す働きや、経験したことを伝える働きがあることに気付いている。(〔知識及び技能〕(1)ア)
思考・判断・表現	❷「話すこと・聞くこと」において、互いの話に関心をもち、応答している。(〔思考力、判断力、表現力等〕A オ)
主体的に学習に取り組む態度	❸進んで友達の話に関心をもち、これまでの経験を生かして挿絵から気付いたことや想像したことを話したり応答しようとしたりしている。

単元の流れ

時	主な学習活動	評価
1	学習の見通しをもつ 「はるが　きた」という言葉から想像できることを話し合う。 きょうかしょの　なかに　おでかけしよう 挿絵に描かれているものを見付ける。 p.8 の詩を音読する。	❶❸
2	挿絵を基に、行動や会話を想像する。 学習を振り返る p.8 の詩を音読する。 挿絵の中で遊んだ感想を出し合う。	❷❸

授業づくりのポイント

〈単元で育てたい資質・能力〉

本単元のねらいは、これから始まる国語の学習への期待を高めることにある。その中で、自分の思いを言葉で表現しようとしたり、友達と伝え合おうとしたりする態度を育てたい。

そのために、挿絵から読み取ったことや想像したことを言葉で表現する力や、友達の話を聞いたり返事をしたりする力が必要となる。

ペアでやりとりする活動を通して、対話の基礎を養い、言葉を介して友達と共に学ぶことの楽しさを味わうことができるようにする。

> [具体例]
>
> ○友達と一緒にやって楽しかった、自分では思い付かないことを友達に教えてもらった、おもしろいアイデアを思い付いたなどの学習感想が出るとよい。この経験が、これから主体的・対話的に学習を進めていく際に大切になる。

〈教材・題材の特徴〉

１年生の第一教材である。やわらかいタッチの絵がページいっぱいに描かれている。ページをめくると、大きな紙飛行機の上から子供たちが呼んでおり、誘いに応じて絵の中に入り、紙飛行機に乗って一緒に空の旅をしているような気持ちで読み進めることができる。

途中、子供たちは紙飛行機を降り、動物や魚、虫などの生き物、果物や野菜、花などの植物、乗り物や楽器など、思い付くままに大きな紙に描いて遊ぶ。何があるのかと挿絵を見たり自分だったら何を描くかと考えたりするうちに、次々と気付きが生まれて誰かに話したくなるだろう。挿絵の中で友達と会話をしたり、やりたいことを考えたりと想像を広げ楽しませたい。

楽しそうな雰囲気の絵だが、よく見ると子供たちは、それぞれ違った動きや表情をしている。「どんな子がいるのか」を話すことで、ものの名前だけでなく動作や気持ちの言葉にも触れることができる。これまでの生活経験やその中で獲得してきた言葉を活用し、想像を広げたり話したりすることのできる教材である。

〈言語活動の工夫〉

日常生活の中で相手の話を受けて返す活動は会話である。会話は、１人対１人のやりとりが基本となる。本単元では、挿絵の中に入り込み、友達と１対１でやりとりをすることで、対話の基礎を養う。

そこで、自分のミニチュア人形を作成し、教科書のページの中で友達と遊ぶ活動を設定する。子供たちは、幼稚園や保育園でごっこ遊びを経験してきており、その経験を生かしてできる活動である。指人形やペープサートを作成し、友達と同じページの上に立たせることで、自然と会話が生まれてくる。遊びの中で友達との言葉のやりとりをたっぷりと楽しむことができるようにしたい。

〈ICT の効果的な活用〉

共有：教師が ICT 機器で子供のやりとりの様子を記録し、会話がうまく続いたペアの姿を全体で共有することで、相手の話を受けて返すために必要なことに気付くことができる。

本時案

はるが　きた

本時の目標

・挿絵から気付いたことや想像したことを、発表することができる。

本時の主な評価

❶言葉には、事物の内容を表す働きや、経験したことを伝える働きがあることに気付いている。【知・技】
❸進んで友達の話に関心をもち、これまでの経験を生かして挿絵から気付いたことや想像したことを話したり応答しようとしたりしている。【態度】

資料等の準備

・教科書の挿絵（デジタル教科書・挿絵をプロジェクターで投影してもよい）
・話型作成のための画用紙
・自分のミニチュア人形作成用のセット
（人型の描いてある紙・割り箸などの棒）

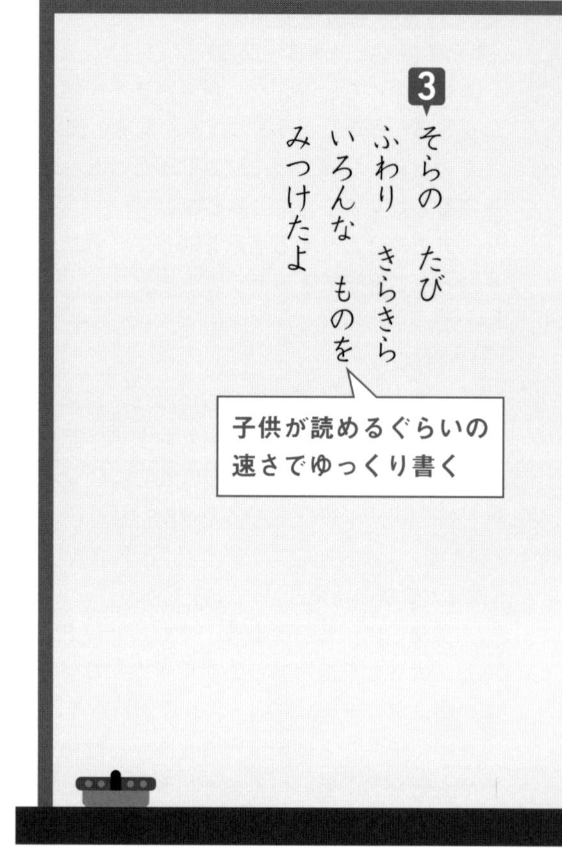

授業の流れ ▷▷▷

1 「はるが　きた」という言葉から想像できることを出し合う 〈15分〉

○言葉から感じることを自由に出し合う中で、子供の生活経験に基づいた「はるが　きた」に関連する語彙が集まるだろう。

T 「はるが　きた」というと、どんなことが思い浮かびますか。

・花がさく　・桜　・チューリップ
・お花見　・入学式　・お出かけ
・わくわく　・楽しいことがありそう

○「わくわく」「楽しいことがありそう」等の春に対する気持ちを広げることで、これから始まる学習への期待感を高めたい。

T 楽しいことがたくさんありそうですね。では、みんなで教科書の中にお出かけしましょう。

○顔を描き自分のミニチュア人形を作成する。

2 挿絵を見て、描かれているものを見付ける 〈20分〉

○自分のミニチュア人形を教科書のページの上に置き、絵の中の子供たちと一緒にお出かけしている気分を味わわせる。

○子供は挿絵を見て、気付いたことを口々に話し出すため、それらを受けて問いかける。

T 何をしていますか。

・大きな紙に絵を描いています。
・紙飛行機に乗っています。作ったんだね。

T 広い原っぱに着きました。何が見えますか。

・いろんな絵があります。
・川にカエルがいます。

○前後のページの挿絵と関連させて考えたり、「〜しているんじゃない」等、想像を広げる子供が現れたら大いに感心し、次時につなげる。

はるが　きた

1
・あたたかい
・はながさく
・おたまじゃくし
・おはなみ
・おでかけ

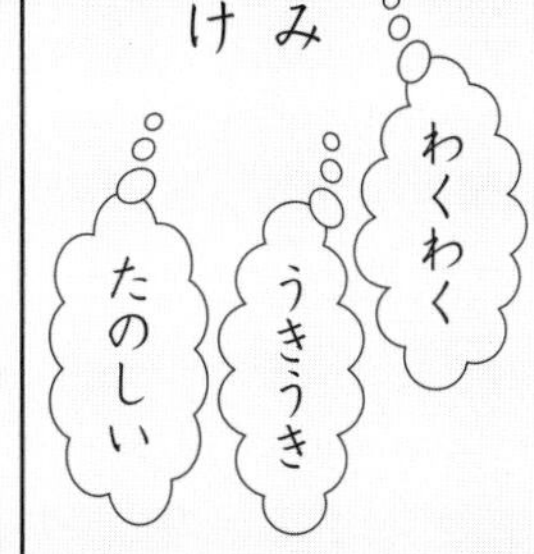

2
えのなかに　おでかけして　みつけたことを
はなそう。

拡大挿絵（カラーがよい）
デジタル教科書か、書画カメラを活用し、プロジェクターで投影

2
〜があります。
〜が…しています。

3 詩「そらの　たび」を音読する〈10分〉

○p. 8 には、短い詩が書かれている。

T　空の旅が終わって学校に帰ってきたのですね。このページには字が書いてあります。先生のまねっこをして読んでみましょう。

○平仮名が読めない子供もいるので、教師の後について音読をさせる。子供は、教師の範読を聞き、そっくりに音読しようとする。口形や発音を意識して、ゆっくりはっきり読むとよい。

○お出かけして楽しかったという気持ちが伝わるよう、抑揚をつけて範読したい。

○初めて音読をするので、教科書を立てて持つなど、基本的な姿勢も教えるとよい。

○最後に感想を聞き、「またみんなで行きましょう」と予告しておくとよい。

よりよい授業へのステップアップ

聞き手を育てる工夫

子供が挿絵の中から見付けたことを発表したら、「どこどこ」と聞いている子供と一緒に探したり、「本当だ」と感心したりする。教師の話の聞き方が、友達の発表を聞く際の聞き方のモデルとなる。相手の発言を共感的に聞くことを心掛けたい。

安心して発表できるようにする工夫

安心して発表するために、話型が有効な子供もいる。上手に発表できた子供の話し方を基に「〜があります。」「〜が…しています。」のような話型を作成し、掲示するとよい。

本時案

はるが　きた

本時の目標

・挿絵を基に想像を広げ、友達とやりとりをすることができる。

本時の主な評価

❷互いの話に関心をもち、応答している。【思・判・表】

❸進んで友達の話に関心をもち、これまでの経験を生かして挿絵から気付いたことや想像したことを話したり応答しようとしたりしている。【態度】

資料等の準備

・教科書の挿絵（デジタル教科書・挿絵をプロジェクターで投影してもよい）

・前時に作成した自分のミニチュア人形

・子供のイラスト ⤓ 22-05

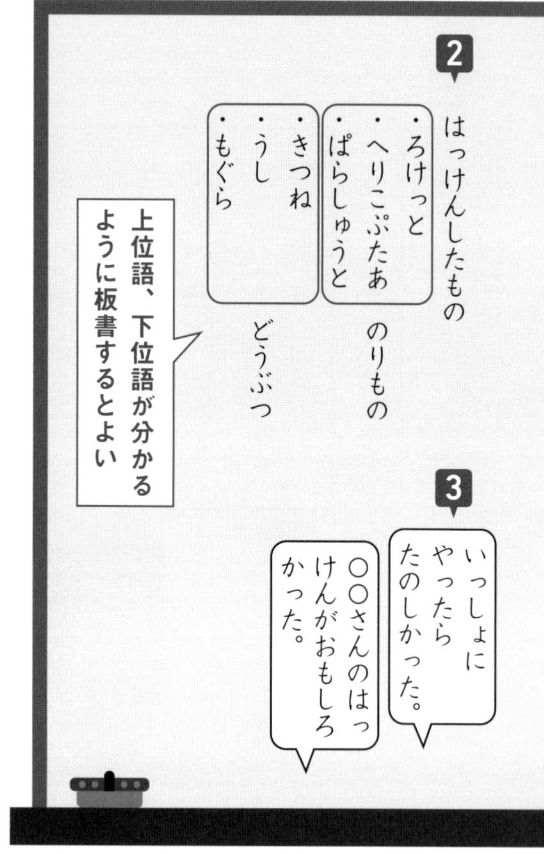

授業の流れ ▷▷▷

1 前時の学習を想起し、本時の課題をつくる〈5分〉

T　この前のお出かけでは何をしましたか。

・大きな紙飛行機で空の旅をしました。

・紙飛行機に乗ったら、遊園地が見えました。

・広い原っぱでは、川にカエルがいたり、遠くに海があったりしました。

T　そうそう、教科書のお友達と一緒に大きな紙飛行機に乗って空の旅をしたのでしたね。広い原っぱにはいろいろなものがありました。

〇「他にもあったよ」「あったと思うけれど忘れちゃった」などの子供のつぶやきを生かして本時の課題をつくる。

2 友達と一緒に挿絵を見て、想像を広げながらやりとりする〈30分〉

T　それでは、友達と２人で探検に出かけましょう。

〇隣同士のペアで、一冊の教科書を使用する。

〇途中、全体で見付けたことを出し合ったり、やりとりのコツを考えたりする。上手にできているペアのやりとりを動画で撮影して紹介したり、教師と子供でやりとりをしたりするとよい。

T　２人で仲良く探検するためには、どんなふうに話したらよいですか。

・〇〇しよう。（誘う）―いいね。（返事）

・〇〇かな。（質問）―うん△△だね。（返事）

〇相手が話したら自分も話すことを確認したい。

〇見付けたものを仲間分けしながら板書することで、語彙の指導にもつながる。

はるが　きた

1

・かみひこうきで　おでかけ
・そらを　とんだ
・はらっぱに　いった

1

ともだちと　いっしょに　えのなかを、たんけんしよう。

拡大挿絵（カラーがよい）
デジタル教科書か、書画カメラを活用し、プロジェクターで投影

2

ふたりで　なかよく　たんけんする　こつ
・〇〇しよう　（さそう）
・いいね　（へんじ）
・もしかしたら〇〇かな　（しつもん）
・うん△△かもしれないね　（へんじ）

＊へんじが　だいじ

3 詩「そらの　たび」を音読し、本時の学習を振り返る　〈10分〉

T　仲良くなった隣の席の友達と一緒に、音読をしましょう。

〇交互に読んだり、声を合わせて読んだりさせる。数組を指名して全体の前で発表させてもよい。

T　今日は、ペアの友達と一緒に絵の中で遊んだり、音読をしたりしました。やってみてどうでしたか。

・一緒にやって楽しかった。
・たくさん発見できました。
・〇〇さんと一緒にやったら、おもしろい探検になりました。

〇感想を話したり聞いたりすることから、1時間の学習を振り返る習慣を付けていく。

よりよい授業へのステップアップ

関わりを意識した授業づくり

入学後、友達も少なくまだまだ緊張している時期である。授業では、楽しみながら友達との関係づくりができるような学習活動を行いたい。

幼保小の連携やスタートカリキュラムを意識して、遊びの中でやりとりをすることや、交互に音読をしたりすること等、簡単なことから少しずつ行うとよい。

友達と一緒に学ぶことの楽しさや、友達の話を聞くことの有用性を感じる経験を積み重ねていくことで、対話的な学びの基礎を養うことができる。

さあ　はじめよう　（12時間扱い）

単元の目標

知識及び技能	・読書に親しみ、いろいろな本があることを知ることができる。((3)エ) ・平仮名を読み、書くことができる。((1)ウ) ・姿勢や口形、発声や発音に注意して話すことができる。((1)イ)
思考力、判断力、表現力等	・身近なことや経験したことなどから話題を決め、伝え合うために必要な事柄を選ぶことができる。(A ア)
学びに向かう力、人間性等	・言葉がもつよさを感じるとともに、楽しんで読書をし、国語を大切にして、思いや考えを伝え合おうとする。

評価基準

知識・技能	❶読書に親しみ、いろいろな本があることを知っている。(〔知識及び技能〕(3)エ) ❷平仮名を読み、書いている。(〔知識及び技能〕(1)ウ) ❸姿勢や口形、発声や発音に注意して話している。(〔知識及び技能〕(1)イ)
思考・判断・表現	❹「話すこと・聞くこと」において、身近なことや経験したことなどから話題を決め、伝え合うために必要な事柄を選んでいる。(〔思考力、判断力、表現力等〕A ア)
主体的に学習に取り組む態度	❺友達に伝わるように自分のことを話そうとしたり、先生や友達の話を聞いたりして、これからの学習に大切なことを学ぼうとしている。

単元の流れ

時	主な学習活動	評価
1 2	「おはなし　ききたいな」 教師の読み聞かせを聞いたり、自分が好きなお話を発表したりする。	❶ ❺
3 4	「なんて　いおうかな」 絵を見て、その場面にふさわしい言葉を考える。	❹
5	「かく　こと　たのしいな」 鉛筆の持ち方や書くときの姿勢を確かめて、簡単な線をなぞったり引いたりする。	❷
6 7 8	「どうぞ　よろしく」 自分の名前を書いた紙を持って、友達と自己紹介をする。	❹
9 10	「こんな　もの　みつけたよ」 学校で見付けたものと感想を、友達に発表する。	❹
11 12	「うたに　あわせて　あいうえお」 言葉遊びの歌を、声に出して読む。	❸

授業づくりのポイント

〈単元で育てたい資質・能力〉

本単元では、子供は「自分が話をすること」に意識を向けるだろう。しかし、「聞くこと」についての意識をきちんともたせておく必要がある。これからの学校生活や学習の場の充実につながってくる。

友達の話を聞くときの姿勢や態度、友達の話を聞いた後の感想を言う場面などを見て、学級全体で共有したい姿を積極的に認めていくとよい。上手に話す姿は子供たちの目に留まりやすいが、上手に聞いている姿は子供たちには見えにくい。ゆえに教師の関わりが必要となる。

[具体例]

○「相手のことをきちんと見ながら聞いていたね」「友達と同じ気持ちになったことを伝えられていたね」のように、具体的にそのよさを伝えるようにする。これは、周りの子供への指導となるだけではなく、その子供自身に自分の聞き方のよさを自覚させることにつながるからである。

○読み聞かせをしていると、子供たちは笑ったり、驚いたりするなどの反応をする。また、感想を口にすることもあるだろうが、それが周りの子供たちが読み聞かせに集中ができないほどであれば声掛けをする。自分以外の友達も「聞いている」ということをここで意識させる。

〈教材・題材の特徴〉

本単元は、複数の言語活動が組み合わさって成り立っている。ここでのねらいは、様々な言語活動を通して、友達との関わりをもつこととともに、学びに関わる事柄を学んでいくことである。

そのためには、自分のことを相手に伝えたり、相手の言いたいことを理解して聞いたりする力が必要となる。また、読書への興味・関心を高めることや、正しい姿勢や持ち方で文字を書くこと、正しい発声をすることも大切となる。

[具体例]

○自分の好きなものが友達に伝わった喜びや、友達から言ってもらってうれしかったことなどを取り上げる。友達と関わりながら学んでいくことの楽しさを子供が感じられるような指導を心掛けていく。

〈言語活動の工夫〉

学校生活や学校施設、そこに携わる人々の関わりの場を学習に合わせて設けるとよい。事前に設定することで、実際の場面を想起した活動が期待できる。事後に行えば、学習の成果を生かす実践の場とすることができる。生活科の学習と関連させて、言語活動を展開することも考えられる。

事前と事後を効果的に組み合わせることで、これからの学びにすぐに生かすこともできる。

[具体例]

○「なんて　いおうかな」では、これまでの学校生活を想起させることで子供の活発な意見交流を生むことができ、この学習での学びをこれからの生活場面ですぐに生かすことができる。

〈ICT の効果的な活用〉

記録：端末の録画・録音機能の活用が効果的であるが、子供自身が行うことはまだ難しい時期なので、保護者の協力などを求める必要がある。

本時案

さあ　はじめよう「おはなし　ききたいな」

1/12

本時の目標

・教師の読み聞かせを聞いて、簡単な感想をもつことができる。

本時の主な評価

❶教師の読み聞かせを聞いて、絵本の楽しさやおもしろさを見付けている。【知・技】
・読み聞かせを聞いて、簡単な感想をもっている。

資料等の準備

・読み聞かせ用の絵本
・絵本の表紙をコピーしたもの

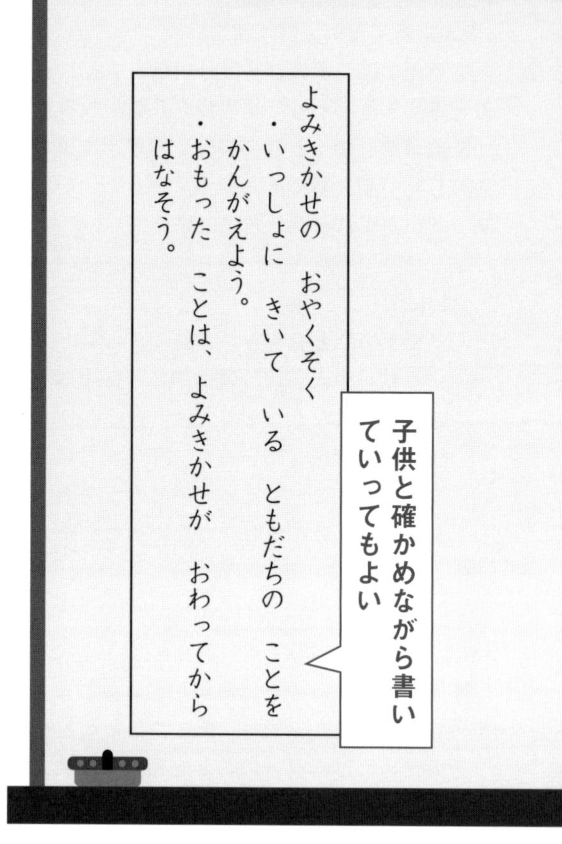

授業の流れ ▷▷▷

1 読み聞かせをしてもらった経験を思い出す 〈10分〉

○これまでに、読み聞かせをしてもらった経験を想起させ、本時の活動への興味・関心を高めるようにする。
T　これまでに、絵本を読んでもらったときのことを教えてください。
・『桃太郎』の絵本です。
・お家の人が読んでくれました。
・絵本もおもしろかったけれど、一緒に読めたのがうれしかったです。

2 教師の読み聞かせを聞く 〈20分〉

○学級全体で読み聞かせを聞くときの約束を確かめる。
T　楽しいところで笑ったり、驚いたところでびっくりしたりしてもいいですが、静かに聞きたいお友達もいます。いつまでも笑っていたりしないようにしましょう。
T　思ったことや感じたことは、本を読み終わってから聞きます。すぐに口に出さないようにしましょう。
○お家の人に読んでもらったときとは違い、周りには一緒に読み聞かせを聞いている友達がいる。周りの友達のことを意識させるようにする。

おはなし　ききたいな

1 2 よみきかせを　きいて、かんそうを　もとう。

教師が読む絵本の表紙のコピー

3 ○おもしろかった　ところ

○せんせいに　よんで　もらいたい　えほん

『いちねんせいに　なったら』

『ぐりとぐら』

『とのさま　いちねんせい』

3 読み聞かせを聞いた感想を発表する〈15分〉

T　読み聞かせを聞いて、おもしろかったところはどこですか。

・びっくりすることが起きたところです。

・出てくる人がおもしろくて好きでした。

・最後のところです。

・出てくる人が「○○」と言っていたところです。

T　これから先生に読んでもらいたい絵本はありますか。

○できる範囲で、ここで挙げられた絵本を、読み聞かせしていってあげるとよい。

よりよい授業へのステップアップ

楽しむ読書のための工夫

子供たちに読み聞かせや絵本の楽しさを味わわせることが大切な時間である。読み聞かせをした後に、子供が記憶を再生しなければならないような問いは発しないようにする。多人数で読み聞かせを楽しむための配慮についても指導をしておく。子供は他意なく近くの友達に自分の感想を話すことがあるが、話し掛けられた方は静かに聞きたいと思っていることもある。話し声を迷惑に思う子供もいるだろう。自然な反応も「３秒までね」などと否定せずに収束させる声掛けをするとよい。

本時案

さあ　はじめよう「おはなし　ききたいな」

2/12

本時の目標

・自分の好きなお話の題名やあらすじなどを友達に伝えることができる。

本時の主な評価

❺友達に自分の好きなお話を伝え合い、自分のことを知ってもらおうとしたり、友達のことを知ろうとしたりしている。【態度】

資料等の準備

・読み聞かせ用の絵本
・絵本の表紙をコピーしたもの

3
ともだちの　おはなしを　きいて
おもった　こと

授業の流れ▷▷▷

1 教師の読み聞かせを聞く〈15分〉

○前時の楽しかった様子とともに、約束も想起させてから読み聞かせを行う。

○読み終わったら、前時のように、「おもしろかったところ」や「もう一度読んでほしいところ」などを聞くようにする。ここでの感想が、子供が自分の好きな絵本を紹介するときの視点ともなる。

T　おもしろかったところはどこですか。

・〜のところです。
・○○が△△でおもしろかったです。

2 自分の好きな絵本を発表する〈20分〉

○読み聞かせをした絵本を使って、最初に教師が手本を見せる。

T　先生が好きな絵本は『○○』という絵本です。おもしろいところは、〜です。
　みんなも、好きな絵本のおもしろいところや、何度も読みたいところを友達に教えてあげましょう。

○最初は、やってみたい子供数人に行わせる。子供のやりたい気持ちを大切にすることで、周りの子供にもやってみたいという思いをもてるように促す。

○全員ができるように、ペアや少人数で行う。

おはなし　ききたいな

1

教師が読む絵本の表紙のコピー

おもしろかった　ところ
もういちど　よんで　ほしい　ところ

2

すきな　えほんの　おはなしを　しよう。

3 友達の話を聞いた感想を発表する〈10分〉

T　友達が好きな絵本のお話を聞いて、読んでみたいと思った絵本はありましたか。

T　同じ絵本を好きなお友達はいましたか。

◯共感的な感想を大切にするとともに、名前の挙がった子供への肯定的な声掛けをするとよい。

よりよい授業へのステップアップ

場をつくるための工夫

授業を行うに当たり、様々な絵本を学級に用意をしておくとよい。この時期の子供たちは具体物があることで、気付きや考えが生まれやすいからである。

事前に学校図書館で好きな絵本を選んでおき、それらの絵本を用意するなどしてもよい。

授業のときだけに限らず、日常的に学級には絵本を置き、子供たちの読書環境を整備しておくようにしたい。

本時案

さあ はじめよう「なんて いおうかな」

3/12

本時の目標

・場面に合った挨拶をしたり、言葉掛けをしたりすることができる。
・場面に合った言葉掛けが、よりよい学校生活を送る上で大切であることが分かる。

本時の主な評価

❹場面に合った挨拶をしたり、言葉掛けをしたりしている。【思・判・表】
・場面に合った声掛けがよりよい学校生活を送る上で、大切であることを分かろうとしている。

資料等の準備

・教科書場面の挿絵を拡大したもの
・挨拶・言葉掛けカード 02-01

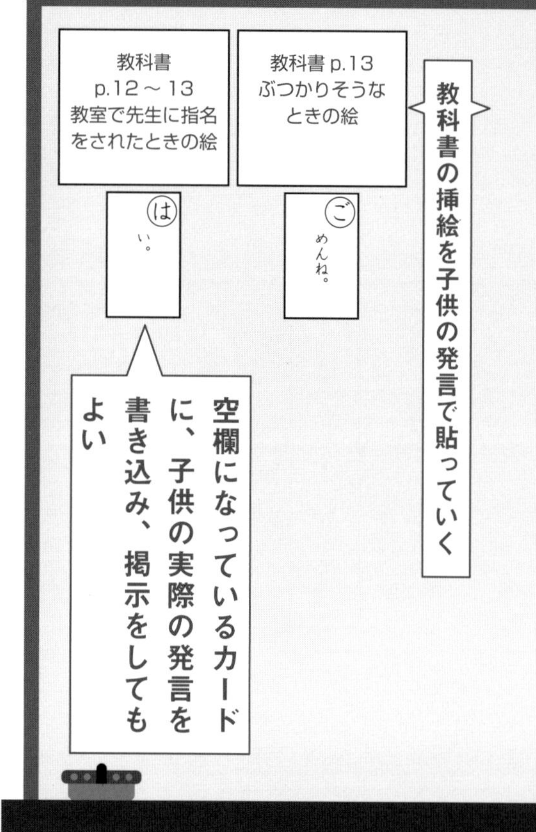

授業の流れ ▷▷▷

1 学校生活での場面について想起をする 〈10分〉

T　みなさん、学校にはもう慣れましたか。この絵のような場面に出合ったことのある人もいるでしょう。それぞれ、何の場面ですか。
・朝、教室に入って先生や友達に挨拶をしているところです。
○まだ出合ったことのない場面がある場合は、経験者に様子を語らせるなどして、できる限り場のイメージを共有させるとよい。

2 場面に合った挨拶や言葉掛けについて考える 〈25分〉

T　それぞれの場面に合った、挨拶や掛けてあげたい言葉を考えましょう。
○絵の中のどの登場人物の立場になるかで、子供たちの発言は変わってくる。そうすると、意見がかみ合わなくなってしまうおそれがあるので、どの立場の子供が発している言葉なのかを明確にする。
○言葉を発している子供や「挨拶・言葉掛けカード」はあくまでも想定の一部である。学級や学校の子供たちの実態に応じた想定をしても構わない。

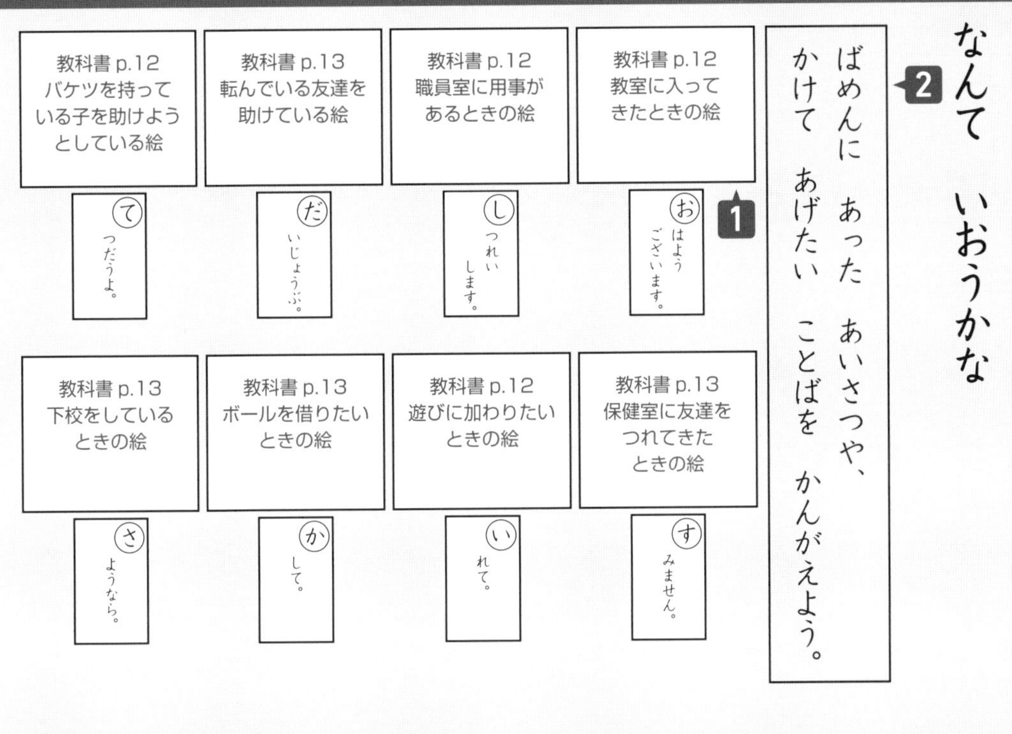

3 実際に声に出してみる　〈10分〉

T　場面に合った挨拶や掛けてあげたい言葉を確かめることができました。
　実際に言ったことがある言葉はどれですか。

・「おはようございます」はいつも言っています。
・「手伝うよ」って言ってくれた友達がいます。

T　それでは、一度、みんなで声に出して読んでみましょう。

○低学年の子供は一斉に声を出すと、語尾にアクセントを付けてしまうなどの、不自然な言い方になってしまうことが多い。先に教師が自然な発音で言うことで、子供も自然とその言い方をまねすることができる。

よりよい授業へのステップアップ

生活体験の想起

1年生の学校生活と関連のある教材である。国語の学習時間に限らず、幅広く生活体験を想起させるとよい。

また、まだ学校内で行ったことのない場所があることに気が付く子供もいるだろう。そういった気付きは、これからの学校生活の期待を高めたり、他教科の学習の原動力としたりすることができる。

体験をしている子供たちはもちろんだが、まだ体験をしていない子供たちに対してもポジティブな声掛けをしていくようにしたい。

本時案

さあ はじめよう「なんて いおうかな」

4/12

本時の目標

・相手に届くような声で、場面に合った挨拶をしたり、言葉掛けをしたりすることができる。
・友達から掛けられた言葉に対して、適切な応答をすることができる。

本時の主な評価

❹相手に届くような声で、場面に合った挨拶をしたり、言葉掛けをしたりしている。【思・判・表】
・友達から掛けられた言葉に対して、適切な応答をしている。

資料等の準備

・教科書場面の挿絵を拡大したもの
・挨拶・言葉掛けカード 02-01

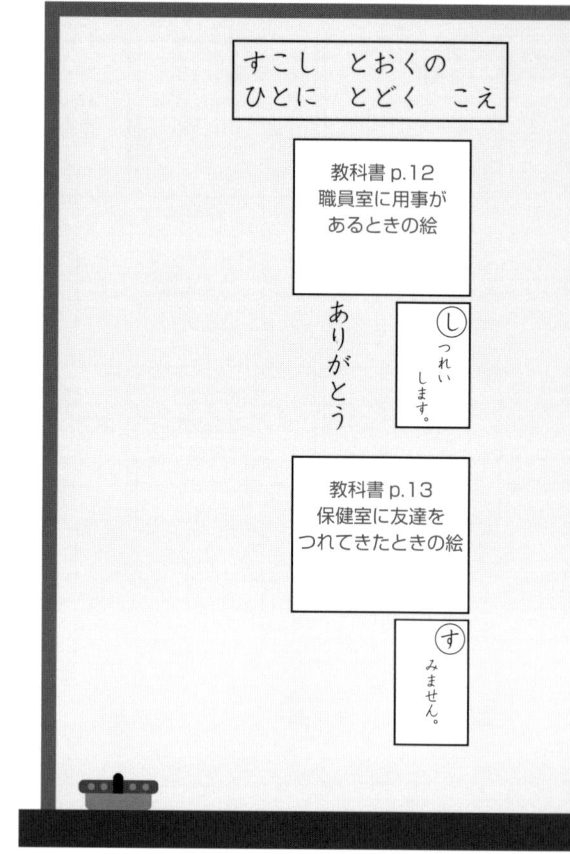

授業の流れ ▷▷▷

1 前時の学習内容を振り返る 〈10分〉

T 前の時間に確かめた挨拶や言葉掛けを声に出して言ってみましょう。
○相手に届くような声を意識させるが、大きな声だけではなく、場面に合った声の大きさを考えさせながら読ませるとよい。
→元気な声で言った方がよいもの、「おはようございます」「はい」など。
→目の前の相手に届く声の大きさで言った方がよいもの、「だいじょうぶ」「てつだうよ」など。
→少し遠くの相手に届く声で言った方がよいもの、「しつれいします」「すみません」など。
○子供の意見に合わせて、カードを動かし、分類・整理していく。

2 どんな言葉を返せばよいのかを考える 〈20分〉

T 友達から、挨拶をしてもらったり、言葉を掛けてもらったりしたときには、どのように応えれば、友達がうれしくなるでしょうか。
・挨拶は自分も返すようにします。
・心配をしてもらったときは、お礼を言います。
・何かを頼まれたときは、「いいよ」と言ってあげます。
・もしもできないときは、「ごめんね」と優しく言います。
○その言葉を返された相手が、どのような気持ちになるのかを想像させながら考えさせるようにするとよい。

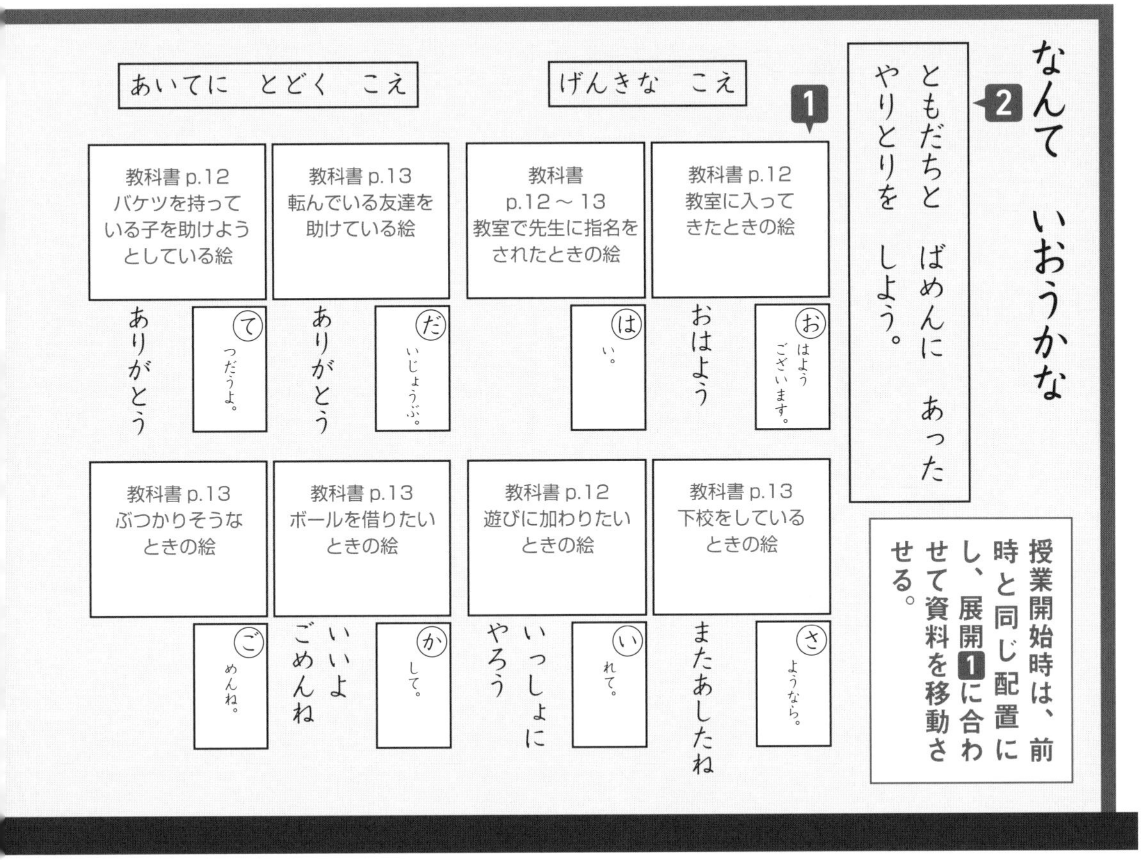

なんて　いおうかな

2 ともだちと　ばめんに　あった　やりとりを　しよう。

授業開始時は、前時と同じ配置にし、展開1に合わせて資料を移動させる。

1

げんきな　こえ

教科書 p.12 教室に入ってきたときの絵	教科書 p.12～13 教室で先生に指名をされたときの絵	教科書 p.13 転んでいる友達を助けている絵	教科書 p.12 バケツを持っている子を助けようとしている絵
(お)はようございます。／おはよう	(は)い。	(だ)いじょうぶ。／ありがとう	(て)つだうよ。／ありがとう

あいてに　とどく　こえ

教科書 p.13 下校をしているときの絵	教科書 p.12 遊びに加わりたいときの絵	教科書 p.13 ボールを借りたいときの絵	教科書 p.13 ぶつかりそうなときの絵
(さ)ようなら。／またあしたね	(い)れて。／いっしょにやろう	(か)して。／いいよ ごめんね	(ご)めんね。

3　友達とやりとりをする　〈15分〉

T　それでは、実際に友達と挨拶をしたり、言葉を掛けたりしましょう。

○自分たちがどの場面のやりとりをしているのかを、適宜確かめながら取り組ませる。実際に、「教室に入ったとき」などと、声に出して確かめさせてから取り組ませることも考えられる。

○子供の活動の様子を観察し、学級全体で共有したいようなやりとりを適宜紹介する。

T　実際にやりとりをして、どんな感想をもちましたか。

・挨拶や言葉掛けには、ちょうどよい声の大きさがあることが分かりました。

・うれしい返事をもらえました。

よりよい授業へのステップアップ

分類と整理

板書の機能の一つに、子供の発言を分類・整理することで、それらを可視化して、子供の理解を促すというものがある。

本書で示しているような資料は、教師の意図や子供の考えに合わせて、自由に掲示する場所を変えることが容易である。ICT 端末を用いてもよいだろう。

本時では、最初は前時と同じ配置で授業を始め、子供の発言に合わせて、資料の位置を変えている。そうすることで、子供が似ているものと、違うものを視覚的に理解することができるからである。

1 第3・4時資料　挨拶・言葉掛けカード 02-01

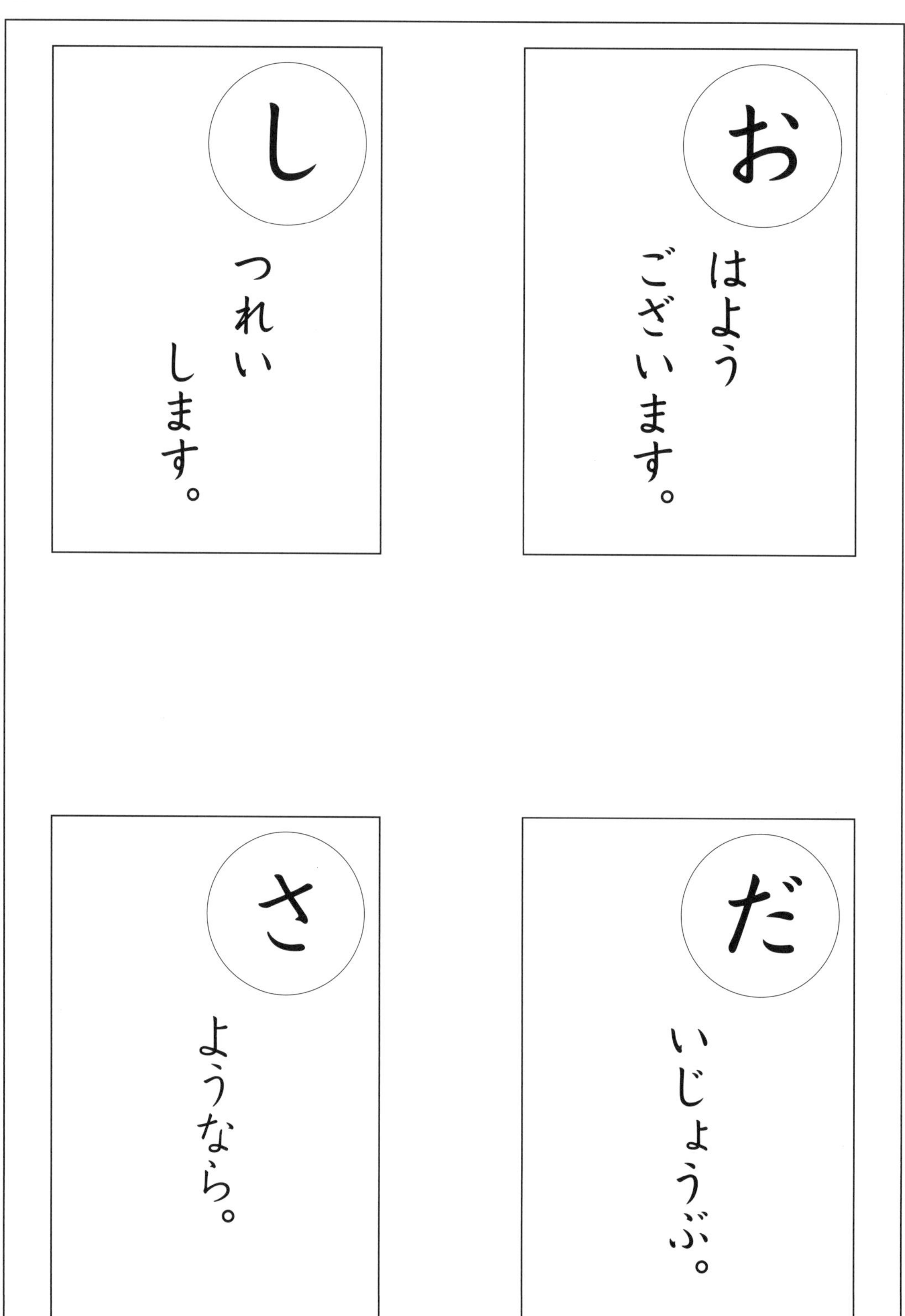

す
みませんん。
は
い。
そのほか、
て
つだうよ。
い
れて。
か
して。
ご
めんね。
も収録しています。

本時案

さあ はじめよう「かく こと たのしいな」

本時の目標

・正しい鉛筆の持ち方や字を書くときの正しい姿勢を知ることができる。

本時の主な評価

❷正しい鉛筆の持ち方や物を書くときの正しい姿勢を理解している。【知・技】

資料等の準備

・教科書 p.14～15の拡大写真
・掲示用言葉の短冊

授業の流れ ▷▷▷

1 鉛筆の持ち方を確かめる〈10分〉

T 今日は、鉛筆と仲良くなる時間です。みなさんは、鉛筆を使って、何をしたことがありますか。
・絵をかくときに使いました。
・鉛筆を使って自分の名前を書きました。
T それでは、そのときに、鉛筆をどのように持っていましたか。実際に鉛筆を持って、手を上にしてください。
○子供の実態を確認する。ここでは、正誤を突き詰めることはしないようにする。

2 教科書の言葉を音読する〈20分〉

T それでは、教科書の言葉を先生の後に続けて読んでみましょう。
○簡単な節を付けて読むなどして、子供が楽しくこの言葉を読み上げることができるようにするとよい。
T それでは、言葉のとおりにやってみながら、声に出して読みましょう。
○隣同士や近くの席の友達と、繰り返し言葉を声に出しながら、鉛筆の持ち方を確認させるようにする。
○姿勢を意識するあまり、体に力が入っている子供には力を抜くように声をかけていく。また、机と椅子が高いときは、椅子に浅く腰掛けるとよいことなどを伝える。

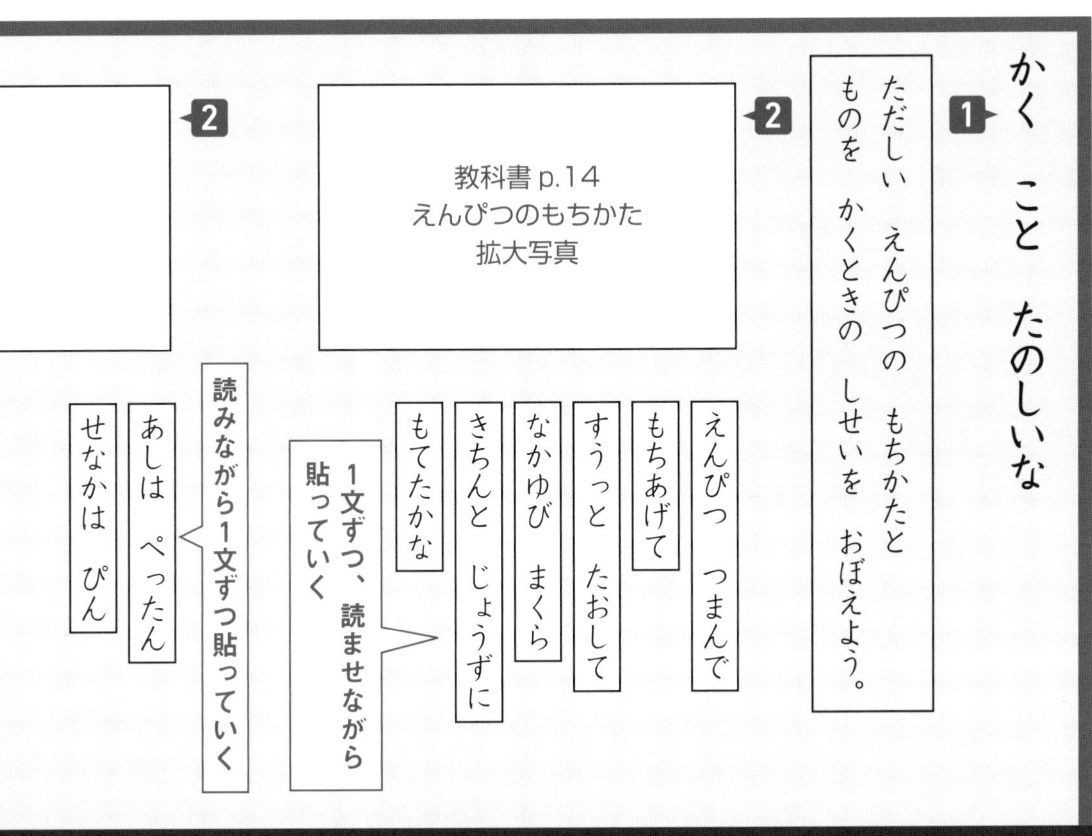

3 簡単な線をなぞったり、書いたりする〈15分〉

T　それでは、鉛筆の持ち方と姿勢を教科書の言葉のとおりにして、線をなぞったり、書いたりしましょう。

○線を引くことに夢中になり、姿勢が崩れたり、鉛筆の持ち方が普段どおりになってしまったりしている子供には、適宜声掛けをして修正をしていくようにする。

○教科書の線をなぞらせたり、子供の実態に応じてワークシートなどを用意したりしてもよい。

○手首の回転のみで円をかかせてみるとよい。正しい持ち方をしている子供ほど、大きな円をかくことができるので、持ち方への関心が高まることが期待できる。

よりよい授業へのステップアップ

個の実態把握

鉛筆の持ち方は、子供の入学前までの経験によって習得の差が大きい。この時間に子供それぞれの鉛筆の持ち方の実態を把握するようにするとよい。また、利き手も確かめておくと、これからの指導に生かすことができる。

手の小さい子供は、人差し指と中指で鉛筆を持ち、薬指で支える持ち方をしていることが多い。また、筆圧が安定しない子供は、中指の支えの弱さや、親指が人差し指にかかるような握り方をしていることが多い。

本時案

さあ はじめよう「どうぞ　よろしく」

6/12

本時の目標

・自分の名前を、正しい姿勢や鉛筆の持ち方に気を付けて、丁寧に書くことができる。

本時の主な評価

・自分の名前を、正しい姿勢や鉛筆の持ち方に気を付けて、丁寧に書こうとしている。

資料等の準備

・教科書 p.14〜15の拡大写真
・平仮名五十音表 02-04
・名前の練習用シート 02-02
・自己紹介カード　1人5枚 02-03

教科書 p.14
えんぴつのもちかた
拡大写真

教科書 p.15
じを　かく　しせい
拡大写真

授業前に掲示をしておく

QR コードが付いているので動画で確認する

授業の流れ ▷▷▷

1 五十音表から、平仮名を見付ける 〈20分〉

T　自分の名前を大切に書いて、友達と自己紹介をしましょう。
T　まずは、自分の名前の平仮名を、表から探してみましょう。
○最初は教師の名前を例にして、探させるとよい。その中で、右からア行、カ行となっていることを確かめるとよい。濁音や拗音などが名前に含まれている子供には個別に対応をする。

2 自分の名前を書く練習をする 〈10分〉

T　それでは、自分の名前を書く練習をしましょう。大切に書くのですよ。
○「大切に書く」という指示は、子供が自分の名前を丁寧に書くことを意識付けさせるためのものである。ここでは、「上手に書こう」という言葉はあえて使わない。文字の巧みさを求めているわけではないからである。「大切に書く」という声掛けで、子供は十分に文字の形に気を付けて書くだろう。
○正しい姿勢や鉛筆の持ち方を想起させる。
○文字を誤って書いている子供には、適宜指導をする。

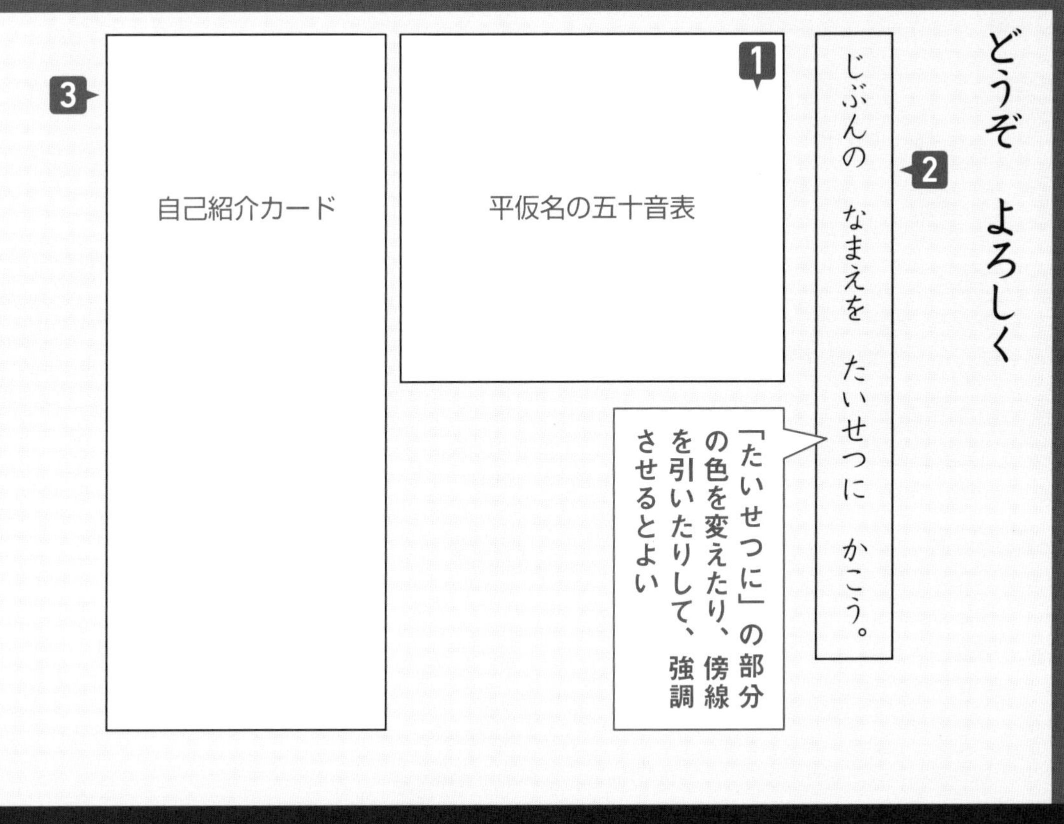

3 自己紹介カードを作る　〈15分〉

T　それでは、自己紹介カードを作ってみましょう。
　次の時間に、このカードを使って友達と自己紹介をしますよ。友達にきちんと名前を読んでもらえるように書きましょう。

○1人5枚の自己紹介カードを配布する。丁寧に書くように適宜声掛けをする。

よりよい授業へのステップアップ

丁寧な文字を書く習慣を付ける

　自分の名前というのは小学校において子供が最も書く文字であるといえる。それを丁寧に書く習慣をしっかりと付けるようにしたい。

　丁寧な文字の基準としては、「楷書」であることである。一画、一画を丁寧に書くように指導をする。この姿勢は、片仮名や漢字を学習する際にも生かせるものである。

　子供によっては、就学前に文字に癖が付いている場合もある。五十音表と照らし合わせながら、丁寧に指導をするようにする。

本時案

さあ はじめよう「どうぞ よろしく」

7·8/12

本時の目標

・自己紹介カードを使って、自分の名前や自分の好きなことを友達に伝えることができる。

本時の主な評価

❹自分の名前や自分の好きなことを友達に伝えている。【思・判・表】

資料等の準備

・平仮名五十音表 02-04
・自己紹介カード 1人5枚 02-03
・活動の手順や伝えることの掲示物
・ヒントカード 02-05

2
じぶんの すきな いろ
じぶんの すきな のりもの
じぶんの すきな たべもの
じぶんの すきな えほん
じぶんの たからもの

教師が手本で使ったものを掲示し、その後で、「他にもこんなことを話すとよいよ」と掲示をしていく

授業の流れ ▷▷▷

1 本時の活動を確かめる 〈第7時・10分〉

T 今日は、友達と自己紹介カードを持って、自己紹介をします。友達からもらったカードに書いてある名前が読めるように、平仮名の確かめをしましょう。

〇五十音表を使って、平仮名の読み方を確認する。

2 友達と自己紹介カードを使って名前などを伝え合う 〈第7・8時・70分〉

T それでは、自己紹介のやり方を確かめます。

〇ここでは、教師が手本を見せながら、一つ一つやり方を確かめていく。

T それでは、自己紹介を始めましょう。

〇近くの友達から始めてもよい。歌いながら歩いたり、音楽を掛けたりして、相手を探すなどの工夫もできる。

〇カードを集めることに終始してしまうことのないように、丁寧に手順を踏ませていくように適宜声掛けをしていく。

〇第7時の終わりに「すきな〇〇」を紹介する（「すきなあそび」「すきなうた」など）。

どうぞ　よろしく

1 ともだちと　じこしょうかいを　しよう。

平仮名の五十音表

2 じこしょうかいの　やりかた
①はじめに　あくしゅを　する。
②じこしょうかいかあどを　みせる。
③じぶんの　なまえと　すきなものを　おしえる。
④かあどをもらった　ともだちの　なまえを　よむ。
⑤あくしゅをして　わかれる。

3 学習の振り返りをする〈第８時・10分〉

T　友達と自己紹介をして、どんな気持ちになりましたか。

・楽しかったので、またやりたいです。
・友達に名前を読んでもらえてうれしかったです。
・好きなものをちゃんと言えました。
・友達の名前をきちんと読むことができました。
・友達の好きなものを知れてよかったです。

○感想については、自己紹介をしたときのこと、してもらったときのことなどを整理して受け止める。してもらったときの場合は、自己紹介をしたときのことも想起させるようにする。

よりよい授業へのステップアップ

活動の枠組みを示す

１年生の子供と活動に取り組む際には、子供にとって分かりやすい「活動の枠組み」を設定するように心掛ける。この時期の子供は、例外的な出来事を受け入れる姿勢に対して個人差があるからである。自分の好きなものを紹介する際に「何でもいいですよ」という言葉が、かえって混乱を生むこともある。「この中から選びましょう」と選択肢を示す。

もちろん、常に教師から枠組みを示していては子供の自主性は育たない。少しずつ枠組みづくりにも子供を参加させていくようにするとよいだろう。

資料 「どうぞ　よろしく」

1 第6時資料　名前の練習用シート　02-02

2 第6～8時資料　自己紹介カード　02-03

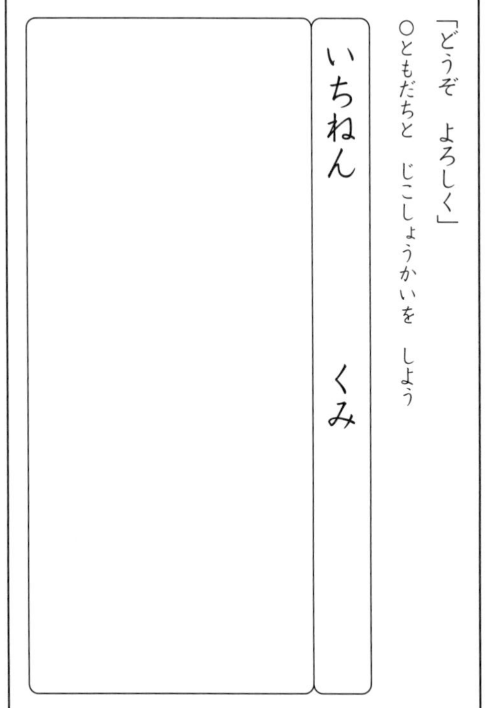

3 第6～8・12時資料　平仮名五十音表 02-04

ひらがな　ごじゅうおん　ひょう

あいうえお
かきくけこ　がぎぐげご
さしすせそ　ざじずぜぞ
たちつてと　だぢづでど
なにぬねの
はひふへほ　ばびぶべぼ
まみむめも　ぱぴぷぺぽ
や　ゆ　よ
らりるれろ
わ　　　を
ん

4 第7・8時資料　ヒントカード 02-05

じぶんの　すきな　いろ

じぶんの　すきな　のりもの

じぶんの　すきな　たべもの

じぶんの　すきな　えほん

じぶんの　たからもの

本時案

さあ　はじめよう「こんな　もの　みつけたよ」

本時の目標

・学校探検をして見付けたものの中から、友達に教えてあげたいものを選ぶことができる。

本時の主な評価

❹学校探検をして見付けたものの中から、友達に教えたいものという視点をもって、伝えたいことを選んでいる。【思・判・表】

資料等の準備

・教室や学校にあるものの写真
・拡大した発表例のコピー

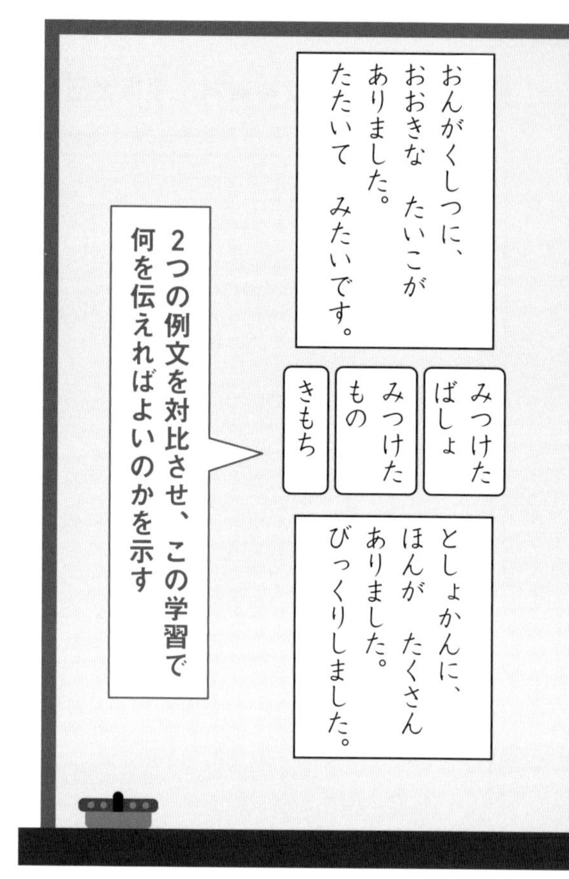

授業の流れ ▷▷▷

1 学校のもので、印象に残っているものを想起する 〈10分〉

T　学校で見付けたもので、特に覚えているものはありますか。
・教室の中にある○○の本です。
・音楽室にあったピアノです。
・図工室にあった絵です。
・体育館にあった跳び箱です。
○施設や物品に限らず、植物や飼育動物など、広く想起をさせるようにする。既に学校探検を経験している場合は、そのときに活用した資料などを用意するとよい。また、「なんていおうかな」で扱った場面を思い出させてもよいだろう。

2 学習の見通しをもって、学校探検をする 〈25分〉

T　学校で見付けたものを友達に教えてあげましょう。どのように伝えればよいかを確かめます。
○例文を教師が読み、何を伝えているのかを子供に気付かせる。子供に音読をさせてもよい。
・見付けた場所を話しています。
・何を見付けたのかを話しています。
・見付けたときの気持ちも言っています。
T　それでは、学校探検に出かけましょう。
○発表をする内容を意識して、探検に向かわせる。
○生活科など他教科の時間を活用してもよい。

こんな　もの　みつけたよ

1

2

がっこうの　なかで　みつけた　ものの
なかから、ともだちに　おしえたい　ものを
えらぼう。

3 友達に教えたいものの絵を描く〈10分〉

T　それでは、見付けたものの絵を描きましょう。

○絵を描くことが苦手な子供がいる場合、あらかじめ教師が写真を撮るなどして、支援をする。
また、絵の代わりに写真を用意し、学校探検の時間を延ばしたり、発表練習に時間を使えるようにしたりすることも考えられる。

よりよい授業へのステップアップ

複数の文章の比較

子供はこの単元の後に、同じ文型の繰り返しで構成されている説明的文章に触れていく。そのことを見据えて、ここで複数の文章を比較するという学習の土台をつくっておきたいという意図がある。

教師の手立てとしては、子供の発見をなるべく平易で簡潔な言葉でまとめることが有効だろう。子供はこれらの文章を声に出して読むことを繰り返していく中で、その文型に親しみ、相手に伝わりやすい文章構成を体感的に学んでいくのである。

本時案

さあ はじめよう「こんな もの みつけたよ」

10/12

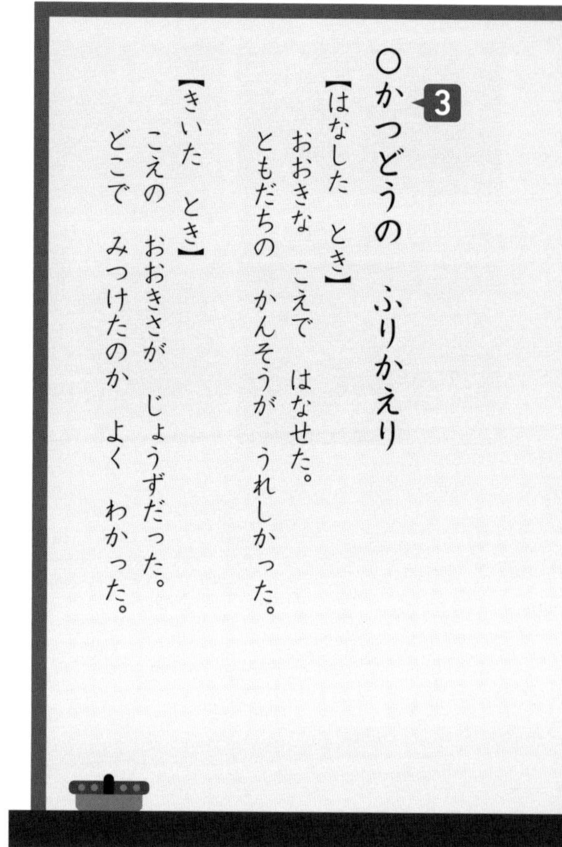

本時の目標

・見付けた場所、見付けたもの、そのときの気持ちを、友達に話すことができる。
・友達の話を聞いて、興味をもったことなどの感想を伝えることができる。

本時の主な評価

❹３つの観点を落とさずに、友達に自分が見付けたものについて話している。また、友達の話を聞いて、興味をもったことなど、簡単な感想を伝えている。【思・判・表】

資料等の準備

・拡大した発表例のコピー
・振り返りのワークシート 02-06～07

授業の流れ ▷▷▷

1 本時の活動を確かめる 〈15分〉

T　今日は、みなさんが学校の中で見付けたものについて、友達に教えてあげましょう。
　最初に、何を伝えるとよいのかを確かめます。

○前時の学習内容を想起させ、「見付けた場所」「見付けたもの」「気持ち」という３つの観点を押さえる。その際に、掲示した例文の音読をさせるとよい。体感的に文型を学ばせるためである。

T　それでは、発表の前に練習しましょう。

○黒板の例文の言葉をどのように変えたら、自分が見付けたものを伝えることができるかを考えさせる声掛けをしていく。

2 友達と見付けたものについて話をする 〈20分〉

T　それでは、友達と自分が見付けたものについて話をしましょう。お話を聞いたら、友達に感想を伝えます。

○学級の実態に応じて、ペアで行ってもよいし、４人程度のグループを作ってもよいだろう。
　全員が友達の話に対して感想を言うことのできる機会を設けるようにする。

・同じものを見付けたね。うれしいな。
・前に行ったときは見付けられなかったので、次は見付けたいと思いました。
・行った場所は同じでも、違うものを見付けていたのがおもしろかったです。

こんな　もの　みつけたよ

1
じぶんが　みつけた　ものを　ともだちに
おしえよう。

おんがくしつに、
おおきな　たいこが
ありました。
たたいて　みたいです。

みつけた
ばしょ

みつけた
もの

きもち

としょかんに、
ほんが　たくさん
ありました。
びっくりしました。

2
おはなしの　ききかた
○さいごまで　おはなしを　きく。
○おはなしを　きいたら、かんそうを
つたえる。

3 活動の振り返りをする　〈10分〉

T　友達と自分が見付けたものを教えてあげられましたね。活動の振り返りをします。まずは、話をしたときのことを教えてください。

・大きな声できちんと話せました。
・友達が言ってくれたことがうれしかったです。

T　では、次に友達の話を聞いたときのことを振り返ります。

・大きな声でお話ができていました。
・気持ちをちゃんと言っていました。
・友達が話してくれたものを見付けたいです。

○「話し手」と「聞き手」という振り返りの視点を明確にする。

T　では、振り返りの印をワークシートに書きましょう。

よりよい授業へのステップアップ

メモに頼らない活動

本時のような発表の場合、事前にメモなどを書かせて、話すことを明確にさせる指導が一般的である。しかし、本時を迎える子供の実態を考えると、発表内容をメモする時間よりも、口頭による練習時間の確保を優先した方がよいだろう。ICT 端末使用も工夫したい。

文字を書く経験が少ない子供にとって、メモを書くことの負担は大人が考えている以上に大きいことを、指導者は念頭に置くべきである。

1 第10時資料 振り返りのワークシート① 02-06

さあ はじめよう 「こんな もの みつけたよ」 ねん くみ なまえ（ ）	
かつどうの ふりかえり	
「みつけた ばしょ」 「みつけた もの」「きもち」を ともだちに おしえられた。	
げんきな こえで、ともだちに おはなしが できた。	
ともだちの おはなしを きいて かんそうを いう ことが できた。	

さあ　はじめよう
「こんな　もの　みつけたよ」
ねん　くみ　なまえ（　　　　）

かつどうの　ふりかえり

「みつけた　ばしょ」 「みつけた　もの」「きもち」を ともだちに　おしえられた。	
げんきな　こえで、ともだちに おはなしが　できた。	
ともだちの　おはなしを　きいて かんそうを　いう　ことが できた。	

◎　○　△

本時案

さあ はじめよう「うたに　あわせて　あいうえお」

11/12

本時の目標

・歌や文字を、姿勢や口形、発声や発音に気を付けて読むことができる。

本時の主な評価

❸歌や文字を、姿勢や口形、発声や発音に気を付けて、正しく声に出して読んでいる。【知・技】

資料等の準備

・「あいうえお」の歌の拡大コピー
・口形を示した写真・絵
・「あいうえお」のカード

おいしい
おむすび
あいうえお

慣れてきたら、歌の一部を紙で覆った状態で読むなどをしてもよい

教科書 p.21

「お」の口形を示した写真

教科書 p.23

お

授業の流れ ▷▷▷

1 歌を声に出して読む 〈10分〉

T 「あいうえおの　うた」を声に出して読みますよ。
　最初に先生が読むので、その後に続けて読んでみましょう。
○はっきりとした発声と発音を意識し、ゆっくりと読むようにする。慣れてきたら、少しリズムを付けたり、教科書の挿絵を参考に、様子を想像させながら読んだりしていくなどの変化を付ける。
○子供の姿勢を褒め、学級全体に波及させる。
○子供の関心を高める工夫の一つとして、歌の一部を隠して、思い起こさせながら音読をさせる方法を試してもよい。

2 口形を確かめながら、発音や発声に気を付けて読む 〈10分〉

T みなさん、「あ」のとき、口はどんな形をしていますか。
・大きく口を開けていました。
・「あ」は、あくびをするときみたいな形でした。
○写真と自分たちの口の形を確かめさせながら、声に出して読ませる。近くの友達と口の形を確かめ合いながら取り組む。
※「い」～「お」も同様。
○声を発さずに、口の形だけで、どの部分を読んでいるかどうかを考えさせてもよい。

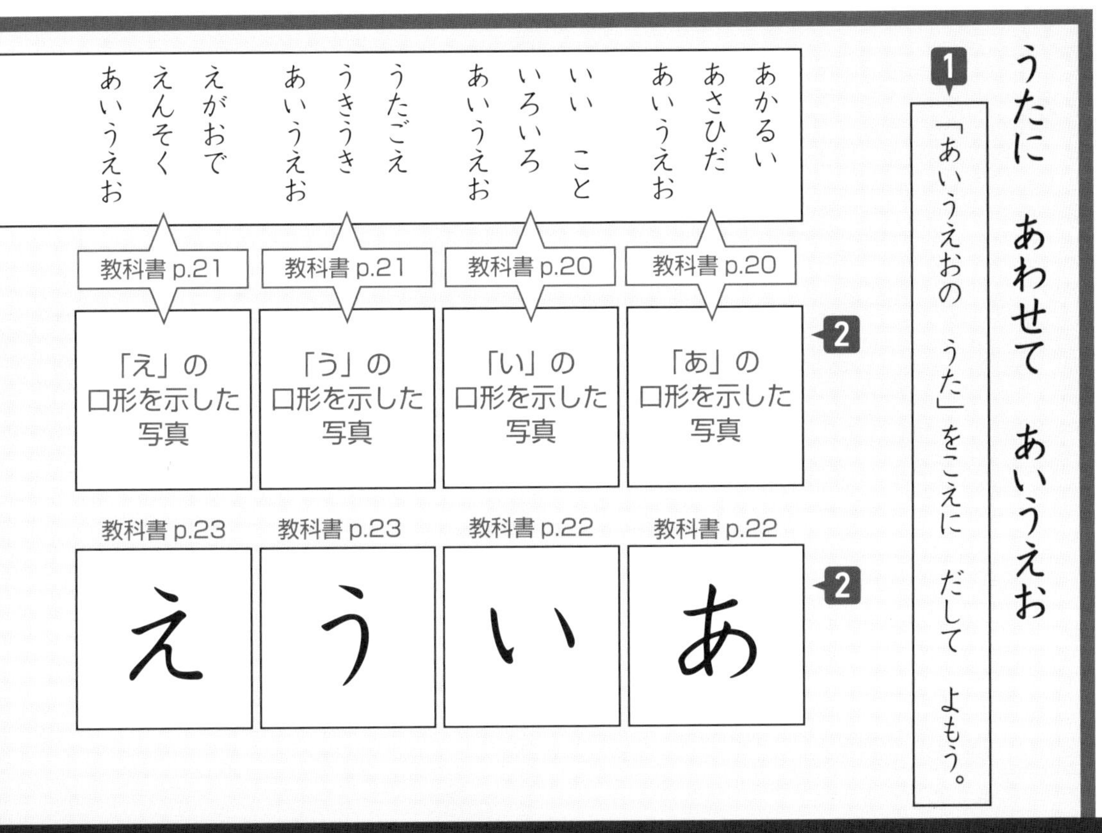

3 グループで読み方を工夫する 〈15分〉

T　それでは、今から友達とグループをつくっていろいろな読み方の工夫を考えてみてください。

○10分程度で発表時間にする。しかし、グループ内で楽しめているときは、そのままグループ活動にしてもよい。

○読み方の工夫として、順番に読んでいくことや、一部を一緒に読むことなどを教師側から示してもよい。早口で読むことなども子供たちは楽しめるだろう。

T　それではどんな読み方を考えましたか。発表をしてください。

4 振り返りをする 〈10分〉

T　今日は口の形に気を付けながら、「あいうえおの　うた」を読みました。
　「あ」はどんな形でしたか。

・あくびをするときみたいな形です。

○他の文字でも確かめる。

T　友達と一緒に読んだり、友達が読むのを聞いたりした感想を教えてください。

・一緒に体を動かしながら読んだことが楽しかったです。

・口の形に気を付け合いながら読めたのでよかったです。

本時案

さあ　はじめよう「うたに　あわせて　あいうえお」

12/12

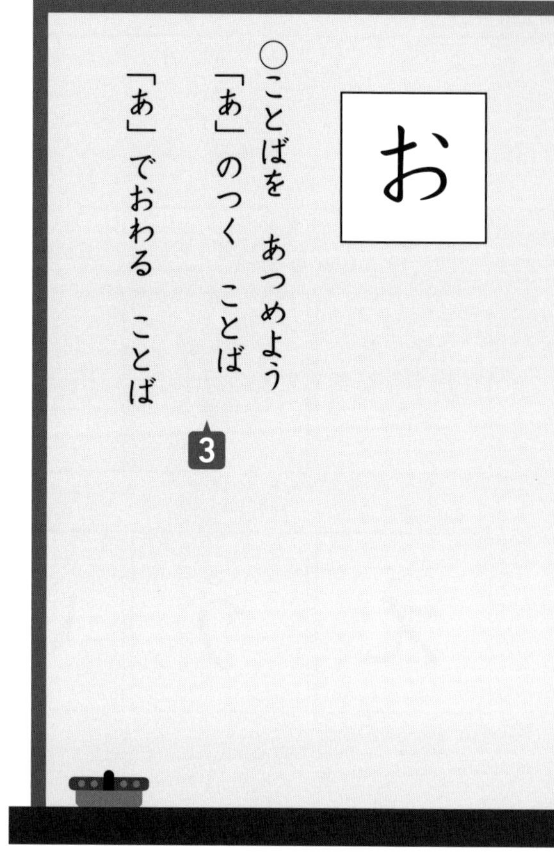

本時の目標

・「あいうえお」を字形に気を付けて書くことができる。
・言葉集め遊びを通して、言葉の豊かさに気付くことができる。

本時の主な評価

・「あいうえお」を字形に気を付けて書いている。
・言葉集め遊びを通して、言葉の豊かさに気付いている。

資料等の準備

・「あいうえお」のカード
・平仮名五十音表 02-04

授業の流れ ▷▷▷

1 「あいうえおの　うた」を声に出して読む 〈10分〉

T　前回みんなで読んだ「あいうえおの　うた」を最初に読みましょう。

○前回の工夫を思い起こさせながら、音読をする。その際に口の形も同じように想起させる。

T　前回は声に出して読むときの口の形を学習しました。

　今日は、「あいうえお」を書くときの、文字の形を学習します。

2 「あいうえお」を、字形に気を付けて丁寧に書く 〈20分〉

T　「あいうえお」の平仮名を、形に気を付けて丁寧に書いてみましょう。「あ」を書くときに気を付けるところはどこですか。

・最初に書くところを確かめます。
・どこから書くのか、場所を確かめます。
・どれくらいの長さの線にすればいいかを確かめます。

T　まず「あ」を丁寧になぞりましょう。

○まずは、指を使って、文字をなぞらせる。その後、はみ出さないようになぞらせる。自分の力で書くときには、書き始めの位置を意識させる。文字に対する固定観念ができてしまっている子供も多い。書き始めの位置は丁寧に指導をする。

※「い」～「お」も同様。

うたに　あわせて　あいうえお

2 もじの　かたちに　きをつけて、「あいうえお」を　かこう。

2 あ　い　う　え

文字の書き始めの位置を、色を変えたり、点を打ったりして、子供に明確に示す。同様に、線の向きや長さも意識させる

3 言葉集めをする 〈15分〉

T　これまでに習った字を使って言葉を作りましょう。

では、最初は「あ」から始まる言葉を作ってみましょう。

○「あ」から始まる２文字、３文字と字数を制限したり、「あ」で終わる言葉など終わりを指定したりするなど、子供たちの実態に合ったルールを提示してもよい。

T　今日、友達と一緒に作った言葉でお気に入りの言葉はどれですか？

○使ってみたい言葉など、子供たちから言葉への愛着を感じさせる発言を引き出したい。

よりよい授業へのステップアップ

言葉遊びを楽しませること

国語の学習を支えるものの一つが語彙である。語彙が不十分では文字言語であれ、音声言語であれ、それがもつよさを十分に味わうことができない。

子供たちの語彙を増やしていくための手立てとして有効なのが言葉探しなどの遊びを通した活動である。楽しみながらたくさんの言葉に触れ合わせたい。その際、子供たちが知っている言葉を出させるだけではなく、「うれしいという気分は、胸が弾むと言ったりもするよ」などのように、言葉を増やすための工夫をしたい。

ことばの　たいそう

こえに　だして　よもう　（1時間扱い）

単元の目標

知識及び技能	・語のまとまりや言葉の響きなどに気を付けて音読することができる。((1)ク)
思考力、判断力、表現力等	・場面の様子や登場人物の行動など、内容の大体を捉えることができる。(C イ)
学びに向かう力、人間性等	・言葉がもつよさを感じるとともに、楽しんで読書をし、国語を大切にして、思いや考えを伝え合おうとする。

評価規準

知識・技能	❶語のまとまりや言葉の響きなどに気を付けて音読している。(〔知識及び技能〕(1)ク)
思考・判断・表現	❷「読むこと」において、場面の様子や登場人物の行動など、内容の大体を捉えている。(〔思考力、判断力、表現力等〕C イ)
主体的に学習に取り組む態度	❸積極的に詩の世界の様子を想像し、今までの学習を生かして詩の音読をしようとしている。

単元の流れ

時	主な学習活動	評価
1	学習の見通しをもつ	
	朝の太陽を見て、どんな気持ちになるかを話し合う。	
	「あさの　おひさま」の範読を聞く。	
	「あさの　おひさま」を全員で音読する。	❶
	一つ一つの言葉の意味を確認する。	
	「のっこり」「ざぶんと」の様子を動作化し、その様子を想像する。	❷
	学習を振り返る	
	「あさの　おひさま」を再読する。	❸

授業づくりのポイント

〈単元で育てたい資質・能力〉

本単元のねらいは、「あさの　おひさま」という詩を読んで、場面の様子や登場人物の行動などを想像しながら、内容の大体を捉える力を育むことである。また、声に出して読むことの楽しさを実感することも大切である。

そのためには、子供に一つ一つの言葉からどんな印象が感じられるかを豊かに想像させ、それらの思いを言語化させて、多くの言葉を引き出すことが大切である。

入学したばかりの子供にとっては詩との出合いは新鮮なものであり、この授業を機会に音読を楽しむ姿勢を伸ばしていくようにする。

〈教材・題材の特徴〉

「あさの　おひさま」は、水平線から昇る太陽の様子を情感豊かに詠んだ詩である。「あさの　おひさま」というタイトルから、明るい夜明けの様子が伝わってくる。また、四行二連の短い詩ながら、「のっこり」や「ざぶんと」等のオノマトペ、連の始めの繰り返し、七五調のリズム等、詩の楽しさを味わえる作品になっている。一つ一つの言葉が様々な情景を想像させるものであり、子供が詩を声に出して読む楽しさに気付くことのできる作品である。

本教材は神沢利子著『大きなけやき』が出典である。また、教科書には「もっとたのしもう」として、谷川俊太郎著『ふじさんとおひさま』も紹介されている。詩集の中にある他の詩についても音読することで、声に出して詩を読むことの楽しさをさらに味わうことができるであろう。

〈言語活動の工夫〉

一つ一つの言葉について、どんな様子か子供に発言させたり、動作化させたりして、言葉へのイメージを膨らませる。音読発表の際にも、声の大きさ、間、動作などを工夫しながら取り組ませることで、音読の力を伸ばす。

[具体例]
・「たいよう」と「おひさま」の言葉の印象の違いについて話し合う。
・動作化したり様子の違いを話し合ったりしながら「のっこり」のときの「おひさま」の気持ち、「ざぶん」のときの「おひさま」の気持ちについて考える。

〈ICT の効果的な活用〉

記録：教師が ICT 端末を活用して子供の音読の様子を動画で撮影し紹介してもよい。よいところや工夫を共有し、読みへの興味を高めることができる。

提示：学習支援ソフトを活用して教科書に提示されていない詩を子供の ICT 端末に配信し、自由に閲覧できるようにする。１つ選んで宿題で音読するなど、この時間が終わった後も継続して詩に触れることができる。しばらくしたら、お気に入りの詩を音読して動画で提出させるようにしてもよい。効果的ではあるものの、この時期に子供一人での操作は難しい。保護者の協力を依頼するなど、実態に応じて無理せず行いたい。

本時案

こえに　だして　よもう「あさの　おひさま」 1/1

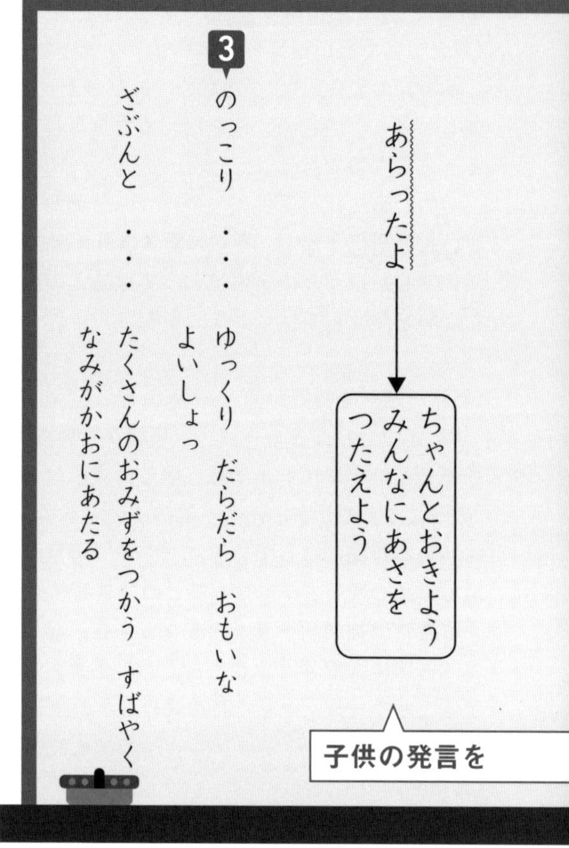

本時の目標

・詩全体の様子や登場人物の行動を捉えながら、音読することができる。

本時の主な評価

❶語のまとまりや言葉の響きなどに気を付けて音読している。【知・技】

❷場面の様子や登場人物の行動など、内容の大体を捉えている。【思・判・表】

❸積極的に詩の世界の様子を想像し、今までの学習を生かして詩の音読をしようとしている。【態度】

資料等の準備

・教科書の挿絵のコピー
・実際に水平線に朝日が昇る様子を撮影した写真

授業の流れ ▷▷▷

1 朝の太陽を見て、どんな気持ちになるかを話し合う 〈10分〉

○朝の太陽の写真を提示し、どんな気持ちになるかを話し合う。

T　これは朝の太陽です。このような朝の太陽を見ると、どんな気持ちになりますか。

・朝が来たって思います。
・もっと寝ていたいなあと思います。
・少しうれしい気持ちになります。

○子供の発言を板書し、朝の太陽のイメージを膨らませ、「あさの　おひさま」の学習への意欲を高めていく。

T　考えたことを頭の中に浮かべながら、詩を読んでいきましょう。

2 「あさの　おひさま」を音読する 〈15分〉

○はじめに教師が範読し、その後、子供と一緒に音読する。その際、言葉のリズムを意識できるようにする（手拍子などを入れてもよい）。その後、一つ一つの言葉の意味や様子について話し合う。

T　「おひさま」は太陽のことですね。太陽と言っていないのはなぜですか。

・「おひさま」の方が優しい感じがします。
・生き物のように感じるからです。

T　「海」はどんな色ですか。

・青いと思います。
・太陽の色が当たって、少し赤っぽくなっていると思います。

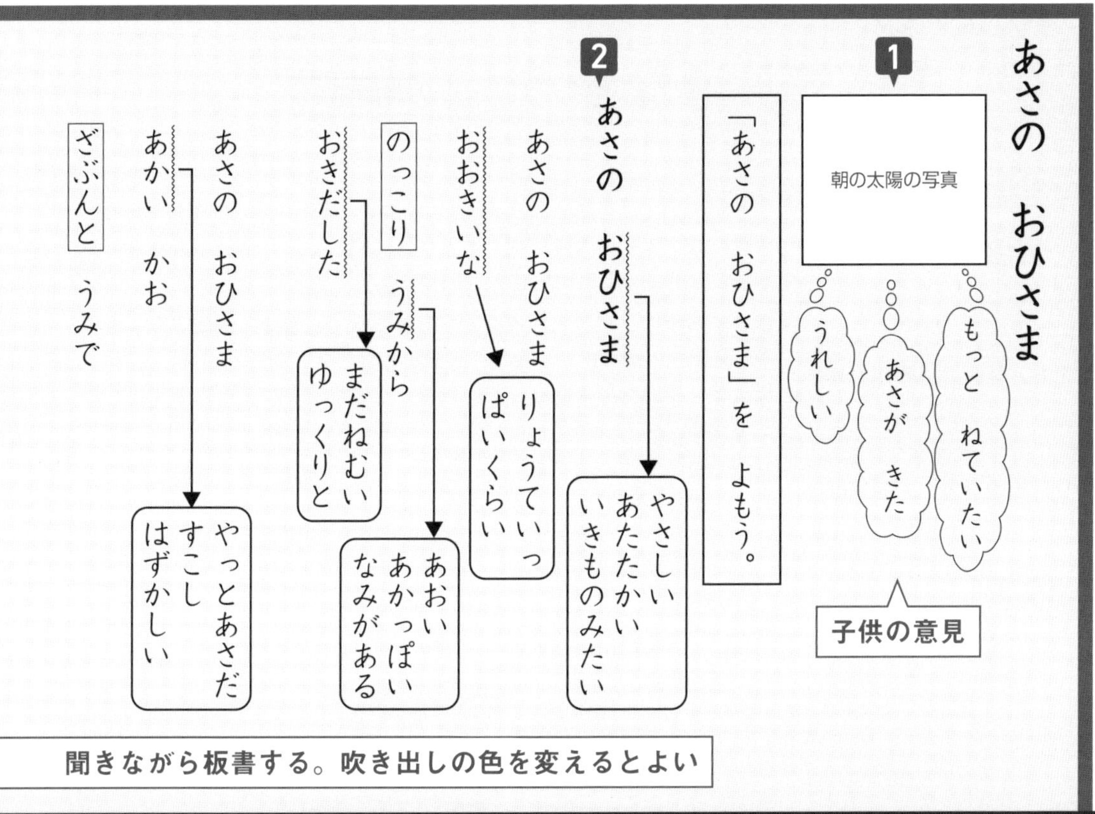

3 「のっこり」「ざぶんと」の様子について想像する　〈20分〉

○オノマトペに目を向けさせ、さらに深く詩の様子を想像する。

T　他に気になった言葉、初めて見た言葉はありましたか（子供から出なければ、教師から提示してもよい）。

・「のっこり」って、ゆっくりな感じがします。

・まだ眠いよ、って感じがします。

T　まだ眠いのに、起きたのですか。

・太陽が出ないと、みんな朝が分からない。

・起きるために、「ざぶんと」顔を洗ったと思います。

T　それではどんな様子か、体を使ってやってみましょう。

○動作化をし、様子を確認した後、再度音読をする。声の出し方や動きも工夫する。

よりよい授業へのステップアップ

他の詩にも触れ、詩や語感のおもしろさを味わい、言葉に親しむ

教科書に掲載されていない詩に親しむことで、様々な言葉に触れたり、語感を楽しんだりすることができる。

例えば、『大きなけやき』所収の「そら豆」や「小さな　おばさん」などは、リズムやオノマトペに親しむことができるので、読み聞かせをしたり、全員で音読するのもよい。

また、子供のICT端末に様々な詩を配信し、自由に閲覧できるようにし、それらを音読させることもできる。

ことばの　たいそう

よく　きいて、はなそう　2時間扱い

単元の目標

知識及び技能	・言葉には、事物の内容を表す働きや、経験したことを伝える働きがあることに気付くことができる。((1)ア)
思考力、判断力、表現力等	・話し手が知らせたいことや自分が聞きたいことを落とさないように集中して聞き、話の内容を捉えて感想をもつことができる。(A エ) ・伝えたい事柄や相手に応じて、声の大きさや速さなどを工夫することができる。(A ウ)
学びに向かう力、人間性等	・言葉がもつよさを感じるとともに、楽しんで読書をし、国語を大切にして、思いや考えを伝え合おうとする。

評価規準

知識・技能	❶言葉には、事物の内容を表す働きや、経験したことを伝える働きがあることに気付いている。(〔知識及び技能〕(1)ア)
思考・判断・表現	❷「話すこと・聞くこと」において、話し手が知らせたいことや自分が聞きたいことを落とさないように集中して聞き、話の内容を捉えて感想をもっている。(〔思考力、判断力、表現力等〕A エ) ❸「話すこと・聞くこと」において、伝えたい事柄や相手に応じて、声の大きさや速さなどを工夫している。(〔思考力、判断力、表現力等〕A ウ)
主体的に学習に取り組む態度	❹興味をもって進んで友達の話を聞き、より伝わる話し方を考えながら、みんなに知らせようとしている。

単元の流れ

時	主な学習活動	評価
1	学習の見通しをもつ 教科書（p.26～27）を読んで、教師の説明を聞き、活動内容を知る。 友達とペアになり、好きな遊びについて聞き合う。	❶❷
2	友達を変えて、好きな遊びや他の話題について聞き合う。 学習を振り返る 話を聞くときに大事なことを確かめ、学習感想を書く。	❸❹

授業づくりのポイント

〈単元で育てたい資質・能力〉

本単元は、ペアでの会話のやりとりを通して、友達とペアで話すことの楽しさを味わったり、相手の話に対して感想を伝えたり反応したりするとよいことに気付いたりしながら、今後の学習の基礎となる対話の素地をつくることをねらいとしている。そのためには、相手の話を集中して聞くことが必要である。隣の席の友達とペアで行うことで、「誰の話を聞くのか」を明確にし、話の内容に集中しやすくする。相手に自分のことを話す楽しさや聞いてもらうことの安心感を経験することで、本単元以降の学習や生活場面でも子供が積極的に今回の学びを生かすことを目指したい。

[具体例]

○話し手の後に続く聞き手の反応について、教師が実演し、違いやよさについて話し合う。
よい例…うなずく、感想を伝える、質問する／悪い例…黙る、否定する
実際に子供に体験させるロールプレイも有効である。この際、聞き手の反応によって話し手が抱く気持ち（うれしい・安心ー悲しい・困る）について共有することを大事にする。子供たちから出た意見を項目としてまとめ、ペアでのやりとりを振り返る際の観点とする。体の向きや目線、表情など、態度についても併せて考えさせたい。

〈教材・題材の特徴〉

「ことばの　たいそう」は、年３回設定されている帯単元であり、「よく　きいて、はなそう」は対話スキルアップの時間として位置付けられている。本単元では、まず好きな遊びについて聞き合う。休み時間や放課後など、どの子供にとっても遊ぶことの経験があり、話すことが苦手な子供にとっても比較的話しやすい話題であると考える。さらに、好きな遊びを知ることをきっかけに、一緒に遊ぶなどの反応もあるだろう。入学して１か月という時期の単元なので、互いの名前を覚え、交友関係を築いたり広げたりしていく上でも有効な話題であると考える。

〈言語活動の工夫〉

好きな遊びについてやりとりしていると、他の話題についても聞きたいという子供たちの気持ちが高まってくる。子供から出た意見を、話題として採用し、子供の意欲や「聞くのが楽しい」という思いを大切にすることもできる。

[具体例]

○話題の例…好きな食べ物、好きな動物、好きな色
○ただし、全員が知っていて話せる内容であることや感想を伝えやすいことなどに留意して話題を選ぶようにする。第１時の終末に意見が出た場合には、あらかじめアンケートを取り検討するのがよい。

〈ICT の効果的な活用〉

共有：あらかじめ会話のやりとりを示すモデル動画を作成して見せる。
子供のよいやりとりを撮影し、全体に紹介する。

本時案

よく　きいて、はなそう

本時の目標

・活動の内容を知り、友達とペアになって、好きな遊びを聞いて分かったことや感想を伝え合うことができる。

本時の主な評価

❶言葉には、事物の内容を表す働きや、経験したことを伝える働きがあることに気付いている。【知・技】

❷友達が知らせたいことや自分が聞きたいことを落とさないように集中して聞いて感想を伝えている。【思・判・表】

資料等の準備

・挿絵のコピー
（カラーコピーで拡大したもの）

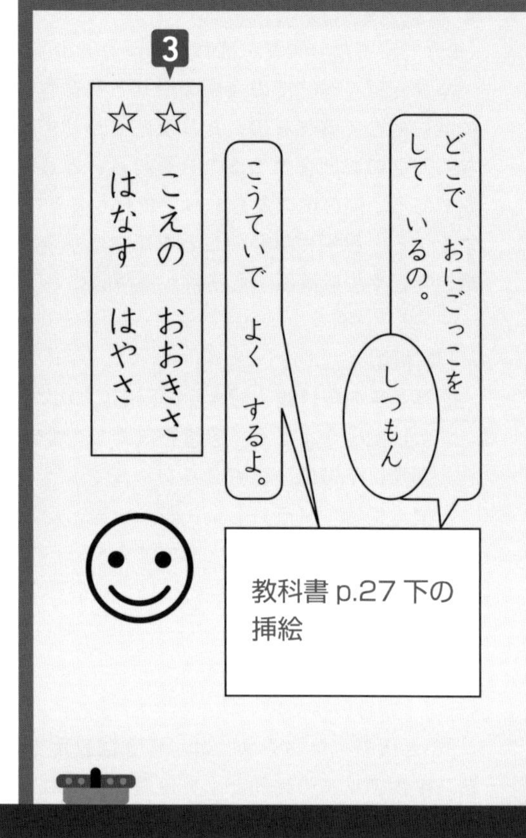

授業の流れ ▷▷▷

1 休み時間を振り返り、好きな遊びの聞き方を考える 〈15分〉

○中休みや昼休みなど、遊ぶ時間が設定された休み時間の後の授業が望ましい。

T　休み時間は、何の遊びをしましたか。

・鬼ごっこ、縄跳び、お絵描き、折り紙。

○全員からではなく、ある程度の回答にとどめ、「私も話したい」という意欲を引き出す。出された遊びを板書することで、遊びが思い付かない子供への支援とする。

T　隣の席の友達に、好きな遊びを聞いてみましょう。どのように聞いたり話したりするとよいでしょうか。

・ぼくも好きだよ。（うなずく）

・どこで鬼ごっこをしているの。（質問する）

○話し手を見て聞く態度も確認する。

2 好きな遊びを友達に聞く 〈20分〉

T　はじめに、隣の席の人に好きな遊びを聞いてみましょう。

○やりとりを始める前に、好きな遊びを決める時間を設けるとよい。

○適切な声の大きさについては、個別に指導を行う。3の展開で改めて、全体に適切な声の大きさや速さの指導を行う。

○聞き手と話し手を交代したり、相手を変えたりして繰り返し行う。

ICT 端末の活用ポイント

よいやりとりをしている子供たちの姿を撮影しておくと、3や次時の導入で、よいモデルとして紹介することができる。

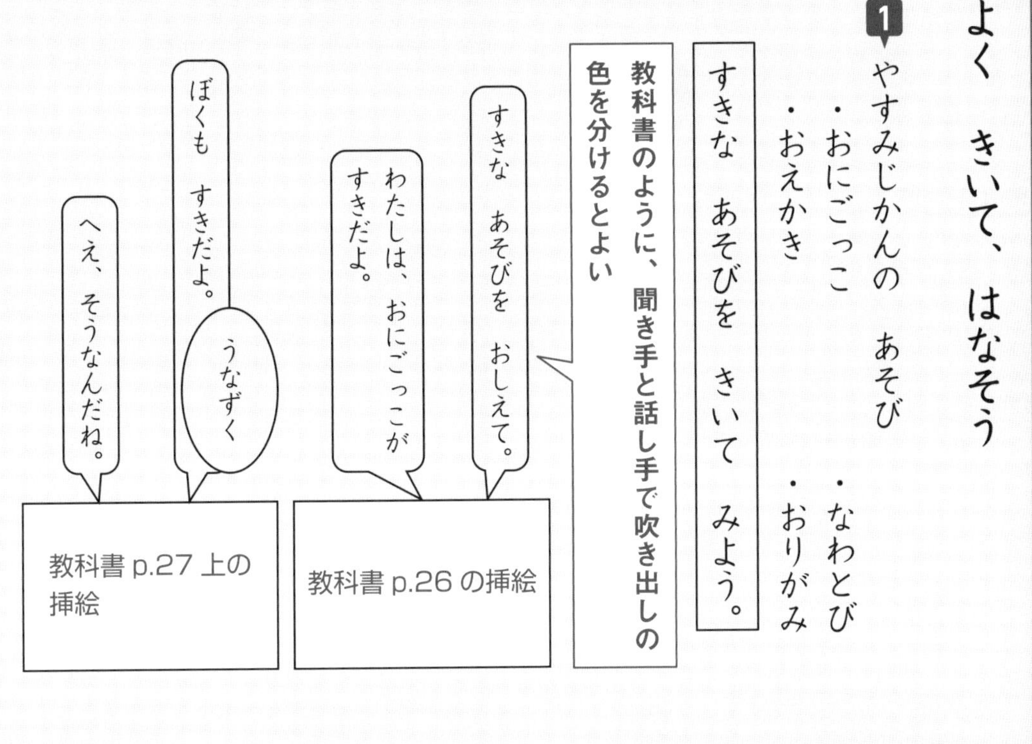

3 話を聞いたときの感想を共有する〈10分〉

T　友達に好きな遊びを聞いてどうでしたか。

・○○さんと好きな遊びが一緒でした。うれしかったです。

・□□さんの好きな遊びは、縄跳びでした。今度技を教えてもらいたいです。

T　みんなにも、好きな遊びを教えてくれるペアはいますか。

・どこでやるのですか。（追質問をしている）

・教えてくれてありがとう。（やりとりの前後に挨拶をしている）

○全体の前で実演してもらった後で、どんなところがよかったかを共有する。声の大きさや速さが適切な点についても称賛し、やりとりをするときのポイントを子供たちと作っていく。

ICT 等活用アイデア

会話のモデル動画の提示

あらかじめ会話のやりとりを示すモデル動画を作成して見せる。「聞き手」「話し手」という名札を付けると、子供たちにとって分かりやすい。

話し手に対して、表情豊かにうなずいたり質問をしたりして会話が続くモデルを見せ、子供たちに会話のポイントを考えさせる。子供の発言を基に板書したり、動画を再度確認したりするとよい。

本時案

よく　きいて、はなそう

本時の目標

・友達が話すことを落とさないように集中して聞き、進んで感想ややりとりのポイントを考えることができる。

本時の主な評価

❸自分が伝えたいことやペアの友達に合わせて、声の大きさや速さなどを工夫している。【思・判・表】

❹興味をもって友達の話を聞き、やりとりのポイントを考えようとしている。【態度】

資料等の準備

・挿絵のコピー（カラーコピーで拡大したもの）

・振り返りシート（拡大したもの） 04-01

・声の大きさ・速さ確認シート 04-02

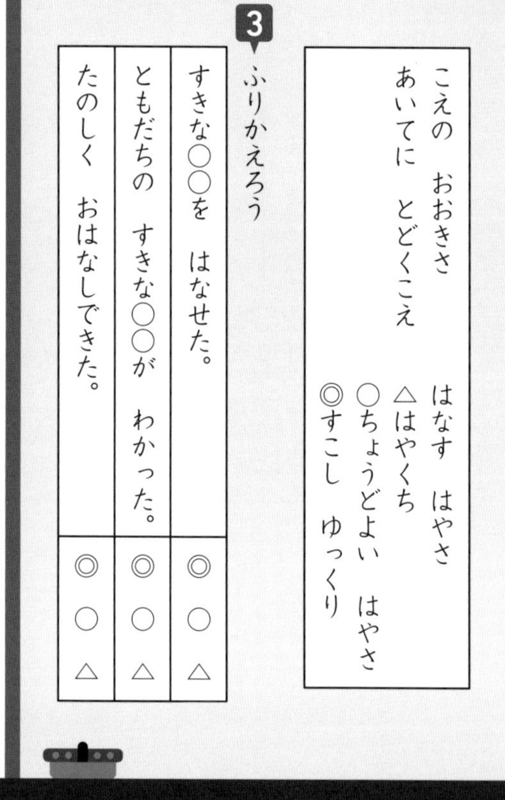

授業の流れ ▷▷▷

1 前時の学習を振り返る 〈10分〉

T　前の時間では、どんな学習をしましたか。

・隣の友達に好きな遊びを聞きました。

・遊び以外にも、聞いてみたいです。

T　どんなことを聞いてみたいですか。

・好きな食べ物、好きな動物、好きな色。

T　どのように聞いたらよいでしょうか。

・聞き手：好きな食べ物を教えて。

・話し手：ぼくは、カレーが好きだよ。

・聞き手：私も好きだよ。どうして好きなの。

○代表児童に会話の一例をしてもらいながら、よい点を振り返り、会話をつなぐポイントを想起させたり考えたりする。

2 いろいろな友達とペアになり、好きなものを聞き合う 〈25分〉

T　友達の好きなものを、聞いてみましょう。

○声の大きさや話す速さについては、前時で押さえていなければ、具体的に指導する。

○自由に歩いてペアを組んだり、じゃんけん列車のように音楽が止まったら必ずペアを見付け子供によって回数に差が出ないようにしたりするなど、実態に応じて方法を変える。

○何を聞くか決められない場合には、1の選択から選ぶよう声掛けをする。

ICT 端末の活用ポイント

子供たちの、よいやりとりを撮影し、3で紹介する。評価の材料として活用することもできる。

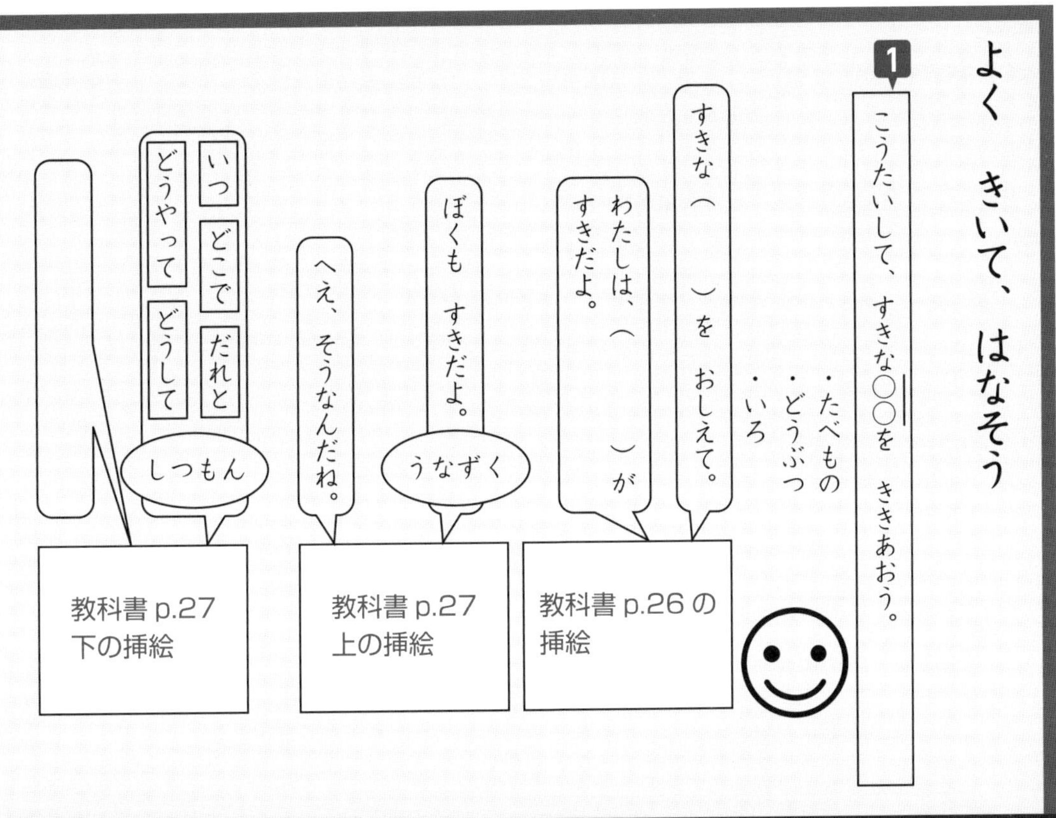

3　学習活動を振り返る　〈10分〉

T　友達と好きなものを聞き合う学習を振り返りましょう。

・楽しかったです。また、やりたいです。

・友達と好きな動物が同じでした。

・○○さんが聞くときに、優しくうなずいてくれてうれしかったです。

○振り返りシートは、ノートに貼るサイズで用意し、項目ごとに学級全体で内容を確認しながら記入をさせる。

○2の活動で、感想の内容や相手に応じた声の大きさ、速さを工夫していた子供は、取り上げて称賛する。

よりよい授業へのステップアップ

振り返りシートの工夫

今回の学習をきっかけに、ペアで対話する経験を重ね、「友達と聞き合うことが楽しい」と実感できるようにしたい。また、そのためには、やりとりするときのポイントを意識できるように、振り返りシートを活用する。

平仮名を学習中という発達段階を踏まえ、自己評価は記号を用いた。「◎○△」や「😀😲😞」「☆」の数の色塗りなど、子供にとって負担が少なく、取り組みやすいものが望ましい。

資料

1 第2時資料　振り返りシート 04-01

よく　きいて、はなそう

ねん　　くみ　　なまえ（　　　　　　　　）

・ともだちと　すきな　あそびを　ききあって、どうでしたか。

すきなあそびを　はなせた。	◎　○　△
ともだちの　すきなあそびが　わかった。	◎　○　△
たのしく　おはなしできた。	◎　○　△

・ともだちと　すきな　○○を　ききあって、どうでしたか。

すきな○○を　はなせた。	◎　○　△
ともだちの　すきな○○が　わかった。	◎　○　△
たのしく　おはなしできた。	◎　○　△

1 第２時資料　声の大きさ・速さ確認シート 04-02

こえの　おおきさ
あいてに　とどくこえ

はなす　はやさ
△はやくち
○ちょうどよい　はやさ
◎すこし　ゆっくり

ことばの　たいそう

ことばを　さがそう

（2時間扱い）

単元の目標

知識及び技能	・音節と文字との関係に気付くことができる。((1)イ) ・身近なことを表す語句の量を増し、語彙を豊かにすることができる。((1)オ)
学びに向かう力、人間性等	・言葉がもつよさを感じるとともに、楽しんで読書をし、国語を大切にして、思いや考えを伝え合おうとする。

評価規準

知識・技能	❶音節と文字との関係に気付いている。(〔知識及び技能〕(1)イ) ❷身近なことを表す語句の量を増し、語彙を豊かにしている。(〔知識及び技能〕(1)オ)
主体的に学習に取り組む態度	❸語句の音節と文字との関係を積極的に理解し、今までの学習を生かして言葉を集めようとしている。

単元の流れ

時	主な学習活動	評価
1	学習の見通しをもつ 言葉を集める学習を行うことを確認する。 「あ」で始まる言葉について、手を打ちながら1音節1文字の要領で、2文字、3文字、4文字で集める。	❶❷
2	既習の平仮名「い」「う」「え」「お」で始まる言葉について、「あ」で始まる言葉同様、文字数を意識しながら集める。 学習を振り返る 集めた言葉を紹介し合う。	❶❸

授業づくりのポイント

〈単元で育てたい資質・能力〉

言葉遊びを通して言葉への興味・関心を高めることを狙った単元である。「言葉っておもしろいな」と感じることが、言葉に興味・関心をもって生活することにつながる。併せて身近なことを表す語句の量を増し、語彙を豊かにすることも意識したい。既習の平仮名をきっかけにし、頭文字や文字数を意識して言葉を集める中で、同じ音から始まる言葉が数多くあることや同じ文字数でも違う意味を表すことなど、言葉の豊かさを感じられるようにする。

〈教材・題材の特徴〉

「ことばの　たいそう」は、年間３回配置されている。「ことばを　さがそう」は、我が国で長く親しまれている言葉遊びが例示されている。言葉遊びに取り組むことで、言葉のおもしろさを感じ、言葉への興味・関心を自然と高めていくことができるようになっている。また、言葉遊びは、音数やリズムを味わったり、様々な語句と出合ったりと、子供の語感を耕し、語彙を豊かにするのに大変有効である。年間を通じて、取り組むようにするとよい。

今回は、同じ音で始まる言葉や１文字ずつ文字が増えていく言葉を集める言葉遊びを取り上げている。教科書では、「あ」で始まり「あり」「あしか」「あいさつ」と１文字ずつ増えていく。「あ」で始まる言葉を知ってはいても、音数を意識する経験は少ないであろう。言葉に対する新たな見方を知ることで、「他にもあるのではないか」「もっとたくさん見付けたい」「他の音で始まる言葉も探したい」という思いが高まる。p.29には、「あ」「い」「う」「え」「お」で始まる言葉のイラストが16個掲載されている。何もない状態で記憶から言葉を呼び覚ますのは難しいので、言葉を集めるときのヒントとして活用したい。

[具体例]

○教師が示す言葉や子供たちから出た言葉を、文字数の順になるよう板書していく。そうすることで、文字数が１つずつ増えているというきまりがあることに気付かせる。

○様々な言葉を探す手掛かりとなるよう、教室を見渡すよう声掛けしたり、写真やイラストを提示したりする。

〈言語活動の工夫〉

文字数に着目するために、文字に合わせて手を打つ。文字に合わせた音の響きによって、見付けた言葉の文字数を適切に捉えられるようにする。また、音と音とがつながって、１つの意味をもつ「語句」というまとまりになっていることも感じることができる。

[具体例]

○まずは、少ない文字数から始め、文字に合わせながらゆっくりと手を打つことで、どの子供も理解し、活動に取り組めるようにする。手を使った活動や音の響きは子供にとって好ましいものであり、活動の集中を促すことにもつながる。

○言葉を集める際のワークシートを複数パターン用意し、子供に自由に選択させてもよい。

・同じ音数のものをできるだけ多く集める。

・１文字ずつ増えていく。（例：階段）

・指定された音数のものを集める。（例：さいころ）

本時案

ことばを さがそう

本時の目標

・「あ」で始まる、1音節1文字の言葉を集めることができる。

本時の主な評価

❶1音節1文字の要領で、「あ」から始まる言葉を集めている。【知・技】
❷身近なことから言葉を集め、知っている語句の量を増やしている。【知・技】

資料等の準備

・挿絵のコピー（カラーコピーで拡大したもの）
・文字黒板または例示の言葉

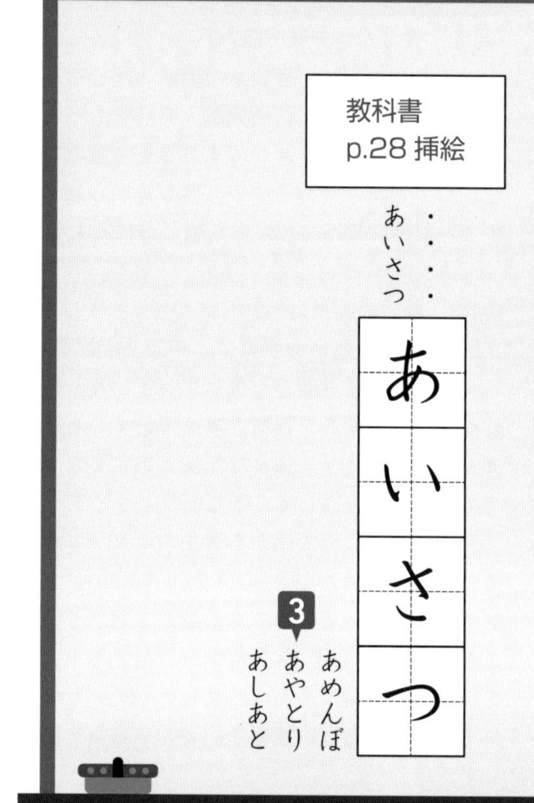

授業の流れ ▷▷▷

1 「あ」で始まる言葉を想起する 〈10分〉

T ○には、どんな文字が入るでしょうか。
○空欄に入る言葉を考えさせる。
○全て「あ」で始まる言葉で始まっていると気付いたところで、「言葉の階段を作ってみよう」と投げかける。
T どんな仕組みになっていますか。
・1文字ずつ増えている階段になっています。
・全部「あ」で始まる言葉です。
T 「あ」で始まる言葉には、どんなものがありますか。
○子供が発言した言葉を、文字数によって分けて板書し、2の活動で着目できるようにする。

2 1音節1文字の仕組みを理解する 〈10分〉

T いろいろな言葉がありますね。どのようなグループに分かれているでしょうか。
・字の数で分かれています。
・右は2つの字、真ん中は3つの字、左は4つの字のグループになっています。
T 1つの文字に手を1回打つと、何文字のグループか分かりやすくなります。
・「あ・り」「あ・め」（2回）
・「あ・し・か」「あ・さ・ひ」（3回）
○文字に合わせて両手を打ちながら、言葉を言う。はじめはゆっくり、子供と一緒に言う。

ICT 端末の活用ポイント

多くの子供が初めて出合う言葉や意味をよく理解していない言葉について、画像を提示するなどして理解を助ける。

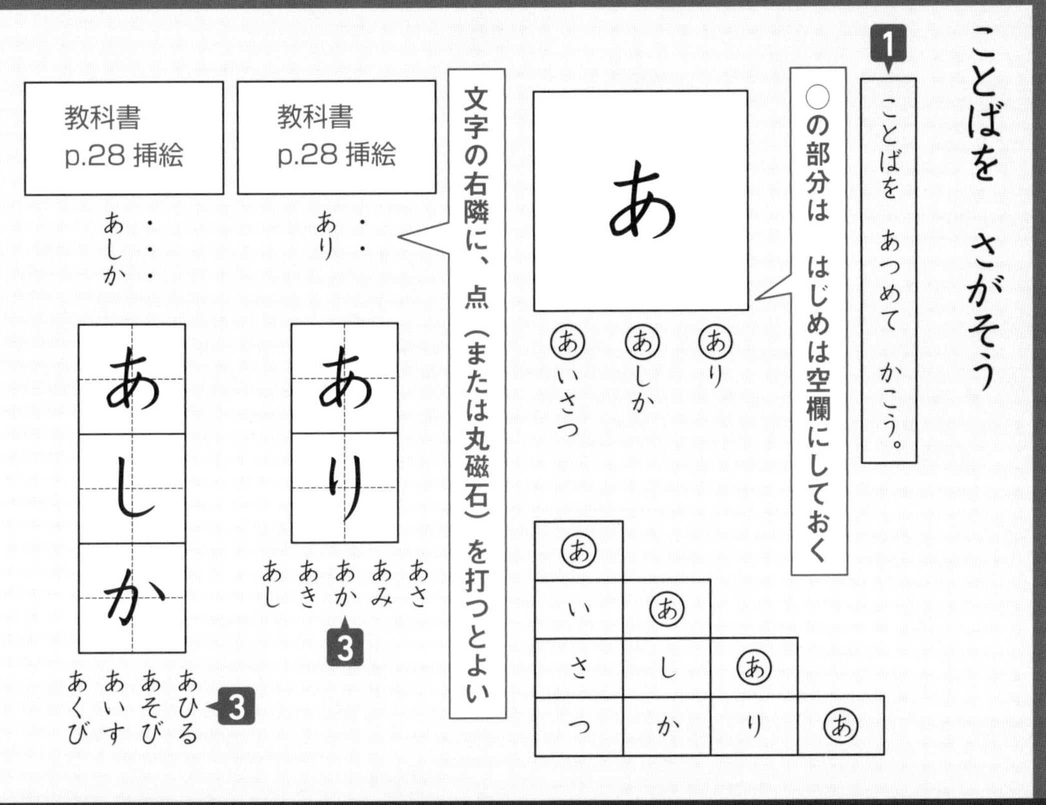

3 「あ」で始まる言葉を集めて言葉の階段を作る　〈25分〉

T　「あ」で始まる、２文字・３文字・４文字の言葉を集めて、「あ」の階段を作ってみましょう。

・２文字：あさ・あみ・あか・あき・あし

・３文字：あひる・あそび・あいす・あくび

・４文字：あめんぼ・あやとり・あしあと

○実態に応じて、２文字、３文字、４文字と段階を踏ませるか、自由に集めさせるか選択する。子供自身が選択するのもよい。
それぞれに応じたワークシートを用意する。

○５文字、６文字に挑戦してもよいし、複数の階段を作ってもよい。

○集めた「あ」の言葉には、動物や物の名前など様々な種類があることを確認する。

よりよい授業へのステップアップ

言葉の提示の工夫

導入で「あ」の言葉を例として提示する際、「○り」「○しか」「○いさつ」と、初めの１文字を空欄にする。全ての○に共通する文字は何かを考えさせることで、子供の興味・関心をより高めるとともに、「あ」の始まりを意識することになる。

また、文字の右隣に点を打ったり、丸磁石を置いたりすると、音節と文字の関係が視覚化され、子供にとって分かりやすい。

本時案

ことばを さがそう

本時の目標

・既習の平仮名「い・う・え・お」で始まる言葉について、1音節1文字を意識しながら問題を作ることができる。

本時の主な評価

❶1音節1文字の要領で、「い・う・か」から始まる言葉を集めている。【知・技】

❸字数を確かめるなどして今までの学習を生かしながら、積極的に言葉を集めようとしている。【態度】

資料等の準備

・挿絵のコピー（カラーコピーで拡大したもの）

・文字黒板または例示の言葉（掲示用）

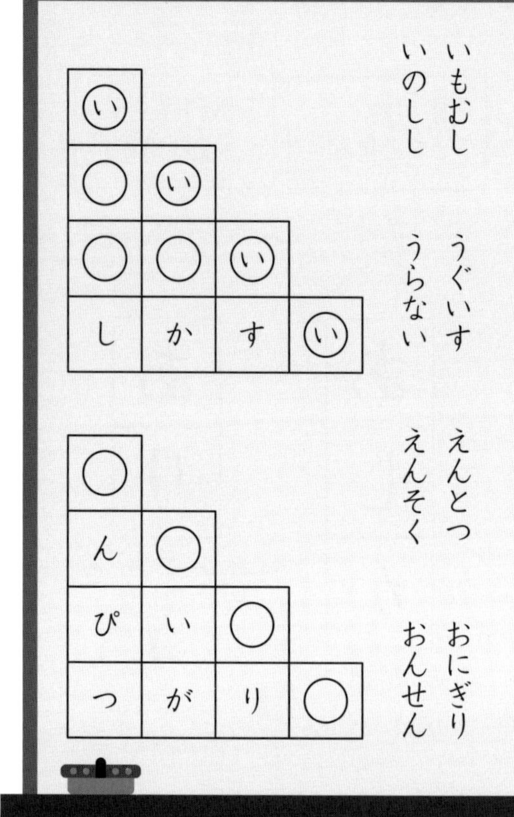

授業の流れ ▷▷▷

1 前時の学習を振り返る 〈10分〉

○前時の子供の言葉集めを紹介する。

T 前の時間では、どのような学習をしましたか。

・手を打ちながら、「あ」で始まる言葉を集めました。

・動物や色、体の名前などいろいろな言葉がありました。

○いくつかの言葉を挙げさせるとともに、手を打って1音節1文字を確認する。

2 既習の平仮名で始まる言葉を集める 〈15分〉

T 平仮名の「い・う・え・お」で始まる言葉をたくさん集めて、ノートに書きましょう。

○ヒントとして、教科書の挿絵を掲示してもよい。手立てとして、個別に提示してもよい。

・教科書の挿絵…いす・いか・いるか・いぬ・うし・うす・うきわ・えき・えほん・えんとつ・おに・おかし

○集める言葉は、実態に応じて、2文字・3文字・4文字の言葉としたり、自由としたりできる。様々なワークシートを用意するとよい。

○手を打ちながら文字数を確かめることを確認する。

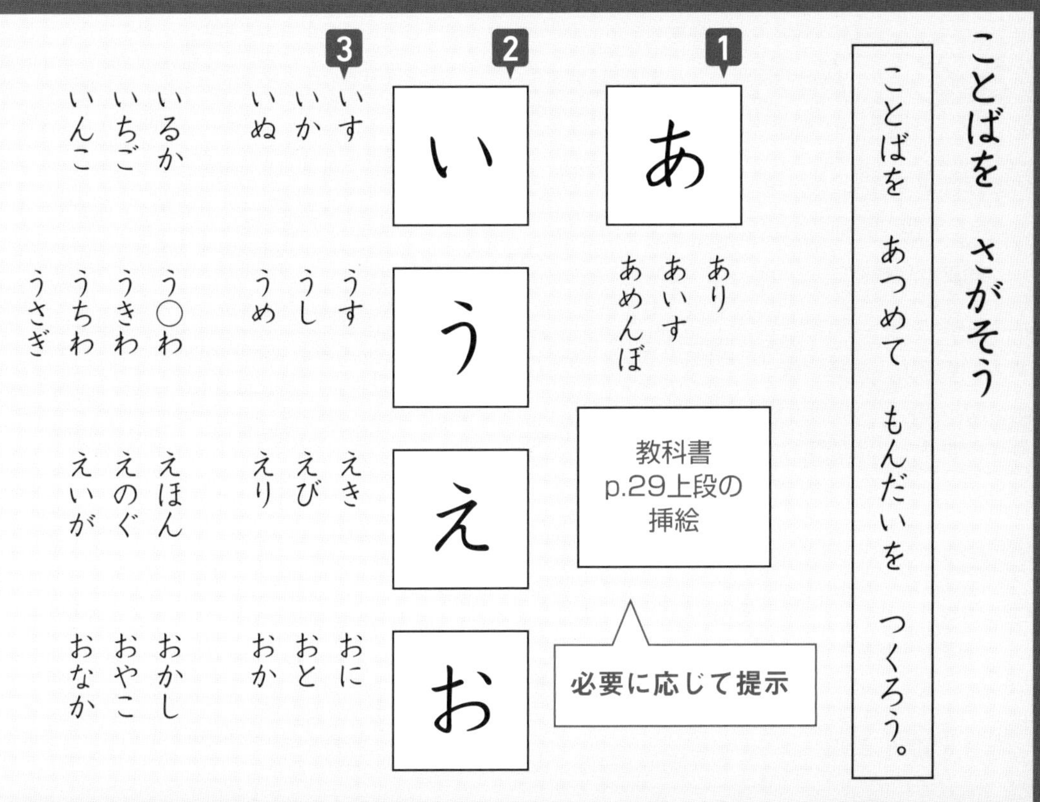

3 集めた言葉を発表し、言葉の問題を作って出し合う 〈20分〉

T　集めた言葉をみんなに紹介しましょう。「い」で始まる２文字の言葉にはどんな言葉がありましたか。

○２文字・３文字・４文字の順に取り上げる。

○文字数が誤っているときには、手を打たせて確認させる。

○「う○わ」を提示し、「うきわ」と「うちわ」の違いに気付かせる。

T　「い」「う」「え」「お」の階段を作ってみましょう。

○文字を書かないところを増やしたり、５文字の言葉を書いたりしている子供がいれば称賛し、学級全体にも作った問題を紹介するとよい。

よりよい授業へのステップアップ

言葉のつくりに気付かせる工夫

前時で拗音や促音が挙げられた場合は、1の振り返りで、音数と文字数の違いがあることに触れたい。また、2の活動では、一部の文字を空欄にした「う○わ」を提示し、入る文字によって全く意味が異なることを確認する。音数が同じであっても、文字の組み合わせによって意味が異なる言葉のつくりのおもしろさに気付かせたい。

ワークシートは、同じ音数のものを多く集めるもの・１音数ずつ増加するもの・音数指定のものなど様々に用意し、子供が楽しめるようにしたい。

はなの　みち　（6時間扱い）

単元の目標

知識及び技能	・語のまとまりや言葉の響きなどに気を付けて音読することができる。((1)ク) ・敬体で書かれた文章に慣れることができる。((1)キ)
思考力、判断力、表現力等	・場面の様子や登場人物の行動など、内容の大体を捉えることができる。(C イ)
学びに向かう力、人間性等	・言葉がもつよさを感じるとともに、楽しんで読書をし、国語を大切にして、思いや考えを伝え合おうとする。

評価規準

知識・技能	❶語のまとまりや言葉の響きなどに気を付けて音読している。(〔知識及び技能〕(1)ク) ❷敬体で書かれた文章に慣れている。(〔知識及び技能〕(1)キ)
思考・判断・表現	❸「読むこと」において、場面の様子や登場人物の行動など、内容の大体を捉えている。(〔思考力、判断力、表現力等〕C イ)
主体的に学習に取り組む態度	❹興味をもって進んでお話の内容を捉え、学習課題に沿って好きな場面を友達と音読しようとしている。

単元の流れ

次	時	主な学習活動	評価
一	1	学習の見通しをもつ 挿絵から気付いたことを出し合い、物語を想像し、文章を読むことへの期待を膨らませる。 全文を読み、大体の内容を読み取り、これからの学習の見通しをもつ。	❷
二	2 3 4	場面ごとに読みながら、場面の様子や登場人物の行動を考え、音読する。 1場面の挿絵から、気付いたことを挙げる。 2・3場面の「くまさん」の様子を想像する。 2・4場面（冬・春）の挿絵を比べる。会話文を想像し、付け足す。	❸
三	5 6	音読したい場面を決め、練習をする。 学習を振り返る 音読を聞き合う。学習を振り返り、感想を発表する。	❹ ❶

授業づくりのポイント

〈単元で育てたい資質・能力〉

この教材は、1年生の子供にとって初めて出合う物語文である。今まで学習した平仮名を使い、物語を自分たちで読めることの楽しさを感じさせたい。本単元のねらいは、場面の様子や登場人物の行動について想像を広げて読む力を育てることにある。そのために、文章と絵を対応させ、大まかな内容を捉えたり、言葉に立ち止まらせたりしながら読み、場面の移り変わりを意識させる。また、登場人物の行動やその理由を考えて話し合ったり動作化したりすることで、場面の様子を想像できるようにする。

〈教材・題材の特徴〉

くまが見付けた袋からこぼれ落ちた種が春に芽吹いて花の道になるという、起承転結がはっきりした物語である。くまの行動は簡潔な言葉で書かれているが、袋の中身の行方やその正体は明確に示されていない。しかし、色彩豊かな挿絵をよく見ることで、くまやその他の生き物たちの様子や袋の中身について読み深めていくことができる。文章と挿絵を関連付けることで謎解きをするようなおもしろさもある。書かれていない会話を考えて話してみたり、冬と春の2つの場面の挿絵を比べて季節の移り変わりを想像したりするなどして物語の世界を楽しむことができる。なぜそう思ったのかを、教師は子供の言葉を補いながら受け止め、想像することの楽しさを実感できるようにしたい。

〈言語活動の工夫〉

文章理解を促すために挿絵にある登場人物の生き物の気持ちになって会話を考え、本文に足す。話の流れに合わせて想像力を膨らませ、友達と語らいながら学ぶことを楽しむ。発表に向けての練習を通して、本文に何度も触れ、語のまとまりを意識してすらすらと読めるようにしたい。

［具体例］
登場人物の生き物の絵を首から下げ、音読をする。会話文の読み方を工夫し、動作を付けながら音読する。くまの言葉である「おや、なにかな。いっぱいはいっている。」「しまった。あながあいていた。」の読み方や、想像した生き物の会話文の言い方を工夫し、声に出して読むことを楽しむ。

〈ICT の効果的な活用〉

共有：気付きを全体で共有する際、電子黒板等に挿絵を提示し、気付いたことや想像した登場人物の会話を吹き出しで書き込む。

記録：グループでの音読の練習や本番の様子を教師が動画に撮るなどして、評価に生かす。

本時案

はなの　みち

本時の目標

全文を読み、大体の内容を読み取り、これからの学習の見通しをもつ。

本時の主な評価

❷敬体で書かれた文章に慣れている。【知・技】

資料等の準備

・場面ごとの挿絵のコピー
・登場する動物の絵 06-03〜04
・名前マグネット

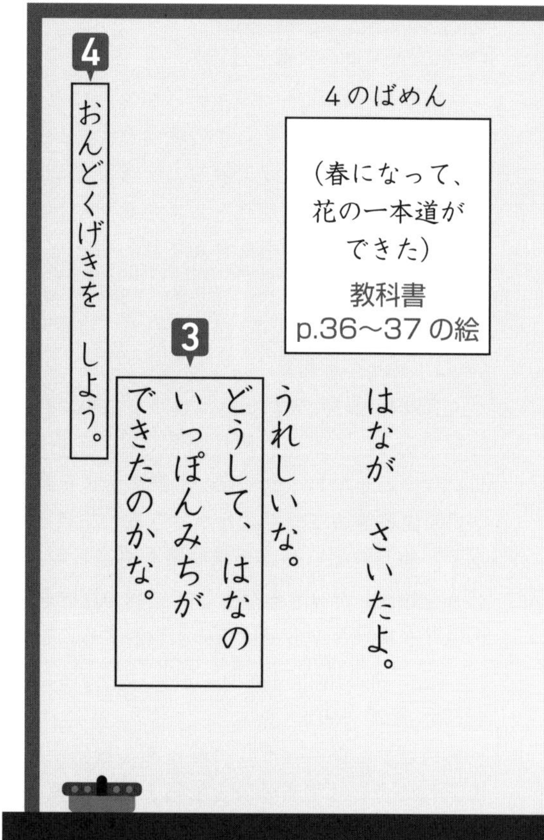

授業の流れ ▷▷▷

1 挿絵を見ながら、話の内容を想像する 〈10分〉

T　今日は「はなの　みち」というお話を読んでいきましょう。まず、QR コードでお話を見ていきましょう。
T　気付いたことを教えてください。
・くまさんとりすさんがいるよ。
・くまさんは、袋を持ってお出かけしたよ。
・穴が開いているのを見付けたよ。
・動物たちがみんなで喜んでいるよ。
○挿絵から想像させ、物語を読むことへの期待を膨らませる。意見をどんどん出させて、テンポよく進める。

ICT 端末の活用ポイント

教科書にある QR コードから「はなの　みち」のスライドを投影し、映像から読みの理解を促す。

2 本文の範読を聞き、話の大体の内容を読み取る 〈20分〉

○子供が内容を理解しやすいように、ゆっくり抑揚を付けて範読する。
T　話を読むので、どんな話か考えながらよく聞きましょう。
○物語の内容に関するつぶやきを受け止めながら話の世界に入り込めるようにする。
T　どんなお話でしたか。
・花が咲いて、みんなが喜んでいるよ。
・袋の中身は、種じゃないかな。
○挿絵の下に、くまさんの行動を基にしながら話の流れを確認し、発言をまとめる。
○文字の大きさや量に気を付けて、書き込みすぎないように配慮したい。

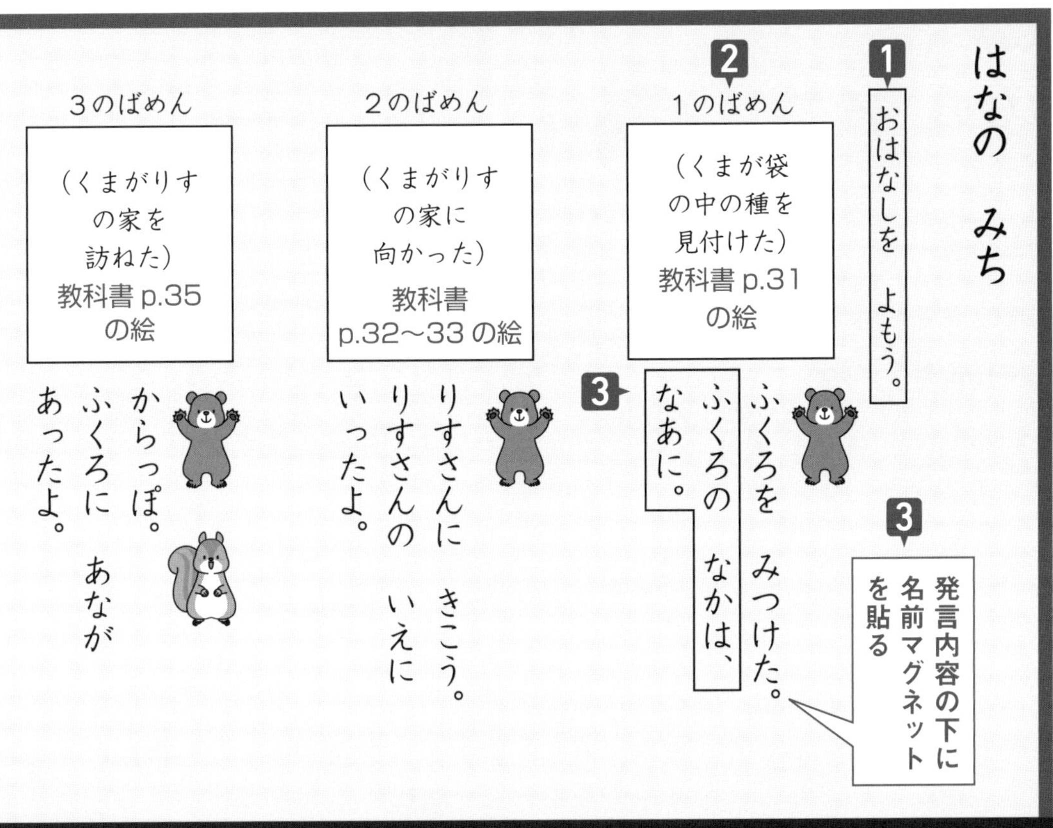

3 「はなの　みち」の話を聞いた感想を交流する 〈10分〉

T 「はなの　みち」の話で、好きなところや不思議に思ったところはありますか。

・みんなが、お花がたくさん咲いて、喜んでいるところが好きです。

・袋の中身は何だろう。

・どうして、花の一本道ができたのかな。

○子供たちが考えやすいように、「好きなところ」「不思議に思ったところ」など、具体的に聞くようにする。

○名前のマグネットを用意しておき、発言した子供が分かるように黒板に貼っておくと評価につながる。

ICT 端末の活用ポイント

教師用端末に板書の記録写真を撮っていくことで、子供の発言の変容を見取ることができる。

4 今後の学習の見通しをもつ 〈5分〉

T 幼稚園や保育園のときに、劇をしたことがある人はいますか。

・やったことがあるよ。

・みんなで劇をすると、楽しかったよ。

T 「はなの　みち」でも、劇のようにしてみまましょう。

・くまさんになりたいな。

T お話を読んで劇をすることを、音読劇といいます。上手に読んで、お話を楽しみましょう。

○次時では、登場人物たちの気持ちを考えて音読し、劇にしていくことを伝え、学習の見通しをもたせる。

○幼児期とのつながりを意識した声掛けをすることで、安心した学習環境づくりになる。

本時案

はなの　みち

本時の目標

・１場面を読み、登場人物の行動を想像し、気持ちや言葉を考えることができる。

本時の主な評価

❸場面の様子や登場人物の行動など、内容の大体を捉えている。【思・判・表】

資料等の準備

・１場面の挿絵のコピー
・くまの絵 06-03

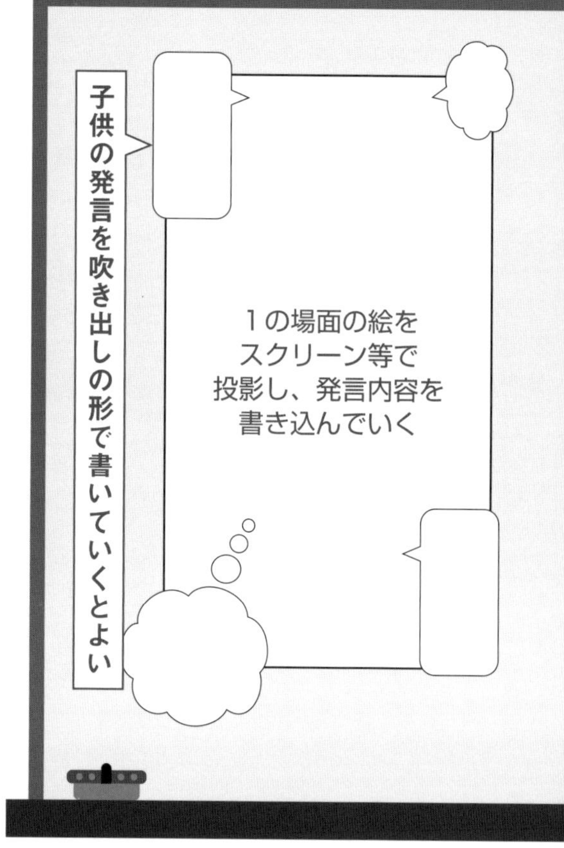

授業の流れ ▷▷▷

1 挿絵から、物語の場所や、登場人物について考える〈10分〉

○話を思い出させるため、１場面の挿絵がどれかを選ばせ、誰が何をやっているところだったかを振り返る。
○本時のめあてを確かめる。
T　絵を見て気付いたことを教えてください。
・くまさんが部屋の中にいます。いろいろなものがあります。
・袋を持っています。何か入っているみたいです。
・じっと見ています。何を見ているのかな。
・すずめさんが見ています。
・ストーブがあります。冬なのかな、と思いました。

ICT 端末の活用ポイント

電子黒板などに挿絵を投影し、子供の発言に合わせて拡大して示す。

2 いろいろな読み方で本文を読む工夫をする〈15分〉

○教師が読む速さを変えたり声の大きさや高さを変えたりして読むのをまねさせ、「くまさんらしい読み方」を工夫させる。
T　くまさんらしく読むには、どんな読み方がぴったりかな。ぴったりな読み方を探して、くまさんになってみましょう。
・くまさんは大きいから、大きい声がいいな。
・ゆっくり読んでみよう。
○何度も読ませることで本文に慣れさせる。
○音読をして、くまさんに同化することで、行動やその理由を想像しやすくする。

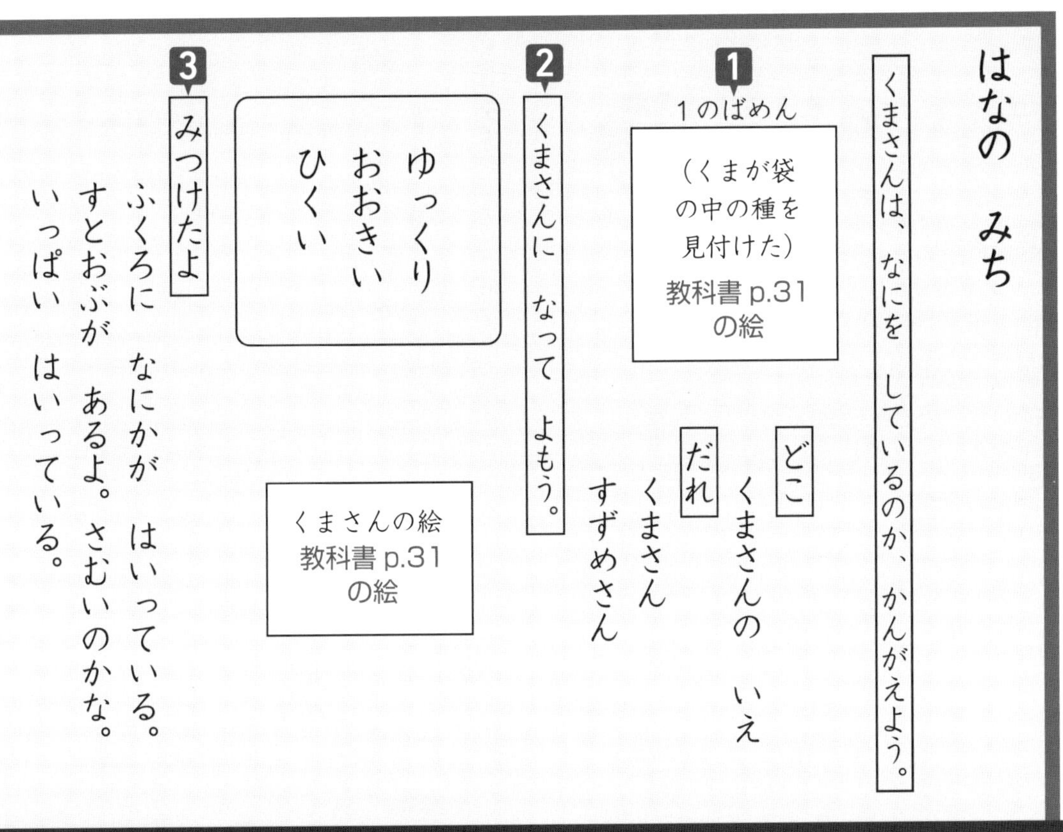

3 くまさんの様子を考える 〈10分〉

T　すっかりくまさんになることができました。では、くまさんは、袋をどこで見付けましたか。

・棚から見付けた。　・箱から見付けた。

・引き出しの中。

T　袋を見付けてくまさんは、どんなことを思っていますか。

・何だろう。

・中身が知りたいな。

・すずめさん、何か知っている？

○教師は、出た意見を短くまとめて書いていく。

ICT 端末の活用ポイント

子供の発言に合わせて、見付けたものにデジタルペンで書き込みをする。そうすることで、話し合っている内容が明確になる。

4 学習を振り返り、次時の見通しをもつ 〈10分〉

T　今日は、上手にくまさんになったつもりで読むことができましたね。みんなの前で読んでくれる人はいますか。

○残りの時間に、くまさんになったつもりで、音読の練習の成果を何人かに発表してもらう。

T　くまさんの様子が分かってきましたね。次の時間は、この絵（2場面）とこの絵（3場面）を見て、くまさんの様子をもっと見付けていきましょう。

本時案

はなの　みち

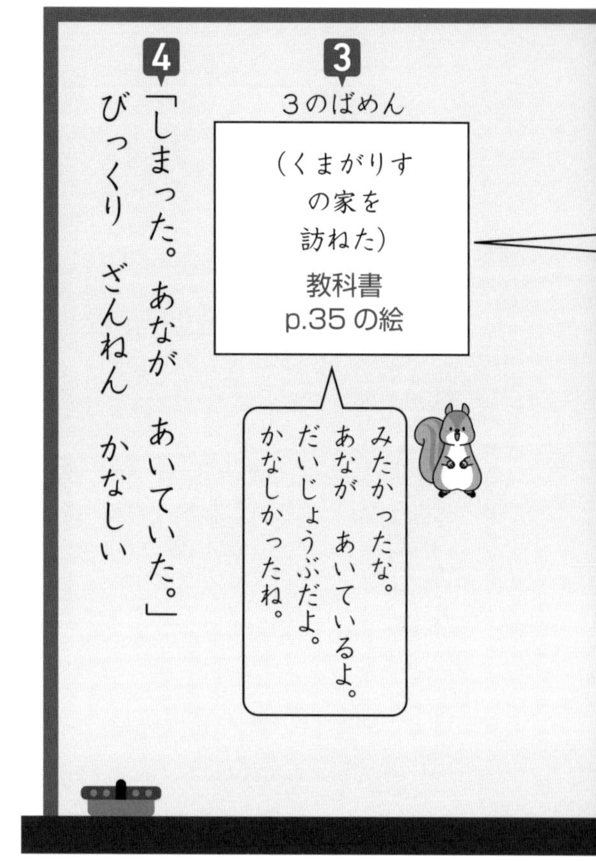

本時の目標

・2、3場面を読み、登場人物の行動から、様子を想像することができる。

本時の主な評価

❸場面の様子や登場人物の行動など、内容の大体を捉えている。【思・判・表】

資料等の準備

・2、3場面の挿絵のコピー
・ワークシート① 06-01
・くまの絵、りすの絵 06-03～04
・首から下げる登場人物の絵

授業の流れ ▷▷▷

1　2場面の挿絵と本文から物語の場面設定を読む　〈10分〉

○1場面で何があったのかを振り返った後、2場面を範読し、全員で音読する。

T　くまさんは何をしましたか。絵を見て気付いたことはありますか。

・りすさんの家に聞きに行きました。

・いろいろな動物がいます。木に葉がない。

T　季節はいつでしょう。

・冬。木に葉っぱがない。地面も茶色だから。

・くまさんの部屋にストーブがありました。

・秋。くまは冬になると冬眠します。

・生き物がたくさんいるから、冬になっていないんじゃないかな。

○秋の終わりもしくは冬の始まりの季節をイメージさせる。

○本時のめあてを確かめる。

2　2場面の挿絵と本文から登場人物の様子を想像する　〈10分〉

○挿絵をよく見させ、他にも気付いたことを発表させる。

T　くまさんは、りすさんの家に行くまでどんなことを思っているのでしょうか。

・早く見せたいな。

・りすさんは、何て言ってくれるかな。

T　くまさんは、何を聞きに行ったのですか。

・袋の中のものは何かです。

・きっと、りすさんなら分かると思った。

○ワークシートの吹き出しに、くまさんの言葉や思ったことを書き込みさせる。

○子供にくまさんの絵を首から下げさせ、数人に、前でくまさんの言葉や思ったことを話させるようにする。

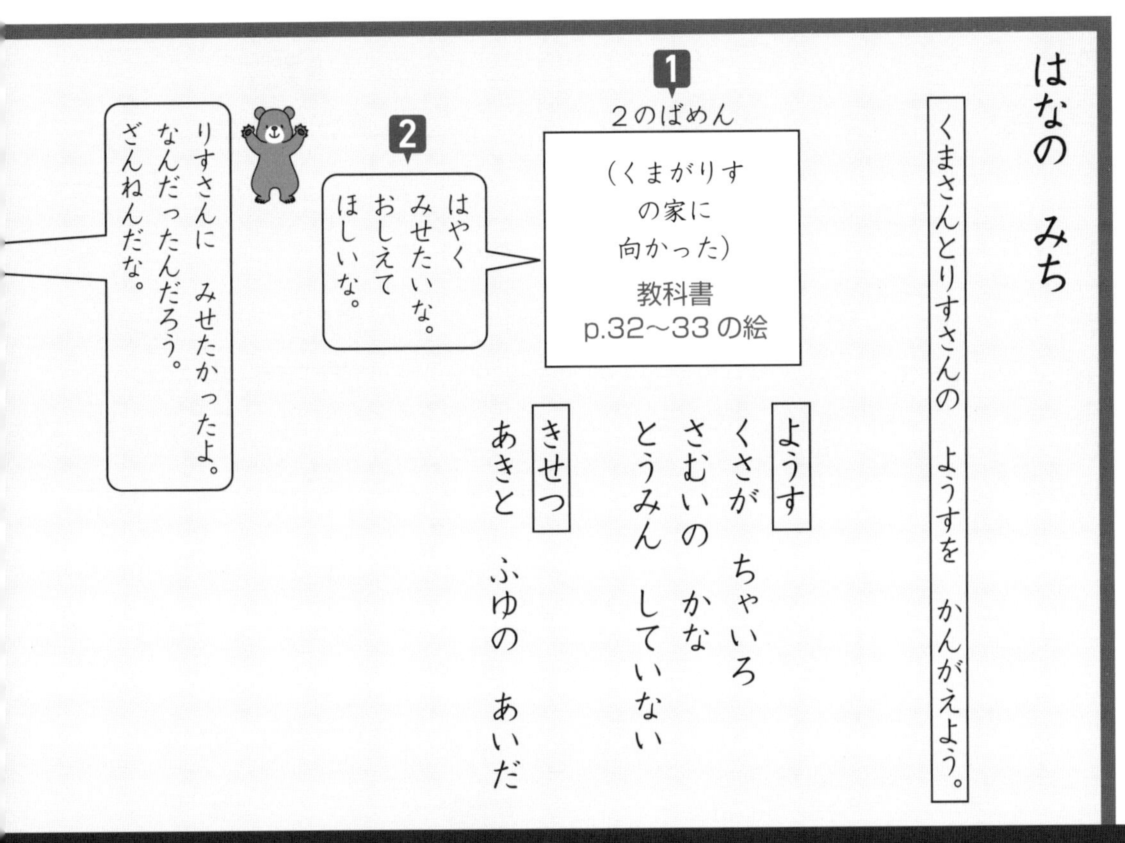

3　3場面の挿絵と本文から登場人物の様子を想像する　〈15分〉

○3場面を範読し、全員で音読する。

○挿絵をよく見て気付いたことを発表させる。

T　絵を見て、気が付いたことを教えてください。

・りすさんが、指さしている。

・くまさんが、びっくりしている。

T　りすさんは、どんなことを思っているのでしょうか。絵をよく見てみましょう。

・袋に穴が開いているから、落ちちゃったんじゃないかな。

4　くまさんが思っていることを工夫して音読する　〈10分〉

○3場面で、くまさんが思っていることを確かめる。

T　袋の中が空っぽになってしまったくまさんは、びっくりしたり残念だったり悲しかったりしたんですね。

T　くまさんの気持ちで音読します。どの気持ちで読んでいるか当てましょう。

○それぞれの特徴が分かりやすいように強調して音読をし、当てさせた後でまねさせることで、工夫の仕方を学ばせる。

○ペアで音読練習をし、どの気持ちのくまさんかを当ててもらう。何組かに発表させ、音読の工夫に気付かせる。

本時案

はなの　みち

本時の目標

・４場面を読み、登場人物の行動を想像し、気持ちや台詞を考えることができる。

本時の主な評価

❸場面の様子や登場人物の行動など、内容の大体を捉えている。【思・判・表】

資料等の準備

・挿絵のコピー
・ワークシート② 06-02
・動物たちの絵（カラーコピーで拡大したもの） 06-03～06
・首から下げる登場人物の絵

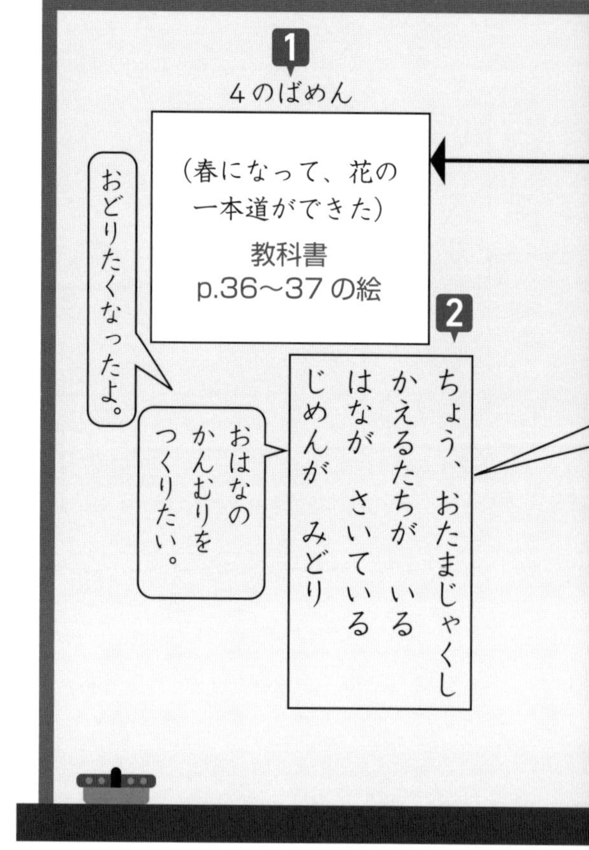

授業の流れ ▷▷▷

1 ４場面の挿絵と本文から物語の様子の変化を考える　〈15分〉

〇前時の学習の振り返り後、音読をする。
T　２枚の絵を見て気付くことはありますか。
〇２枚の挿絵を並べて比較する。
・草が緑色になりました。お花も咲いています。季節が違います。
・生き物たちがみんなうれしそう。
・花の道ができています。
T　どうして「はなの　いっぽんみち」ができたのでしょう。
・春になったからです。
・くまさんの家とりすさんの家をつないだ。
・袋から落ちていたのは、花の種だった。
〇「あたたかい　かぜ」が吹いたのは春になったからだということにも気付かせる。
〇本時のめあてを確かめる。

2 生き物たちの思っていることを考える　〈15分〉

T　くまさんや生き物たちは、春になってどんなことを思っているでしょう。
・花の道がきれいだな。
・そうか。袋の中身は花の種だったのか。
・お家が花の道でつながってうれしいな。
・暖かいなあ。外で遊ぼう。
・赤ちゃんが生まれてうれしい。
〇子供たちの発言を吹き出しの形でまとめていくことで、それぞれの動物がいろいろな思いをもっていることに気付かせる。

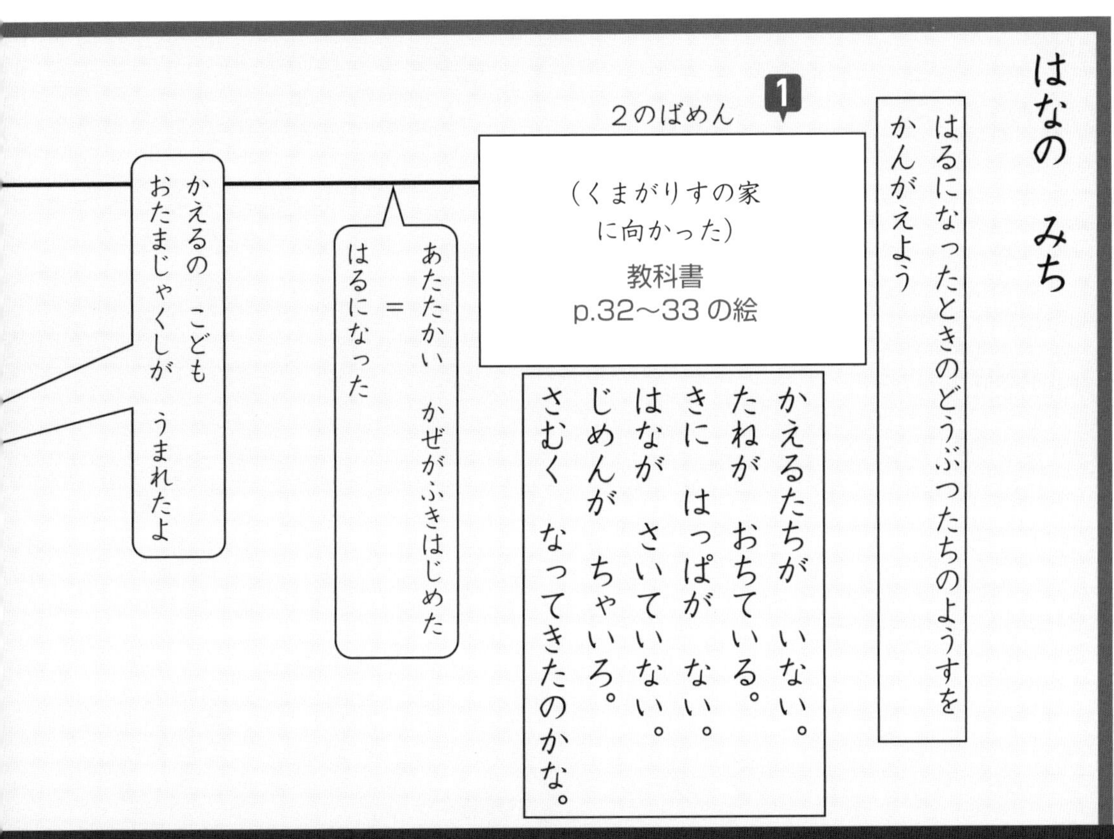

3 生き物の思いが伝わる台詞を入れて音読をする〈15分〉

T　いろいろな生き物の思っていることを付け足しながら読みましょう。

○全員で本文を音読し、その後に、教師が動物の絵を首から下げ、選んだ生き物の台詞を一言付け足す例を示す。

○本文を読む人と台詞を読む人を交代したり、台詞を言う生き物を変えたりしながらペアで練習をする。

T　友達の発表は、どうでしたか。感想を発表しましょう。

・いろいろな気持ちが分かりました。

・くまさんの台詞は、私が考えたものと似ていました。

○次回から音読劇をすることを確認する。

よりよい授業へのステップアップ

台詞を考える

子供たちが「袋の中身は何だろう」「どうして花の道ができたんだろう」と考え、お話を膨らませて、想像して考えることができる話である。本文に出てくる「くま」と「りす」だけでなく、挿絵として出てくる様々な動物たちの台詞を考えさせ、物語をより豊かに想像し、楽しさに気付くことができるようにしたい。本文では、多くが語られていないため、正解を１つとせずに、いろいろな考えを認め、「話したい」気持ちを大切にしていく。

本時案

はなの　みち

本時の目標

・場面を具体的に想像して、進んで音読劇に取り組むことができる。

本時の主な評価

❹興味をもって進んでお話の内容を捉え、学習課題に沿って好きな場面を友達と音読しようとしている。【態度】

資料等の準備

・各場面の挿絵のコピー
・動物たちの絵 06-03〜06
・首から下げる登場人物の絵

2 よむ　ところを　きめよう。
せりふを　かんがえよう。

4のばめん

春になって、
花の一本道ができた
教科書
p.36〜37 の絵

授業の流れ ▷▷▷

1 音読劇をしたい場面を決める 〈15分〉

○全員で全文を音読し、話の内容や読み方を思い出す。

T　どの場面が好きですか。どうしてそう思いましたか。

・４場面が好きです。みんなうれしそうだからです。

・（１場面の）くまさんが「何だろう」と考えているところがおもしろいです。

T　音読劇の準備をしましょう。３人で話し合って、読みたい場面を決めましょう。

○順番に丸読みをして、その後に登場人物の台詞を一言ずつ付け足して音読する。

T　読みたい場面の読むところを交代して、読んでみましょう。

2 グループで練習する 〈20分〉

T　音読劇を練習しましょう。

○３人グループでどの動物の役をするのか相談する。

○付け足す一言を考えて、はっきりと伝えるようにする。

○首に下げる動物には、別の時間に色を塗っておくと、愛着がわく。

T　よく聞こえるように、大きな声で練習しましょう。台詞のところは、その動物らしくなるよう工夫して練習しましょう。

○動物の動きを付けている子供がいたら全体に紹介し、気持ちを込めて言う工夫を考えさせる。

ICT 端末の活用ポイント

グループの練習を動画に撮り、よいところを伝え、自信をもたせたい。

はなの　みち

1 おんどくげきの　れんしゅうを　しよう。

3のばめん	2のばめん	1のばめん
くまがりすの家を訪ねた 教科書 p.35の絵	くまがりすの家に向かった 教科書 p.32〜33の絵	くまが袋の中の種を見付けた 教科書 p.31の絵

でてくるどうぶつ

3　学習を振り返る　〈10分〉

T　グループでの練習で、動物になりきって、上手に音読することができましたね。

T　上手だなと思ったお友達を教えてください。

○子供から名前が出なかった場合は、数名の子供を指名し、本文の読み方や付け足す一言をやってもらい、練習の成果を自覚させる。

T　次の時間は、音読劇の本番です。出てきた動物さんたちになりきって、楽しく読みましょう。

ICT 等活用アイデア

発表を記録する・画像を見せる

入門期の段階では、ICT 端末を子供自身が活用することは難しいため、教師側で記録、共有をする。記録しておくと、学年の教師間や、次年度学年をもった教師などへ、音読劇の進め方を共有できる。

子供が成長した９月以降に音読劇を再び行う場合、春の頃の動画を見せることも、自分たちの成長を実感させるきっかけになる。実態に応じて無理なく進めたい。

本時案

はなの　みち

本時の目標

・場面を具体的に想像して、進んで音読劇に取り組むことができる。

本時の主な評価

❶語のまとまりや言葉の響きなどに気を付けて音読している。【知・技】

資料等の準備

・場面の挿絵
・名前マグネットか音読グループの名前一覧
・首から下げる登場人物の絵

3 おもったこと

じょうずに　よめた。
おもしろかった。
くまさんの　びっくりした
きもちが　わかった。

選んだ場面が少ない場合は、２回以上発表し、場面がつながるようにする

授業の流れ ▷▷▷

1 音読劇の練習をし、聞き方を確かめる 〈５分〉

T　よく聞こえるように、大きな声で練習しましょう。台詞のところは、その動物らしくなるように工夫して言いましょう。
○動物に合わせて、台詞の速さや強弱を意識できるように、声掛けする。
T　音読劇の発表は、どんな聞き方をするといいですか。
・静かに聞きます。
・楽しく聞きます。
・どんなふうに読んでいるのかなって、よいところを探して聞きます。
・○○さんが上手だなって思いながら聞きます。

2 音読劇を発表する 〈30分〉

T　みんなの音読劇を聞きましょう。
○前時にグループが選んだ場面に偏りがあることが考えられるので、読むグループを分けて、１から４場面がつながるようにする。
○１場面から４場面まで発表するグループは前に並び、終わった人から座らせていくようにすると、子供にも誰が音読するのかが分かりやすい。
T　１回目のグループの発表を聞いて、よかったところはどこですか。
・○○さんの読み方が上手です。

ICT 端末の活用ポイント

場面ごとに挿絵をスクリーンに投影し、どの場面を読んでいるのかが分かるようにするのもよいだろう。

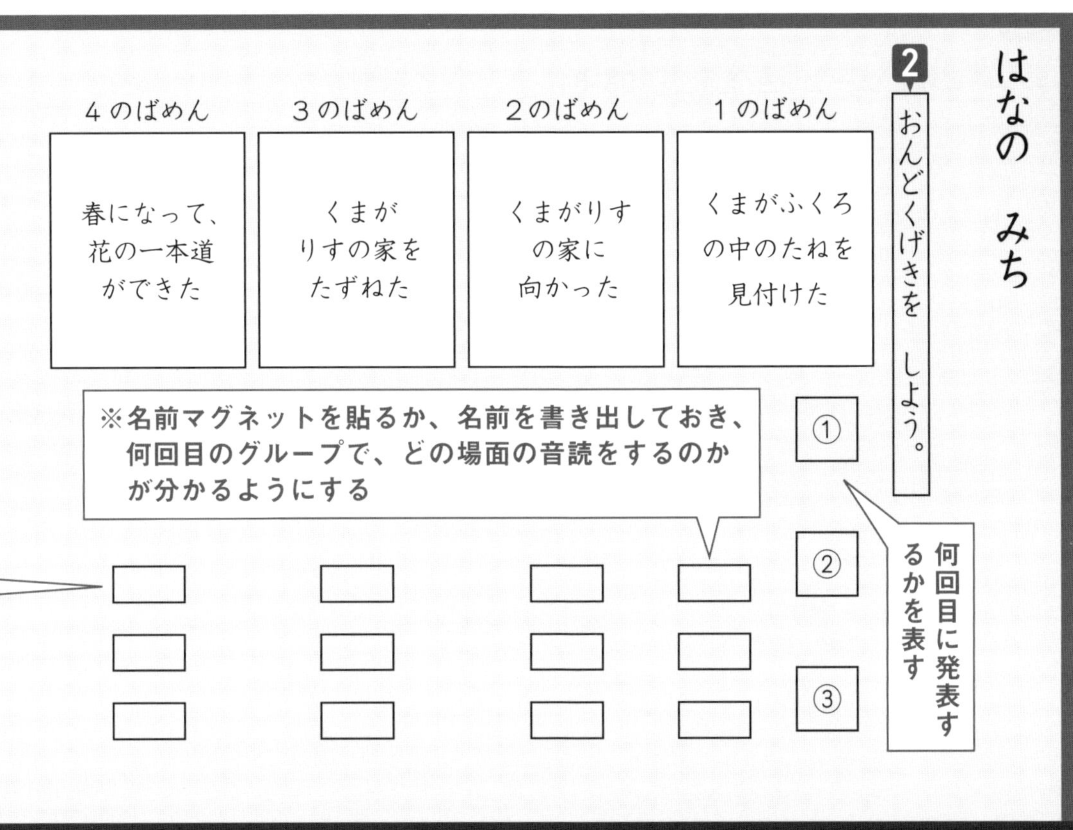

3 学習を振り返り、感想を共有する〈10分〉

T　音読劇をして、どうでしたか。「おもしろかった」ところや、「いいな」と思ったところを教えてください。

・みんなで読むと、おもしろかったです。
・いろいろな生き物たちの気持ちが分かりました。
・○○さんの読み方でくまさんのびっくりした気持ちがよく分かりました。
・音読劇をまたやりたいです。

T　「はなの　みち」の学習をして、よかったことや、できるようになったことを教えてください。

・上手に読めるようになりました。
・動物の気持ちが分かりました。
・音読劇がおもしろかったです。

よりよい授業へのステップアップ

音読劇

音読劇は、1年生で多く取り入れられている言語活動である。そのまま本文を読むだけではもったいない。

挿絵から情報を読み取り、より楽しく読むための工夫ができるような単元計画を考えるようにしたい。

登場人物の台詞を音読劇で話すことで、登場人物の個性や想像していくことの楽しさを感じることができる。

声の大きさや台詞の内容に差が出てくると思われる。個々の活動を認めて学習を深めたい。

資料

1 第３時資料　ワークシート① 06-01

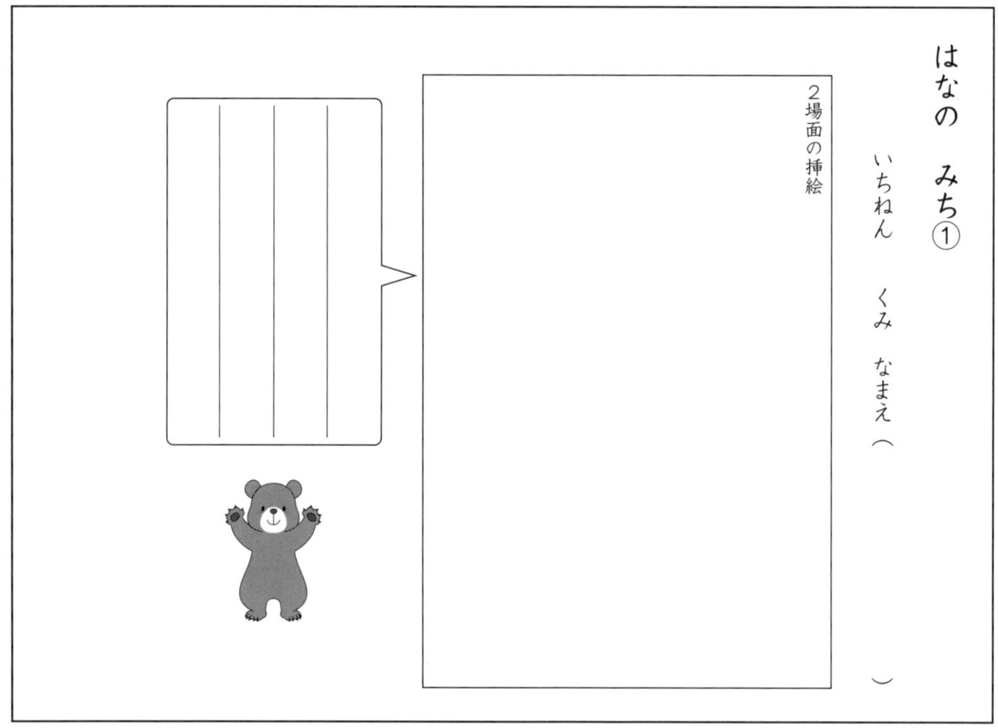

2 第４時資料　ワークシート② 06-02

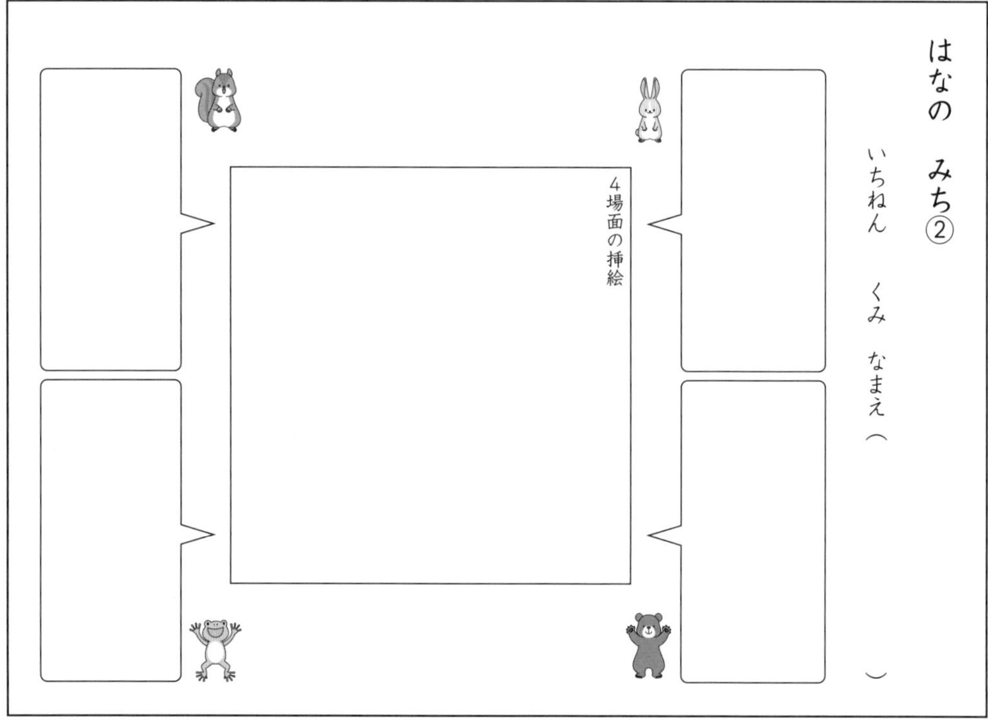

3 第１～６時資料　板書用イラスト 06-03～06

としょかんへ　いこう　（2時間扱い）

単元の目標

知識及び技能	・読書に親しみ、いろいろな本があることを知ることができる。((3)エ)
学びに向かう力、人間性等	・言葉がもつよさを感じるとともに、楽しんで読書をし、国語を大切にして、思いや考えを伝え合おうとする。

評価規準

知識・技能	❶読書に親しみ、いろいろな本があることを知っている。(知識及び技能(3)エ)
主体的に学習に取り組む態度	❷積極的に図書館について知ろうとし、学習課題に沿って自分で読んでみたい本を見付けようとしている。

単元の流れ

時	主な学習活動	評価
1	学習の見通しをもつ 読み聞かせを聞く。 図書館の本棚の配置や本の借り方を知る。 読みたい本を選び、借りて読む。	❶
2	読み聞かせを聞く。 本の返し方を知る。図書館のきまりについて考える。 学習を振り返る 読みたい本を選び、借りて読む。	❷

授業づくりのポイント

〈単元で育てたい資質・能力〉

読書を通して、様々な知識や情報を得たり、自分の考えを広げたりすることができる力の育成を目指して、日常的に読書に親しむことができるようにすることがねらいである。

そのために本単元では、図書館にはどのような種類の本があるのかを知り、絵本や図鑑など様々な本に親しむことができるようにする。また、早い段階で図書館での過ごし方や本の借り方も覚えられるようにすることで、本に親しむ機会を増やしたい。

[具体例]

○自校の図書館の配置図などを活用し、本の種類と本棚の位置を確認できるようにする。図書館の配置図を拡大したものに、本の種類の写真やイラストを貼るなどして、楽しく覚えられるようにするとよい。作成した配置図は、子供が常に見て確認できる場所に掲示しておく。

○本の借り方は、実際に作業しながら覚えていくことになる。初めは時間を要するため、十分な時間を確保しておくようにする。

〈図書館司書との連携及び他教材との関連〉

低学年の時期に、本の世界の楽しさを十分に味わわせたい。そのために、司書と連携して子供の発達段階や興味・関心に合った本を事前に選んでおいてもらうなど、準備をしておくようにする。また、読み聞かせを通して、様々な話のストーリーのおもしろさを感じたり、リズムのある言葉を楽しんだりできるようにする。

[具体例]

○本単元の前に「はなの　みち」を学習している。それと関連させて、「くまが主人公の本」「動物が出てくるお話」などテーマを決めて、絵本を楽しむことができる。

〈言語活動の工夫〉

読書をする目的は、大きく分けると２つある。１つは、絵本や物語などの文学作品を読み、その想像の世界に浸る楽しさを味わうために読むこと。もう１つは、新聞や図鑑など目的に合った資料を読み、必要な事柄を調べたり情報を得たりするために読むことである。読書が、自分の知識や人生を豊かにすることを知り、自ら進んで読書に親しむ態度を養いたい。そのためには、「本を読むことが楽しい、おもしろい」と感じる経験をたくさんすることである。

低学年期にはたくさん読み聞かせをしたり、子供自らが絵本や図鑑などを手に取り読書量を増やしていける機会をつくったりすることが望ましい。子供の興味・関心を満たすことができるよう様々な本が身近にあり、いつでも手に取ることができるように環境を整えるとよい。

〈ICT の効果的な活用〉

記録：ICT 端末を活用して読んだ本の表紙の写真を撮りためていくと、読書記録になる。今後、これらを活用して、自分が読んだ本を振り返ったり気に入った本を紹介したりすることもできる。学校の ICT 設備や子供の操作能力に応じて無理なく取り組みたい。

本時案

としょかんへ いこう

本時の目標

・図書館の利用方法を知り、好きな本を選んで借りることができる。

本時の主な評価

❶読書に親しみ、いろいろな本があることを知っている。【知・技】

資料等の準備

・図書館の配置図の拡大コピー（学校にある実際のもの）
・ホワイトボードまたは移動式黒板

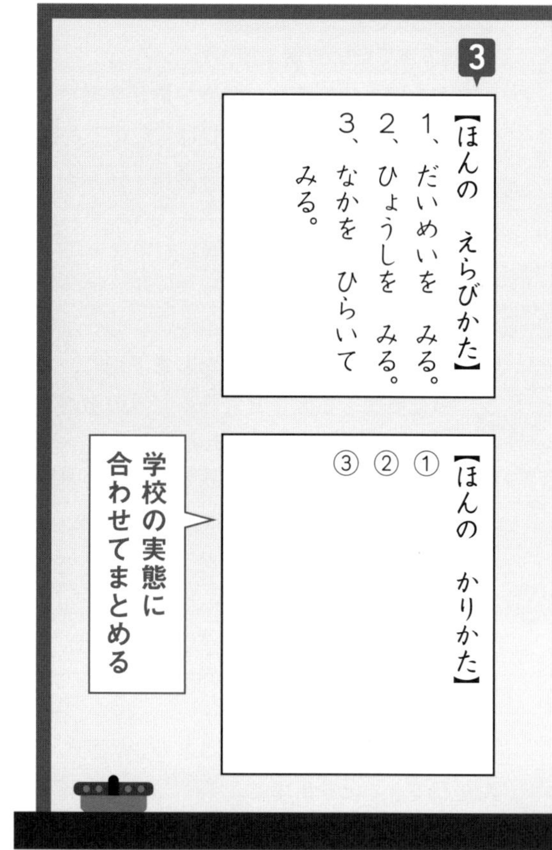

授業の流れ ▷▷▷

1 読み聞かせを聞く 〈10分〉

○本単元では、図書館で活動するため、ホワイトボードや移動式黒板をあらかじめ用意しておく。
○子供の発達段階や興味のある本を事前に選んでおくようにする。
T 今日は「○○○○」の絵本の読み聞かせをします。どんなことが起こるか、楽しみに聞いてください。
○読み聞かせの後に、話の登場人物やストーリー、おもしろかったところなど感想を聞くことで、単元後に、本の紹介活動などに取り組む際に生かすことができる。
T どんな出来事が起こりましたか。
T おもしろかったところは、どんなところですか。

2 図書館の本の種類や本の配置について知る 〈10分〉

T どこにどんな本があるか一緒に探検してみましょう。この本は絵本（の仲間）です。絵本は、この棚に置いてあります。
○図書室の広さや造りにもよるが、実際に本を見せたり場所に行ってみたりしながら、図書館にある本の種類を紹介する。
T この本は図鑑です。乗り物図鑑や動物図鑑、植物図鑑など、いろいろな種類があります。この棚に置いてあります。
○図書室の棚の配置図と対応させて、本の写真などを貼ると覚えやすい。
○図書室の配置図を掲示したり、ワークシートで示したりすることで、いつでも確認できるようにする。

としょかんへ　いこう

としょかんを　たんけんして　ほんをかりよう。

【としょかんでの　やくそく】
○ほんを　たいせつに　する。
○しずかに　ほんを　よむ。
○もとの　たなに　もどす。

2

〈としょかんの　ほんだな〉
〜この　ほんは　どこに　あるのかな？〜

本棚の配置図の拡大コピー

3 好きな本を選んで読む　〈25分〉

○本を選ぶことができたら、借りる作業まで進めるように声掛けをする。

T　どんな本がどの棚にあるのか分かりましたか。読みたい本を選んで借りましょう。

○本を借りるときのきまりを丁寧に確認する。

○本を借りたら、読みながら待つようにする。（各校の実態に合わせて対応する）

ICT 等活用アイデア

本の表紙で読書記録

ICT 端末を活用して、読んだ本の表紙を写真に撮る。文字を書くことに慣れていない 1 年生にとって写真で記録できるのは魅力的である。操作スキルや ICT 端末などの実態に応じて活用したい。

継続することで、これらを活用して自分が読んだ本を振り返ったり気に入った本を紹介したりすることもできる。

本時案

としょかんへ いこう

本時の目標

・図書館の利用方法を知り、前回借りた本を返し、読んでみたい本を見付けて借りることができる。

本時の主な評価

❷積極的に図書館について知ろうとし、学習課題に沿って自分で読んでみたい本を見付けようとしている。【態度】

資料等の準備

・読み聞かせ用の本
・「ほんのえらびかた」（前時に使用したもの）
・「ほんのかりかた」（前時に使用したもの）
・「ほんのかえしかた」
・ホワイトボードまたは移動式黒板
・子供のイラスト  22-03

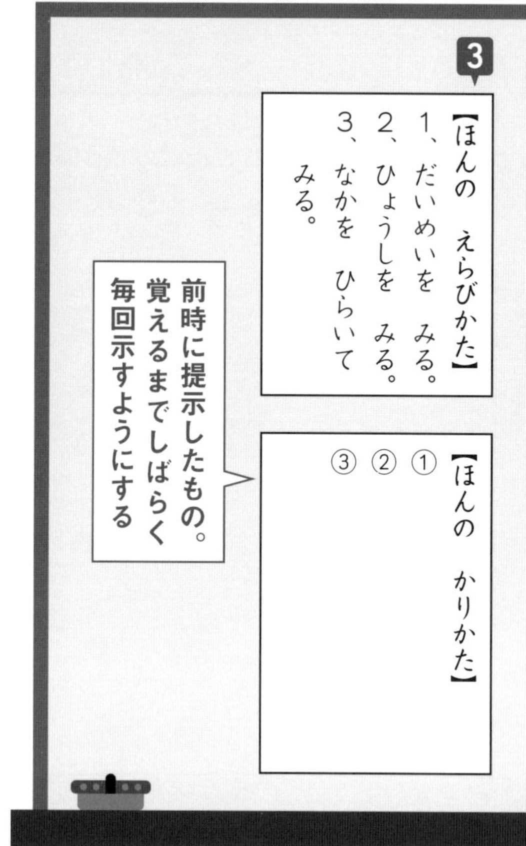

授業の流れ ▷▷▷

1 読み聞かせを聞く 〈10分〉

○子供の発達段階や興味のある本を事前に選んでおくようにする。教科書に例示されている本を読み聞かせるのもよい。

T 今日は「○○○○」を読みます。どんなことが起こると思いますか。

○読み聞かせの後に、登場人物やストーリー、おもしろかったところなど感想を聞く。単元後、本の紹介活動などに取り組む際に生かすことができる。

T どんな出来事が起こりましたか。

T おもしろかったところは、どんなところですか。

2 本の返し方を知る 〈15分〉

T この前、借りた本はどうでしたか。何の本を読んだのかグループの友達に紹介しましょう。

○本の表紙を見せながら「私が借りた本は、～です。」のように簡単に紹介させる。

T これから本を返します。返すときはどんなところに気を付けたらよいと思いますか。

・その本があったところに戻します。

T どうしてですか。

・みんなの本だからです。

・本のお家が決まっているからです。

○本を返すときに大事なことを考えながら、「走らない・静かに過ごす」などの図書館のきまりも改めて確認する。

としょかんへ　いこう

1

としょかんの　やくそくを　まもって
ほんを　かえしたり　かりたりしよう。

2

わたしが　かりた　ほんは、
（　　　　）です。

すきなところは、このページです。

【としょかんでの　やくそく】
○ほんを　たいせつに　する。
○しずかに　ほんを　よむ。
○もとの　たなに　もどす。

【ほんの　かえしかた】
①
②
③

学校の実態に応じて書く

3 読みたい本を選び、借りて読む〈20分〉

T　紹介を聞いて、読んでみたくなった本はありましたか。

・動物が出てくるので、○○さんの本を読んでみたいです。
・おもしろそうな絵だったので、○○さんの本を読みたいです。
・○○さんが教えてくれたので、読んでみたいです。

T　読みたいなと思った本を探して読んでみましょう。

○前回借りた本をブックトラック等に集めておき、自由に手に取れるようにしておくとよい。

よりよい授業へのステップアップ

本の選択

自分で読みたい本を選ぶことができるようになることが大切である。悩んでいる子供には、題名や表紙、作者名など、手掛かりになる事柄を示し助言する必要がある。

本を探す時間の確保

1年生の初めの時期は、特に、本を選んだり借りたりするのに時間を要する子供が多い。十分な時間を確保し、全員が本を選んだり借りたりできるように配慮したい。

かきと　かぎ　(2時間扱い)

単元の目標

知識及び技能	・平仮名を読み、書くことができる。((1)ウ)
思考力、判断力、表現力等	・語と語や文と文との続き方に注意しながら、内容のまとまりが分かるように書き表し方を工夫することができる。(B ウ)
学びに向かう力、人間性等	・言葉がもつよさを感じるとともに、楽しんで読書をし、国語を大切にして、思いや考えを伝え合おうとする。

評価規準

知識・技能	❶平仮名を読み、書いている。(〔知識及び技能〕(1)ウ)
思考・判断・表現	❷「書くこと」において、語と語や文と文との続き方に注意しながら、内容のまとまりが分かるように書き表し方を工夫している。(〔思考力、判断力、表現力等〕B ウ)
主体的に学習に取り組む態度	❸楽しみながら清音・濁音・半濁音を含む言葉を集め、学習課題に沿って粘り強く唱え歌を作っている。

単元の流れ

次	時	主な学習活動	評価
一	1	学習の見通しをもつ 題名を読み、清音と濁音でどんな違いがあるのか考える。 教科書の文を繰り返し声に出して読む。 濁点、半濁点の書き方や読み方を確かめる。	❶
二	2	濁点、半濁点の付いた言葉を集め、紹介したり、読み合ったりする。 学習を振り返る 集めた言葉を共有する。	❷ ❸

授業づくりのポイント

〈単元で育てたい資質・能力〉

本単元で育てたい資質・能力は、清音と濁音、半濁音の発音の違いを通して、読み方や表記の仕方の理解を深めることである。濁点や半濁点を書く場所、読み方の変化を、「かきと　かぎ」の唱え歌を読みながら学ぶ。さらに、平仮名の学習やその他の日常の学習でも濁音、半濁音の言葉を機会があるごとに取り上げていくことで、確実な定着につながる。

[具体例]

○授業の構成を考える上で、①音読をすること、②書き方の練習をすること、③言葉を集めることが主な学習活動になる。1つの活動を10～15分程度で考えることで、テンポよく授業を進めていくことができる。

○清音・濁音・半濁音の言葉を並べて提示して、違いを考えることで、発音の違いや表記の違いに気付けるようにする。また、濁点・半濁点は筆順の最後に右上に表記することを指導する。

○楽しく音読をすることで、子供の意欲を高める。教師の範読の後に全員で読むだけでなく、ペアになって1行ずつ交代して読むことや、3人や4人の少人数、座席の縦列や横列で読むなど、様々なパターンを入れることで、どの子も楽しく取り組める。

〈教材・題材の特徴〉

教科書の唱え歌は、テンポよく清音や濁音を発音することができる。さらに、暗唱にも取り組みやすい。繰り返して読むことで、濁音の読み方に慣れることができる。

例示されている言葉は、濁点が付くことで意味が変わる言葉であり、挿絵を活用しながら言葉当てクイズのようにすることで、楽しみながら学習に取り組める。

また、平仮名の学習と合わせながら、濁点・半濁点を表記する場所を指導することで、表記の仕方の違いについて理解を深めることができる。

〈言語活動の工夫〉

濁点・半濁点が付くことで、言葉の意味が全く変わってしまうおもしろさに気付けるようにしたい。教科書の言葉を基本として指導した後に、子供たちが知っている言葉を短冊に集め紹介する。クラスで集めた短冊を掲示したり、まとめたりすることで、一人一人の濁点・半濁点の言葉を増やすことができる。

[具体例]

○音読に慣れてきたら、暗唱にもチャレンジしたい。教科書を閉じて、黒板に提示した文章を1行ずつ一斉に読む。1行読み終えると同時に、「さるの」の「る」1文字だけ消す。2回目は「たば」を消す。3回目はどこかの行を消すなど、子供の様子を見ながら、消す分量を調整する。5回から10回程度繰り返すことで、どの子も暗唱し、音読する楽しさや覚える楽しさを実感できる。

○自分が知っている濁音・半濁音の言葉を想起し、教師が黒板を使って紹介していくことで、音の変化や、規則性について理解を深めることができる。

本時案

かきと　かぎ

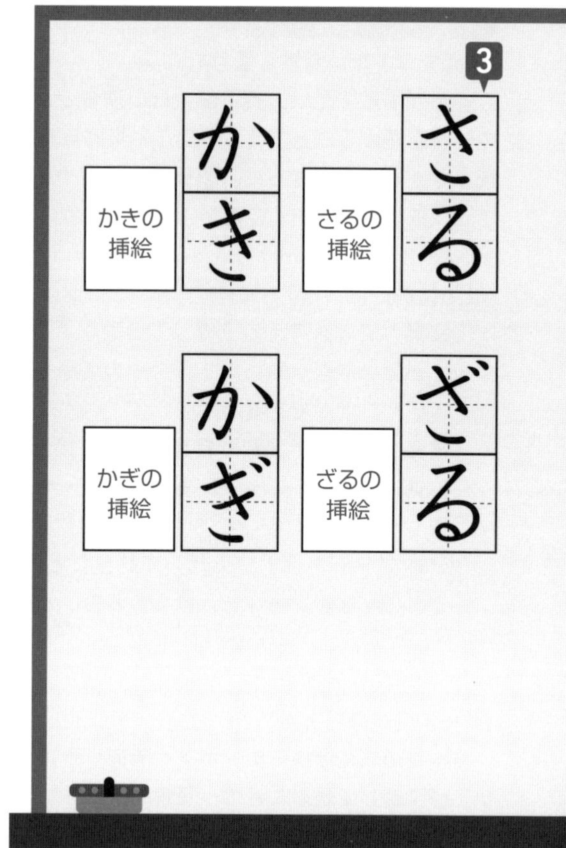

本時の目標

・平仮名を読み、書くことができる。

本時の主な評価

❶清音・濁音・半濁音の表記や、読み方を理解して、濁音・半濁音の付く平仮名や言葉を読んだり、書いたりしている。【知・技】

資料等の準備

・教科書の挿絵を拡大したもの
・言葉に対応した挿絵
・文字黒板
・平仮名五十音表 02-04

授業の流れ ▷▷▷

1 題名・挿絵から内容を考え、唱え歌を音読する　〈5分〉

T　題名を読んで気が付いたことはありますか。
・点々が付いています。
・点々が付くと意味が変わります。
○子供の発言を取り上げながら、濁音のある言葉について学んでいくことを意識付け、本時のめあてを確かめる。
T　絵を見てどんな話か、考えてみましょう。
・さるがかぎを持っています。
・かぎが分からなくて困っています。
○清音と濁音の違いを確認し、本文を音読する。
○五十音表で本文に出ていない濁音・半濁音の読み方を確認する。

2 本文を繰り返し読み、暗唱する　〈20分〉

T　先生や友達と一緒に、いろいろな読み方をしましょう。
○範読した後に続けて読んだり、文節ごとに交代して読んだりする。初めは、教師と子供たちで交代して慣れるようにする。十分に読めるようになった後に、子供たち同士で読み合う活動につなげていく。
○暗唱は、子供たちに繰り返し本文を読ませながら、読んだ後の字を、1音や2音ずつ消していく。3回目、4回目くらいに、言葉のまとまりで消して、5回目には、黒板に本文がない状態にする。

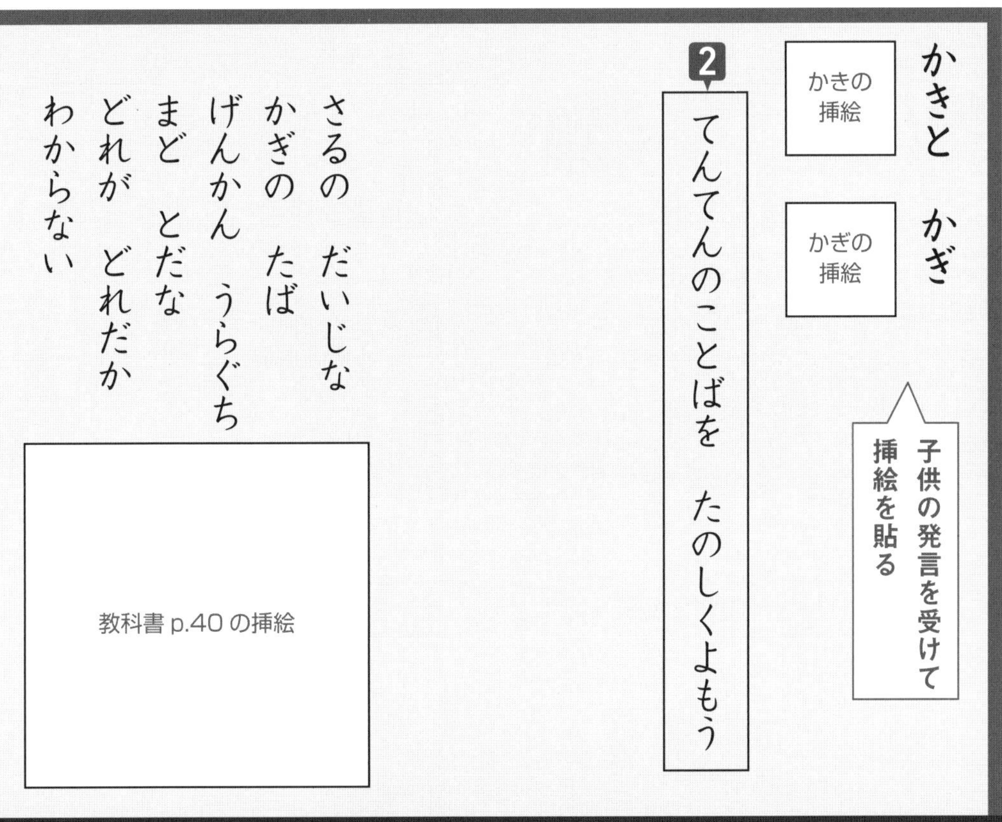

3 濁音・半濁音の表記の仕方を理解し、ノートに書く 〈20分〉

○濁音・半濁音は書き順の最後に、右上に書くことをマス目黒板で押さえ、ノートに書く。

T 絵に合う言葉を、平仮名で書きましょう。

○挿絵→さる、挿絵→ざる、挿絵→かき、挿絵→かぎ、挿絵→まど、挿絵→おんぷ

○絵に合う言葉を声に出した後に、ノートに書くことで、清音と濁音・濁音の発音の仕方や表記の違いに気付けるようにする。

○清音に点々や丸が付くことで、意味が全く異なる言葉のおもしろさに触れる。

○教科書に載っていない濁音・半濁音の絵を提示する（印刷した挿絵や電子黒板を活用する）。

からす→がらす、たんす→だんす　など。

よりよい授業へのステップアップ

音読の工夫と挿絵の活用

音読の工夫を加えると、授業の楽しみ方が変わる。例えば、文節や句読点で交代して読んだり、1文や1行で交代して読んだりする方法がある。他にも、音読する人数を列や班ごとにして、変化を加えることもできる。基本は教師対子供であるが、読み慣れてきたら子供同士で読み合うと一層効果的である。

また、挿絵を提示することで、子供のイメージと言葉を結び付けることができる。拡大したり、隠したりするだけで、子供の興味を引くことができる。

本時案

かきと　かぎ

2/2

本時の目標

・濁音や半濁音のある言葉を想起し、正しく読んだり書いたりすることができる。

本時の主な評価

❷言葉のまとまりに気を付けて、書こうとしている。
❸進んで濁音・半濁音のある言葉を集めようとしている。【態度】

資料等の準備

・年めぐりーしりとりうたー阪田寛夫作

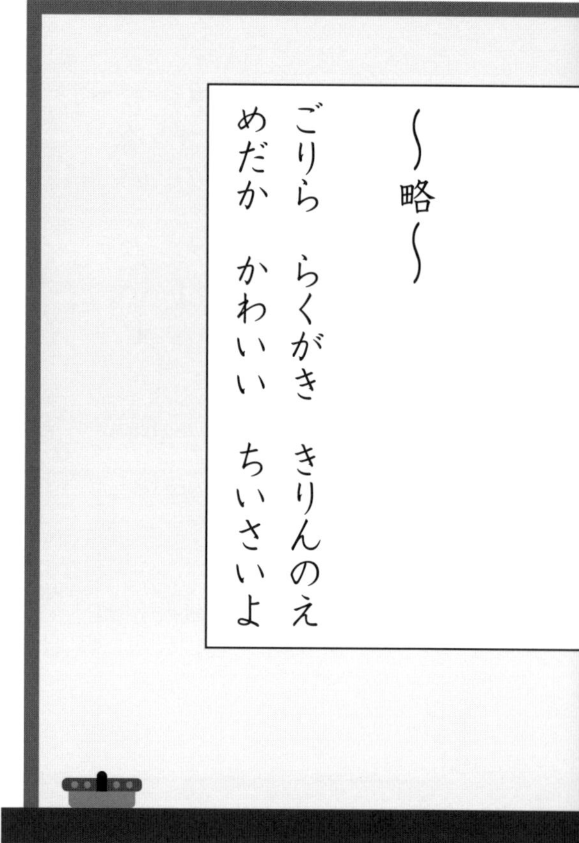

授業の流れ ▷▷▷

1　濁音・半濁音の入った言葉を考える〈10分〉

T　点々や丸の付く言葉を考えよう。

・ゴリラ　・すいどう　・ランドセル
・ランプ　・みずいろ　・どうぐばこ
・プリン　・トランプ　・パソコン

○子供が考えついた言葉を、黒板に板書していく。このとき、２音・３音・４音と分けて板書にまとめる。

○想起が難しい子供には、教科書巻末の平仮名五十音表を見せ、一緒に考えられるようにする。

2　言葉を集めて短冊に書く〈25分〉

T　点々や丸が付く言葉を短冊に書いて、集めてみよう。

○国語ノートのマス目を画用紙サイズに合わせて拡大印刷したものを用意して、子供に配布する。

○机間巡視しながら、正しく書くことができているか確認する。

○教師が巡視しながら、子供が書いた言葉の文字数に応じてノートの画用紙をハサミで切り、短冊になるようにする。

かきと　かぎ

1

てんてん、まるのつく
ことばを　かんがえよう

○ざる　○まど　○どあ
○ごりら　○らんぷ　○ぷりん
○すいどう　○とらんぷ
○みずいろ　○ぱそこん
○らんどせる　○どうぐばこ

3

年(とし)めぐり
―しりとりうた―　阪田(さかた)　寛夫(ひろお)

かるた　たこあげ　げんきなこ
こけし　しもやけ　けやきのめ
めだか　かげふみ　みずすまし

3　短冊の言葉を紹介したり、読み合ったりする。〈10分〉

T　隣の人や班の人と、書いた短冊を読み合いましょう。

○短冊を見せながら、自分が読んだり、友達に読んでもらったりする。子供の意欲を高める。

○「年めぐり」の詩を紹介し音読したり、どのような言葉が使われているか確かめたりする。「年めぐり」をまねてクラス全体で１、２行創作してみるのもおもしろい。

よりよい授業へのステップアップ

紹介し合うときの視点

子供たちが考えた言葉を紹介するときに、「読み合いましょう」や「伝えましょう」と指示を出していないだろうか。このときに、「友達と同じ言葉は何個あったかな」や「誰も考えていなかった言葉はあったかな」と少しゲーム性のある視点を示すことで、楽しく学習に取り組むことができる。

ぶんを　つくろう　（4時間扱い）

単元の目標

知識及び技能	・文の中における主語と述語との関係に気付くことができる。((1)カ) ・句読点の打ち方を理解して、文の中で使うことができる。((1)ウ)
思考力、判断力、表現力等	・語と語の続き方に注意することができる。(B ウ)
学びに向かう力、人間性等	・言葉がもつよさを感じるとともに、楽しんで読書をし、国語を大切にして、思いや考えを伝え合おうとする。

評価規準

知識・技能	❶文の中における主語と述語との関係に気付いている。(〔知識及び技能〕(1)カ) ❷句読点の打ち方を理解して、文の中で使っている。(〔知識及び技能〕(1)ウ)
思考・判断・表現	❸「書くこと」において、語と語の続き方に注意している。(〔思考力・判断力・表現力〕B ウ)
主体的に学習に取り組む態度	❹文型や主語・述語との関係、句読点の打ち方について理解し、今までの学習を生かして粘り強く文を書こうとしている。

単元の流れ

次	時	主な学習活動	評価
一	1	学習の見通しをもつ 教科書の挿絵を提示し、動物たちが何をしているかを話し合う。 「—が—。」「—は—。」の文型の文を声に出して読む。 句点の書き方について理解し、「きつね」と「たぬき」を主語にした文章をノートに書く。	❷
	2	教科書の挿絵を見て、動植物の様子について話し合う。 句点の書き方に注意して、主語を「ひまわり」「からす」「へび」にした文を考えてノートに書く。	❶
二	3	「きつね」「たぬき」「ひまわり」「からす」「へび」を主語にして、述語だけを変えた文をノートに書いて発表する。 日常生活の中から、「—が—。」の文になるものを見付けてノートに書く。	❸
	4	教師が作った主語と述語をつなげるゲームをする。 「—が—。」の文を作って、グループでカードゲームをする。 学習を振り返る これまでノートに書いた文を読み直す。	❹

授業づくりのポイント

〈単元で育てたい資質・能力〉

本単元のねらいは、主語と述語の関係、句点の打ち方を理解し、語のまとまりがある文を正しく書く力を育むことである。そのためには、日常生活の中で見たり聞いたりする「—が—。」の文を想起しながら、そこに主語と述語の関係があること、句点を打って文が完成することを理解することが大切である。

文を初めて書く単元だからこそ、文の形式を正しく理解し、文の書き方を理解するとともに、文を書く楽しさについても存分に味わわせたい。

〈教材・題材の特徴〉

本教材は、子供が親しみやすい動植物について、主語と述語との関係、句点の打ち方に気を付けながら、短い文を書けるよう工夫されている。また「が」「は」の助詞は、主語に付くものとしてパズルのピースのように表されていて、語のまとまりについて理解しやすいものとなっている。挿絵もヒントにすることで、子供が具体的なイメージをもって文づくりに取り組むことができる。書いた文と挿絵を結び付けながら声に出して読むことで、文の書き方についての理解を確かなものにできる。

〈言語活動の工夫〉

主語と述語の関係、句点の打ち方について理解したことを定着させるために、授業の中では、子供たちには様々な文を書かせたい。書いた文を班や全体で共有して声に出して読んだり、動作化したりすることで、より言語理解の深まりを期待することができる。

主語と述語をつなげるゲームでは、教師が作成したカードを使って、グループや全体で文づくりをする。また主語のみ提示し、述語を子供たちに考えさせてその場でカードを作っていくことも、既に多くの言葉を知っていることを自覚させるために有効である。

[具体例]

○教科書と同じような形で教師が「主語カード」「述語カード」を作成し、挿絵も使いながらゲームをする。

○「—が—する。」の文を代表の子供に伝え、ジェスチャーで表させ、それに合った文を他の子供が選ぶ。

本時案

ぶんを つくろう

本時の目標

・文の中における主語と述語の関係、句点の使い方について正しく理解することができる。

本時の主な評価

❷文を書くときの句点の意味や打ち方を理解し、挿絵に合った文を書いている。【知・技】

資料等の準備

・教科書の挿絵のコピー
・マス黒板
・主語・述語を書く短冊（赤と青）

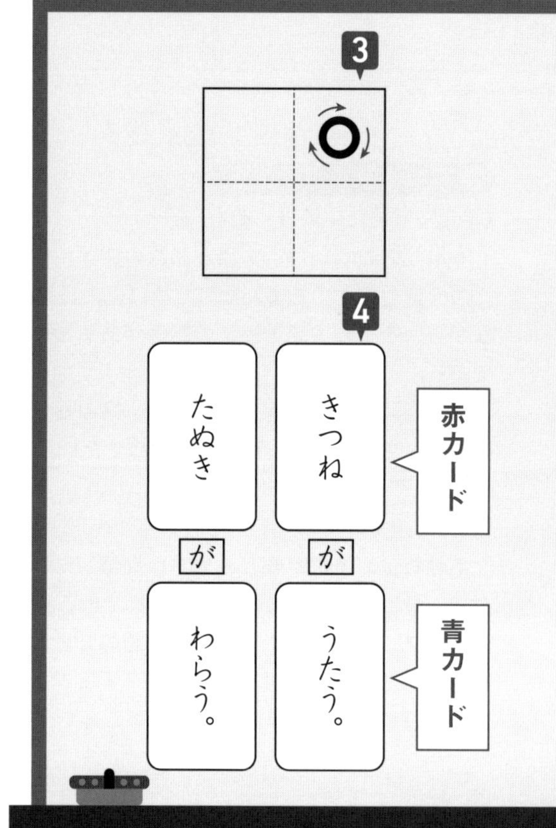

授業の流れ ▷▷▷

1 教科書の挿絵を見て、動物が何をしているかを話し合う 〈5分〉

○教科書の挿絵を見て、動物が何をしているかを自由に発表する。

T　教科書の動物の絵を見ましょう。この動物は何をしているでしょうか。

・キツネが走っています。
・逃げているようにも見えます。
・タヌキは踊っています。

T　字で書いて文を作ると、みんなで読むことができますね。今日は、この絵から分かることを文で書きます。

○挿絵の様子に興味をもたせ、そこから文を書くことを意識させる。

2 「―が―。」「―は―。」の文の形について理解する 〈10分〉

○挿絵に合った「―が―。」「―は―。」の文を考える。

T　この「きつねがはしる。」というのを文と言います。文は、言葉がつながって、まとまっているものです。みんなで読んでみましょう。

○声に出して読むことで、音声としての文の形を理解させる。「―は―。」も同じように読む。

T　それでは、「きつねが」「たぬきは」が上にあったら、下にどんな言葉を入れると文ができますか。

○出た意見を短冊に書き、黒板に掲示し、全員で音読する。

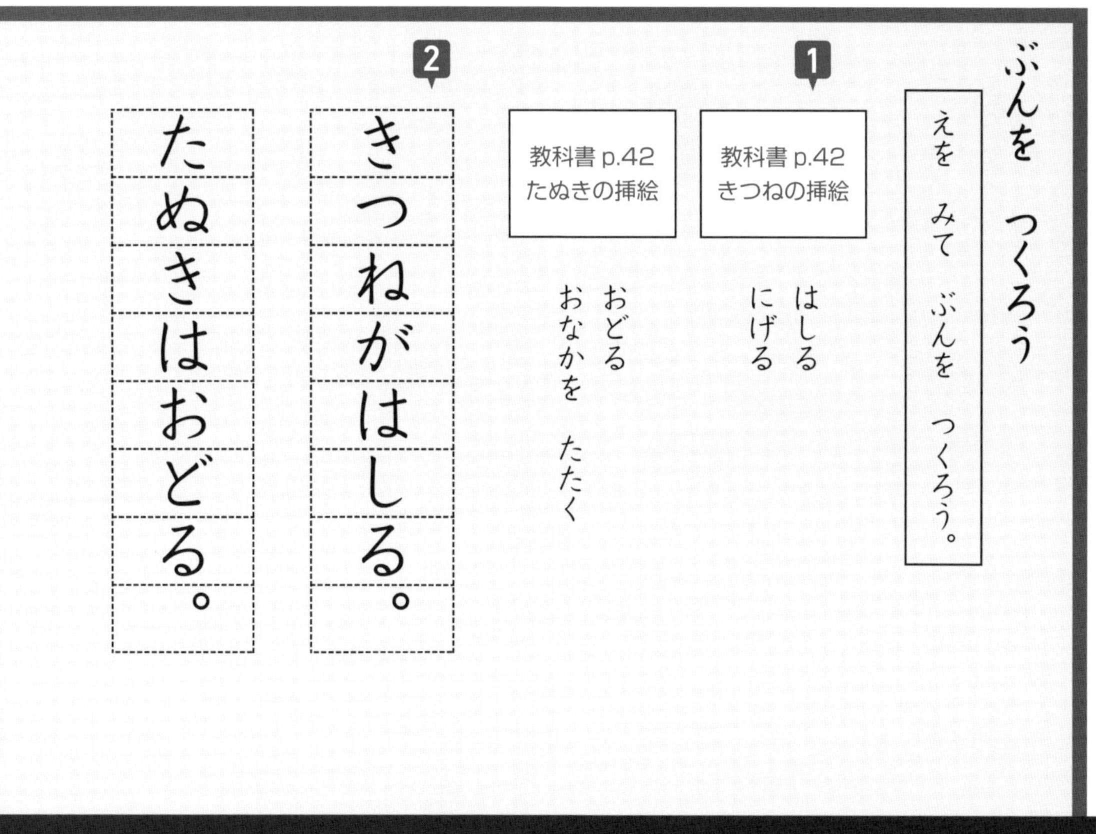

3 句点の機能や書き方について理解する〈10分〉

○どの文にも句点があることを見付け、句点の意味や書き方を正しく理解する。

T　たくさんの文が考えられましたね。どんな文の最後にもあるものが書かれています。何か分かる人はいますか。

・丸が書かれています。

T　そうですね。文の終わりには、いつも丸を書きます。丸は文の終わりの印です。丸を最後に書いて文が完成します。

○句点を書く位置や書き方を確認し、ノートに練習する。

4 主語と述語、句点に気を付けて、文を書く〈20分〉

○「きつねが」「たぬきは」を主語にして、「―が―。」「―は―。」の文をノートに書く。

T　それでは、自分で考えた文をノートに書いてみましょう。平仮名を書くときには、字の書き順や形にも気を付けましょう。書き終わったら、声に出して読んでみましょう。

○正しい書き方を定着させるために、まずは全員で同じ文を書く。その次に、自分が考えた文を書く。

○文を書く際には、正しい書き順で、字形も意識しながら書くよう、教師が声掛けをする。

○書いた文をペアで交流したり、全体で発表したりする。

本時案

ぶんを つくろう

本時の目標

・教科書の挿絵から動植物の様子を想像し、それらを主語にした文を書くことができる。

本時の主な評価

❶文の中における主語と述語の関係について理解し、教科書の挿絵に合った文を書いている。【知・技】

資料等の準備

・教科書の挿絵のコピー
・マス黒板
・主語・述語を書く短冊（赤と青）

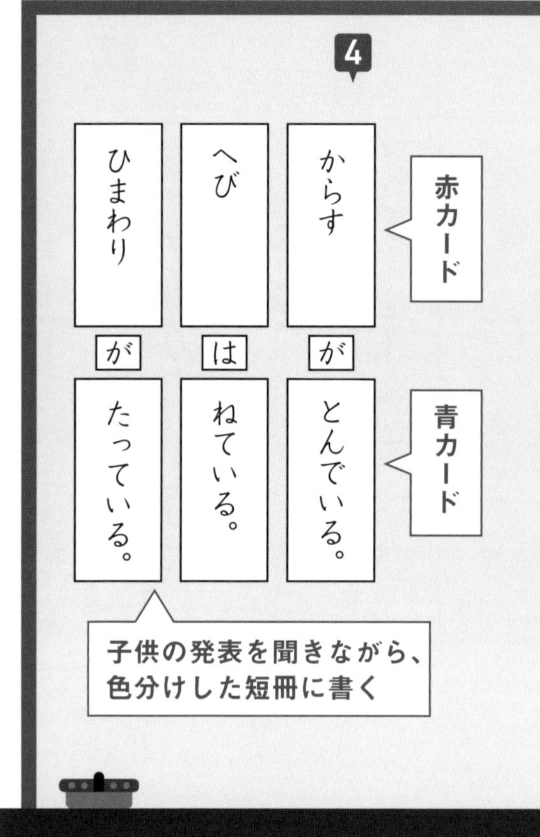

授業の流れ ▷▷▷

1 前時を振り返り、文の書き方について確認する 〈5分〉

○前時に書いた文を掲示しながら、学習を振り返り、主語・述語の関係や句点の使い方について理解を深める。

T 前の時間に初めて文を書きましたね。例えば、この絵について、○○さんはこんな文を書きました。

・丸を書くのを忘れないようにしました。
・「が」や「は」が書かれています。

○子供の書いたものの中から例を紹介することで、子供の書く意欲や自信につなげる。

2 教科書の挿絵を見て、どんな場面かを話し合う 〈5分〉

○教科書の挿絵を見て、植物や動物がどんな様子かを考え、発表する。

T ひまわりが（は）どんな様子ですか。

・きれいに咲いています。

T カラスが（は）どんな様子ですか。

・空を飛んでいます。
・逃げているかもしれません。

T ヘビが（は）どんな様子ですか。

・寝ています。
・夢を見ているかもしれないです。

○「―が―。」「―は―。」の両方で文が書けるように、子供たちから出た述語を複数板書しておく。

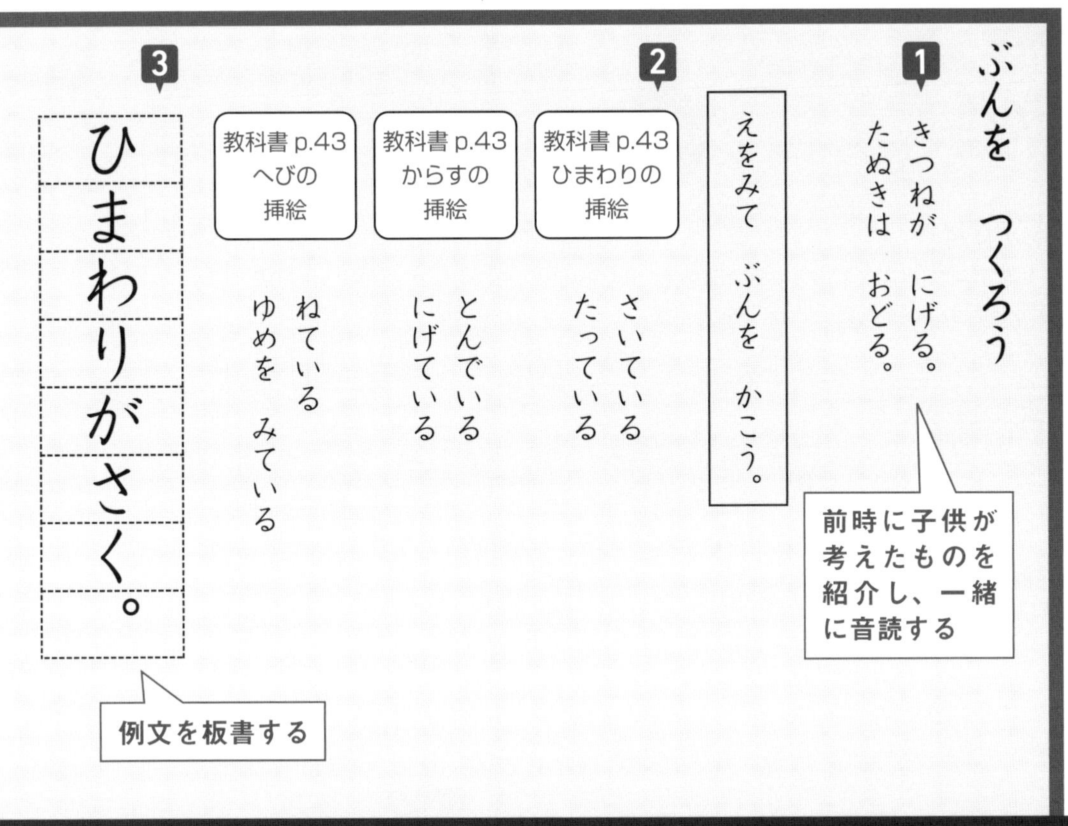

3 挿絵に合った文を考え、ノートに書く　〈25分〉

○助詞や句点に気を付けながら、挿絵に合った文を書く。

T　今日は絵の中の植物や動物の様子について文を書きます。「―が―。」「―は―。」の形の文を考えて、ノートに書きましょう。

○はじめに主語を１つ決め、どんな述語があるか子供が発表し、指導者が板書する活動をしてもよい。

○挿絵に合った文を自分で考え、ノートに書く。

○机間指導をしながら、書けた文章を確認し、子供に書けたことの自信をもたせる。

4 書いた文を共有する　〈10分〉

○自分の考えに自信をもったり、他の人の新たな考えから学んだりするために、書いた文を共有する。

T　みなさんが書いた文を席が隣の人と読み合いましょう。読み合うことが終わったら、発表しましょう。

・ひまわりの花が開く。
・からすが羽を広げる。
・からすは鳴く。
・へびは寝ている。

○「からすは黒い」など、述語が形容詞になってもよしとする。

本時案

ぶんを つくろう

本時の目標

・教科書の挿絵から、主語と述語の関係になる場面を見付け、それに合った文を考え書くことができる。

本時の主な評価

❸助詞や句点を正しく使い、主語と述語の続き方に注意しながら文を書いている。【思・判・表】

資料等の準備

・教科書の挿絵のコピー
・主語・述語を書く短冊（赤と青）

3

赤カード

うさぎ　が　はしる。

こうちょうせんせい　が　はなす。

ぼく　が　おこる。

おねえさん　は　やすんでいる。

青カード

授業の流れ

1 これまでの学習を振り返る 〈10分〉

T　これまで文の書き方について学習してきました。気を付けることは何ですか。
・「が」「は」を書くことです。
・文の終わりに「。」を書くことです。
T　そうですね。みなさんはこんな文を書いてきました。
○前時までに子供が書いた短文を掲示し、全員で声に出して読み合う。

2 述語を考え、文を書く 〈15分〉

T　今日は「何がどうする。」「何はどうする。」の「何」のところはそのままにして、「どうする」のところを自分で考えて、たくさん文を書きます。この動物や植物で文を考えましょう。
・きつねは鳴きます。
・へびはくねくね動きます。
・カラスがえさをつつくところを見ました。
○述語探しを楽しめるよう、述語になる言葉をたくさん発表させ、黒板に板書したり、電子黒板に映し出したりする。

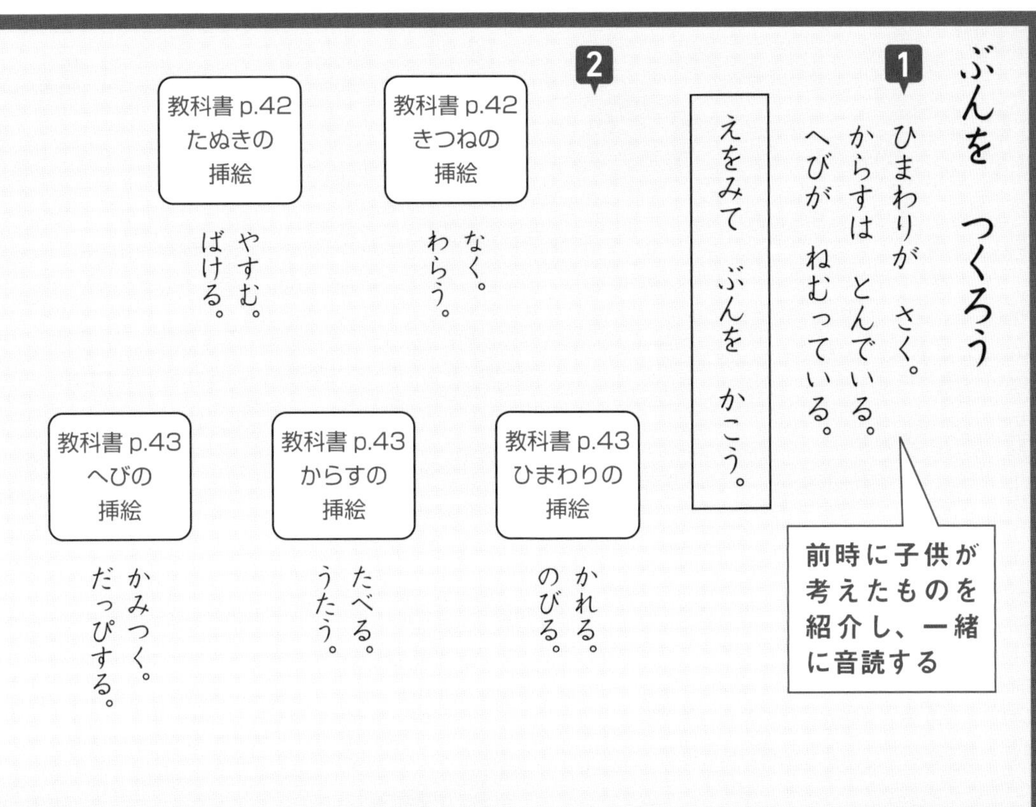

3 生活の中から文を考え、書いたり、発表したりする 〈20分〉

T　みなさん、動物や植物についての文をたくさん書けましたね。「―が―。」「―は―。」の文を身の回りのことでも書いてみましょう。

○教科書から生活に結び付けて、学習を広げていく段階。必要であれば、写真等で生活の場面を提示してもよい。

○机間指導しながら、書けた子供の文には○を書いたり、書けない子供にはアドバイスをしたりする。

○教科書に掲載された「はなの　みち」の挿絵を見ながら、文を考えて書いてもよい。

よりよい授業へのステップアップ

他教科との関連

「―が―。」「―は―。」の文型に多く接することができるよう、これまで考えた文を教室内に掲示するとともに、他教科でも文を書く機会を多くつくるようにする。他教科と関連させることで、主語となる言葉、述語となる言葉の理解が広がることが期待できる。

また、身近にあることを自覚することで、生活の中で意識して使う力が身に付くとともに、国語の授業への意欲も高まることが期待でき、学習の好循環が期待できる。

本時案

ぶんを つくろう

本時の目標

・主語と述語をつなげ、文を作るゲームをする活動を通して、主語と述語の関係を正しく理解するとともに、言葉がもつよさを感じることができる。

本時の主な評価

❹文型や主語・述語との関係、句読点の打ち方について理解し、今までの学習を生かして粘り強く文を書こうとしている。【態度】

資料等の準備

・教科書の挿絵のコピー
・主語・述語を書く短冊（赤と青）
・「はなの　みち」の挿絵を拡大したもの
・教師が作成したクイズ 09-01〜02

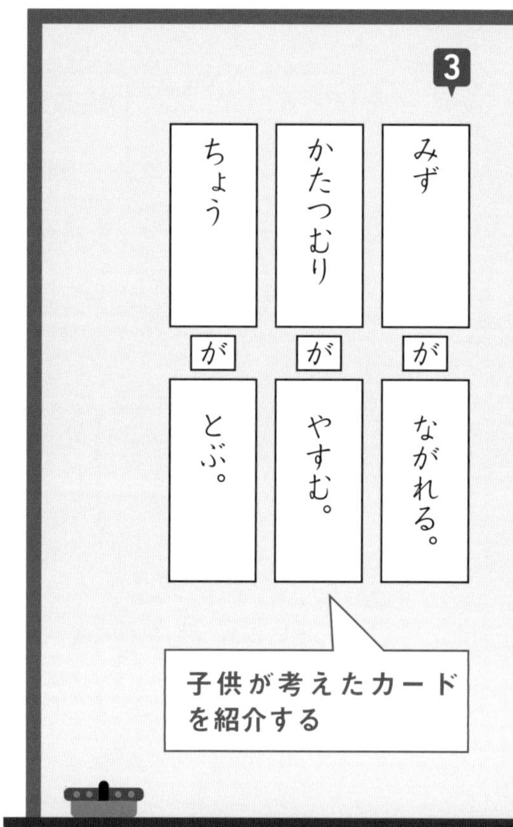

授業の流れ ▷▷▷

1 教師が作った文づくりゲームをする〈10分〉

○これまで子供が作ってきた文の短冊を使って文を作る。その後、全員で音読する。

T　見本を見せます。私は○○の絵について文を書きました。このカードの中から選んで文を作ってください。

○短冊を並べ替えて文を作らせる。

T　「―が―。」「―は―。」の文を作るとき、どんなことに気を付けましたか。

・文の意味が分かるようにしました。
・丸を書き忘れないようにしました。

T　今日はこれまで学習したことを使って、文を作るゲームをします。

2 文づくりゲームに使うカードを作る〈15分〉

○教科書に掲載された p.42, 43の挿絵や p.36, 37の「はなの　みち」の挿絵をヒントにしながら、それに合った文を考え、主語用の短冊、述語用の短冊にそれぞれ言葉を書く。

T　それでは、ゲーム用の短冊にするために、「―」は赤、「―。」は青の短冊に書きましょう。

○なかなか文が書けない子供がいる場合には、前時までに書いたものを写したり、なぞり書きができるプリントを用意しておいたりし、全員が文を書けるよう工夫する。

○意味が通じる「―が―。」「―は―。」の文を作る。多くの文に触れることがねらいなので、たくさん短冊が書けそうな子供には追加で渡す。

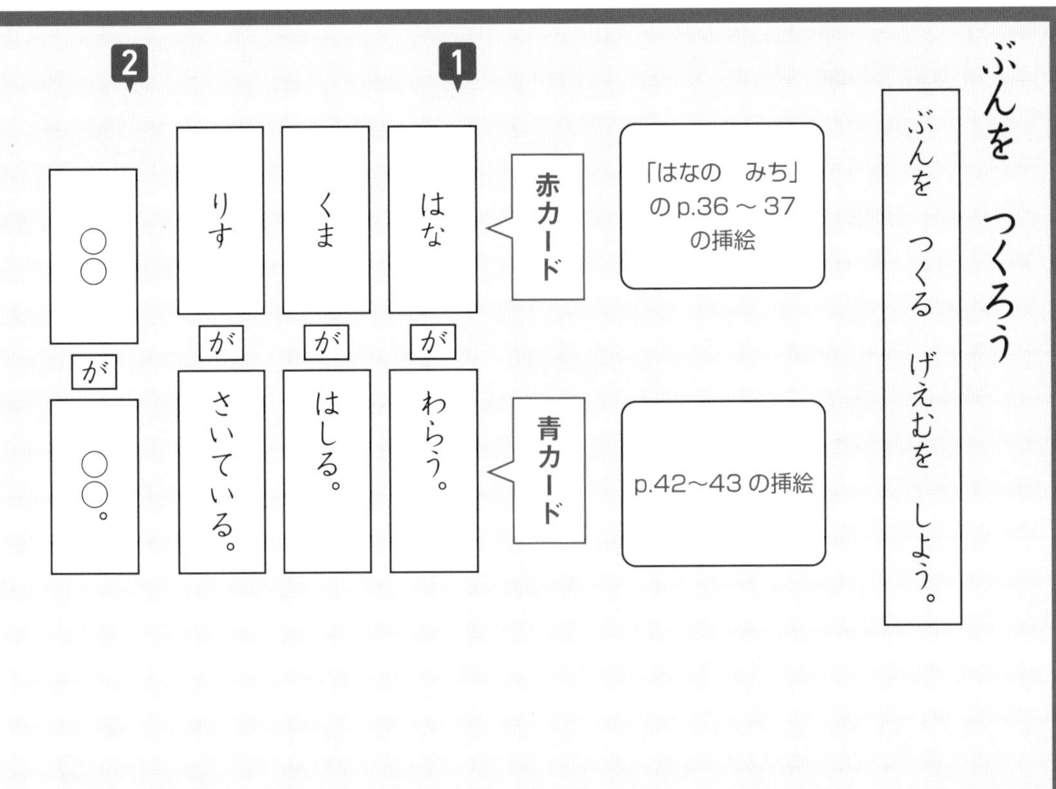

3 グループで文づくりゲームを行う〈20分〉

○ペア学習の形態にし、相手の前に短冊をランダムに並べ、挿絵を示しながら文を作らせる。

・この絵の様子を文にしました。絵を見ながら、文を作ってください。

・へびが寝ているから、「へびが」「ねる」です。

・正解です。

○ペアが終わったら、グループでも活動し、多くの文に触れるようにする。

T　生活の中には、たくさん文にできることがありそうですね。見付けたら、ぜひ教えてくださいね。

○生活と関連させ、興味を高める。

よりよい授業へのステップアップ

学習したことを日常化していく

・多くの文に触れさせる工夫

これまでの学習で子供が書いた文を教室内に掲示したり、教師作成の文づくりクイズコーナーを設置したりしておくことで、主語・述語のある文により親しむことができる。

・教科横断的な視点をもたせる工夫

「ぶんをつくろうカード」を教室内に置き、他教科や生活の中でも主語・述語がある文を見付けたら、カードに書くようにする。教師が紹介し、生活の中の文に親しませる。

資料

1 第４時資料 09-01

【教師作成のゲームのカード例】

○教科書 p. 43の挿絵

赤カード

ひまわりが

からすが

へびが

青カード

はしる。

わらう。

なく。

○教科書 p. 37の挿絵

赤カード

くまが

かえるが

青カード

おどる。

はねる。

【子供が書くと想定される文（「はなのみち」）】

・くまが　おどる。
・くまが　わらう。
・とりが　とぶ。
・とりが　なく。
・きつねが　わらう。
・きつねが　はなす。
・ちょうが　とぶ。
・かえるが　うごく。
・りすが　はしる。
・とびらが　あく。
・はなが　さく。
・みずが　ながれる。
・うさぎが　はねる。
・かたつむりが　やすむ。
・かたつむりが　あるく。
・くさが　はえる。
・くさが　ゆれる。

例示して、文作りのヒントにさせてもよい。

2 第4時資料 09-02

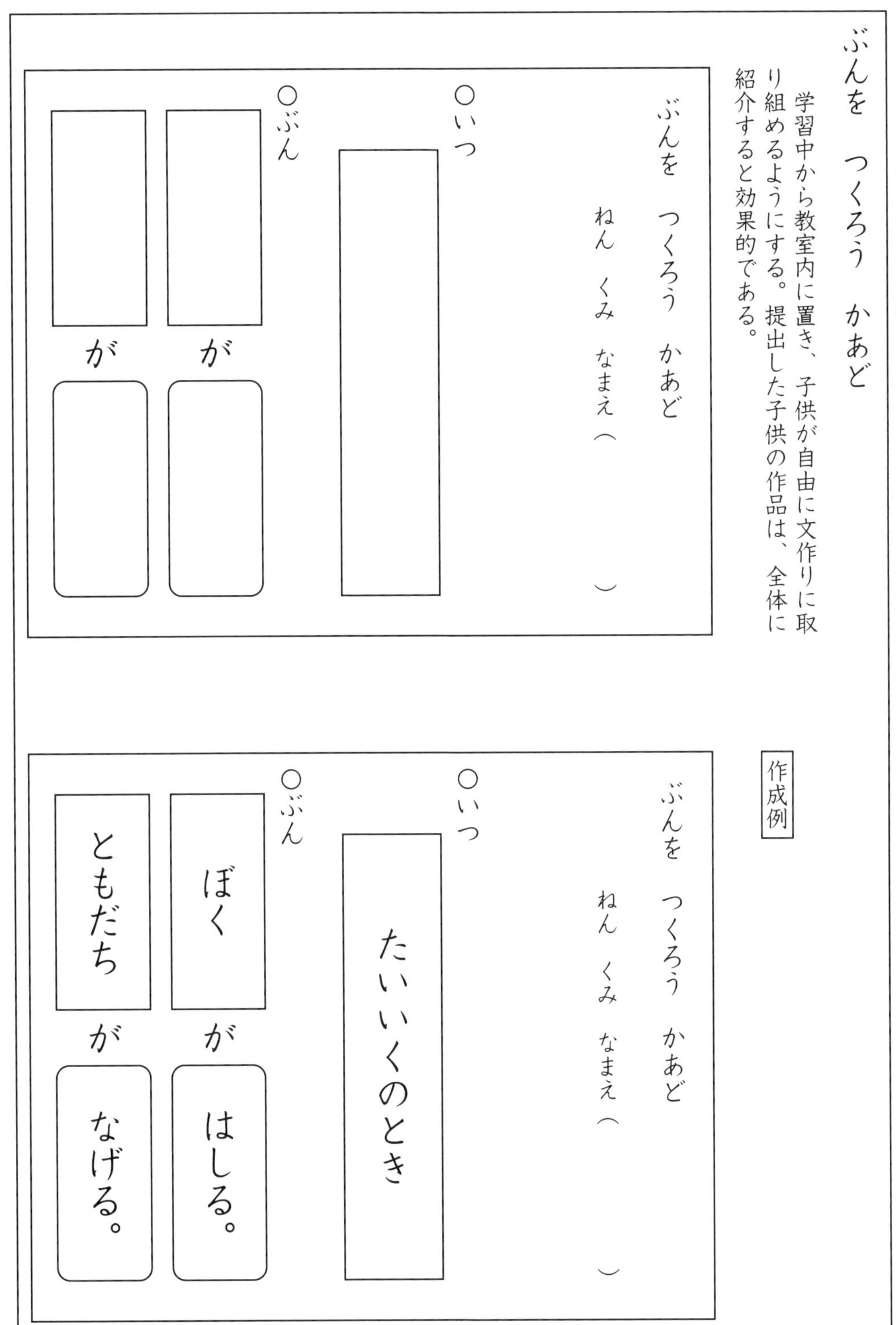
ぶんを　つくろう　かあど
学習中から教室内に置き、子供が自由に文作りに取り組めるようにする。提出した子供の作品は、全体に紹介すると効果的である。
ぶんを　つくろう　かあど
ねん　くみ　なまえ（　　）
○いつ
○ぶん
が
が
作成例
ぶんを　つくろう　かあど
ねん　くみ　なまえ（　　）
○いつ
たいいくのとき
○ぶん
ぼく
が
はしる。
ともだち
が
なげる。

ねこと　ねっこ　（2時間扱い）

単元の目標

知識及び技能	・促音の表記、助詞の「を」の使い方、句点の打ち方を理解して文の中で使うことができる。((1)ウ)
思考力、判断力、表現力等	・語と語との続き方に注意することができる。(B ウ)
学びに向かう力、人間性等	・言葉がもつよさを感じるとともに、楽しんで読書をし、国語を大切にして、思いや考えを伝え合おうとする。

評価規準

知識・技能	❶促音の表記、助詞の「を」の使い方、句点の打ち方を理解して文の中で使っている。(〔知識及び技能〕(1)ウ)
思考・判断・表現	❷「書くこと」において、語と語との続き方に注意している。(〔思考力、判断力、表現力等〕B ウ)
主体的に学習に取り組む態度	❸進んで促音のある言葉を見付けようとし、これまでの学習を生かして文を書こうとしている。

単元の流れ

次	時	主な学習活動	評価
一	1	学習の見通しをもつ ・教科書の唱え歌を暗唱して、これまでの言葉との違いを考える。 ・促音の言葉を読んだり書いたりする。	❶ ❸
二	2	学習を振り返る ・前時で学習した促音の言葉を読む。 ・促音の言葉を集める。 ・助詞を使った短文を作る。 ・作った短文を交流する。	❷ ❸

授業づくりのポイント

〈単元で育てたい資質・能力〉

本単元で育てたい資質・能力は促音を正確に読むことと表記をすることである。１年生の実態として、促音を読むことはできるものの、表記することにつまずくことが多い。それは聞こえない「っ」の表記の仕方について戸惑ってしまうのが原因だと考えられる。聞こえない促音を「見える」ようにすることで、正確に読んだり書いたりできるようにしていく。

[具体例]

○教科書の文を範読するときに、促音のある言葉を力強く読み、清音との違いを認識できるようにする。また、暗唱できるくらい繰り返し読み、促音の読み方に慣れるようにする。

○慣れてきたら、手拍子を付ける動作化をしながら読むことで、音韻認識を育てる。（例：１音１拍子として、促音はグーにしてたたかない）

○音韻認識を育てるため、本単元だけでなく、平仮名の指導時や促音の言葉が出てきたときなど、普段から動作化を取り入れていくとよい。

〈教材・題材の特徴〉

教科書の文は２文で、促音の言葉が入っていることでテンポよく読むことができる。繰り返し読むことで、暗唱もできる文章量である。ペアや班、座席の列など、読む人数を変えたり、文節ごとや１文で交代などと読む分量を変えたりすることにより、楽しく学習活動に取り組むことができる。

清音の「ねこ」と促音がある「ねっこ」を比較して考えることを通して、促音の読み方と表記の仕方を確実に理解できるようにしていきたい。

〈言語活動の工夫〉

はじめに、絵カードを提示して促音がある言葉を考える。その後に自分の力でノートに書く。交流する際は、ペアや少人数になり、自分が考えた言葉を紹介し合う。教科書巻末の五十音表や、教科書の中から探すなどすると、想起することが難しい子供も取り組みやすくなる。また、ペアや少人数で紹介し合うことで、自分では想起できなかった促音のある言葉を知ることもできる。自分のノートに書いていくことで、言葉を知る楽しさにもつながっていく。

助詞を使う短文づくりでは、出てきている言葉が「何をするのか」や「どのようにするのか」と子供に聞くことで、述語に当たる部分が考えやすくなる。また、出てきている言葉を教師が短冊に書き出して、動かせるようにすると、文が作りやすくなる。今回考えた言葉を教室内に掲示しておくと、語句の量を増やしたり、この後に出てくる助詞の学習にも生かしたりすることができる。

〈ICT の効果的な活用〉

共有：短冊の代わりに、学習支援ソフトを活用して「ものの名前」「動きを表す言葉」「助詞」のカードを配信し、子供の ICT 端末上でカードを並べ替えたり組み合わせたりして、「助詞」を使った文を作ることができるようにする。平仮名を書くことが難しい子供でも、短文を考えることに集中できる。

本時案

ねこと　ねっこ

本時の目標

・促音の表記や読み方を理解し、文や文章の中で使ったり、声に出して正確に発音したりすることができる。

本時の主な評価

❶促音の表記の仕方について、読んだり、書こうとしたりしている。【知・技】
❸進んで促音のある言葉を見付けようとし、これまでの学習を生かして文を書こうとしている。【態度】

資料等の準備

・教科書の挿絵
・マス目黒板

3

きつね　にっき
きって　もっきん
いっぴき　はらっぱ

授業の流れ ▷▷▷

1 教科書の唱え歌を音読する 〈10分〉

T　絵を見て、どんな話か考えましょう。
・ねこが、バッタを追いかけている。
・野原を走っている。
〇子供の発言をつなげながら、内容を確認する。
〇促音のある言葉が出てきたことを押さえ、読み方を確認する。
〇唱え歌を繰り返し音読する。繰り返していく中で、板書してある唱え歌を 1 字消したり、言葉のまとまりで消したりしていき、自然と暗唱できるようにする。

2 促音の読み方や表記の仕方を理解する 〈25分〉

T　ねことねっこの違いは何でしょう。
・小さい「っ」が入ります。
・「っ」と書いているけれど、声に出しません。
〇マス目黒板に「ねこ」と「ねっこ」を並べて板書して、読むリズムを〇記号で表す。促音は小さい〇記号で表すことで、音の大きさの違いに気付けるようにする。

ねこと　ねっこ

ちいさい「っ」のつくことばを　よもう。

1

ねこが　いっぴき、
はらっぱ　はしる。
ねっこ　とびこえ、
ばったと　かけっこ。

2

ね○
こ○

ね○
っ○
こ○

教科書 p.44 の挿絵

言葉と絵を
結び付けるように書き込む

3 促音、濁音、半濁音の言葉を、読んだり書いたりする　〈10分〉

T　小さい「っ」の入った言葉や、点々、丸の付いた言葉を、ノートに書きましょう。

○言葉を書いていく中で、促音を入れる場所を間違えてしまう子供が見られる。声に出して読むことや、一緒に手拍子をすること、○記号で表すなどして、促音のある言葉が確実に書けるようにしていく。

○既習の濁音、半濁音の指導も併せて行う。読み方や書き方を確認し、ノートに書かせる。

よりよい授業へのステップアップ

表記と音を一致させる工夫

促音を書くことは、子供にとって難しいことである。それは、発音しない音をあえて表記しなければならないことにある。そのために、言葉を○記号で表し、手拍子などを使って発音するリズムをつかませることは、有効な手立てとなる。この時間の中での定着は難しいため、常時活動として取り入れていきたい。

①1文字（1音）は、○で表し、1拍の手拍子とする。

②「っ」（無音）は、小さい○で表し、両手をグーにして音を出さず、素早く胸に近づける。

本時案

ねこと　ねっこ　2/2

本時の目標

・促音のある言葉を書いたり、読んだりすることができる。
・促音の入った言葉や、句読点を使って短い文を作ることができる。

本時の主な評価

❷言葉と言葉の続きに方に注意して、短い文を書こうとしている。【思・判・表】
❸進んで促音のある言葉を見付けようとし、これまでの学習を生かして文を書こうとしている。【態度】

資料等の準備

・五十音・「゛」「゜」の書かれたカード　10-01
・促音が入った言葉の絵　10-02

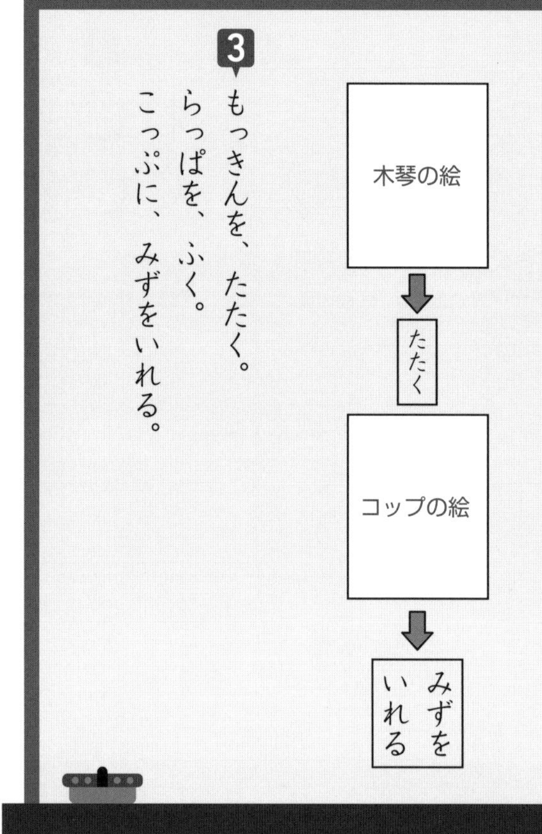

授業の流れ ▷▷▷

1 どこに促音が入るか考え、正しく読む　〈10分〉

T　ねこを、下の絵に変身させましょう。
・「ね」と「こ」の間に、「っ」を入れる。
○本時のめあてを確認する。
○ねことねっこを使って文を作らせる。
・ねこがねっこをとびこえる。
○「きって」「にっき」「いっぴき」「はらっぱ」も「っ」抜きで板書し、正しい「っ」の場所を確認する。

2 促音のある言葉を考える　〈15分〉

T　促音のある言葉を考え「っ」を入れて、正しい言葉にしましょう。
○「っ」を抜いたワークシートを配り、どの場所に「っ」が入るのか考える。
○できた言葉は、手拍子を打たせ、正しく促音を入れることができているか確認する。
○教科書の挿絵を活用したり、巻末の五十音表を見せたりすることで、書くことが難しい子供も、取り組みやすくなる。

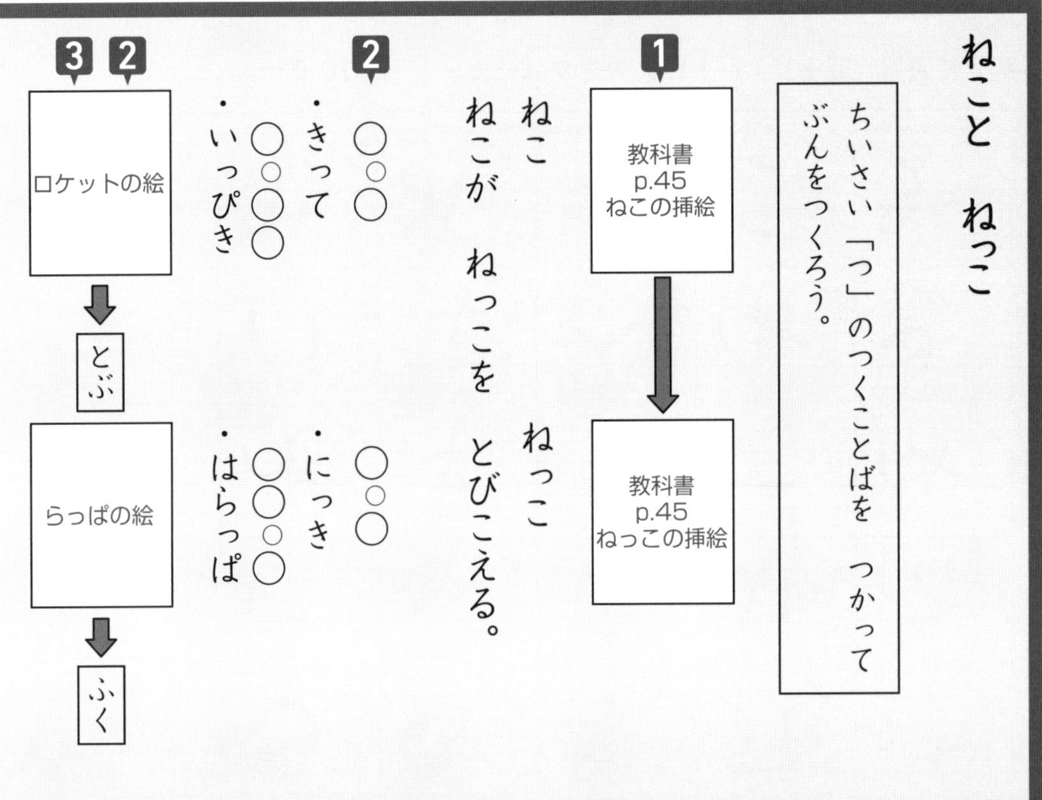

3 促音のある言葉を入れた短文を考え、ノートに書く　〈20分〉

T　小さい「っ」の入った言葉を使って、文を作りましょう。

○板書した言葉を取り出して、子供に投げかけながら文を作る。「ものの名前」であった場合は、それが「何をするもの」か言わせて、文を作っていくようにする。

・らっぱをふく。
・ろけっとがとぶ。
・がっこうへいく。
・とらっくがはしる。
・こっぷにみずをいれる。

○作ることが難しい子供には、板書してある言葉を活用してもよいことを知らせる。

○句読点を打つことを押さえ、ノートに書く。

よりよい授業へのステップアップ

挿絵や五十音表の活用

言葉を豊かにしていくために、挿絵を活用していく。平仮名では書けなくても、絵を見れば答えることができる子供がいる。自分が頭の中にもっている映像と文字が結び付いていないからである。挿絵を活用して、映像を文字化して、本当の言葉を獲得できるような指導をしていきたい。

また、平仮名を書くことが難しい子供には、教科書巻末の平仮名五十音表などの一覧表を使用し、書く難しさを取り除く支援を行い、負担感をもたないようにするとよい。

資料

1 第２時資料　五十音・「゛」「゜」の書かれたカード ⤓ 10-01

あ	い	う	え	お	
か	き	く	け	こ	
さ	し	す	せ	そ	
た	ち	つ	て	と	
な	に	ぬ	ね	の	
は	ひ	ふ	へ	ほ	
ま	み	む	め	も	
や	い	ゆ	え	よ	
ら	り	る	れ	ろ	
わ	い	う	え	を	
ん	゛	゛	゜	゜	

2 第2時資料　促音が入った言葉の絵 10-02〜07

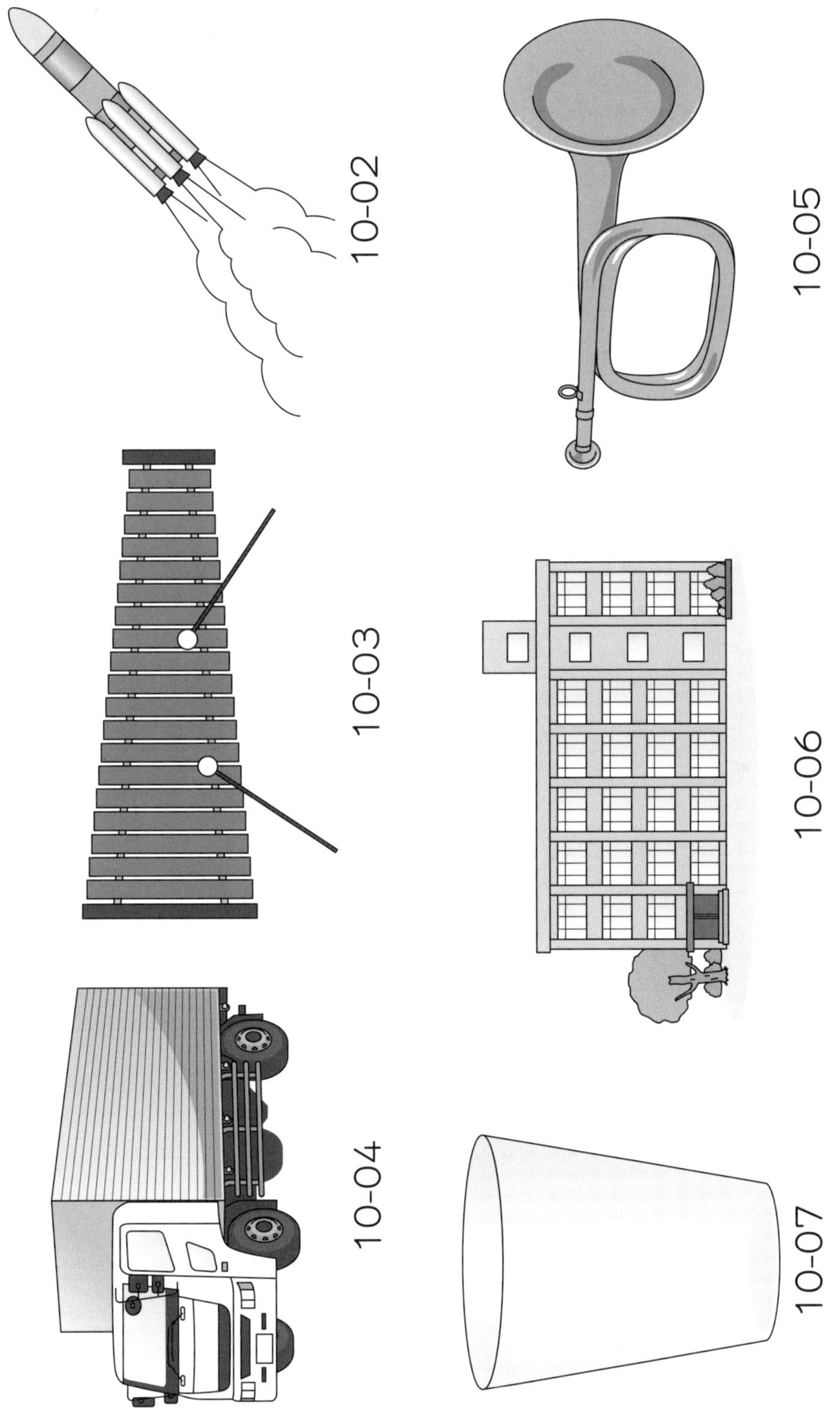

わけを　はなそう　（2時間扱い）

単元の目標

知識及び技能	・言葉には、事物の内容を表す働きや、経験したことを伝える働きがあることに気付くことができる。((1)ア)
思考力、判断力、表現力等	・相手に伝わるように、行動したことや経験したことに基づいて、話す事柄の順序を考えることができる。(A イ) ・身近なことや経験したことなどから話題を決め、伝え合うために必要な事柄を選ぶことができる。(A ア)
学びに向かう力、人間性等	・言葉がもつよさを感じるとともに、楽しんで読書をし、国語を大切にして、思いや考えを伝え合おうとする。

評価規準

知識・技能	❶言葉には、事物の内容を表す働きや、経験したことを伝える働きがあることに気付いている。(〔知識及び技能〕(1)ア)
思考・判断・表現	❷「話すこと・聞くこと」において、相手に伝わるように、行動したことや経験したことに基づいて、話す事柄の順序を考えている。(〔思考力、判断力、表現力等〕A イ) ❸「話すこと・聞くこと」において、身近なことや経験したことなどから話題を決め、伝え合うために必要な事柄を選んでいる。(〔思考力、判断力、表現力等〕A ア)
主体的に学習に取り組む態度	❹話す事柄の順序を進んで考えながら、これまでの学習や経験を生かして考えとわけを話そうとしている。

単元の流れ

時	主な学習活動	評価
1	学習の見通しをもつ 教科書の挿絵（p.47）を見ながら、質問に対する答えとそのわけを伝える言い方を確認する。 話型を使って、教科書の挿絵（p.47）を見ながら、教科書のモデルを基に自分の思いを伝え合う。	❶ ❸
2	学んだ話型を使って、教科書の挿絵（p.47）を基に、自分がどうしたいかとそのわけを相手に伝わるように話す。 学習を振り返る ２人組で伝え合った後、グループや全体で発表する。	❷ ❹

授業づくりのポイント

〈単元で育てたい資質・能力〉

本単元のねらいは、相手と話すために話題を決めたり、相手に伝わるように話す事柄の順序を決めたりする力を育むことである。そのためには、まず、話し方の話型を知ることが必要となる。教科書(p.46)の「わけを伝える」話型を基に、教師が話し方のモデルを示したり、話型を提示したりすることで、安心して話すことができる環境を整えていく。その後、2人組で話型に沿って対話をし、話している相手を見て聞く、相手が話したら返すなどの対話の基礎を養いたい。

〈教材・題材の特徴〉

「わけを　はなそう」は、動物園マップを見ながら、どの動物を見たいかをペアで伝え合う活動が例示されている。2人組のペアで基本の話型を基に話した後、「2人で動物園を回るにはどこから回るか」「どうやって回るか」など、ワクワクした楽しい気持ちで、自分の思いとそのわけを伝える練習をすることができる。

〈言語活動の工夫〉

教科書の「動物園マップ」の挿絵を自分たちの手元で活用できる遠足のしおりふうにアレンジしたり、学級全体で活用できる拡大マップを作成したりして、「1年○組で○○動物園に行く」のように、楽しく活動しながら学ぶことができる。

「どの動物が見たいか」という基本形を基にして、「どこから回りたいか」「全部見て回るにはどうやって回るか」「回れるエリアを3つに決めないといけないときはどうするか」「自分のおすすめ動物はどれか」など、2人組で、わけを伝えながら話したくなる話題を提示していくことで、学級全体で「伝えたい」という意欲が高まっていく。

[具体例]

○話型は教室に掲示し、子供たちがいつでも確認できるようにしておく。子供たちのスピーチから生まれた、全員で共有したい表現も書き加えていくことで、語彙力も表現力も向上していく。

○日常的に行うとよい活動としては、朝の会の日直スピーチでは「好きな○○」「最近楽しかったこと」について話したり、中休みの後は学習に入る前の3分間程度「どんな遊びをしたか」を話したりする。子供たちの身近な話題をテーマにして話しやすい雰囲気をつくるとよい。慣れてきたら、聞き手に質問をさせることで、聞く力・答える力も育っていく。

〈ICT の効果的な活用〉

共有：話し方の話型モデルを動画に撮っておき、いつでも確認できるようにする。
大本のモデルを基に自分たちで変更を加えていくと、日常生活や他教科でのわけを説明する際にも生かすことができる。

本時案

わけを はなそう

本時の目標

・言葉は、事物の内容を表したり、経験したことを伝えたりすることができると気付くことができる。
・身近なことや経験したことなどから話題を決め、伝え合うために必要な事柄を選ぶことができる。

本時の主な評価

❸身近なことや経験したことなどから話題を決め、伝え合うために必要な事柄を選んでいる。【思・判・表】

資料等の準備

・教科書の挿絵
・話し方モデルの提示（短冊・動画など）
・子供のイラスト 22-02～03

授業の流れ ▷▷▷

1 質問に対する答えとわけを伝える言い方を考える 〈15分〉

T 今日はみんなで動物園に行きます。ここに地図があります。どこから行きますか。
・くじゃくです。 ・ペンギンです。
T どちらがよいですか。
・もう少し詳しく聞かないと分かりません。
・なんでそこから行きたいのか聞かないと決められません。
T わけが知りたいということですね。
○本時のめあてを板書する。
T わけについて詳しく話すには、どんな話し方をしたらよいのでしょう。
・「かわいいからです」「好きだからです」のように言えばいいと思います。
T では、どう言えばよいか見てみましょう。
○話型を提示し子供たちが活用しやすくする。

2 話型を使って、動物園で見たい動物を伝え合う 〈20分〉

○話型を参考にし、ペアで自分の思いを伝え合う。
T 動物園の入り口に着きました。どの動物を見るか、ペアの友達と話してみましょう。
・どの動物が見たいですか。
・ペンギンが見たいです。なぜかというと、歩き方や泳ぎ方がとてもかわいいからです。
○ペアの相手を変えて話していく。

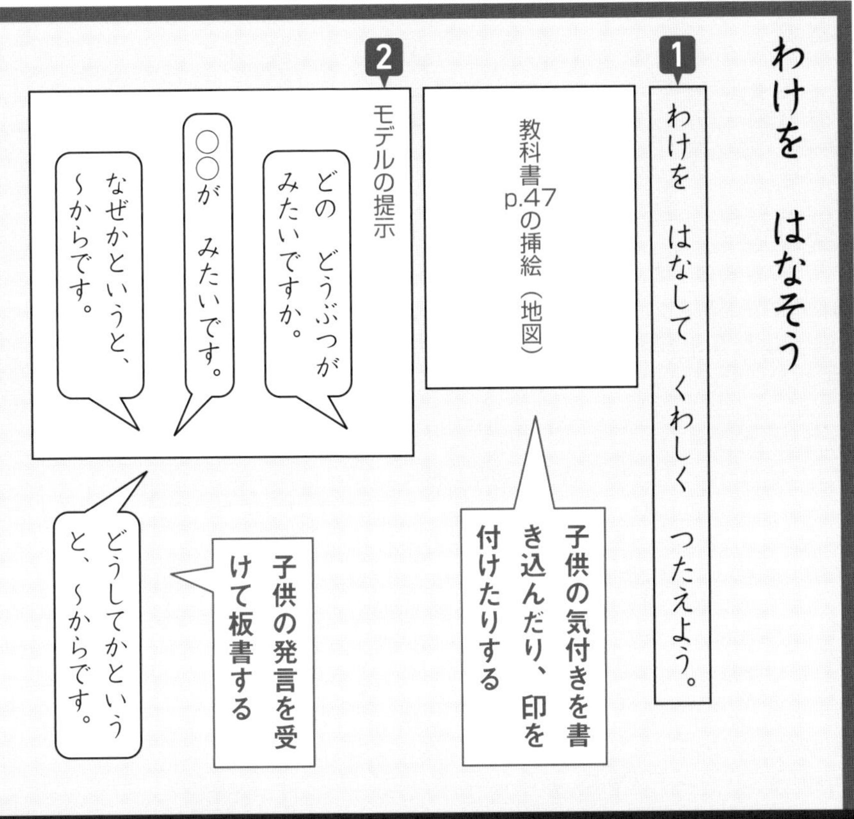

3 本時の学習を振り返る 〈10分〉

○全体の前に出て発表する。
・どの動物が見たいですか。
・ライオンが見たいです。なぜかというと、オスのたてがみがかっこいいからです。
・ライオンが見たいです。どうしてかというと、強そうだからです。
○子供たちが発表したわけの言い方を話型の一つとして短冊に書いたり、話し方モデルに加えたりしておくとよい。
○本時を振り返り、気付いたことを発表する。
T 友達と見たい動物を話して、どんなことに気を付けたらいいと思いましたか。
・見たい動物が同じでも、わけが違いました。
・わけを話したら、友達がどうしてそこに行きたいのかが分かりました。

ICT 等活用アイデア

話し方・聞き方の話型モデルを活用す

教師が話型モデルを動画で作成しておくとよい。**1**の動画視聴の際に活用できる。教師同士で、人形を用いるなどいろいろな方法で作成することができる。教科書の動画モデルがある場合にはそれを活用するのもよい。スモールステップで再生したり、全体を通して見せたりと子供たちの実態に合わせて指導することができる。

また、動画をためておくと、いつでも子供が確認でき、日常生活や他教科でも活用することができる。

本時案

わけを　はなそう

本時の目標

・学んだ話型を使って、相手に伝わるように、事柄の順序を考えながら話すことができる。
・相手に伝わるようにわけを話すことができる。

本時の主な評価

❷相手に伝わるように、話す事柄の順序を考えている。【思・判・表】
・自分がどうしたいのかを考え、相手に伝わるように考えとわけを話そうとしている。

資料等の準備

・教科書の挿絵（動物園マップ）拡大版
・子供たち用の動物園マップ（ペアで話す用。遠足のしおりふうにアレンジするなど）
・話し方モデルの提示（短冊・動画など）

子供たちから出てきた「わけ」をいくつか板書しておく

3

ふりかえり

・わけをはなしたら、「いいね。」といってもらえて うれしかった。
・おたがいに ひとつずつ まわりたいところを きめて、さいごの３つめを いろいろと わけをかんがえて ふたりで きめることができた。

授業の流れ ▷▷▷

1 話すことを確認する 〈10分〉

○前時に学んだ話型を振り返る。わけを話すと、自分の思いが相手に伝わるということを確認する。

T　今日も動物園で、いろいろな動物を見てみましょう。ペアのお友達と２人で、一緒に見に行きます。どんな相談をしたらいいと思いますか。

・最初にどこに行くか。
・どの順番で行くか。

T　決めるときに大事なことがありましたね。それは何ですか。

・「どうしてかというと」という、わけを話すことです。

○本時のめあてを確認する。

2 ペアで話す 〈25分〉

○前時に学んだことを活用していく時間である。はじめの３分程度は、子供たちに任せて様子を見る。その後一度止めて、うまく対話が進んでいるペアを紹介したり、実演させてみたりする。

T　このペアは、わけをしっかり伝えながら、自分の思いを友達に伝えることができていました。２人は前に来てどんなふうにお話ししたか、みんなに見せてくれますか。

A　○○さんは、どこから回りたいですか。

B　私は、キリンがいるところから回りたいです。それは、キリンの首が長いところが好きだからです。

A　いいですね。ぼくは…。

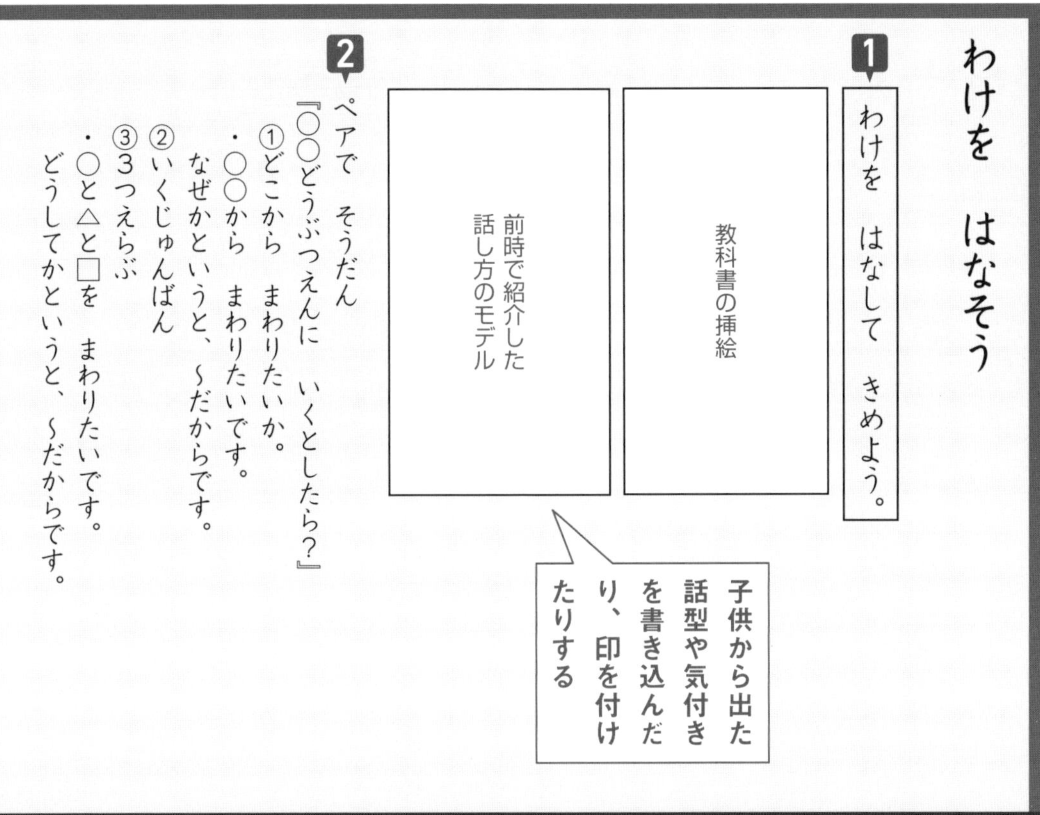

3 感想を伝え合い、振り返りを行う　〈10分〉

○ペアの友達と話した感想を友達同士で伝え合ったり、クラス全体で紹介し合ったりする。その後、学習の振り返りを行う。

・話すのがとても楽しかったです。
・それ、いいね！と言ってもらえてうれしかったです。
・回るエリアを３つに決めるのは難しかったけれど、お友達にわけを伝えたら、決めることができました。

よりよい授業へのステップアップ

スモールステップで練習する

「ペアで話す」際、子供の実態に合わせて「おすすめの動物ツアーをしよう」などいろいろなテーマで話し合わせたい。

話し合いの時間を全て子供任せにせず、うまく対話ができているかを確認する。「〇〇さんは、どうですか」と相手を意識させたり「いいですね」「なるほど」と共感的に聞くなど、話し方モデルに忠実なだけでなく、上手に対話ができているペアを紹介したり実演させたりするとよい。テーマの途中で話型を確認し、キーワードやキーセンテンスを板書して価値付けていく。

おばさんと　おばあさん　（2時間扱い）

単元の目標

知識及び技能	・長音の表記、助詞の「へ」の使い方、句点の打ち方を理解して文の中で使うことができる。((1)ウ)
思考力、判断力、表現力等	・語と語の続き方に注意することができる。(B ウ)
学びに向かう力、人間性等	・言葉がもつよさを感じるとともに、楽しんで読書をし、国語を大切にして、思いや考えを伝え合おうとする。

評価規準

知識・技能	❶長音の表記、助詞の「へ」の使い方、句点の打ち方を理解して文の中で使っている。(〔知識及び技能〕(1)ウ)
思考・判断・表現	❷「書くこと」において、語と語の続き方に注意している。(〔思考力、判断力、表現力等〕B ウ)
主体的に学習に取り組む態度	❸進んで長音のある言葉を見付けようとし、これまでの学習を生かして文を書こうとしている。

単元の流れ

時	主な学習活動	評価
1	学習の見通しをもつ 教科書（p.48）の唱え歌をリズムに気を付けて読み、長音になることで言葉の意味が変わるものがあることに気付く。 長音のある言葉を読んだり書いたりする。	❶
2	長音のある言葉を集めてノートに書いたり、長音のある言葉と助詞「へ」を使った文を書いたりして、友達と交流する。 学習を振り返る グループや全体で発表する。	❷❸

授業づくりのポイント

〈単元で育てたい資質・能力〉

本単元のねらいは、長音の表記の仕方を理解し、正しく読んだり書いたりできるようにすることである。そのためには、長音は普段自分が話したり聞いたりしている音とは異なる文字で表記されているのだと気付かせることが必要である。長音のある言葉を集め、読んだり書いたり文を作ったりする中で、理解を確かなものにしていく。文づくりを行う際には、助詞「へ」の使い方や句点の役割も理解し、正しく使えるようになることを目指す。

〈教材・題材の特徴〉

「おばさんと　おばあさん」は、リズムのよい唱え歌である。声に出して何度も読むことで、自然と長音の読み方を理解することができる。「おばさん」と「おばあさん」のように長音の有無で表すものが変わるなど、言葉のおもしろさを感じることもできる。教科書の p.49には、「あ」「い」「う」「え」「お」それぞれの音を長音とする言葉が例示されている。長音のある言葉は、「せんせい」「きのう」「とうふ」など、日常の生活の中でも多く使われる。言葉を集めたり書きためたりする中で、理解を確かにしていくことができる。

〈言語活動の工夫〉

第１時では、聞こえる音と文字表記の異なる部分を見付けたり、長音の有無によってどの言葉に変身するのかを予想したりして長音のある言葉に親しむ。その中で生まれる子供の「なぜ」や「もっと知りたい」という思いを基に学習を展開したい。第１時と第２時の間に１週間程度時間を設け、その間に長音のある言葉を集めてくるようにする。集めてきた言葉を見比べることで気付きや疑問が生まれたり、新たな語句と出合ったりすることができる。

[具体例]

○子供たちが見付けた言葉は、「ことばの木」や「ことばの宝箱」などとして教室に掲示していく。学習内容に応じて増やしたり、分類したりしていつでも言葉に触れられる環境をつくっていく。子供たちから出されたものを中心に掲示し、一緒に子供の「なぜ？」を考えたり、「他にももっとあるかな？」と探したりしていくことで、子供たちの言葉への関心が高まり、語彙力も向上していく。

〈ICT の効果的な活用〉

共有：端末の写真機能や描画機能を用いながら、長音で表記する言葉を集め、語彙を増やしていくようにする。自分で集めた言葉を確認したり、クラス全員で共有することで語彙を拡充することができる。

習熟：教科書の QR コードを読み取ると、練習問題のワークシートが表示される。事前に教師がダウンロードし、学習支援ソフトを活用して子供の ICT 端末に配信しておく。取り組んだものを提出させることで、理解を確かめたり評価に活用したりすることができる。紙か端末か実態に応じて選択したい。

本時案

おばさんと おばあさん

本時の目標

・長音の表記や助詞の「へ」の使い方、句点の打ち方を理解し、長音のある言葉を読んだり書いたりすることができる。

本時の主な評価

❶長音の表記や助詞の「へ」の使い方、句点の打ち方について知っている。【知・技】

資料等の準備

・教科書の挿絵と唱え歌の拡大版
・「のばすことばの木」（教室掲示用） 12-01
・短冊（カード） 12-02

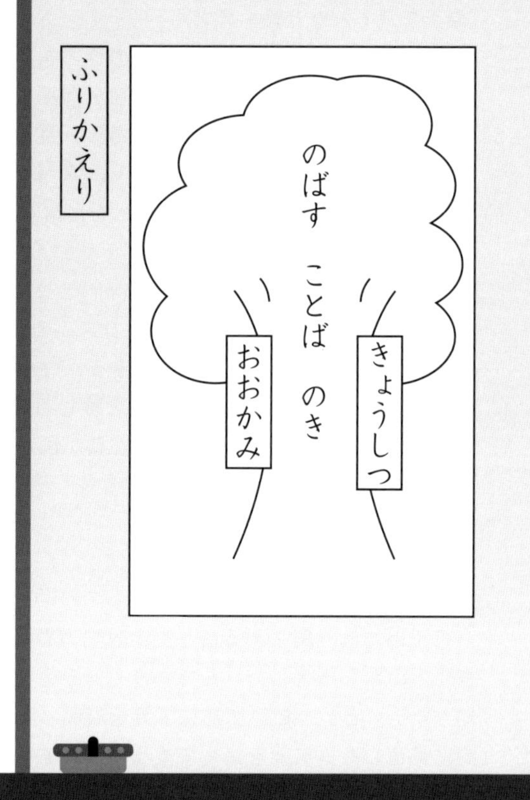

授業の流れ ▷▷▷

1 教科書の挿絵からいろいろな言葉を見付ける 〈10分〉

○教科書の挿絵を見ながら、いろいろな言葉を見付ける。長音のない言葉とある言葉を、意図的に分類しながら板書する。

T この絵から分かる言葉を見付けましょう。

・「おばさん」が空を飛んでいます。
・「ほうき」に乗っています。
・「おばあさん」が「たいそう」しています。

○意図的に「ほおき」「たいそお」などと板書して違和感に気付かせてもよい。

T たくさんの言葉を見付けましたね。見付けた言葉で何か気付いたことはありますか。

・「おばさん」の中に「あ」が入ると「おばあさん」に変わります。
・「ほおき」や「たいそお」は、本当は「お」ではなくて「う」と書くと思います。

2 唱え歌から長音の有無で意味が変わることを知る 〈20分〉

○教科書の唱え歌を教師と一緒に声に出して読み、長音の読み方を知り、長音のある言葉の有無で言葉の意味が変わることに気付かせる。

T 唱え歌を読んで気付いたことはありますか。

・やっぱり「ほうき」や「たいそう」は「う」と書いていました。
・でも、読むときは「お」と言うから不思議です。
・「あ」や「う」のように書いているものは、言うときに言葉を伸ばしています。

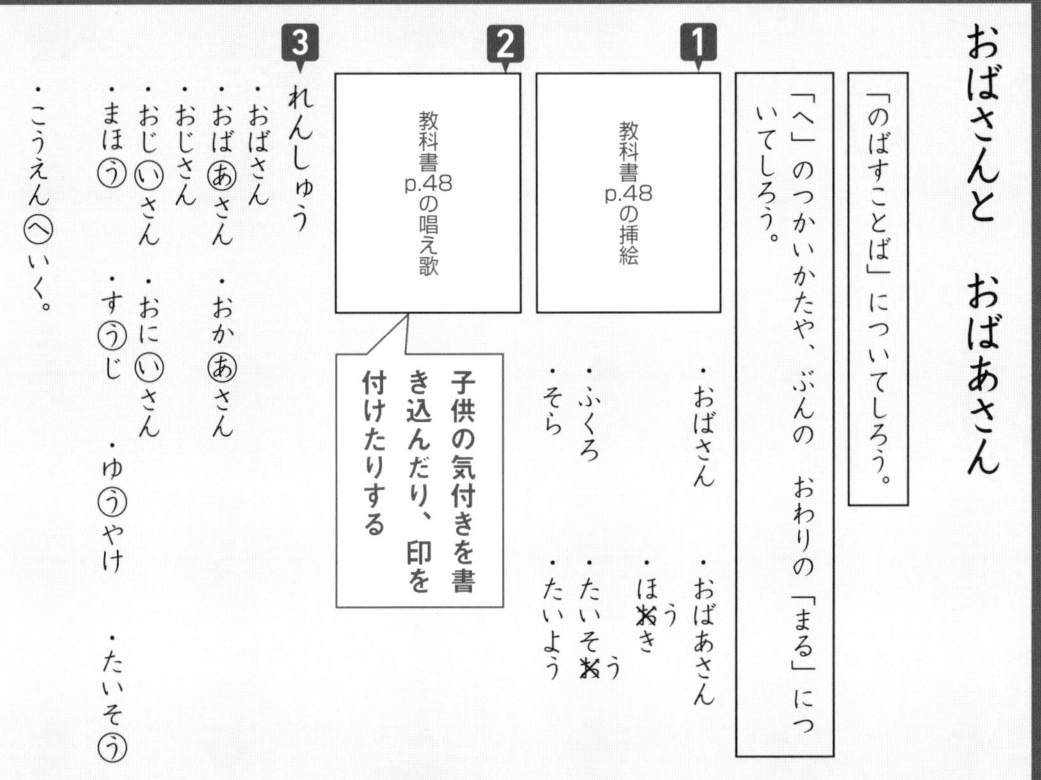

3 長音のある言葉を読んだり書いたりして練習する 〈15分〉

○教科書（p.49）を見ながら、長音がある言葉と、助詞「へ」や句点の使い方を確認し、一緒に読んだり、ノートに書いたりする。

T　唱え歌やみなさんが発表してくれた言葉以外にも、のばす音が入っている言葉があります。他にもあるか、これからみなさんで探して、言葉を集めてみましょう。

○言葉集めは、課外活動させる前に少し練習させる。

・私たちがいつも勉強するのは「きょうしつ」です。

・好きな動物は「おおかみ」です。

○子供たちから出てきた言葉を短冊に書いて「のばすことばの木」として貼っておく。

ICT 等活用アイデア

長音のある言葉集めをする

　第１時と第２時との間に１週間程度の時間を設け、課外活動の中で長音のある言葉を集めてくるようにする。子供たちから出てきた言葉を基に、教師が ICT 端末で物の写真や文字の写真を撮って、言葉集めの方法の一つとして紹介する。まねをして写真を撮ってきたり、教師が用意した紙のカードにイラストや言葉を書いてきたりするとよい。学校の休み時間に友達と一緒に校内を巡って探したり、家庭でも協力してもらったりすると楽しく学習を進めていくことができる。

本時案

おばさんと おばあさん

本時の目標

・進んで長音のある言葉を見付けようとし、語と語の続き方に気を付けながら文を書こうとしている。

本時の主な評価

・長音の表記、助詞の「へ」の使い方、句点の打ち方を理解して文の中で使っている。

資料等の準備

・ICT 端末
・「のばすことばの木」（教室掲示用） 12-01
・短冊（カード） 12-02
・前時で活用した挿絵と唱え歌の拡大版

2 ぶんを　かいてみよう。
・こ㋒えん㋬　いく。
・ど㋒ぶつえん㋬　いく。
・まほ㋒のくに㋬　いく。

3 ふりかえり

授業の流れ ▷▷▷

1 集めてきた言葉を友達と交流する 〈20分〉

○前時や課外活動で集めた言葉について確認し、本時のめあてを確かめる。
T　たくさんの「のばす言葉」を見付けてきましたね。友達に、見付けた言葉を教えましょう。
○子供たちが見付けてきた言葉をカードに、整理しながら「ことばの木」に貼る。

2 長音のある言葉と助詞「へ」を使った文を書く 〈15分〉

T　みなさんが見付けてきた「のばす言葉」と「へ」を使って、簡単な文を書いてみましょう。
○教科書の例文を参考にして、語と語の続き方に気を付けながら、簡単な文を書く。
・どうぶつえんへ　いく。
・まほうのくにへ　いく。
○ことばの木にある言葉を使って文を作らせる。

ICT 端末の活用ポイント

学習支援ソフトの共有機能を活用し、撮りためた写真や言葉のカードを全体で見合う。

おばさんと　おばあさん

1

「のばすことば」を　ともだちと
しょうかいしあって　ぶんをかこう。

1

教科書p.48の挿絵・唱え歌

・おばさん　・おばあさん
・ふくろ　・ほうき
・そら　・たいそう
・たいよう

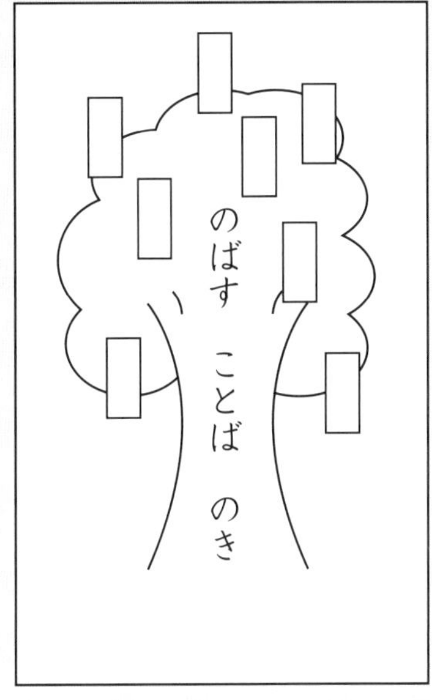

3 ペアや全体で、長音のある言葉と助詞「へ」の使い方を確認する〈10分〉

◯自分が書いた文をペアの友達に紹介する。全体で発表し、長音のある言葉と助詞「へ」の使い方を確認する。

◯学習の振り返りを行い、今後の言葉集めにつなげていく。

・「へ」は、のばす言葉と同じで違う読み方をして、「え」と読むと知った。
・「へ」を使う文は、「へ」の前に行く場所がくると分かった。
・これからも、のばす言葉を集めたい。

ICT 端末の活用ポイント

教科書にある QR コードを読み込み、学習の振り返りの一つとしてワークシートを活用した練習を行うこともできる。

よりよい授業へのステップアップ

掲示物の活用

本単元をきっかけに、言葉を探して掲示する活動を継続していくと、言葉への関心が高まる。子供たちが集めてきた写真を教師が印刷して、言葉と共にことばの木に貼っていくのもよい。

表記の違いによって、文字の色を変えたり、色付きのシールや印で種類分けをしたりと、視覚的にも工夫するとよい。子供たちの言葉への意識が高まり、語彙を増やすことにつながっていく。

1 第1・2時資料　のばすことばの木 12-01

のばす　ことば　のき

2 第１・２時資料　短冊 12-02

きょうしつ

あいうえおで　あそぼう　（3時間扱い）

単元の目標

知識及び技能	・平仮名を読んだり、書いたりできる。((1)ウ) ・長く親しまれている言葉遊びを通して、言葉の豊かさに気付くことができる。((3)イ) ・姿勢や口形、発声や発音に注意して話すことができる。((1)イ)
学びに向かう力、人間性等	・言葉がもつよさを感じるとともに、楽しんで読書をし、国語を大切にして、思いや考えを伝え合おうとする。

評価規準

知識・技能	❶平仮名を読んだり、書いたりしている。(〔知識及び技能〕(1)ウ) ❷長く親しまれている言葉遊びを通して、言葉の豊かさに気付いている。(〔知識及び技能〕(3)イ) ❸姿勢や口形、発声や発音に注意して話している。(〔知識及び技能〕(1)イ)
主体的に学習に取り組む態度	❹進んで平仮名の五十音を確かめたり言葉を集めたりする活動に取り組み、これまでの学習を生かして言葉遊びを楽しもうとしている。

単元の流れ

次	時	主な学習活動	評価
一	1	**学習の見通しをもつ** いろいろな読み方で音読し、「あいうえおで　あそぼう」の詩に慣れる。 あいうえおの出てくる本の紹介を聞き、五十音に興味をもつ。 五十音表を読み、仕組みを知る。 新しく習う平仮名を確認し、しりとりをして遊ぶ。	❷❸
二	2	「あいうえおで　あそぼう」や五十音表を音読する。 班ごとに五十音の文字が１つずつ書かれたカードを切り取り、五十音順に並べる。 五十音カードを使って言葉づくりをして遊ぶ。できた言葉や、言葉の集め方を紹介し合う。	❷❹
三	3	「あいうえおで　あそぼう」を音読し、仕組みや詩の作り方を確かめる。 ２人組で担当した行の詩を考える。 それぞれが考えた詩をつなげて「１年○組あいうえおで　あそぼう」を作る。 **学習を振り返る** 完成した「１年○組あいうえおで　あそぼう」を全員で音読する。	❶

授業づくりのポイント

〈単元で育てたい資質・能力〉

本単元では、言葉を使った遊びを通して「言葉っておもしろいな」と感じる経験を重ね、これからの日常生活や学習の中で自分から言葉に関わり語彙を豊かにしていくための素地を養いたい。これまで学習した平仮名を五十音表に整理することで、きまりや特徴に気付くなど、平仮名を体系的に理解することもできる。

口形に気を付けて口を開いて発音することは、話すことの基本である。しかし、１年生以外では取り上げて指導することがほとんどない。「きちんと発音することで相手に伝わる」という基本を確認し、この単元以降も、度々五十音表や作った「あいうえおの　うた」に立ち返らせて音読を重ね、１年生のうちに「はっきりと発音して話すこと」を身に付けさせたい。

〈教材・題材の特徴〉

声に出して楽しくなるような、リズム感のある「あいうえおで　あそぼう」の詩である。声に出して何度も読むことで、あいうえおの口形に慣れるようにしたい。ほとんどの行が４音４音５音からなっており、３字や４字の言葉の並びが詩を心地よいリズムにしていることを実感させたい。後に詩やかるた等が学習に出てきたとき、音数をそろえることにもつながっていく。

五十音に興味を向ける本や、昔から親しまれている言葉遊び「しりとり」が紹介されている。単元後にも、少し時間があるときにしりとりをする、言葉集めをする、あいうえおの出てくる絵本を読み聞かせする等、継続して言葉に親しむ活動をするためのきっかけとなる単元である。

〈言語活動の工夫〉

しりとりで言葉を見付ける、思い付いた言葉をカードで並べる、○から始まる３、４字の言葉を見付けて書く、と段階を追って活動を重ねる。スモールステップで活動を重ねることでどの子も無理なく取り組み達成感を味わうことができるようにする。うまくいかない子には声掛け等支援をしたい。

活動の中で、子供が自然としていることや考えていることを価値付ける声掛けを多くしたい。例えば「１年○組あいうえおで　あそぼう」づくりでは、自分の担当した行の文字から始まる言葉をたくさん集める。「○行から始まる言葉ってこんなにたくさんあるのですね。たくさん集められました」「確かにしりとりに使えますね。いい発見です」などと、活動を楽しんでいるうちにできたことや気付いたことを認め、一生懸命に活動に取り組んでよかった、よく考えながら取り組んでよかった、といった主体的に学びに向かってよかったと思う経験を多く積ませていく。

[具体例]

○教科書と同じ色の付いた五十音の文字カードを使うことで、色分けの理由に気付かせたい。また、並べようとすることで、どんな並び方であるのかに目を向けられるようにしたい。

○言葉づくりゲームでは、残っている文字の組み合わせで考えられる言葉を作っていく。「１年○組あいうえおで　あそぼう」づくりでは、自分の担当の列の文字から始まる言葉をたくさん集める。同じ文字から始まる言葉がたくさんあることに気付けるように声掛けしたい。活動を通して友達の集めた言葉にも触れる中で、語彙を増やすことができる。

〈ICT の効果的な活用〉

共有：２時間目の班ごとの言葉集めの時間に、できた言葉を教師が写真に撮って回り、教室のモニターに映すことで共有したい。テーマを決めて言葉を集めている、しりとりにして遊んでいるなど、班ごとの工夫を途中段階で共有し褒めると、もっとやってみようと意欲が高まる。

本時案

あいうえおで あそぼう 1/3

本時の目標

・五十音表を音読したり言葉遊びをしたりすることで、身近なことを表す語句の量を増やし、言葉を使った活動に興味をもつことができる。

本時の主な評価

❷五十音表や平仮名に親しみをもち五十音表を並べたり読んだりしている。【知・技】
❸姿勢や口形、発声や発音に注意して話している。【知・技】

資料等の準備

・五十音表の拡大
・あいうえおの出てくる絵本

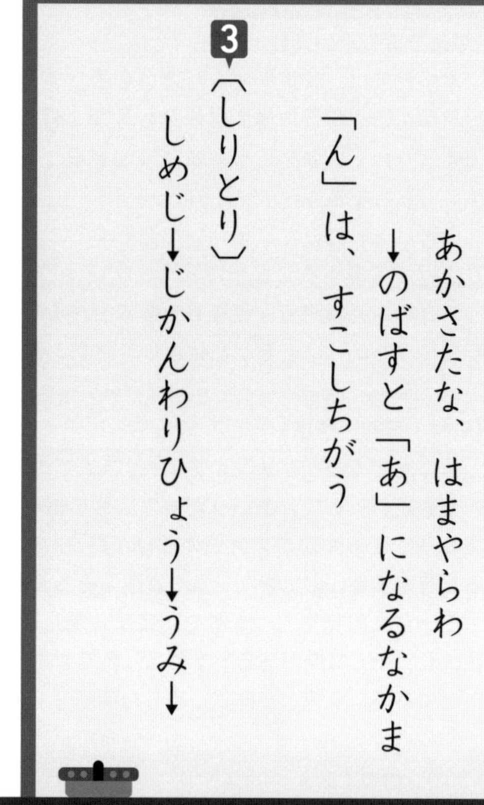

授業の流れ ▷▷▷

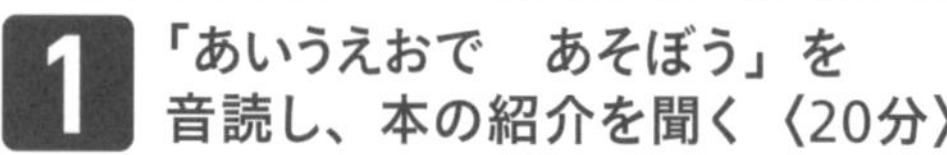

1 「あいうえおで　あそぼう」を音読し、本の紹介を聞く〈20分〉

○クラスで音読をする。はっきりと読めるよう声掛けをしながら、楽しく繰り返し音読ができるように読み方を変えて読んでいく。
T　あやとり〜　　・あやとり〜
T　かきのみ〜　　・かきのみ〜
○１行ずつ同じことを繰り返して読む。大体の子が読めるようになるまで、２〜３回繰り返す。
T　あやとり〜　　・かきのみ〜
○交代で１行ずつ読む。座席、出席番号など分け方を変えながら交代で読む。自分が読む順番がきたら、その場で立って読ませてもよい。教科書の持ち方も確認する。
○あいうえおの出てくる絵本の一部を読んで紹介し、興味を広げる。

2 五十音表を読み、仕組みを理解する〈10分〉

○五十音表を縦や横に繰り返して読む。慣れてきたところで気付いたことを聞き、五十音表の仕組みを確かめる。
T　気が付いたことはありますか。
・あいうえお、かきくけこ、と並んでいる。
・横に色がそろっている。
T　なぜ横の列は同じ色なのでしょう。
○気付かない場合は、同じ色の仲間を音を伸ばしながら読み、伸ばすと同じ音になると気付けるようにする。縦列も横列も仲間になっていること、「ん」は他の字と少し違うので別の色になっていることを確認する。
○五十音表を音読する。縦に読む、横に読む、伸ばしながら読む、など繰り返し音読する。口の形を意識させる。

あいうえおで　あそぼう

1 あいうえお　を　よもう。

2 教科書 p.52～53 の五十音表

きづいたこと
たて　あいうえお、かきくけこ…
よこ　いろがおなじ

3 新しく習う平仮名を確認し、しりとりで遊ぶ　〈15分〉

○新しく出てきた平仮名の読み方や書き方を確認する。

○クラス全体でしりとりのルールを確かめる。次の言葉が思い浮かんだ子供に聞きながら、クラスで一緒にしりとりをする。実際にやってみることで、全員やり方が分かるようにする。

○２人組でしりとりの遊びを楽しむ。隣とペア・前後でペアなど途中でメンバーを替えて、全員がしりとりを楽しめるようにする。

よりよい授業へのステップアップ

五十音順に慣れるために

五十音表や「あいうえおで　あそぼう」を読む中で、あいうえおの順に慣れるようにしたい。特に「あかさたなはまやらわ」と覚えて言えるようになると、五十音順に並ぶ図書室の本が迷わずに返せたり、上学年で国語辞典の使い方を学習するときに理解しやすかったりと、生活に役立つ力になる。

読み聞かせをするときにあいうえおが出てくる一部分だけを子供に読ませたり、関連する詩を読んだりすることも、五十音順を楽しく覚えることにつながる。

本時案

あいうえおで　あそぼう

本時の目標

・平仮名カードを使って言葉づくりを行うことで、身近なことを表す語句の量を増やし、様々な言葉があることに気付くことができる。

本時の主な評価

❷平仮名カードを使った言葉集め等を楽しみ、様々な言葉があると気付いている。【知・技】

❹進んで平仮名の五十音を確かめたり言葉を集めたりする活動に取り組み、これまでの学習を生かして言葉遊びを楽しもうとしている。【態度】

資料等の準備

・平仮名カードを印刷したもの 13-01
・五十音表の拡大
(・黒板用の平仮名カード)

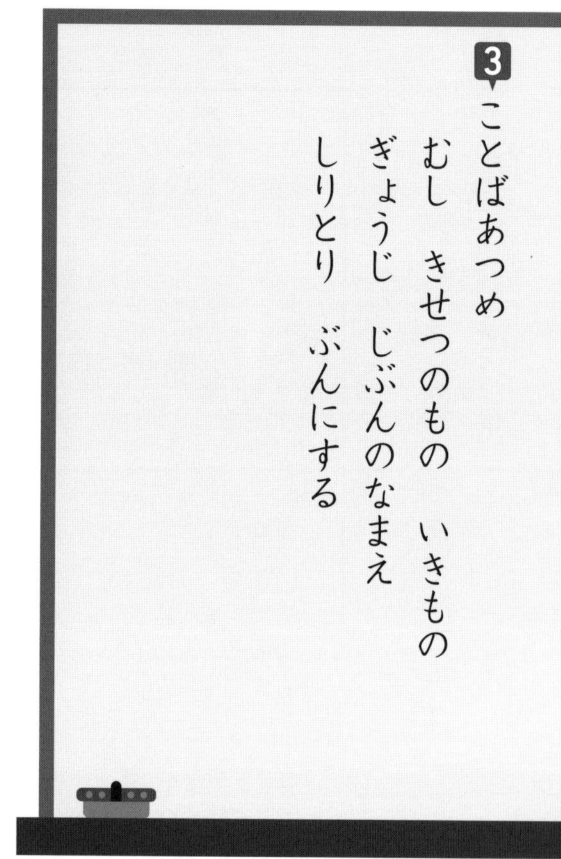

授業の流れ ▷▷▷

1 五十音表を読んで、きまりに気付く〈7分〉

○五十音表を並べて気付いたことを発表させる。横列の色がそろっていること、伸ばすと同じ音になることは必ず確認する。

T　気が付いたことはありますか。

・あいうえお、かきくけこ、と並んでいる。

・横に色がそろっている。

・あかさたな、はまやらわは同じ色。

T　なぜ横の列は同じ色なのでしょう。

・なんでだろう。

T　「あかさたな、はまやらわ」を伸ばして読んでみましょう。

○五十音表を音読する。縦、横に読む、伸ばしながら読むなどして繰り返し音読する。教科書の写真を参考に、口の形を意識させて音読する。表を隠して読んでもよい。

2 カードを使って、五十音の並びを確かめる〈23分〉

○平仮名カードを印刷した5色の用紙と「ん」のカードを各班に配る。

T　線のところをはさみで切って平仮名カードを作りましょう。班のみんなで協力して8分で全部切れるといいですね。

○全部の班のカードが切り終わったら、五十音順に並べる活動を始める。

T　並べ終わった班は、1～2枚の裏返したカードを当てるゲームをしましょう。裏返す人は順番に交代するといいですよ。

○1の音読が終わったら、教科書をしまわせておく。五十音表を見なくても並べられるようなら、何も見ないで活動させたい。順番が間違っていて並べ終わらない場合等は確認させてもよい。

あいうえおで　あそぼう

1 あいうえお　を　ならべよう。

2 教科書 p.52〜53 の五十音表

2 の活動では見えないようにしておく。難しい班があれば、最初の1文字だけ見せる

3 カードを並べることで、言葉集めを楽しむ　〈15分〉

〇カードを並べて、好きな言葉を作らせる。残りでもう言葉が作れなくなるまで作る。

〇カードを使い切って作り終えたら、写真を撮っておき、またばらばらにして他の言葉を作ってよいこととする。慣れていれば子供が撮ってもよいが、カードと並行してタブレットを扱うのは難しいので、教師が撮ってもよい。

〇途中で作った言葉を共有する時間を取る。撮った写真を教室の画面に映し、どんな言葉があるか共有する。よいところを褒めたり、黒板に集めた言葉の種類を板書したりすると、その後の言葉集めのヒントとなり、活動が広がっていく。

よりよい授業へのステップアップ

カードを使って、言葉を楽しむ

カードを作ったので、今後早く学習が終わったときや、待ち時間が生じたときに使わせるとよい。言葉を集める以外にも、動物の名前集め、水色と黄色のカードだけ使った神経衰弱等、工夫次第でカードを使って遊ぶことができる。

カードのよさは、並べればよいところである。まだ平仮名を書くことに慣れていない子供も、言葉集めを楽しむことができる。なくなったカードやもう1枚ほしいカードがあれば、何も書かれていないカードに書いてもよい。

本時案

あいうえおで あそぼう

本時の目標

・身近なことを表す言葉を集めてリズムよく並べようとすることができる。

本時の主な評価

❶同じ行の文字から始まる言葉を協力して集め、その中からリズムよく読める言葉を選び、読んだり書いたりしている。【知・技】

・考えたことが相手に伝わるように、進んで紹介しようとしている。

資料等の準備

・作った詩を書き込む用紙 13-02

・言葉集め用ワークシート 13-03

授業の流れ ▷▷▷

1 「あいうえおで　あそぼう」に出てくる言葉のきまりを知る 〈10分〉

○はっきりとした発音で音読ができるよう、口の形を意識させる。知らない言葉の確認をする。

T　みんなで「1年○組あいうえおで　あそぼう」を作りましょう。あいうえおの上にはどんな言葉が並んでいますか。

○作るときのきまりを確かめる。

・あいうえおから始まる言葉が並んでいる。

・4文字の言葉か3文字の言葉。

・似た言葉が並んでいるところが多い。

○1行、例として取り上げてクラスで作る。

①らりるれろから始まる言葉を集める。

②2つ選んで読み、読みやすいか確かめる。

③いいなと思う言葉の組み合わせを考える。

より1年○組らしいものを選ぶのもよい。

2 言葉集めをして、「1年○組あいうえおで　あそぼう」を考える 〈20分〉

○隣同士のペアで1行の詩を作り、それらを合わせて「1年○組あいうえおで　あそぼう」を作る。ペアごとに教師が行を指定し、言葉集めをさせる。ペアが多いときは、2番の詩を作るようにする。ワークシート（資料3）を使って考える。

○言葉がある程度集まったら、2つの言葉の組み合わせを考え詩を完成させる。

○早く終わったペアは、2番で担当者のいない行の言葉を考えたり、困っているペアのアドバイスをしたりするとよい。

○なかなか言葉が集められていないペアや、言葉の組み合わせに悩んでいるペアを見て回りアドバイスをする。

あいうえおで　あそぼう

1 1ねん○くみ「あいうえおであそぼう」をつくろう。

〈つくりかた〉

① ことばをあつめる
・○ぎょうからはじまることば
・3もじか4もじ

② 2つえらんでくみあわせる
・よみやすい
・にていることば
・1ねん○くみらしい

ら　らあめん　らきゅう　らくがき　らくだ

り　りんご　りか△　りんどう

る　るびい　るんるん　るうる

れ　れんらくちょう△→れんらく　れいめん　れいぞうこ△

ろ　ろうそく　ろうか

らくがき　らんらん
らあめん　れいめん
らんたん　ろうそく

3 「1年○組あいうえおで　あそぼう」を音読して、振り返る　〈15分〉

○作った詩を順番に報告させ、教師が用紙に記入していく。

○詩のよいところを褒めたり、見付けたよいところを言わせたりする。うまくいかない場合は、他の子供にヒントとして言葉を出してもらい本人たちに決めさせるとよい。

○同じ行の詩が2つできるところもあるので、詩は2番まで作る。足りないところは1番と同じでよい。

○完成した詩を全員で読み、活動を振り返らせ達成感をもたせる。

よりよい授業へのステップアップ

より合う言葉選びの方法を教える

言葉選びのポイントは、最初に全員で確認する。子供にアドバイスをさせるとき、教師が褒めるときにも基準としたい。

①その行の字が1文字目になっている
②3文字か4文字
③並ぶ2つの言葉に関係がある
④1年○組らしい言葉

文字数が合わない場合、似た言葉を探したり付け足したり短くしたりするとよい。例で確認しておきたい。（れんらくちょう→れんらく、りか→りかしつ等）

資 料

1 第2時資料　平仮名カード ⤓ 13-01

わ	ま	た	あ
	や	な	か
	ら	は	さ

資料1を教科書の色にそろえて、色画用紙に印刷する。

2 第３時資料　作った詩を書き込む用紙板書掲示用 13-02

1ねん　1くみ「あいうえおで　あそぼう」

あいうえお
かきくけこ
さしすせそ
たちつてと
なにぬねの
はひふへほ
まみむめも
やいゆえよ
らりるれろ
わいうえを
ん

3 第３時資料　言葉集め用ワークシート（あ行の詩を作る子供用） 13-03

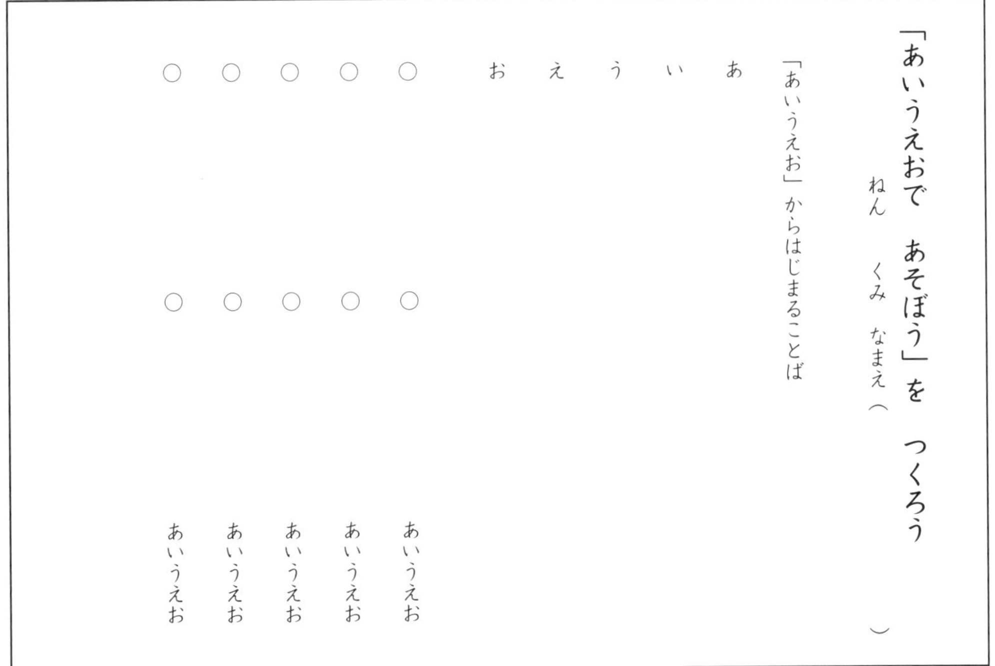
「あいうえおで　あそぼう」を　つくろう

ねん　くみ　なまえ（　　　）

「あいうえお」からはじまることば

あ
い
う
え
お

あいうえお
あいうえお
あいうえお
あいうえお
あいうえお

※あ行からら行まで、行ごとにワークシートを作成する。

つぼみ　8時間扱い

単元の目標

知識及び技能	・文の中における主語と述語との関係に気付くことができる。((1)カ) ・語のまとまりや言葉の響きなどに気を付けて音読することができる。((1)ク)
思考力、判断力、表現力等	・事柄の順序などを考えながら、内容の大体を捉えることができる。(C ア) ・文章の中の重要な語や文を考えて選び出すことができる。(C ウ)
学びに向かう力、人間性等	・言葉がもつよさを感じるとともに、楽しんで読書をし、国語を大切にして、思いや考えを伝え合おうとする。

評価規準

知識・技能	❶文の中における主語と述語との関係に気付いている。(〔知識及び技能〕(1)カ) ❷語のまとまりや言葉の響きなどに気を付けて音読している。(〔知識及び技能〕(1)ク)
思考・判断・表現	❸「読むこと」において、事柄の順序などを考えながら、内容の大体を捉えている。(〔思考力、判断力、表現力等〕C ア) ❹「読むこと」において、文章の中の重要な語や文を考えて選び出している。(〔思考力、判断力、表現力等〕C ウ)
主体的に学習に取り組む態度	❺積極的に事柄の順序などを考えながら内容の大体を捉え、学習課題に沿って分かったことや考えたことを伝えようとしている。

単元の流れ

次	時	主な学習活動	評価
一	1	花やつぼみについて知っていることを出し合う。 **学習の見通しをもつ** 学習課題を設定し、学習計画を立てる。全文の範読を聞く。	
	2	全文を音読し、全文の内容の大体を確認する。感想を共有する。	❸
二	3	全文を繰り返し読み、「問い」と「答え」の文章形式を知る。	❶
	4 5 6	3種類の花について、それぞれのつぼみの開き方と花の咲き方を読み、大事な言葉を学習カードに書き抜きながら、内容を捉える。	❷ ❹
三	7	**学習を振り返る** 全文を改めて読み、一番心に残ったつぼみとそのわけを伝え合う。	❺
	8	「つぼみ」を読んで分かったことや感想を出し合い、学習を振り返る。	❺

授業づくりのポイント

〈単元で育てたい資質・能力〉

子供が初めて出合う説明的な文章である。本単元のねらいは、説明の順序を考えながら内容の大体を捉える力を育むことである。繰り返し文章を読む過程で、「問い」に対する「答え」が示される説明文の基本的な形式に慣れ、「答え」の部分で説明されている事柄を正しく読み取ることができるようにしたい。その際、言葉や文を絵や写真と対応させて読むことで、理解を深められるようにする。

[具体例]

○言葉や文を写真と照らし合わせながら内容を理解できるように、写真に読み取ったことを書き込みながら学習を進める。例えば、「さきが　ねじれた」をあさがおのつぼみの写真と対応させて読み、写真に丸で囲む。そこに読み取ったことを書き込んだり、文と写真を線で結んだりする。

〈教材・題材の特徴〉

花のつぼみについて説明している文章である。生活の中で、花のつぼみを見た経験がある子供は多い。教材のはじめに提示される３つのつぼみの写真を見比べ、違いを見付けることもでき、興味・関心をもって学習に入ることができる。「これは、なんの　つぼみでしょう」「これは、～の　つぼみです」という「問い」と「答え」が繰り返され、子供はクイズを答えているかのように読み進めることができる。繰り返し音読することで、問いと答え、つぼみの開き方、花の咲き方の順で説明されていることに気付くことができる。

[具体例]

○３種類のつぼみについて、①つぼみの形、②問い「これは、なんの　つぼみでしょう。」、③答え「これは、～の　つぼみです。」、④つぼみの開き方、⑤「そして、」花の咲き方の順で繰り返し説明されている。何度も音読した後で、繰り返し出てくる文章や言葉に着目させると、同じ文型に気付くことができる。

〈言語活動の工夫〉

第三次では、一番心に残ったつぼみを選んで友達と伝え合う活動を設定する。全文を改めて読み返すことで、「問い」と「答え」の形式や「開き方」「花の咲き方」の説明の順序が同じこと、それぞれのつぼみの違いなどの理解を確かにすることができる。また、植物についての読み物や図鑑を読み、「問い」と「答え」の形式を生かして互いに問題を出し合う活動を行うことや、生活科の学習につなげるなどの工夫も考えられる。

〈ICT の効果的な活用〉

提示：電子黒板等を用いて、教科書の写真やそれ以外の植物の写真を提示し、単元の導入や毎時間の学習課題に取り組むときに活用できるようにする。第７時では、改めて全文を通して読み、その後つぼみが開く動画を見ることで、「ねじれる」「ほどける」「さまざまなほうこう」「さきのほうから」などの語句の理解を確かにする。

本時案

つぼみ

1/8

本時の目標

・「つぼみ」の内容を予想し、花のつぼみに興味をもつことができる。

本時の主な評価

・花のつぼみに興味・関心をもち、話し合いを通して、今後の学習の見通しをもっている。

資料等の準備

・様々な花の挿絵または写真
・教科書の花のつぼみの挿絵

3 しらべたい　こと
・どの　はなの　つぼみか
・どのように　さくのか
・ほかの　はなの　つぼみは　どんな　かたちか

がくしゅうけいかく
・よんで　わかった　ことを　つたえあおう
・せつめい　されている　ことを　たしかめよう
・3つの　つぼみに　ついて　しらべよう
・かんそうを　つたえあおう

授業の流れ ▷▷▷

1 花やつぼみについて、知っていることを出し合う。また挿絵を見て、どんな花のつぼみなのか予想する 〈15分〉

○身近な花の写真を準備し、提示する。その花を見たことがあるか問い、これからの学習に興味・関心をもてるようにする。
T　みなさんは、どんな花を知っていますか。
・チューリップ、ひまわり、コスモス、桜…。
T　その花を見たことがありますか。
・校庭にチューリップが咲いていました。
T　花のつぼみの形も見てみましょう。これは、何のつぼみでしょう。つぼみを見て、気が付いたことはありますか。
・細長いです。　・ねじれています。
・丸いです。　・しずくの形です。
○つぼみの挿絵を見せ、「どんな形か」「どんなふうに咲くのか」等を問い、興味をもたせる。どんな花か予想するのもよい。

2 学習課題を設定し、学習計画を立てる 〈15分〉

T　この3つの花のつぼみについて、文章を読みます。どんなことを知りたいですか。どんなことが書かれていると思いますか。
・どの花のつぼみかです。
・自分の予想が合っているか、知りたいです。
・どんなふうに花が咲くのか知りたいです。
○子供の知りたいことを基に、例えば「つぼみについて調べよう」という課題を一緒に立てる。初めての説明文の学習なので、子供の考えを聞きながら、教師が発言を整理し、計画を立てる。学習計画は、目的意識を持続できるよう別紙に書き、掲示する。

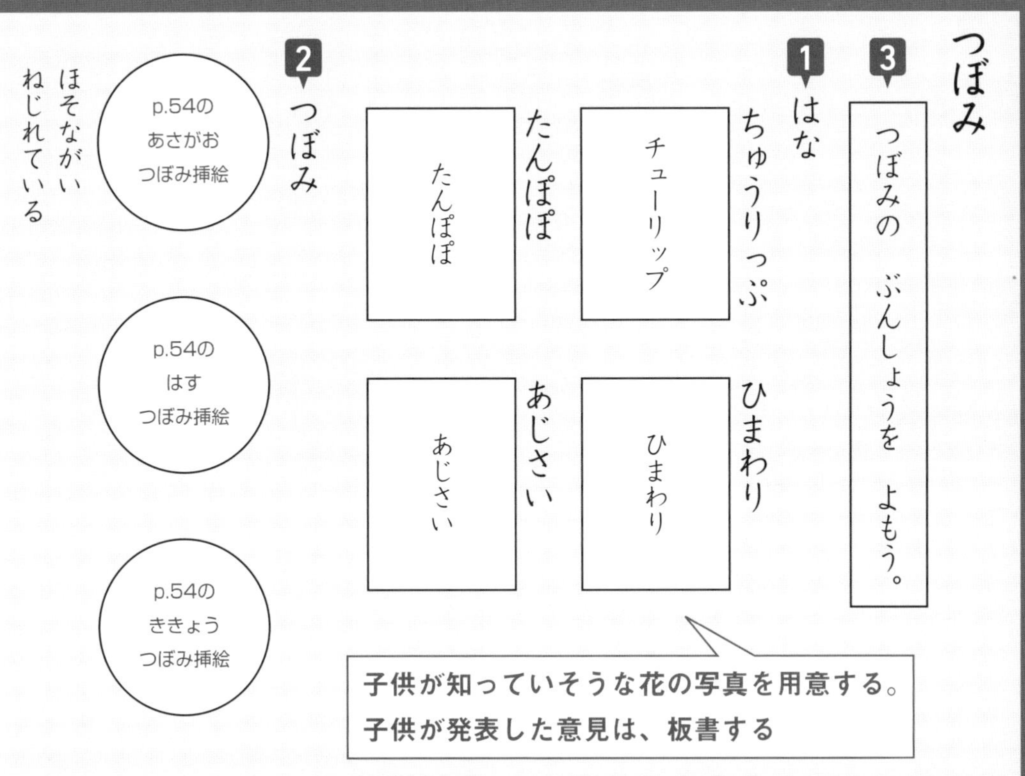

3 教師の範読を聞き、学習の振り返りをする〈15分〉

○教師が範読を行う。自分の予想と比べながら聞き、内容の大体を知る。

T　この時間は、花のつぼみの写真を見て、これから学習したいことを出し合いました。どんなことを考えましたか。

・花のクイズみたいでした。
・花によって、つぼみの咲き方が違うので、びっくりしました。
・自分の予想とは違う花もありました。
・他の花のつぼみは、どうなっているのか知りたくなりました。
・これから文章を詳しく読むのが楽しみです。

よりよい授業へのステップアップ

教材との出合いを大切にする工夫

・写真

導入で、子供たちにとって身近な花の写真を提示することによって興味・関心を高めることができる。そこから、教材との出合いにつなげ、花のつぼみに着目できるようにする。

・子供の発言から学習計画を立てる

教材と出合い、知りたいことや調べたいことはどんなことか、子供の発言を教師が整理していく。そして、そこから学習計画を立てていけるようにする。子供たちの主体的な学習につながるよう、発言を丁寧に聞き取るようにする。

本時案

つぼみ

2/8

本時の目標

・「つぼみ」の文章に興味をもって読み、内容の大体を捉えることができる。

本時の主な評価

❸事柄の順序などを考えながら、内容の大体を捉えている。【思・判・表】
・文の中における主語と述語との関係に気付いている。

資料等の準備

・教科書の挿絵や写真
・本文を拡大したもの

p.56の写真

p.58の写真

p.60の写真

授業の流れ ▷▷▷

1 「つぼみ」の範読を聞く 〈5分〉

T 前の時間に、3つの花のつぼみについて、知りたいことを出しました。

○前時に出てきた子供たちの知りたいことを振り返り、課題をもって範読を聞けるようにする。

○教師が読んでいるところを指でなぞらせる。子供がついてきているか、確かめながらゆっくりと読む。挿絵や写真と文章を照らし合わせながら読むようにする。問いと答えの間は、子供が考えられるよう、少し間を空けるようにする。

2 「つぼみ」を音読する 〈15分〉

T 今日のめあては、「読んで分かったことを伝え合おう」です。先生の後に続いて「つぼみ」を読んでみましょう。

○教師が読んだ後に読んだり、友達と一緒に読んだりして、内容を確かめさせる。教師も一緒に読み、句点や読点を意識させ、適切な速さで読む習慣を身に付けさせる。

○「これは」の「は」は、「ワ」と読むことを確認する。主語と述語を意識させるために間を取って読むようにする。

ICT 端末の活用ポイント

端末の録音機能を用いて、正しく音読できているか確かめられるようにする。

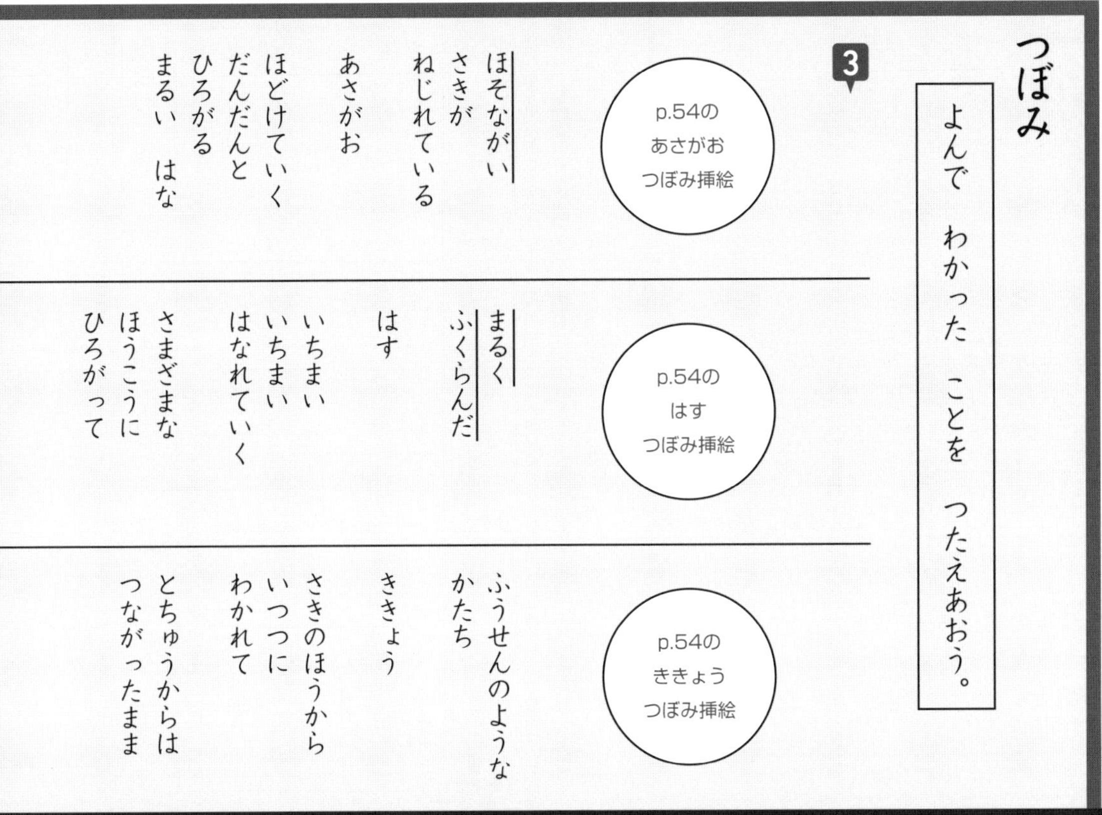

3 内容の大体を確認し、読んで分かったことを出し合う　〈20分〉

T　つぼみのことで、どんなことが分かりましたか。どんな形のつぼみでしたか。
・細長いです。
・丸くふくらんでいます。
T　どの花のつぼみでしたか。
・あさがおです。
・はすです。
・最後は、ききょうです。
T　見たことある花はありましたか。
・あさがおです。
・はすは、知りませんでした。
T　つぼみの形が違うわけは、分かりましたか。
・３つのつぼみは、咲き方が違いました。
・あさがおは、ねじれたところがほどけて咲くことが分かりました。

4 学習の振り返りをする　〈５分〉

T　この時間は、「つぼみ」を読んで、分かったことを伝え合いました。どんなことを考えましたか。
・知っている花が出ていました。つぼみの形がよく分かりました。
・つぼみは、細長いものや膨らんでいるものなどがありました。
・３つの花が出てきました。つぼみの形も咲き方もそれぞれ違いました。
・はすを知りませんでした。どうやって花が咲くかが分かりました。

本時案

つぼみ

3/8

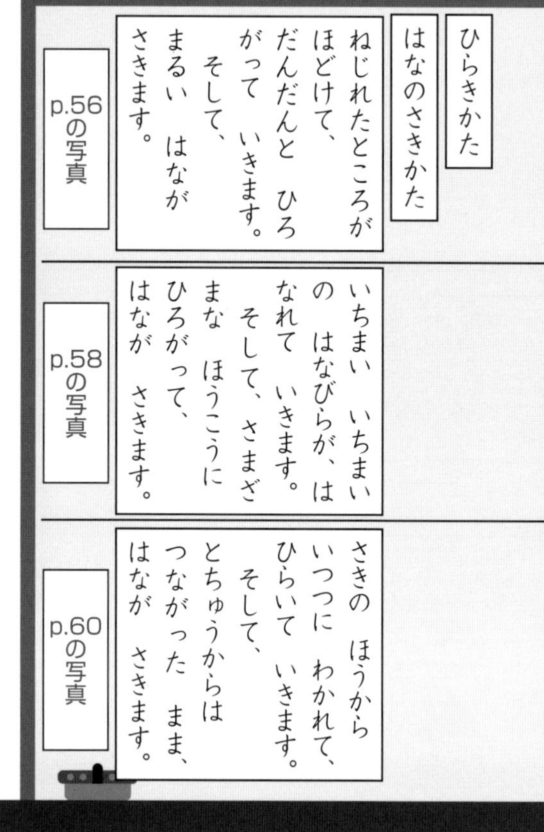

本時の目標

・「つぼみ」が、問いと答えの構成になっていることを理解することができる。
・文の中における主語と述語との関係について、理解することができる。

本時の主な評価

❶文の中における主語と述語との関係に気付いている。【知・技】

資料等の準備

・教科書の挿絵や写真
・本文を拡大したもの

授業の流れ ▷▷▷

1 全文を音読し、書かれている内容を確認する〈15分〉

T　この時間は、3つのつぼみがどんな順番で説明されているかを考えましょう。
○一斉に音読したり、友達と交代で読んだりする。問いと答えを分けて読むことで、「問い」「答え」の構成に気付かせたい。また、読めないところを教え合うようにするとよい。
○「つぼみ」の全文を拡大したものを黒板に貼りながら書かれていることを確認する。

2 問いと答えを探し、文章の構成を捉える〈15分〉

T　繰り返し出てくる問題の文（問い）があります。どの文でしょう。
・「これは、なんの　つぼみでしょう。」
T　問題の答えはどの文章ですか。
・「これは、〜の　つぼみです。」と書いてあります。
T　問題の前や、答えの後には、どんなことが書かれていますか。
・問題の前は、つぼみの形です。
○板書で、①つぼみの形、②問い、③答え、④つぼみの開き方・花の咲き方の文章構成に気付かせる。
T　問題の文を「問いの文」と言います。
問題の答えを「答えの文」と言います。

つぼみ

せつめい　されている　ことを　たしかめよう。

いろいろな　はなの　つぼみのかたちを　みて　みましょう。

p.54 あさがお

かたち

さきが　ねじれた　つぼみです。

とい

これは、なんの　つぼみでしょう。

こたえ

これは、あさがおの　つぼみです。

p.54 はす 挿絵

おおきく　ふくらんだ　つぼみです。

これは、なんの　つぼみでしょう。

これは、はすの　つぼみです。

p.54 ききょう

ふうせんのような　かたちを　した　つぼみです。

これは、なんの　つぼみでしょう。

これは、ききょうの　つぼみです。

3 問いと答えを視写して、学習を振り返る 〈15分〉

T　この時間は、「問い」と「答え」、どんな順番で説明されているのか学習しました。問いと答えの文をノートに書きましょう。

T　この時間を振り返って、どんなことが分かりましたか。

・「問い」と「答え」が分かりました。
・「問い」と「答え」は、繰り返し３回出てきました。
・３つのつぼみが、同じ順番で説明されていました。

よりよい授業へのステップアップ

文章の構成を理解させるための工夫

・板書

上段をあさがお、中段をはす、下段をききょうにして、３段で提示する。全文を３段で示すことで、繰り返しの言葉や説明の順番が同じであることに気付くことができるように工夫したい。

・本文を内容ごとに色分けして囲む

①「つぼみの形」を黒、②「問い」を青、③「答え」を赤、④つぼみの開き方・花の咲き方を緑等で色別に囲ませることで、本文の内容を捉えられるようにする。

本時案

つぼみ

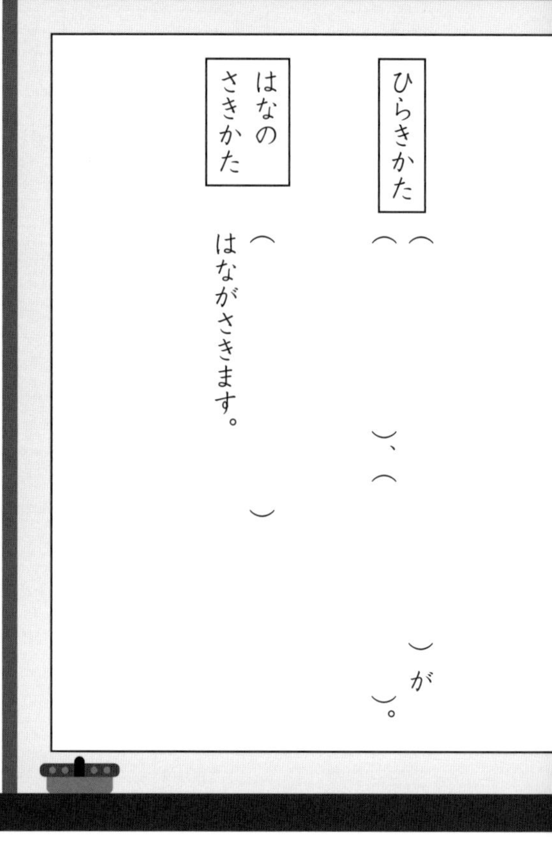

本時の目標

・説明の順序を考えながら読み、内容を捉えることができる。

本時の主な評価

❷語のまとまりや言葉の響きなどに気を付けて音読している。【知・技】
・文章の中の重要な語や文を考えて選び出している。

資料等の準備

・教科書の挿絵や写真
・本文を拡大したもの
・学習カード①の拡大
・学習カード① 14-01

授業の流れ ▷▷▷

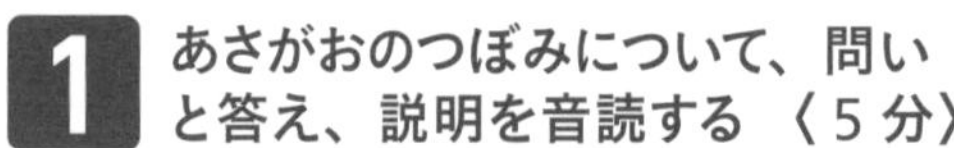

1 あさがおのつぼみについて、問いと答え、説明を音読する〈5分〉

T　前の時間に、問いと答え、説明の順番について学習しました。この時間は、あさがおのつぼみについて詳しく読みます。あさがおのところを音読しましょう。

○初めは、教師の後に続いて読み、次に一斉読み、最後に役割読みをする。句読点や間の取り方を意識して、適切な速さで音読できるようにする。

2 文章構成を確かめる〈10分〉

T　つぼみはどんな順番で説明されていましたか。

・「これは、なんの　つぼみでしょう。」は、「問い」です。
・「これは、あさがおの　つぼみです。」は、「答え」です。
・「問い」の前に、「つぼみの形」の説明があります。
・「答え」の後に、「つぼみの開き方・花の咲き方」が書かれています。

○あさがおのつぼみについての本文を提示し、前時に学習した文章構成①つぼみの形、②問い、③答え、④つぼみの開き方・花の咲き方になっていることを思い出させる。

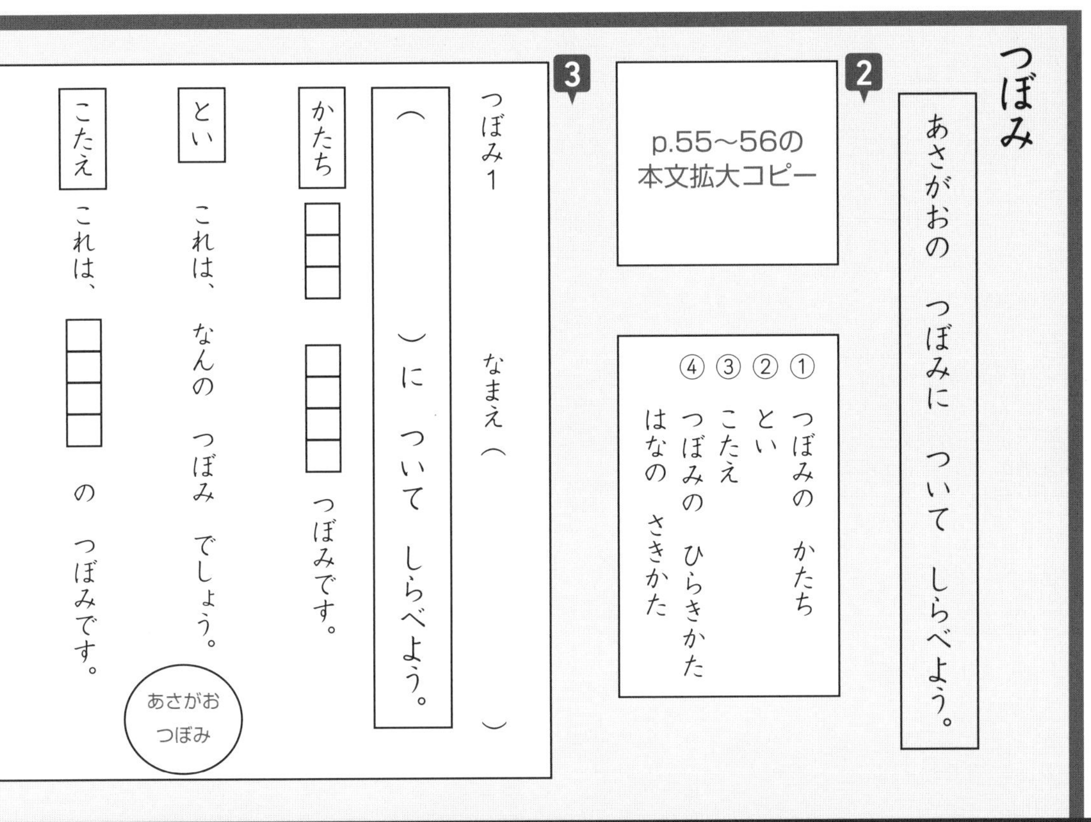

3 学習カードに重要な語や文を書き抜く〈25分〉

T　あさがおのつぼみの形は、どうなっていましたか。

・さきがねじれていました。

T　それは、写真のどの部分ですか。写真に丸で囲んで、書き込みましょう。

○言葉や文を写真と照らし合わせながら内容を理解できるように、写真に読み取ったことを書き込みながら進める。

T　あさがおのつぼみについて、調べて学習カードに大事な言葉を書きましょう。

○学習カードは、大事な言葉を書き抜いて、マスにまとめるものから、キーワードを入れながら自由にまとめられるものへと、単元の中で徐々に移行していく。

4 学習を振り返る〈5分〉

T　この時間は、あさがおのつぼみについて詳しく読んで、大事な言葉を学習カードに書きました。

・大事な言葉を自分で見付けることができました。

・あさがおのつぼみのことが、よく分かりました。

・あさがおは、つぼみのねじれたところがほどどけて花が咲きます。生活科で育てているので、確かめたいです。

本時案

つぼみ

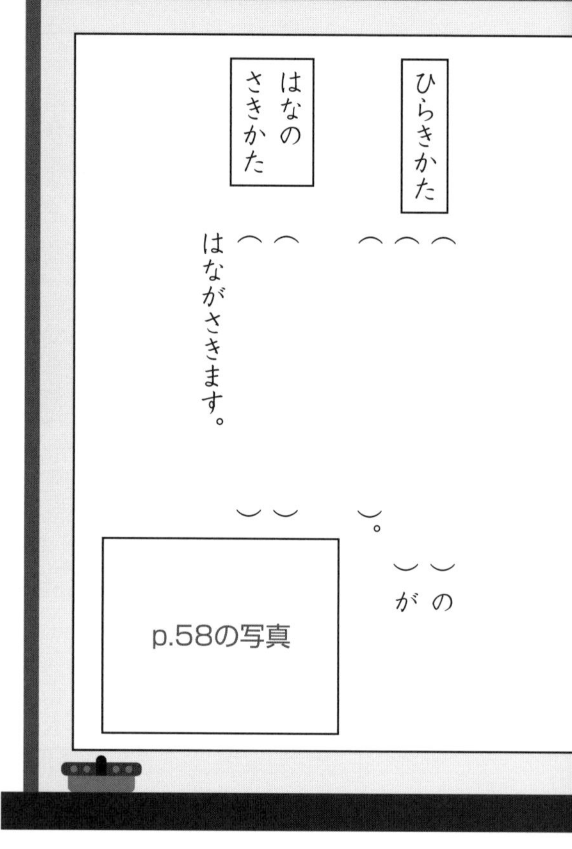

本時の目標

・説明の順序を考えながら読み、内容を捉えることができる。

本時の主な評価

❹文章の中の重要な語や文を考えて選び出している。【思・判・表】
・語のまとまりや言葉の響きなどに気を付けて音読している。

資料等の準備

・教科書の挿絵や写真
・本文を拡大したもの
・学習カード②の拡大
・学習カード② 14-02

授業の流れ ▷▷▷

1 はすのつぼみについて、音読し、文章構成を確かめる 〈15分〉

T　この時間は、はすのつぼみについて、詳しく読みます。はすのところを音読しましょう。
〇初めは、教師の後に続いて読み、次に一斉読み、最後に役割読みをする。句読点や間の取り方を意識して、適切な速さで音読できるようにする。
T　どんな順番で説明されていましたか。
・はじめに「つぼみの形」があります。
・次に「問い」と「答え」です。
・その次につぼみの開き方、最後は花の咲き方です。

2 学習カードに重要な語や文を書き抜く 〈25分〉

T　はすのつぼみについて、写真に読み取ったことを書き込みましょう。
〇言葉や文を写真と照らし合わせながら内容を理解できるように、写真に読み取ったことを書き込ませる。
T　はすのつぼみについて、問いと答え、説明について、学習カードにまとめましょう。
〇学習カードは、大事な言葉を書き抜いて、マスにまとめるものから、キーワードを入れながら自由にまとめられるものへと、単元の中で徐々に移行していく。

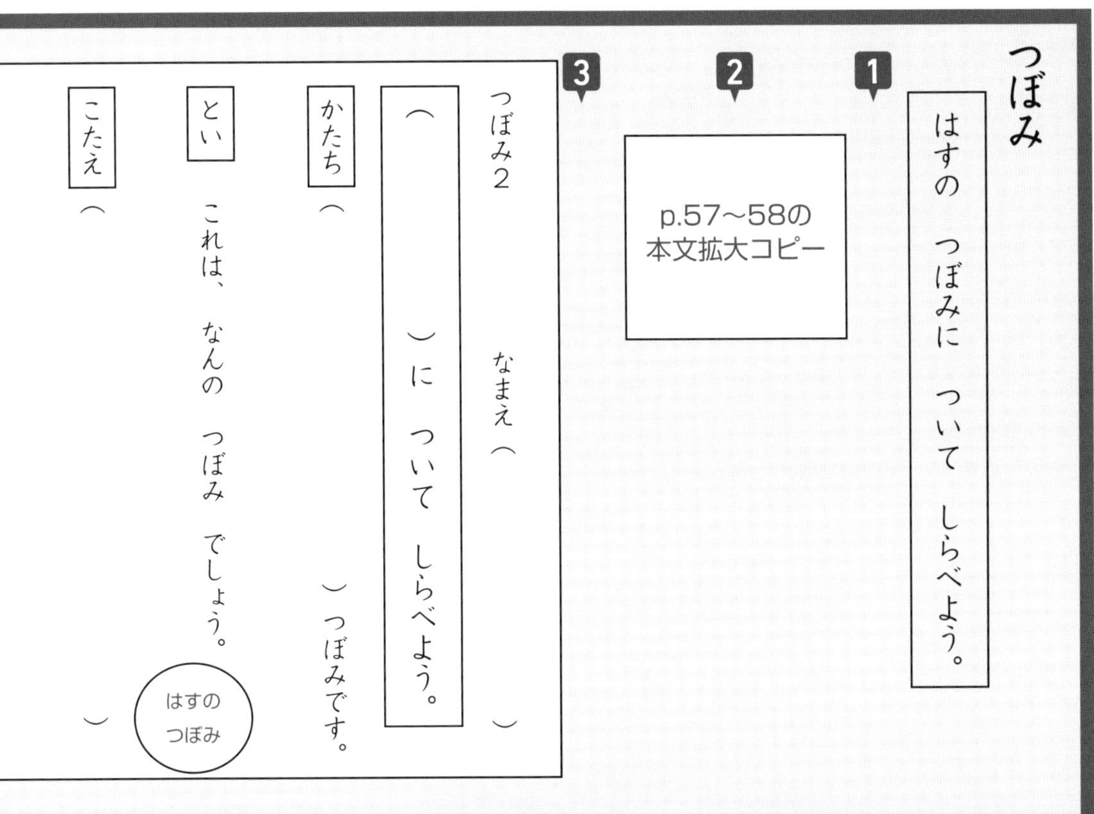

3 学習を振り返る 〈5分〉

T　この時間は、はすのつぼみについて詳しく読んで、大事な言葉を学習カードに書きました。

・あさがおのときより、自分で大事な言葉を見付けて書くことができました。
・はすのつぼみのことが、よく分かりました。
・はすのつぼみは、一枚一枚の花弁が離れて、様々な方向に広がって、花が咲くことを知りました。

よりよい授業へのステップアップ

言葉の理解の工夫

「ねじれる」「はなれる」「ほどける」等の言葉の意味を理解するために、体を使って動作化したり、実際につぼみの先がねじれていてほどける様子の動画を見たりして、文章の理解を深めるようにする。

本時案

つぼみ

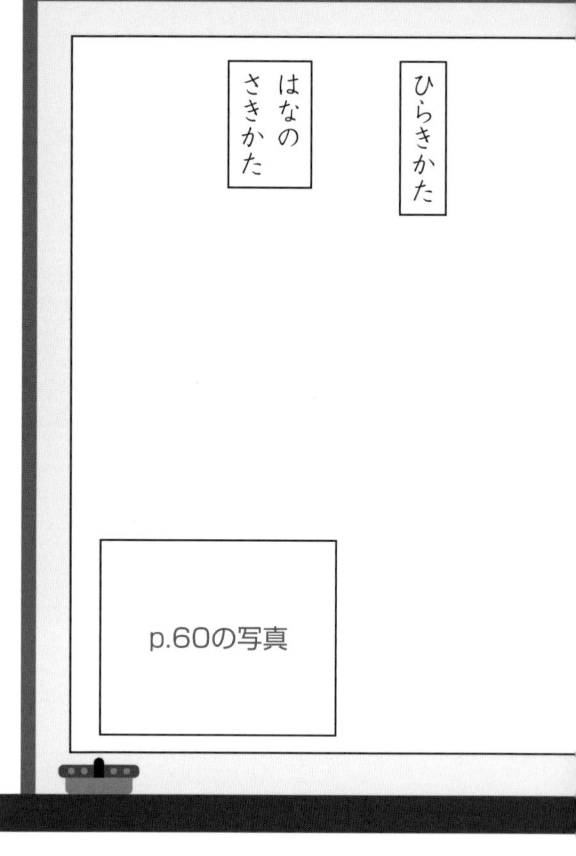

本時の目標

・説明の順序を考えながら読み、内容を捉えることができる。

本時の主な評価

❹文章の中の重要な語や文を考えて選び出している。【思・判・表】
・語のまとまりや言葉の響きなどに気を付けて音読している。

資料等の準備

・教科書の挿絵や写真
・本文を拡大したもの
・学習カード③の拡大
・学習カード③ 14-03

授業の流れ ▷▷▷

1 ききょうのつぼみについて音読し、文章の構成を確かめる 〈15分〉

T　前の時間は、はすのつぼみについて詳しく読んで、学習カードに大事な言葉をまとめました。この時間は、ききょうのつぼみについて、学習します。ききょうのところを音読しましょう。

○初めは、教師の後に続いて読み、次に一斉読み、最後に役割読みをする。句読点や間の取り方を意識して、適切な速さで音読できるようにする。

2 学習カードに重要な語や文を書き抜く 〈25分〉

T　ききょうのつぼみについて、写真に読み取ったことを書き込みましょう。

○言葉や文を写真と照らし合わせながら内容を理解できるように、写真に読み取ったことを書き込ませる。

T　ききょうのつぼみについて、問いと答え、説明について、学習カードにまとめましょう。

○学習カードは、大事な言葉を書き抜いて、マスにまとめるものと、キーワードを入れながら自由にまとめられるものを用意し、選択できるようにする。

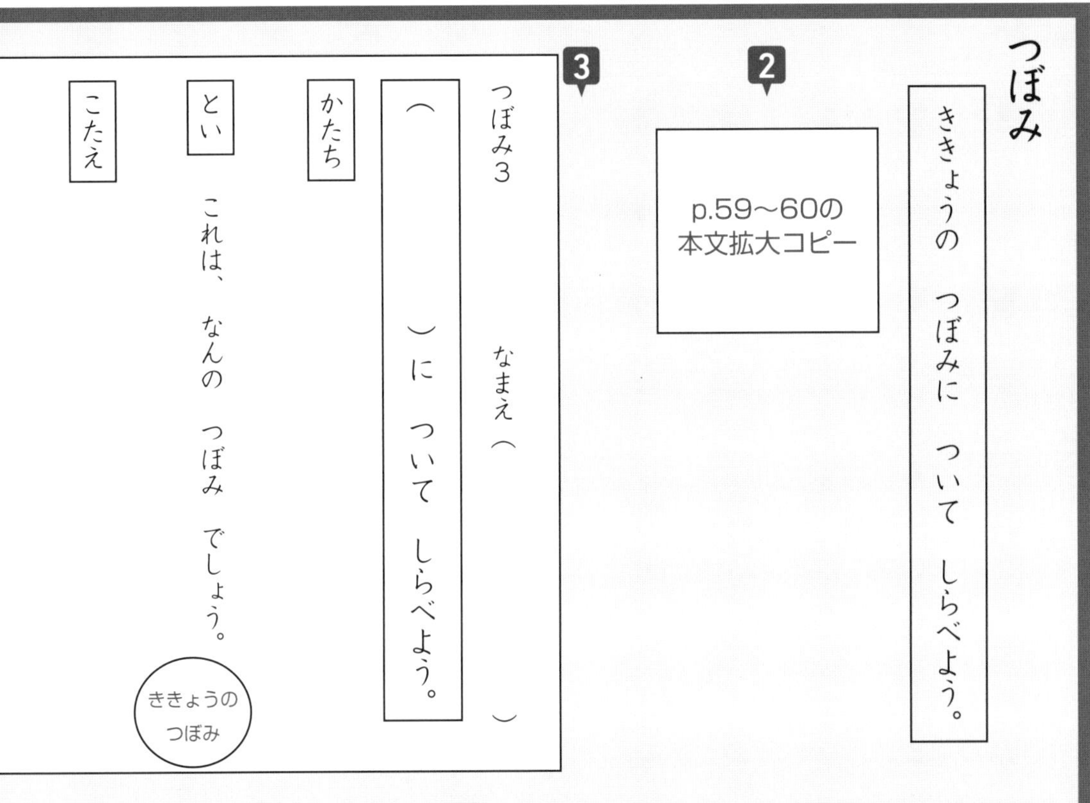

3 学習を振り返る 〈5分〉

T　この時間は、ききょうのつぼみについて詳しく読んで、大事な言葉を学習カードに書きました。

・はすのときより、自分で大事な言葉を見付けて書くことができました。
・自分で学習カードを選んで、まとめることができました。
・ききょうのつぼみのことが、よく分かりました。
・ききょうのつぼみは、先の方から5つに分かれて開いていき、途中からはつながったまま花が咲きます。

よりよい授業へのステップアップ

学習カードの工夫

学習カードは、初めは教師と一緒に、大事な言葉や文を見付けて、ワークシートに書き抜くようにする、そして、段階的に自分で見付けて書けるようにし、ワークシートも自由度を高くしていくと、子供の主体的な学びにつながる。

マス目などのヒントが必要な子供もいるので、数種類用意して子供が選べるようにするとよい。

本時案

つぼみ

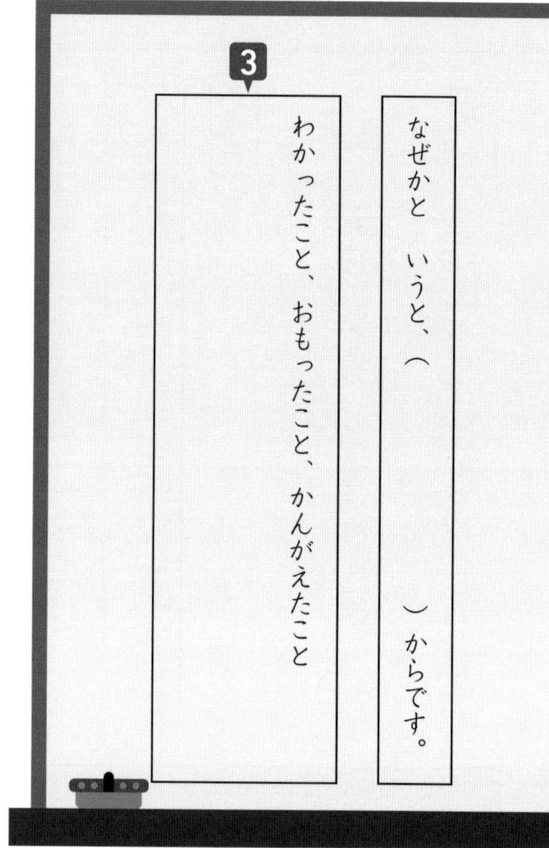

本時の目標

・「つぼみ」を読んで、分かったことや考えたことを伝え合い、互いの考えを理解することができる。

本時の主な評価

❺積極的に事柄の順序などを考えながら、内容の大体を捉え、学習課題に沿って分かったことや考えたことを伝えようとしている。【態度】

資料等の準備

・教科書の挿絵や写真

授業の流れ ▷▷▷

1 全文を音読し、学習を振り返る〈第７時・10分〉

T　これまで、「つぼみ」の文章に書かれている内容の順番や説明されていることを詳しく学習してきました。これまでの学習を振り返ってみましょう。

○教科書のつぼみや花の挿絵を提示し、学習内容を振り返る。その際、文末に着目し、「問い」「答え」などの見付け方や文章構成についても確認する。

ICT 端末の活用ポイント

つぼみが開く動画を見ることで「ねじれる」「ほどける」などの語句の理解を確かにする。

2 一番心に残ったつぼみとそのわけを伝え合う〈第７時・35分〉

T　「つぼみ」を読んで、一番心に残ったつぼみは、どれですか。また、そのわけは何ですか。

・一番心に残ったのは、あさがおのつぼみです。なぜかというと、ねじれているつぼみが、ほどけていくところがおもしろいと思ったからです。

・ききょうのつぼみが心に残りました。なぜかというと、花の先が５つに分かれて開くのに、途中からはつながったまま咲くからです。

○わけを説明するとき、「なぜかというと、〜からです。」という話型を使って話せるように提示する。

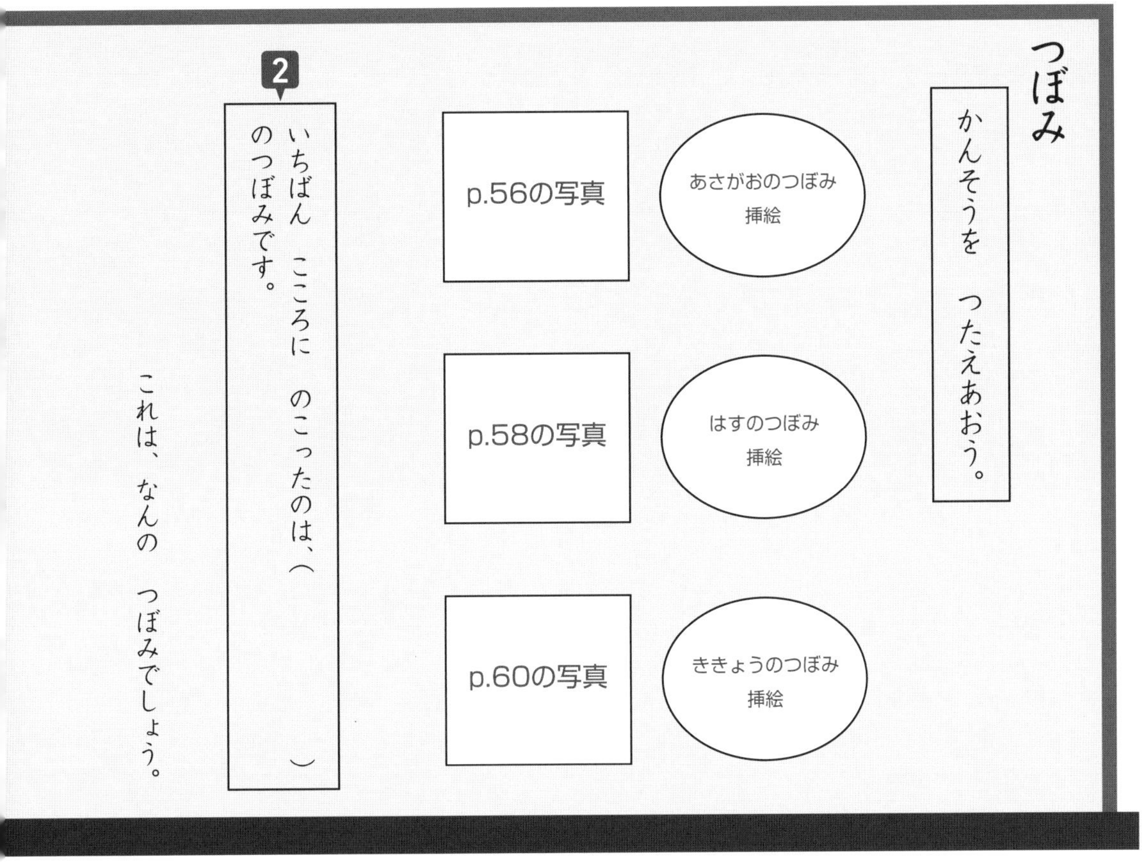

つぼみ

かんそうを　つたえあおう。

あさがおのつぼみ
挿絵

p.56の写真

はすのつぼみ
挿絵

p.58の写真

ききょうのつぼみ
挿絵

p.60の写真

2

いちばん　こころに　のこったのは、（　　　　）のつぼみです。

これは、なんの　つぼみでしょう。

3 「つぼみ」を読んで分かったことや感想を出し合い、学習を振り返る〈第８時・45分〉

T　「つぼみ」を読んで、分かったことや感想を伝え合いましょう。最初に考えた調べたいことは、解決できましたか。

・どの花のつぼみがどんなふうに咲くのかが分かりました。

・あさがおは生活科で育てているので、つぼみが開くところや花が咲くところを見たいです。

・花の絵本や図鑑で、もっといろいろな花のつぼみを調べたいです。

○学習して、分かったことや感じたことなどを子供が話しやすい雰囲気をつくる。「○○さんと同じことを思った人いるかな？」などと声をかけ、話し合いが広がるようにする。

○振り返った後に、植物について書かれている本を紹介する。

よりよい授業へのステップアップ

本単元で学習したことを生かす工夫

・つぼみクイズを作って出し合う

身近な花のつぼみの写真から「これは、なんの〜でしょう。」と提示し、問題を出し合う。答え方は、花の写真を提示し、「これは、〜の　つぼみです。」やつぼみの開き方・花の咲き方の文型も意識できるようにするとよい。

・植物について書かれた本を読む

植物について説明している科学読み物や図鑑を紹介する。これらの本が学校図書館のどこにあるか、子供たちと確認したい。

資　料

1 第4時資料　学習カード① 14-01

つぼみ1　　なまえ（　　　）

（　　　）に ついて しらべよう。

かたち
□□□ □□□□ つぼみです。

とい
これは、なんの つぼみ でしょう。

こたえ
これは、□□□□ の つぼみです。

ひらきかた
（　　　）が
（　　　）、（　　　）。

はなのさきかた
（　　　）
はながさきます。

2 第5時資料　学習カード② 14-02

つぼみ2　　なまえ（　　　）

（　　　）に ついて しらべよう。

かたち
（　　　）つぼみです。

とい
これは、なんの つぼみ でしょう。

こたえ
（　　　）。

ひらきかた
（　　　）の
（　　　）が
（　　　）。

はなのさきかた
（　　　）
（　　　）
はながさきます。

3 第6時資料　学習カード③ 14-03

つぼみ3

なまえ（　　　　）

（　　　　）に　ついて　しらべよう。

かたち

とい

これは、なんの　つぼみ　でしょう。

こたえ

ひらきかた

はなの さきかた

おもちやと　おもちゃ　2時間扱い

単元の目標

知識及び技能	・拗音の表記、句点の打ち方を理解して文の中で使うことができる。((1)ウ)
思考力、判断力、表現力等	・語と語の続き方に注意することができる。(B ウ)
学びに向かう力、人間性等	・言葉がもつよさを感じるとともに、楽しんで読書をし、国語を大切にして、思いや考えを伝え合おうとする。

評価規準

知識・技能	❶拗音の表記、句点の打ち方を理解して文の中で使っている。(〔知識及び技能〕(1)ウ)
思考・判断・表現	❷「書くこと」において、語と語の続き方に注意している。(〔思考力、判断力、表現力等〕B ウ)
主体的に学習に取り組む態度	❸進んで拗音のある言葉を見付け、これまでの学習を生かして、クイズを作ろうとしている。

単元の流れ

次	時	主な学習活動	評価
一	1	・教科書の唱え歌を暗唱して、これまでとの違いを考える。 学習の見通しをもつ ・拗音の言葉を集める。	❶
二	2	・拗音がどの平仮名に付くのか見付ける。 ・拗音のある言葉を使ってジェスチャークイズを考える。 学習を振り返る ・学習を振り返り、助詞を使った文章を書く。	❷ ❸

授業づくりのポイント

〈単元で育てたい資質・能力〉

本単元で育てたい資質・能力は、拗音を正確に読むことと表記をすることである。拗音は清音（濁音・半濁音）と「や・ゆ・よ」の音が重なって「ねじれる音」として読むことが特徴である。し＋や＝「しゃ」と発音すること、表記は小さくマスの右上に書くことを黒板に示しながら、確実な理解を促していく。また、発音の特徴を捉えやすくなるように、左右の手のひらを合わせて捻ることで、「ねじれる音」の特徴を動作化できるようにする。

［具体例］

○「ち」と「や」をゆっくり発音していきながら、少しずつ速く発音していくことで拗音の特徴に気付けるようにする。また、暗唱できるくらい繰り返し読み、拗音の「ねじれる音」の読み方に慣れるようにする。

○慣れてきたら、手拍子を付ける動作を入れる。拗音は「ねじれる音」として、手拍子をする際に、左右の手のひらを合わせて捻る動作を入れながら音韻認識を育てる。

○本単元だけでなく、平仮名の指導時や拗音の言葉が出てきたときなど、普段の学習から動作化を取り入れていくことで、確実な理解につなげていく。

〈教材・題材の特徴〉

教科書は３文で、拗音の言葉が入っていても、テンポよく読むことができる。また、「きょうしつ」「きゅうしょく」「がくしゅう」「としょしつ」など、身の回りにある拗音のある言葉を集めながら、楽しく発音や表記の習熟を図っていくことができる。

清音の「おもちや」と拗音がある「おもちゃ」を比較することで、「ねじれる音」の読み方と表記の仕方について考えることを通して、確実に理解できるようにしていきたい。

また、教科書のワークやQRコードのワークシートを活用することで、語句を増やしていく。

〈言語活動の工夫〉

拗音がある言葉を想起して、黒板にまとめていく。想起した言葉を全体で共有しながら、たくさんの言葉を繰り返し読んでいくことで、拗音の読み方に慣れるようにする。また、写真や絵を提示したり、ジェスチャーをしたりと、クイズ形式にすることで楽しく取り組むことができる。教師がクイズの出し方のモデルを示すことで、自分たちでクイズを考えることもできる。

［具体例］

○身近な拗音のある言葉を考え、ペアや少人数で交流させたり、黒板にまとめたりする。身近な言葉には、たくさんの拗音が入っていることに気付かせながら、読み方の特徴を捉えていく。

○書く活動は、拗音の読み方に慣れた後に入っていく。短冊に思い付いた言葉を書き、全体に紹介することで、意欲的に活動に取り組むことができる。

本時案

おもちやと　おもちゃ

本時の目標

・「おもちやと　おもちゃ」を読み、拗音の読み方や書き方を理解して書くことができる。

本時の主な評価

❶「おもちやと　おもちゃ」を読み、拗音の使い方を正しく理解している。【知・技】

資料等の準備

・教科書の唱え歌と挿絵を拡大したもの
・マス目黒板
・平仮名五十音表 ⤓ 02-04
・短冊

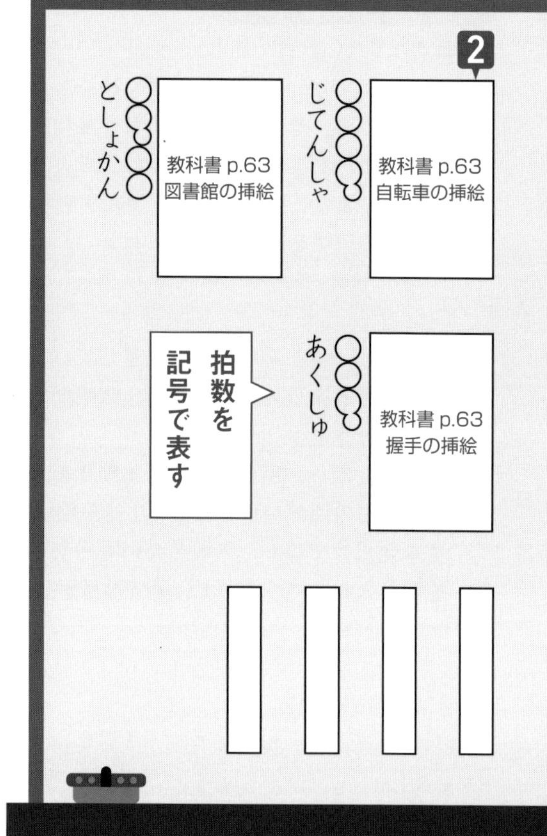

授業の流れ ▷▷▷

1 「おもちやと　おもちゃ」の違いを見付け、音読する　〈10分〉

T　題名を読んでみましょう。２つの言葉には、どんな違いがありますか。
・「や」が小さくなっています。
・「ちや」と「ちゃ」で読み方が違います。
・意味が変わります。
T　黒板にある唱え歌を読んで、小さい字が付く言葉を探しましょう。
・おきゃく、ぎょうれつ、しょうてんがい、いっぱい、おもちゃです。
T　先生の後に続いて、繰り返し読んでいきましょう。
○１回目、１行読んだ後に１字消す。２回目を読むときは、２字消す。３回目は言葉のまとまりで消すように、消す字の量を調整して、繰り返し音読に取り組むと楽しめる。

2 拗音の読み方、書き方を知り、読んだり書いたりする　〈25分〉

T　手の動きを入れて、小さい字をどのように読むのか練習しましょう。
○教師が一度、拗音の手拍子の仕方を見せた後に、子供にも発音させながら手拍子を付けさせ動作化する。
T　小さい字をどこに書くのか確かめます。
○マス目黒板の右上のマスに書くことを確認する。
T　小さい字の付く言葉をノートに書きましょう。
○例題として、教科書の挿絵を提示する。書き終わったら、QR コードにあるプリントを印刷配布し、定着具合を把握する。

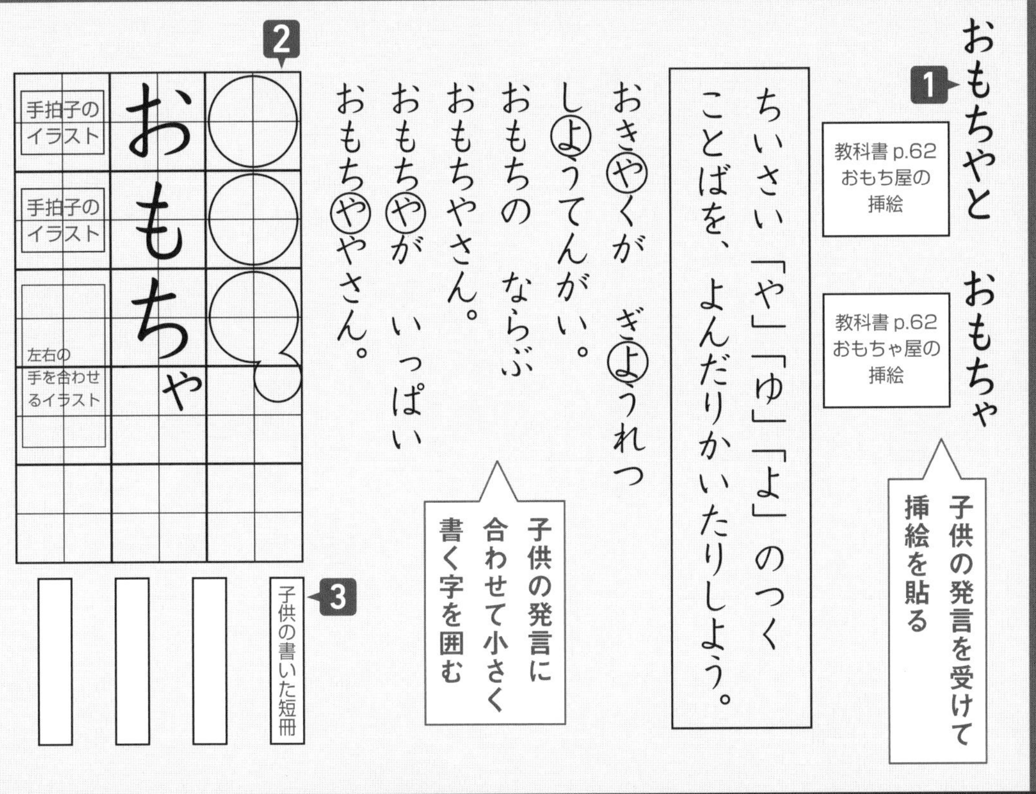

3 拗音の言葉を集める　〈10分〉

T　小さい「や」「ゆ」「よ」が付く言葉を考え、短冊に書いて集めてみましょう。

○きゅうしょく、にっちょく、ぎゅうにゅう、はくしゅ、きょうしつなど、子供たちの身近に拗音の言葉があることに気付けるようにする。子供が考えた言葉を短冊に書かせ、黒板に貼ることで意欲が高まる。

T　小さい字の付く言葉をたくさん集めることができました。みんなで動作を付けて読みましょう。

○短冊は次の授業でも活用するので、とっておくようにする。

よりよい授業へのステップアップ

拗音の動作化と視覚化

拗音の定着に向けて、手拍子を付け、体を動かしながら読むようにする。

①清音の１音は一拍

②拗音の１音は左右の手のひらを合わせ、捻るようにする。

板書は、言葉の拍数を○の記号で表し、言葉の板書の脇に書くようにする。拗音と促音は小さい○で表すが、視覚的により区別するために、違う記号にしたり、拗音は清音にくっ付けたりする書き方をすると、分かりやすくなる。

本時案

おもちやと おもちゃ

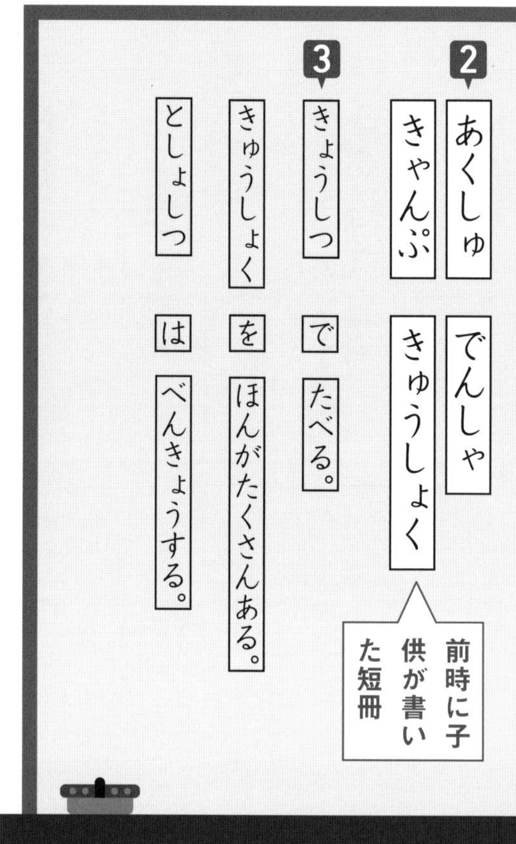

本時の目標

・拗音や助詞の正しい使い方を理解して書くことができる。

本時の主な評価

❷拗音の使い方や助詞の使い方を正しく理解して、短い文を書いている。【思・判・表】
❸これまでの学習を生かして、拗音のある言葉のジェスチャークイズを作ろうとしている。【態度】

資料等の準備

・教科書の唱え歌と挿絵を拡大したもの
・マス目黒板
・平仮名五十音表 ⤓ 02-04
・前時に子供が書いた短冊

授業の流れ ▷▷▷

1 前時の拗音の言葉を読み、五十音表を見てきまりを見付ける 〈10分〉

T 前の時間に学習した小さい「や、ゆ、よ」の付く言葉を読み、五十音表を見てきまりを見付けましょう。
・上から２段目の言葉に、小さい「ゃ」「ゅ」「ょ」が付いています。
・「き」＋「ゃ」で「きゃ」と読みます。
○拗音が付くのは、いの段のみであることに、視覚的に気付かせる。
○拗音を声に出して読んでみる。「き」と「や」を速く言うことで、「きゃ」と読めることを確認する。

2 拗音の言葉を使って、ジェスチャーゲームを行う 〈15分〉

T 前の時間に小さい「ゃ」「ゅ」「ょ」の入った言葉を集めました。どの言葉を表しているか、ジェスチャーを見て、考えましょう。
○前時に書いた短冊を使ってゲームを行う。
１枚選んでそこに書いてある言葉をジェスチャーで表す。難しいときはヒントを出すなど実態に応じて工夫する。
○教師や代表の子供で見本を示した後、ペアや班などの小グループで行うと、活動がスムーズになる。
○答えるときには、声に出さずにノートに書いて答えるようにする。

おもちやと　おもちゃ

ちいさい「や」「ゆ」「よ」は、
どのひらがなにつくのか　みつけよう。

1

あいうえお
かきくけこ
さしすせそ
たちつてと
なにぬねの
はひふへほ
まみむめも
や　ゆ　よ
らりるれろ
わ　を　ん

きゃ　きゅ　きょ
しゃ　しゅ　しょ
ちゃ　ちゅ　ちょ
にゃ　にゅ　にょ
ひゃ　ひゅ　ひょ
みゃ　みゅ　みょ
りゃ　りゅ　りょ

3 助詞を入れた文を考える〈20分〉

T　小さい「ゃ」「ゅ」「ょ」の付く言葉を使いました。次は文を作りましょう。

・きょうしつ　で　べんきょうをする。

・きゅうしょく　を　たべる。

・としょしつ　は　ほんがたくさんある。

・「で」「を」「は」を使って書くんだね。

T　作った文を紹介しましょう。

○教師が板書したり、ノートを実物投影機や写真で撮って映したりして、正しく書けているか確認する。

よりよい授業へのステップアップ

身の回りにある言葉に気付く工夫と文づくりの工夫

身の回りにはたくさんの拗音のある言葉があふれている。教室にある具体的なものを見せるだけで、子供たちは思考力を働かせ始める。学校にある具体物を用意することや、本を活用することも考える手助けになる。

文を作るための手立てとして、ピンク・水色・黄色の短冊を用意する。子供の発言を受けながら、短冊の操作を見せることで、文の構造を視覚的に伝えることができる。

おおきく　なった　（4時間扱い）

単元の目標

知識及び技能	・身近なことを表す語句の量を増し、文章の中で使うことができる。((1)オ)
思考力、判断力、表現力等	・経験したことなどから書くことを見付け、必要な事柄を集めたり確かめたりすることができる。(B ア)
学びに向かう力、人間性等	・言葉がもつよさを感じるとともに、楽しんで読書をし、国語を大切にして、思いや考えを伝え合おうとする。

評価規準

知識・技能	❶身近なことを表す語句の量を増し、文章の中で使っている。(〔知識及び技能〕(1)オ)
思考・判断・表現	❷「書くこと」において、経験したことなどから書くことを見付け、必要な事柄を集めたり確かめたりしている。(〔思考力、判断力、表現力等〕B ア)
主体的に学習に取り組む態度	❸進んで観察したことなどから書くことを見付け、学習の見通しをもって、観察記録を書こうとしている。

単元の流れ

次	時	主な学習活動	評価
一	1	学習の見通しをもつ 生活科で育てている植物（アサガオ）の様子を想起し、学習課題を確認する。 よくみて、くわしくかこう どんな観点で植物を観察したいかを出し合い、クラス全体で共有する。	
二	2	p.64～65の２つの作例を読み、書かれている観点と書き方の共通点・相違点を見付け、観察記録の書き方を知る。	❶
	3	生活科で育てている植物を観察し、気付いたことをメモしたり、絵に描いたりする。 メモを見て、観察記録を書く。	❸
三	4	書いたものを友達と交流し、友達の観点や書き方の共通点・相違点に気付く。 学習を振り返る いろいろな観点から観察することで、様子を詳しく記録できることを確かめ、学習を振り返る。	❷

授業づくりのポイント

〈単元で育てたい資質・能力〉

本単元のねらいは、対象を丁寧に観察し、観察したことを記録するための観点を見付ける力を育むことである。書くために題材の設定、情報の収集、内容の検討をしていく。対象の「色」「形」「大きさ」「高さ」等、観察の観点を全体で話し合い、子供が知っている語彙を共有する場を設定する。そして、子供はその観点を意識して対象物を観察するようになると考える。詳しく観察することや、観察したことを記録するとはどういうことかを考え、簡単な観察記録を書くことができるようにする。

[具体例]

○教科書には、「色」「高さ」「におい」「形」「太さ」「触った感じ」「大きさ」「数」「重さ」の観点が挙げられている。観点をただ示すのではなく、子供の諸感覚とつなげて各観点を提示していくことを大切にする。

〈教材・題材の特徴〉

教科書には、2つの作例が掲載されている。作例を比較することで、書かれている観点と書き方の共通点・相違点について考えることができる。比較し、共通点・相違点について考えることを通して、観察記録の書き方を知る。観察の観点と書き方を自分で選択することで、自分の書きやすい方法を知ったり、より効果的な書き方を考えたりすることができ、主体的な学習活動へとつながる。

[具体例]

○観点と書き方の違う2つの作例である。「はっぱがおおきくなった」ときの観察記録は、「大きさ」と「触った感じ」の観点がそれぞれ文で書かれている。「つぼみができた」ときの観察記録は、「数」「形」「色」の観点が箇条書きで書かれている。

〈他教材や他教科との関連〉

生活科で育てている植物や学校で飼育している生き物など動植物を題材にして書くことができる。できるだけ子供の身近に、そして継続的に観察できるものが、取り上げた観点の変化にも気付きやすく子供の書く意欲も高まる。1回だけの学習活動ではなく、継続的に記録をしていけるとよい。観察の観点の語彙を増やし、表現の仕方を習得し、今後の生活でも活用できるようにする。

〈ICT の効果的な活用〉

調査：観察時に対象物を写真に撮る。その写真を見て、観察したことを記録するための観点を見付けたり、対象物をよりよく見て観察記録を書いたりすることができる。しかし、「におい」「触った感じ」「重さ」の観点については、写真のみでは得られない情報である。写真のみでは得られない観点があり、一番の情報は実物であることについても知っておきたい。

本時案

おおきく なった

本時の目標

・対象を丁寧に観察し、気付いたことを伝え合い、学習の見通しをもつことができる。

本時の主な評価

・対象を丁寧に観察して気付いたことを伝え合い、観察の観点を知り、学習の見通しをもとうとしている。

資料等の準備

・生活科の学習など学校で育てている植物（アサガオ）
・全体のアサガオの写真（1枚）
・観点に沿って焦点化されたアサガオの写真（1枚）
・探偵イラスト 16-01
・観察の観点の短冊カード 16-02

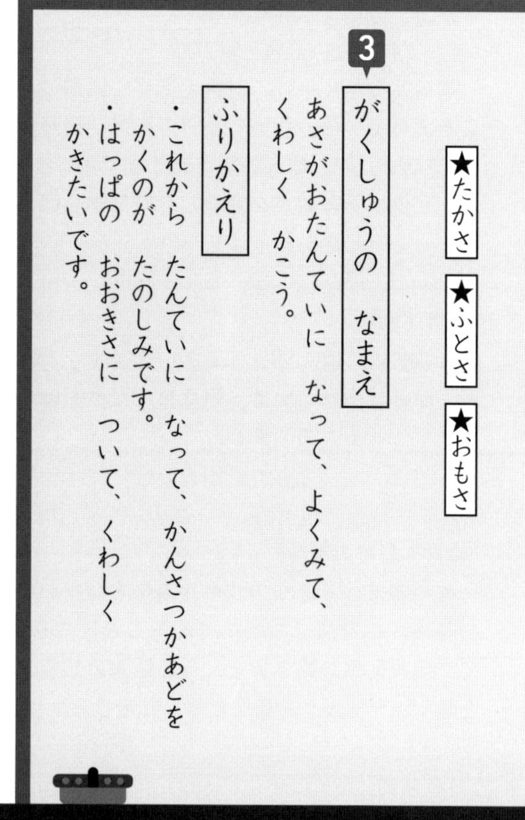

授業の流れ ▷▷▷

1 学校で育てているアサガオを観察して、アサガオへの興味をもつ〈5分〉

T　学校で育てているアサガオが大きくなってきましたね。みなさんは、アサガオ探偵です。見て、どんなことに気付きましたか。
・葉っぱがたくさんあります。
・花はまだ咲いていません。
・つぼみがあります。
・つるが伸びていて、からまっています。
・前よりも背が高くなりました。
・大きくなってうれしいです。
○生活科の学習など学校で育てている植物（アサガオ）に目を向けさせる。以前と比べてどのような成長をしているのかを自由に発表させ、子供の発言を板書する。そこから、観点へとつなげていく。

2 アサガオをさらに詳しく観察して、観察カードの観点を話し合う〈35分〉

T　今度は、アサガオの葉っぱをもっとよく見て、調べてみましょう。
・葉っぱの色は、緑のところと黄緑色のところがあります。（色）
・葉っぱは15枚あります。（数）
・葉っぱをよく見ると、しわがあります。（形）
・触るとザラザラします。（触った感じ）
・葉っぱの大きさは僕の手と同じくらいです。（大きさ）
・ミントみたいなにおいがします。（におい）
・形はハートの形に似ています。（形）
○葉に注目し、よく見て気付いたことを発表させる。子供の発言を観点ごとに整理して板書する。子供の諸感覚とつなげていく。

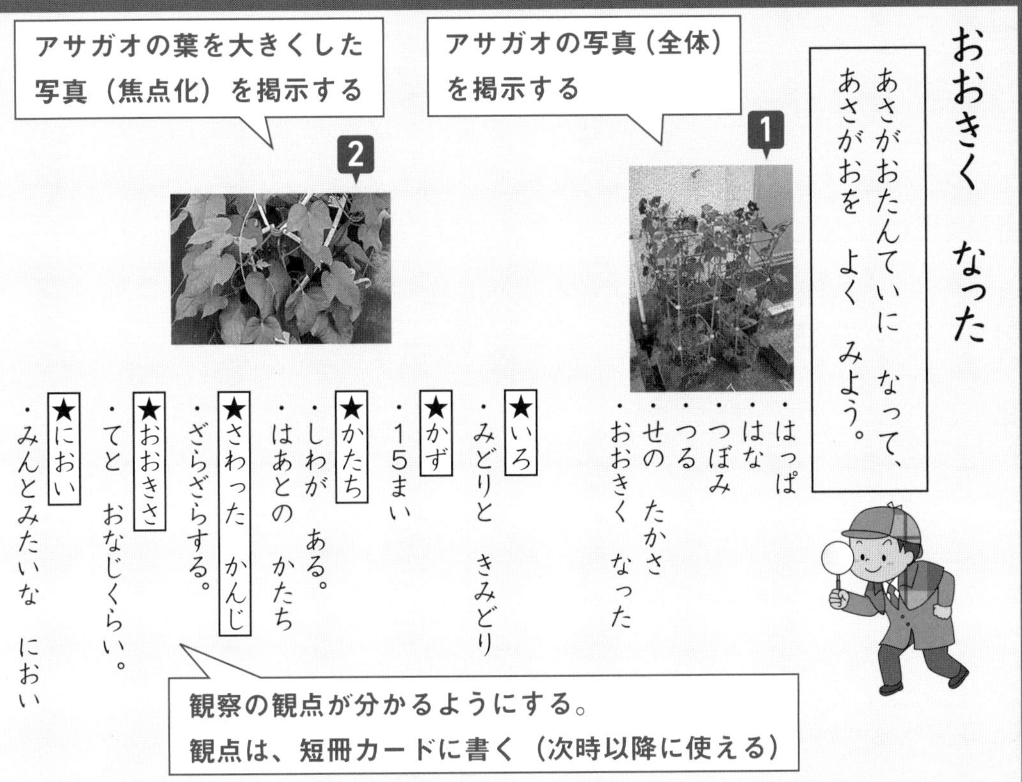

3 学習の最後に観察カードを書くという単元の見通しをもつ〈5分〉

T　みなさんが調べたように、「色」「形」「触った感じ」「大きさ」「数」などに注目するとアサガオ探偵になれますね。

・アサガオ探偵で調べたことをみんなに教えたいです。

・分かりやすく伝えたいです。

○アサガオを観察する観点「色」「高さ」「におい」「形」「太さ」「触った感じ」「大きさ」「数」「重さ」を確認する。

T　これからアサガオ探偵になって、アサガオについて調べたことを報告する観察カードを書きましょう。振り返りを書きましょう。

○学習課題を話し合って一緒につくり、単元の見通しをもたせる。

よりよい授業へのステップアップ

対象物の焦点化

　最初は、観察対象の全体を見て、そこから詳細に見るようにする。葉、つる、つぼみ、茎、花など対象物の中で焦点化しやすいものを取り上げるとよい。

観察の観点

　子供の発言を大切にして観察の観点をまとめていく。板書をするときに、子供の発言を整理して書くことで、観点に気付きやすくするようにするとよい。

本時案

おおきく なった

本時の目標

・教科書 p.64～65の 2 つの観察カードの作例を読み、書かれている観点と書き方の共通点・相違点を見付け、観察記録の書き方を知ることができる。

本時の主な評価

❶身近なことを表す語句の量を増し、文章の中で使っている。【知・技】

資料等の準備

・教科書 p.64～65の 2 つの観察カードの作例の拡大コピー
・探偵イラスト 16-01
・観察の観点の短冊カード 16-02
・書き方のポイント短冊カード 16-03

★おおきさ
・てと おなじくらい。
★さわった かんじ
・ちくちくする。

★かず
・ふたつ
★かたち
・とがって いる。
★いろ
・さきが すこし あかい。

文章の形式の違いに気付かせる

ふりかえり
・はっぱの かずに ついて、おしらせ したいです。ぶんが ながい かあどで かきます。
・はっぱの かずに ついて、ぶんが みじかい かあどで かきます。

授業の流れ ▷▷▷

1 前時の観察カードの観点を確認する 〈5 分〉

T アサガオ探偵になったみなさんは、何に注目して観察カードを書きますか。
・色です。
・高さです。
・においです。
・形です。
・太さです。
・触った感じです。
・大きさです。
・数と重さです。
○前時の板書で使用した短冊カードを使いながら進め、諸感覚を使って観察することを確認する。

2 2 枚の観察カードを比べ、観察カードの書き方を知る 〈30分〉

T 2 枚の観察カードを比べて、同じところは何ですか。 1 枚目のカードと 2 枚目のカードの観察カードには、どんなことが書いてありますか。
・葉っぱが大きくなったこととつぼみができたことが書いてあります。（題名）
・自分の名前が書いてあります。（自分の名前）
・日にちです。（日にち）
・絵です。（絵）
・大きさです。（観点に沿った気付き）
・触った感じです。（観点に沿った気付き）
・色です。（観点に沿った気付き）
○観察カードを見て気付いたことを発表させ、書き方を確認する。

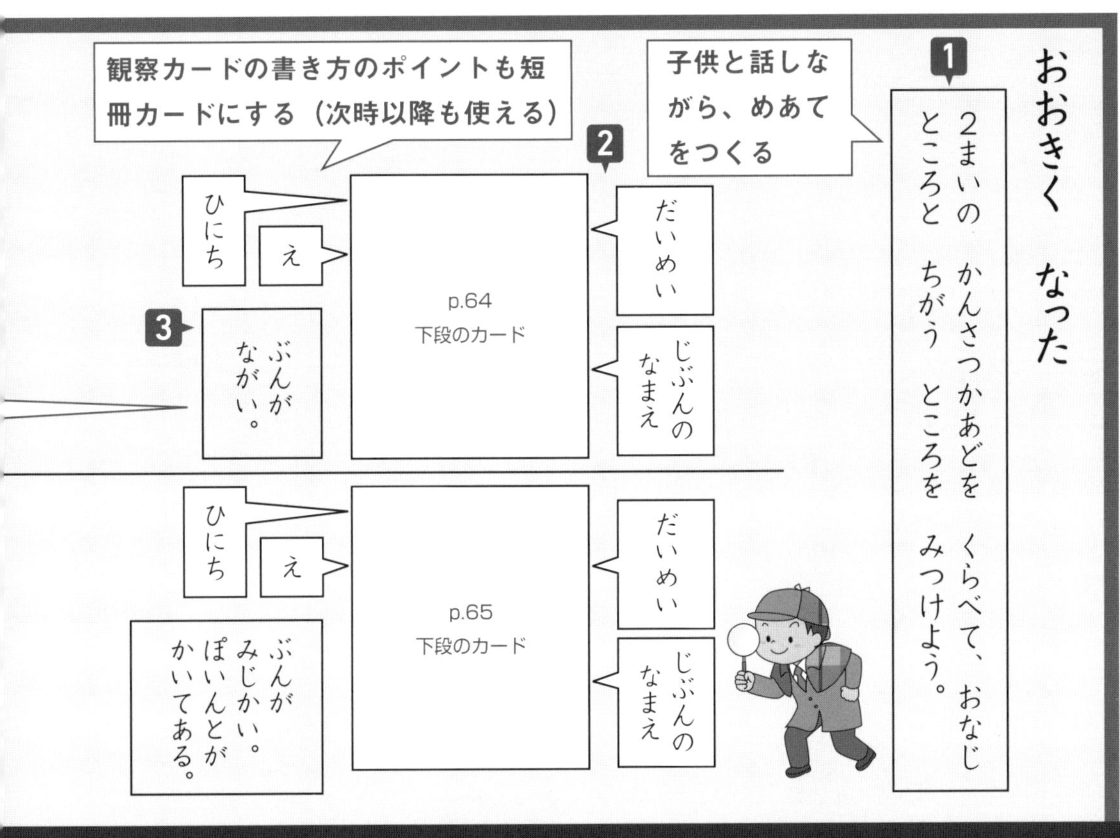

3　2枚の観察カードを比べ、観察カードの文章形式を知る〈10分〉

T　2枚の観察カードを比べて違うところは何ですか。

・観察したものが違います。

・自分が調べたことが違います。

・2枚目は、観察のポイントの言葉が書いてあります。文が短いです。

○自分で決めた観察の観点に沿って記録していることを確認する。1枚目は文章、2枚目は箇条書きで書かれているという文章の形式にも気付かせていく。

T　アサガオ探偵になって、アサガオの何について書くか、どちらのカードの書き方で書くか決めましょう。振り返りを書きましょう。

○次時の見通しをもたせる。

よりよい授業へのステップアップ

2枚の観察カードの比較

2枚の観察カードを比較することで、共通点と相違点を見いだすことができる。2枚のカードを比較し、子供の発言を丁寧に取り上げ、書き方を確認する。

観察カードの文章形式の比較

2枚の観察カードの文章形式が異なっている。1枚目は文章で書かれ、2枚目は観察の観点をはっきりと出し、箇条書きで書かれている。それぞれのよさを取り上げるようにする。

本時案

おおきく なった

本時の目標

・生活科で育てている植物を観察して気付いたことを文にし、観察記録を書くことができる。

本時の主な評価

❸進んで観察したことなどから書くことを見付け、学習の見通しをもって、観察記録を書こうとしている。【態度】

資料等の準備

・教科書 p.64〜65の 2 つの観察カードの作例の拡大コピー
・教科書 p.124の横書きの観察カードの作例の拡大コピー
・探偵イラスト 16-01
・観察の観点の短冊カード 16-02
・書き方のポイント短冊カード 16-03
・自分の育てている植物（アサガオ）
・タブレット端末

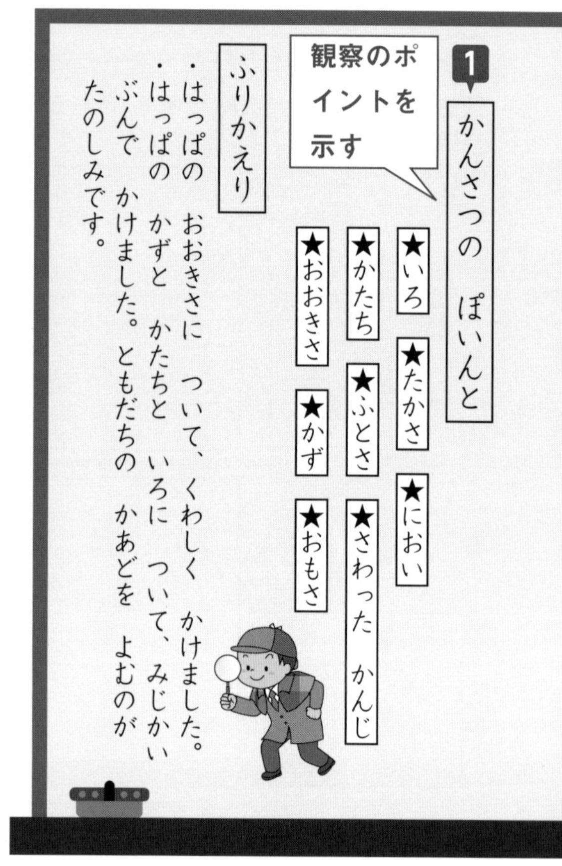

授業の流れ ▷▷▷

1 前時の観察カードの観点と文章形式を確認する 〈5 分〉

T　アサガオ探偵になったみなさんは、どちらの観察カードの文で書きますか。
・1 枚目みたいな長い文です。
・2 枚目みたいな短い文です。
・観察した言葉も書きたいです。
T　何に注目して観察カードを書きますか。
・色です。
・においです。
・形です。
・触った感じと数です。
○どちらの文章形式を選ぶか確認し、前時の板書で使用した書き方のポイントと観察の観点の短冊カードも使いながら進める。

2 自分のアサガオの写真をタブレットで撮り、様子を観察カードに書く 〈35分〉

T　アサガオの写真をよく見て、観察のポイントを決めて、観察カードを書きましょう。
・1 枚目をまねして書こう。
・2 枚目のカードみたいに文を短く書くよ。
・まずは、題名と名前と日にちを書こう。
・どの観察のポイントにしようかな。
・数と形と色の 3 つのポイントを書きたいな。
○クラスの実態によって横書きでもよい。
○自分で決めた観察の観点に沿って書かせる。文→絵の順序で観察カードを書かせる。
○机間指導をし、観察の観点に迷う子供は、個別指導する。
○新しい観察の観点を書くときには、1 マス下げさせる。また、句読点をしっかり書かせる。

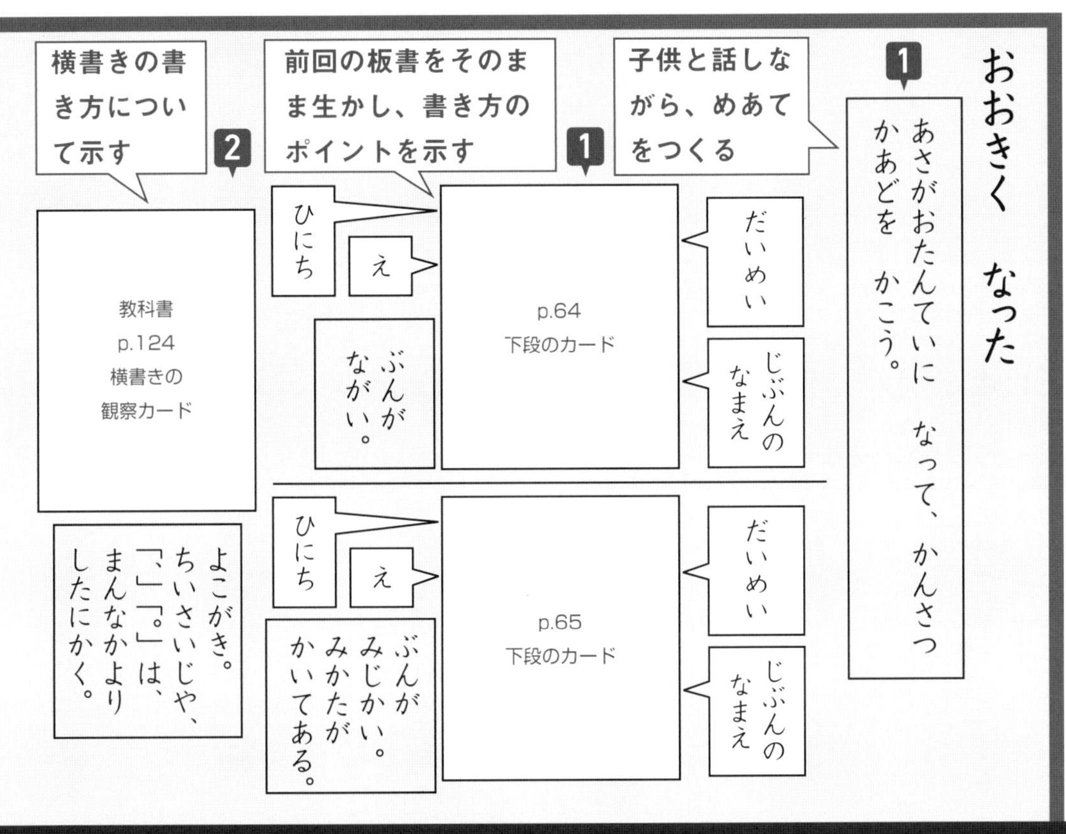

3 書き終えた観察カードを読み直す〈5分〉

T　書き終わったカードを読み直しましょう。
・観察のポイントをきちんと書いているか確認しよう。
・字の間違いがないか見直そう。
・1マス下げているか、「、」や「。」がきちんと書いてあるか確認しよう。
○自分で決めた観察の観点に沿って記録しているか書いた文章の内容を確認する。また、誤字脱字もないか確認し、推敲の習慣を身に付けさせていく。
T　アサガオ探偵になって、観察カードを書くことができました。次回は友達と読み合いましょう。振り返りを書きましょう。
○次時の見通しをもたせる。

よりよい授業へのステップアップ

観察のポイント
　観察のポイントを掲示しておいて、普段から意識させるようにしておく。
推敲の習慣
　これから文章を書く機会が増えてくる。読み直すことでよりよい文章になることに気付かせ、推敲する習慣を付けさせていく。

ICT 端末の活用ポイント

観察時に対象物を写真に撮る。観察の観点を見付けたり、対象物をよりよく見て観察記録を書いたりすることができる。

本時案

おおきく なった

本時の目標

・観察の観点や書き方について助言し合い、書いたものを友達と交流することができる。

本時の主な評価

❷経験したことなどから書くことを見付け、必要な事柄を集めたり確かめたりしている。【思・判・表】

資料等の準備

・探偵イラスト 16-01
・観察の観点の短冊カード 16-02
・タブレット端末で撮影した写真

1 こうりゅうの しかた

①かんさつの ぽいんとを みつける。
②わかりやすいと おもった ところを つたえる。
③「ありがとう。」を つたえる。

交流の仕方を示す

ふりかえり

・はっぱの おおきさに ついて、くわしく かいた ことが、ともだちにも つたわって、うれしかったです。
・ともだちは、おもさに ついて かいて いました。「けしごむくらい」と いう かきかたが わかりやすかった です。

授業の流れ ▷▷▷

1 友達の観察カードを読んで、よいところを伝え合う交流の仕方を知る 〈5分〉

T 何に注目して観察カードを書きましたか。
・色です。
・においです。
・形です。
・触った感じです。
・数です。
○前時の板書で使用した観察の観点の短冊カードも使いながら進める。
T 友達の観察カードの観察のポイントとよいところを考えながら読みます。
○交流の仕方を伝える。①観察のポイントが何であるか。②よいと思うところはどこか。この 2 点を伝える。

2 友達の観察カードを読み、よいところを伝え合う 〈20分〉

T 友達の観察カードを読んで、よいところを伝え合いましょう。
・葉っぱの大きさが、手と同じくらいと書いてあって、とても分かりやすかったよ。写真で見てもよく分かった。
・葉っぱを触ってみると、ざらざらしたんだね。僕のアサガオでも確かめてみたいな。葉っぱについてよく分かったよ。ありがとう。
・数と形について、短い文で書いてあるのがいいね。文が短いから分かりやすかったよ。
・文と絵がつながっていて、分かりやすいね。
○交流の仕方に沿って、交流できているか、机間指導しながら確認する。

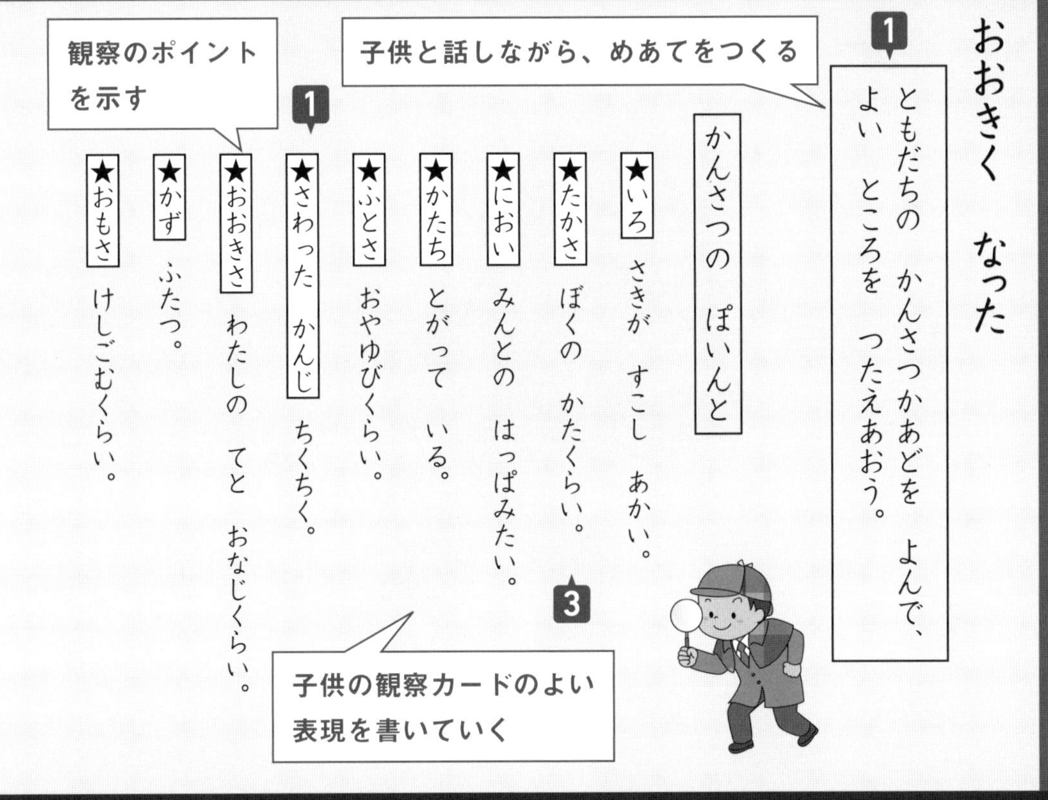

3 交流したことを振り返って、カードを書き直し、単元の振り返りをする　〈20分〉

T　友達との伝え合いを通して、カードに付け足したいことや書き直したいことはありますか。
・葉っぱの色について、もう少し書き足そう。
・形についてもう少しよく見て書こう。
・どんな形に似ているかもう一度確認しよう。
・字の間違いがあったから直そう。
・観察のポイントをもう一度確認しよう。
○交流したことを生かして、よりよいカードになるように書き直す時間を取る。
T　アサガオ探偵になって、観察カードを書くことができました。振り返りを書きましょう。
○単元全体の振り返りをする。

よりよい授業へのステップアップ

交流の仕方

ただ、読み合うのではなく、目的をもって読み合うために交流の仕方を丁寧に指導する。
①観察のポイントが何であるか。
②よいと思うところはどこか。
端末のアサガオの写真も活用するとよい。

交流を通しての推敲

交流を通して、読み直し、書き直す。よりよい文章にしたいという子供の意欲を大切にし、よい表現は取り上げ、書いた達成感を味わわせたい。

資 料

1 第１～４時資料　探偵とイラスト 16-01

2 第１～４時資料　観察の観点の短冊カード 16-02

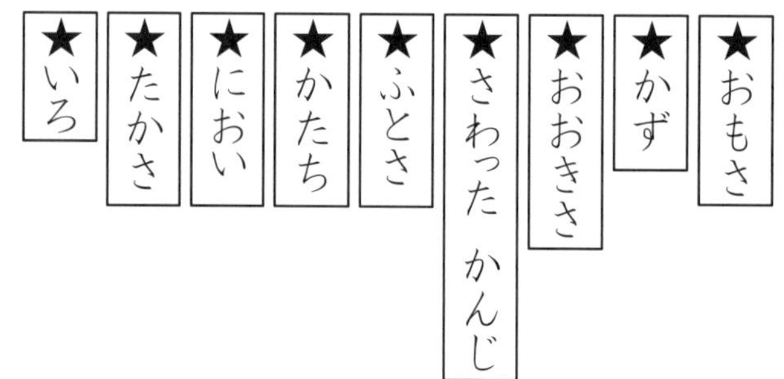

3 第２・３時資料　書き方のポイント短冊カード 16-03

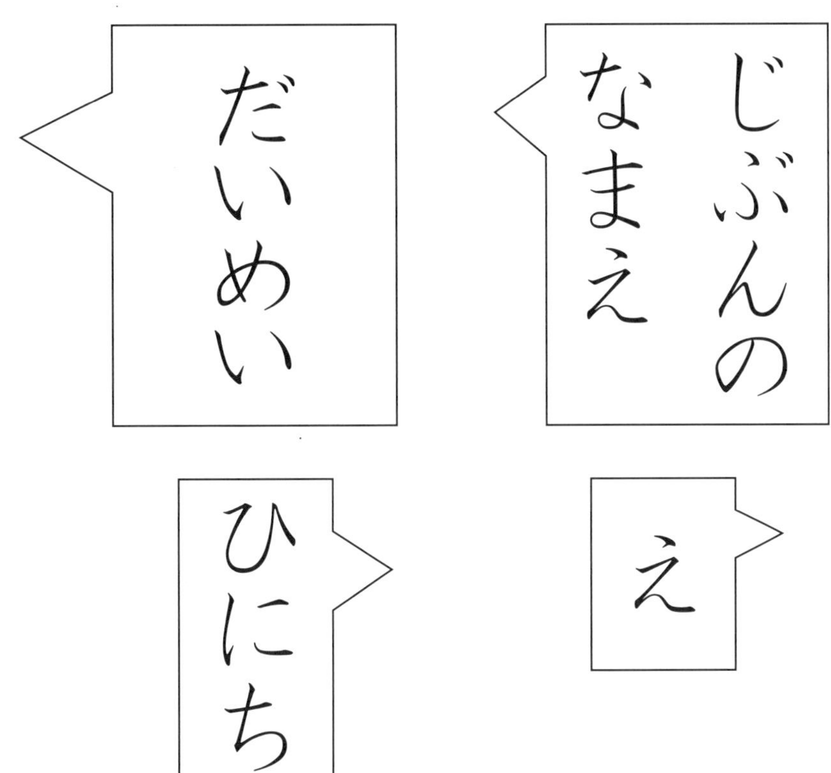

おおきな　かぶ　6時間扱い

単元の目標

知識及び技能	・語のまとまりや言葉の響きなどに気を付けて音読することができる。((1)ク) ・文の中における主語と述語との関係に気付くことができる。((1)カ)
思考力、判断力、表現力等	・場面の様子や登場人物の行動など、話の内容の大体を捉えることができる。(C(1)イ) ・場面の様子に着目して、登場人物の行動を具体的に想像することができる。(C(1)エ)
学びに向かう力、人間性等	・言葉がもつよさを感じるとともに、楽しんで読書をし、国語を大切にして、思いや考えを伝え合おうとする。

評価規準

知識・技能	❶語のまとまりや言葉の響きなどに気を付けて音読している。(〔知識及び技能〕(1)ク) ❷文の中における主語と述語との関係に気付いている。(〔知識及び技能〕(1)カ)
思考・判断・表現	❸「読むこと」において、場面の様子や登場人物の行動など、話の内容の大体を捉えている。(〔思考力、判断力、表現力等〕Cイ) ❹「読むこと」において、場面の様子に着目して、登場人物の行動を具体的に想像している。(〔思考力、判断力、表現力等〕Cエ)
主体的に学習に取り組む態度	❺進んで場面の様子から登場人物の行動を具体的に想像し、学習の見通しをもって、想像したことや考えたことを音読で表現しようとしている。

単元の流れ

次	時	主な学習活動	評価
一	1	教師の範読後、全文を読み、物語の場面や登場人物、登場人物の出てくる順番を確かめる。初発の感想を書く。学習の見通しをもつ。	
二	2	学習の見通しをもつ 初発の感想から、話の特徴やおもしろいところを共有し、学習課題を考える。繰り返しの言葉を見付け、その効果を考える。	❷
	3	かぶを抜こうとするときや助けを呼ぼうとするときの、登場人物の行動や気持ちを想像する。繰り返し出てくる言葉の意味の違いを考え、音読の仕方を工夫する。	❸
	4	かぶが抜けないときやかぶを抜こうとするときの、登場人物の行動や気持ちを想像する。つなぎ言葉の意味の違いを考え、音読の仕方を工夫する。かぶが抜けた理由について話し合う。	❹

三	5 6	役割を決めて、音読の練習をする。音読発表会をする。 学習を振り返る 学習の振り返りをする。	❶ ❺

授業づくりのポイント

〈単元で育てたい資質・能力〉

本単元のねらいは、場面の様子から想像したことを音読で表現する力を育むことである。そのために、登場人物の行動や会話に着目し、具体的に登場人物の様子や気持ちを想像できるようにする。想像したことを音読で表現することで、繰り返し出てくる言葉の意味やリズムのよさなどに気付くことができるようにする。

[具体例]

○おじいさんはかぶの種をまくときに、「あまい　あまい　かぶに　なれ。おおきな　おおきな　かぶに　なれ。」と言っている。「あまい」ではなく「あまい　あまい」や「おおきな　おおきな」と2回同じ言葉を繰り返すおじいさんの気持ちを考えさせる。

〈教材・題材の特徴〉

「おおきな　かぶ」は、反復表現と登場人物が現れる順序が特徴的な話であり、その繰り返しの効果がおもしろさを引き出している教材である。登場人物が次の登場人物を呼んでくる同じ展開の繰り返し、「うんとこしょ、どっこいしょ。」という同じ掛け声の繰り返し、「○○が□□をひっぱって」という行動描写の繰り返し、「それでも～ぬけません」「まだまだ～ぬけません」等の接続詞や副詞を使った同じ状況の繰り返しがある。言葉の繰り返しは、イメージと意味を強調する効果がある。

登場人物が現れる順序は、自分よりも力が弱い者を呼んでくる設定が繰り返される。大きなかぶを抜こうとしているのに対して、どんどん力が小さい登場人物が登場することで、かぶが抜けてほしいという思いと、果たしてかぶは抜けるのかという緊張感が相まって、読み手は作品に引き込まれていく。最後に小さな力のねずみの参加でかぶが抜ける意外性とともに、みんなで協力することの大切さや小さな存在の大きな役割という価値も見いだすことができる。

〈ICT の効果的な活用〉

記録と共有：音読発表会の様子を教師がタブレット端末に記録し、第6時で子供が音読発表会の感想を書き、それを振り返るときに活用できる。その映像を見て具体的に振り返れるとよい。具体的な映像を見ての振り返りは、子供にとってより効果的である。また、教師の評価にも活用することができる。

本時案

おおきな　かぶ

本時の目標

・話の流れや登場人物を読み取り、感想をもつことができる。

本時の主な評価

・話の流れを理解し、登場人物が出てくる順番を読み取り、感想を書いている。

資料等の準備

・挿絵
・登場人物のお面とかぶの絵 17-01～07

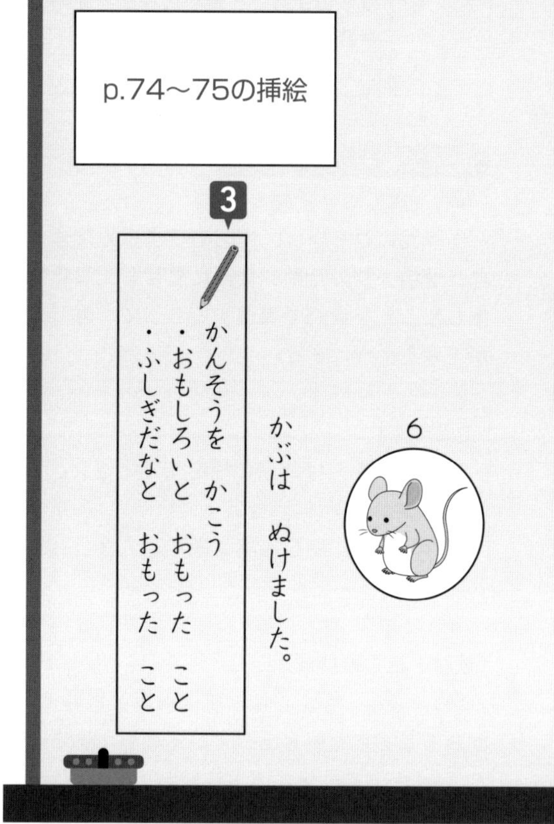

授業の流れ ▷▷▷

1 「おおきな　かぶ」という題名から、どんな話か想起させ、教師の範読を聞く〈10分〉

○題名「おおきな　かぶ」や挿絵から話の内容を想像させ、話の内容に興味や期待感をもたせるようにする。

T 「おおきな　かぶ」はどんな話だと思いますか。

・大きなかぶの話。

・おじいさんがかぶを抜く話。

○範読を聞かせる際には、意識させたい観点を提示してから聞かせるようにする。

T どんな話か、登場人物は何人出てくるのかを考えながら聞きましょう。

2 物語の場面や登場人物を出てきた順番に確認する〈25分〉

○教師の後に続いて全文を音読する。

○音読する際には、地の文と会話文（「　」）があることを確認し、会話文を意識して音読できるようにする。

T 話の場面はどこですか。

・おじいさんの畑。

T どんな話でしたか。

・おじいさんが大きなかぶを育てた話。

・みんなで力を合わせてかぶを抜く話。

T 登場人物は何人いましたか。それは誰ですか。出てきた順番に言いましょう。

・６人。

・おじいさん、おばあさん、まご、いぬ、ねこ、ねずみ。

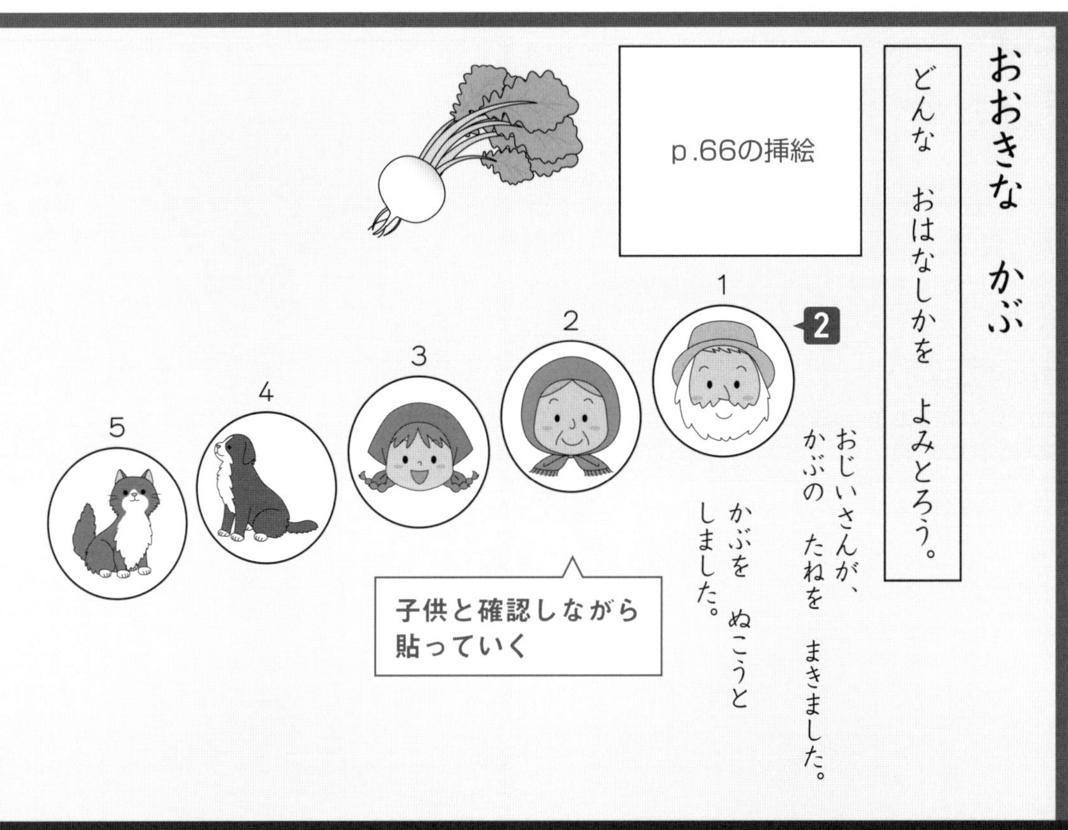

3 物語を読んだ感想を書く〈10分〉

○観点（おもしろいと思ったこと・不思議だなと思ったことなど）を示して感想を書かせるようにする。

・何回も「うんとこしょ、どっこいしょ。」と言っていておもしろい。
・なかなかかぶが抜けなくて、どきどきした。
・みんなでかぶを引っ張って、かぶが抜けてよかった。
・どうして、ねずみが引っ張ってかぶが抜けたのだろう。

よりよい授業へのステップアップ

範読の工夫

低学年の子供への教師の範読は、子供が話を理解したり、話の世界に浸ったりする手助けとなるため重要である。地の文と会話文の表現の違いが分かるように音読し、「誰が何をしたのか」「誰が何と言ったのか」など、登場人物の行動や話の展開を理解できるように工夫する。

掲示物の工夫

話の流れや登場人物の順番を理解できるように、挿絵などの掲示物を効果的に使うようにしたい。

本時案

おおきな　かぶ　2/6

本時の目標

・繰り返し出てくる言葉に気付き、その意味の違いを考えることができる。

本時の主な評価

❷文の中における主語と述語との関係に気付いている。【知・技】

資料等の準備

・挿絵

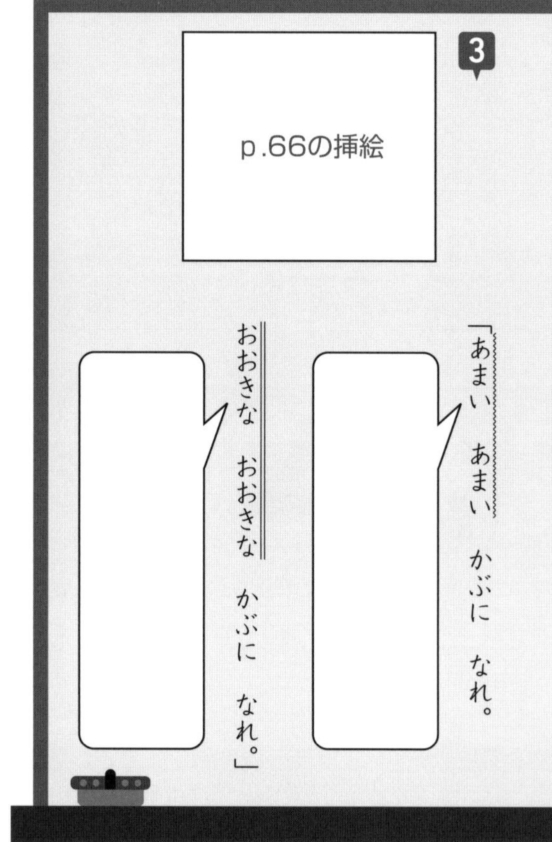

授業の流れ ▷▷▷

1 初発の感想を発表し、学習課題を立てる〈15分〉

T　話を読んで、おもしろいと思ったことや不思議だなと思ったことは何ですか。

○子供が関心を示したことや疑問に思ったことを大切にし、学習課題を立てるようにする。

・「うんとこしょ、どっこいしょ。」の掛け声がおもしろい。→「うんとこしょ、どっこいしょ。」の音読の仕方を考える。

・何回も「かぶはぬけません」と言っていて、早く抜けてほしいと思った。→繰り返し出てくる言葉や文の読み方を工夫する。

T　「場面の様子から想像したことを音読で表そう」ということを学習していきましょう。

2 繰り返し出てくる言葉を見付ける〈15分〉

○繰り返しの言葉に着目させることで、リズミカルな表現のおもしろさを楽しんだり、表現の違いに気付いたりできるようにする。

T　何度も繰り返し出てくる言葉は、どんな言葉ですか。

・「あまい　あまい」

・「おおきな　おおきな」

・「○○は、□□をよんできました。」

・「○○を□□がひっぱって」

・「うんとこしょ、どっこいしょ」

・「かぶはぬけません。」

おおきな　かぶ

1

おはなしを　よんだ　かんそうを　はっぴょう
しあおう。

おもしろいと　おもった　こと
・みんなで　どんどん　ひっぱって　いく　ところ
・「うんとこしょ、どっこいしょ」と　いう　ところ
　→◎おんどくの　しかたを　くふうする
・なんかいも　くりかえして　いる　ところ
　→◎くりかえし　でて　くる　ことばの
　おんどくの　しかたを　かんがえる

ノートには◎で書いた疑問だけを写させるようにする

ふしぎだなと　おもった　こと
・どれくらい　おおきい　かぶなのか
・どうして、ねずみが　ひっぱって　ぬけたのか
　→◎どうして、ちいさい　ねずみが
　ひっぱった　ときに　かぶが　ぬけたのか

ばめんの　ようすから　そうぞうした
ことを　おんどくで　あらわそう。

2

【くりかえし　でて　くる　ことば】
・あまい　あまい
・おおきな　おおきな
・○○は、□□を　よんで　きました。
・○○を　□□が　ひっぱって
・「うんとこしょ、どっこいしょ。」
・かぶは　ぬけません。

3 繰り返しの言葉の表現の違いを考え、音読で表現する　〈15分〉

○言葉を繰り返した場合とそうでない場合の感じ方の違いを踏まえて、音読で表現する。

○「あまい　かぶ」と「あまい　あまい　かぶ」の違いや、「おおきな　かぶ」と「おおきな　おおきな　かぶ」の違いを考える。

・「あまい　あまい」の方が、甘い感じがします。

・「おおきな　おおきな　かぶ」だと、すごく大きなかぶになってほしいという気持ちが強いと思います。

ICT 端末の活用ポイント

よい音読をしている子供の姿を撮影し、紹介するとよい。

よりよい授業へのステップアップ

子供の感想を大切にする

子供が感じた話の展開のおもしろさや表現のおもしろさ、不思議に思ったことなどを取り上げながら、子供と共に学習課題をつくるようにしたい。子供自身が学習の目的と見通しをもてるようにすることが大切である。

音読で表現することのよさ

低学年の時期は、音読することで内容の理解につながる。登場人物の様子を具体的に想像させることで、繰り返しの言葉がどのような意味をもつのか、登場人物の気持ちを踏まえて考えさせたい。

本時案

おおきな　かぶ

本時の目標

・かぶを抜こうとするときや助けを呼ぶときの登場人物の様子などを想像し、繰り返し出てくる言葉の意味の違いを考え、音読の仕方を工夫することができる。

本時の主な評価

❸場面の様子や登場人物の行動など、話の内容の大体を捉えている。【思・判・表】

資料等の準備

・挿絵
・登場人物のお面とかぶの絵 17-01～07
・ワークシート① 17-08

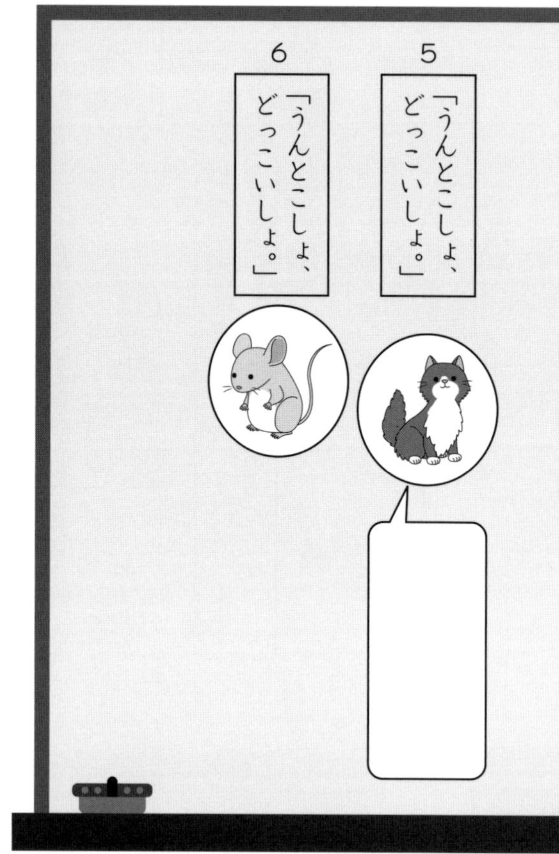

授業の流れ ▷▷▷

1 助けを呼ぶときの気持ちや会話を想像する 〈20分〉

○登場人物が１人ずつ増えていく様子やかぶを引っ張る様子を、お面のイラストを動かしたり動作化したりすることで、主語と述語の関係や話の展開を理解しやすくする。
T　おじいさんが呼んできたのは誰ですか。
・おばあさん。
T　おじいさんはどんな気持ちでおばあさんを呼んだのでしょうか。
・かぶが抜けなくて困ったなあ。そうだ、おばあさんにも手伝ってもらおう。
○登場人物の気持ちは、一人一人に自分の考えをもたせた上で共有するようにする。

2 繰り返し出てくる「うんとこしょ、どっこいしょ。」の違いを音読で表現する〈15分〉

T　「うんとこしょ、どっこいしょ。」という会話文は、何回出てきますか。
・６回。
T　それぞれの「うんとこしょ、どっこいしょ。」の音読の仕方は違うのでしょうか。
・違うと思います。
・かぶを引っ張る人数が増えています。
・かぶを抜きたいという気持ちが強くなっています。
・人数も増えるし、抜きたい気持ちも強くなるから声も大きくなっていきます。

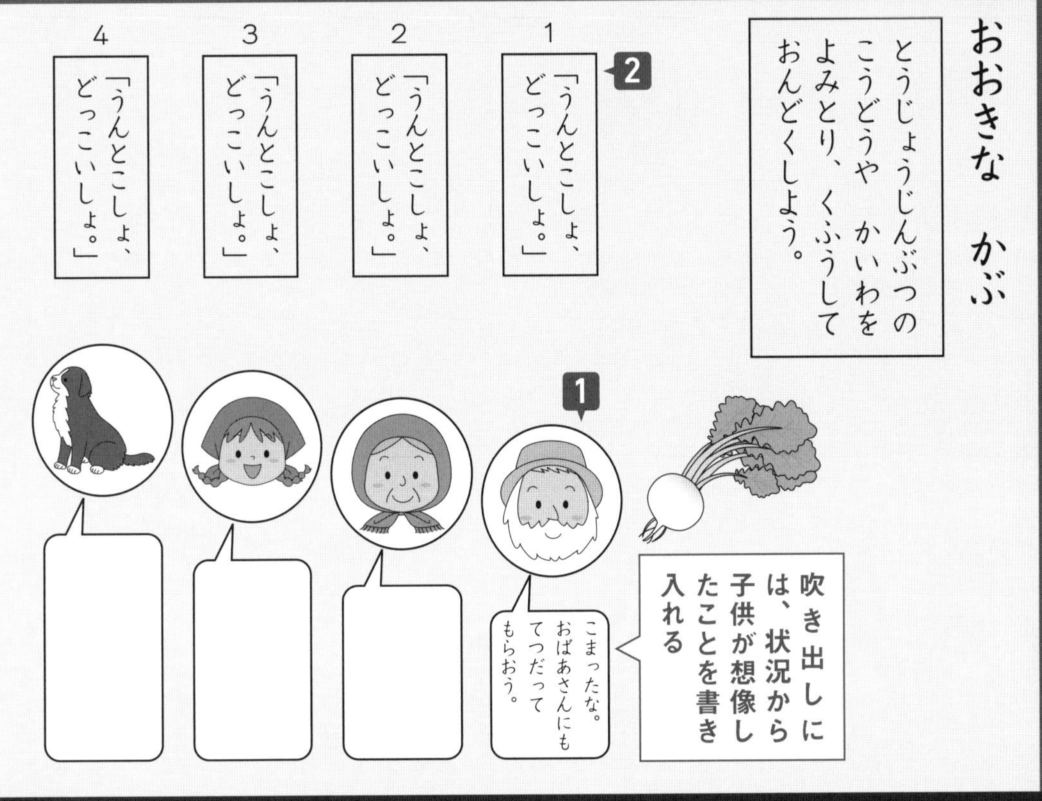

3 読み取ったことを基に、場面の様子や会話文を音読する　〈10分〉

T　考えた音読の仕方で、「おおきな　かぶ」を読んでみましょう。

○登場人物の様子や気持ちと関連させて、音読の表現を工夫するようにする。

○友達と聞き合いながらよいところを伝えたり、アドバイスしたりできるようにする。

○音読の工夫を記号や言葉で書き込ませるようにする。

ICT 端末の活用ポイント

よい音読をしている子供の姿を撮影し、紹介するとよい。

よりよい授業へのステップアップ

登場人物になりきるしかけ

子供たちは音読しながら話を読み進めていくうちに登場人物に同化し、会話文などに合わせて自然と体が動き出すであろう。登場人物のお面や実際に引っ張ることのできる立体的なかぶがあると、場面の様子の想像を広げる手助けとなる。低学年では動作化（劇化）も大切にしたい。

学習のまとめとして最後に音読する

第三次で、音読発表会をするというゴールに向けて、毎時、読み取ったことを音読で表現させていきたい。二次での学びが三次に生かせるようにする。

本時案

おおきな　かぶ

本時の目標

・かぶが抜けないときや、かぶを抜こうとするときの登場人物の様子などを想像し、つなぎ言葉の意味の違いを考え、音読の表現の仕方を工夫することができる。

本時の主な評価

❹場面の様子に着目して、登場人物の行動を具体的に想像している。【思・判・表】

資料等の準備

・場面の挿絵
・登場人物のお面とかぶの絵 17-01〜07
・ワークシート② 17-09

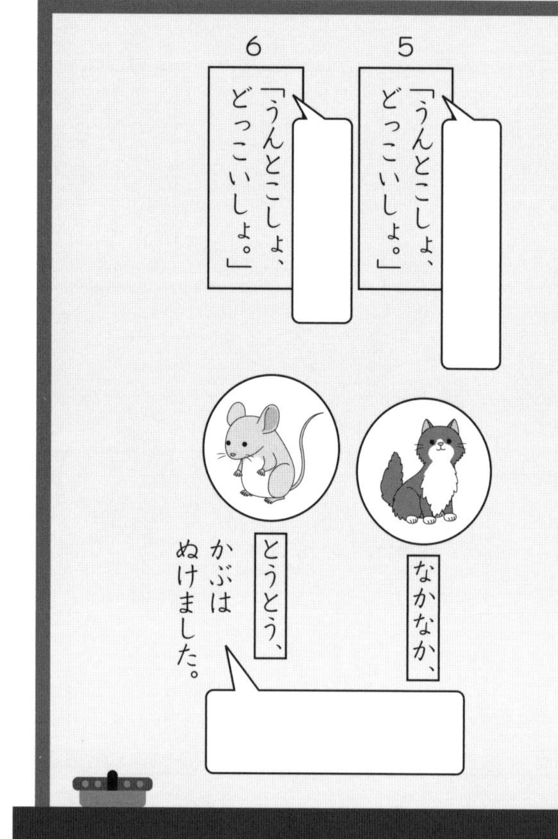

授業の流れ ▷▷▷

1 つなぎ言葉から場面の様子を読み取る〈10分〉

○つなぎ言葉（接続詞や副詞）の意味を考えさせることで、場面の様子や登場人物の気持ちを想像できるようにする。

T 「かぶは　ぬけません。」の前にどんな言葉がついていますか。

・「けれども」　・「それでも」
・「やっぱり」　・「まだまだ」
・「なかなか」
・「とうとう」かぶは　ぬけました。

2 かぶが抜けないときの登場人物の様子や気持ちを想像する〈20分〉

○場面ごとの「かぶは　ぬけません。」のときの様子や気持ちを考えるようにする。

・こんなに力を入れても抜けないくらい大きいのか。
・もっと声と力を合わせて抜こう。

○最後にねずみが引っ張ったときに、どうしてかぶが抜けたのかを考える。

・みんなで力を合わせたから抜けた。
・掛け声と動きを合わせたから強い力が出た。
・１人の小さな力も大事なんだな。

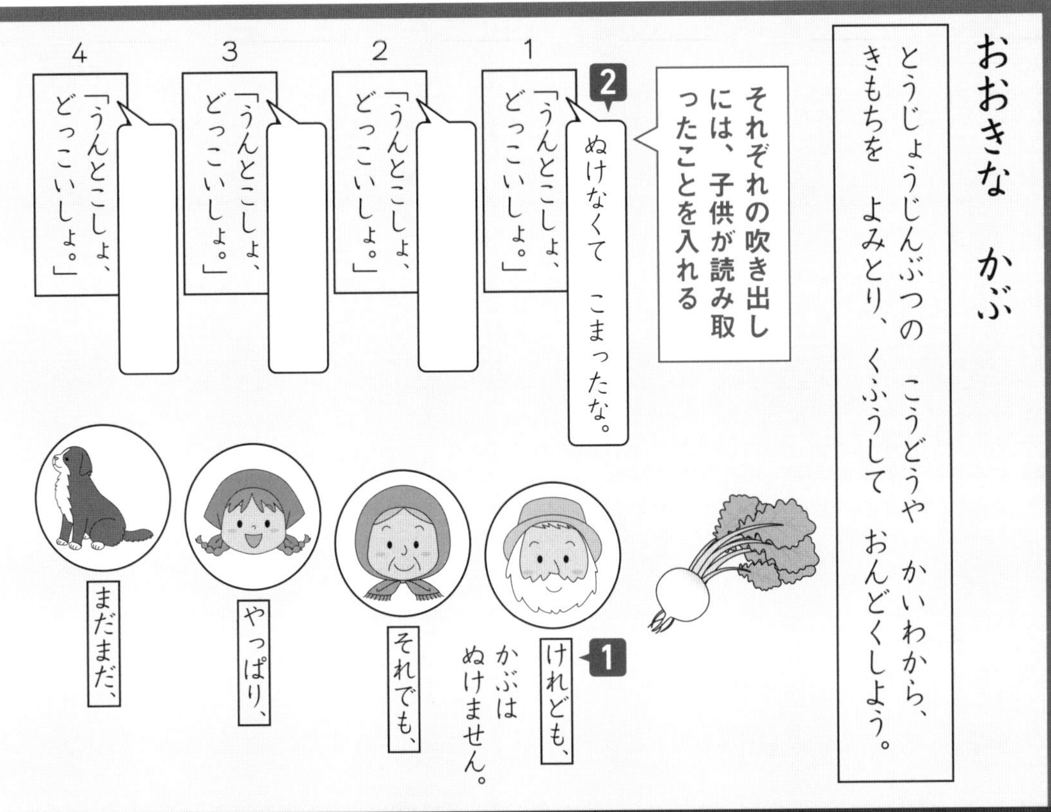

3 読み取ったことを基に、登場人物の様子や気持ちを音読で表現する 〈15分〉

T　登場人物の気持ちになって、音読してみましょう。

○登場人物の様子や気持ちと関連させて、つなぎ言葉の意味の違いを音読で表現できるようにする。

○音読の工夫を、記号や言葉で書き込ませるようにする。

○友達と聞き合いながら、よいところを伝えたり、アドバイスしたりできるようにする。

ICT 端末の活用ポイント

よい音読をしている子供の姿を撮影し、紹介するとよい。

よりよい授業へのステップアップ

全体を読む

「全体を読む力」「全体から読む力」は、日常生活での読みに必要な力であると考える。

「全体を読む」とは、物語の展開を理解し、場面ごとの登場人物の様子や気持ちを相互に関連させながら読むことである。

発達段階や学習歴にもよるが、話を場面ごとに区切るのではなく、全体を通して繰り返し読むことで、登場人物の様子や気持ちの変化に気付けるようにしたい。

本時案

おおきな　かぶ

本時の目標

・登場人物の様子や気持ちを、音読を工夫して表現することができる。

本時の主な評価

❶語のまとまりや言葉の響きなどに気を付けて音読している。【知・技】

❺進んで場面の様子から登場人物の行動を具体的に想像し、学習の見通しをもって、想像したことや考えたことを音読で表現しようとしている。【態度】

資料等の準備

・登場人物のお面とかぶの絵 17-01〜07
・ワークシート③ 17-10
・参考資料

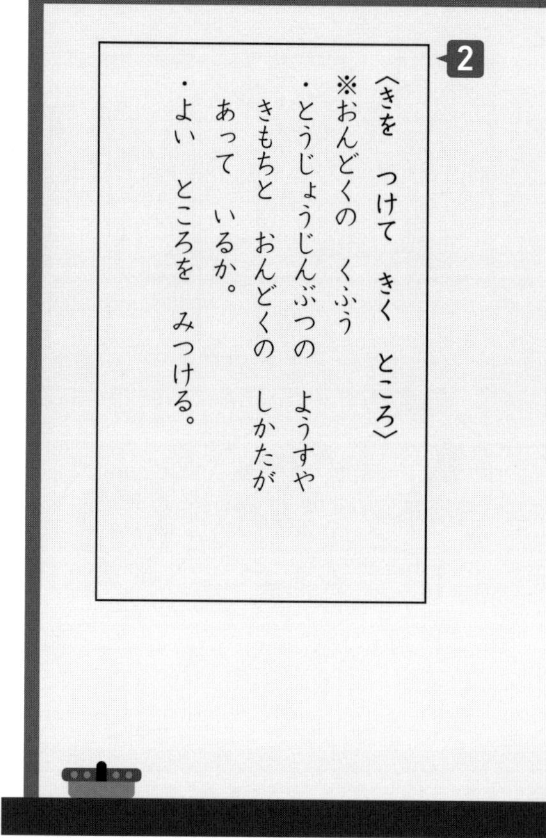

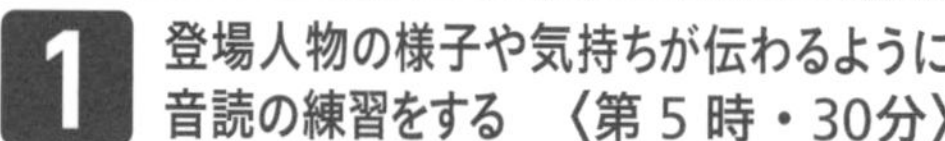

1　登場人物の様子や気持ちが伝わるように音読の練習をする　〈第５時・30分〉

○登場人物や地の文を読む役割を決めて、音読練習をする。
○音読の工夫を記号や言葉で書き込ませるようにする。
○友達と聞き合いながらよいところを伝えたり、アドバイスしたりできるようにする。

T　どのような工夫をしますか。
・かぶを抜きたいという気持ちが強くなるので、会話文はどんどん大きな声で音読します。
・かぶが抜けなかったときは、残念な気持ちで読みます。

2　音読発表会を開く　〈第５・６時・45分〉

○音読するときには、どこをどのように工夫したのかを伝えてから発表するようにする。
○聞き手には聞く観点をもたせて聞くようにさせたい。
○友達の音読の工夫でよかったところにも気付かせるようにする。
・「うんとこしょ、どっこいしょ。」が声がそろっていて、一生懸命に抜こうとする様子が伝わってくる。
・残念な気持ちが分かる。

ICT 端末の活用ポイント

音読をしている子供の姿を撮影し、3で振り返る際に活用できるとよい。

おおきな　かぶ

とうじょうじんぶつの　ようすや　きもちが
つたわるように、くふうして　おんどくしよう。

1

○やくわりを　きめる。

・じの　ぶん　（　　　　　　）
・おじいさん　（　　　　　　）
・おばあさん　（　　　　　　）
・まご　（　　　　　　）
・いぬ　（　　　　　　）
・ねこ　（　　　　　　）
・ねずみ　（　　　　　　）

〈おんどくの　くふう〉
・どんな　きもちで
・こえの　おおきさ
・つよく　よむ　ところ
・まを　あける　ところ
・リズムよく　よむ　ところ
・（　　　　　　）など

3 音読発表会の感想を書く〈第６時・15分〉

○内容を読み取れたか、考えた音読表現ができたかどうかなど、自分の学習の理解や工夫についても振り返るようにさせたい。

・「おおきな　かぶ」を読んで、おじいさんやおばあさんたちがかぶを抜こうと一生懸命な気持ちが分かりました。
・みんなで力を合わせたら抜けたので、力を合わせることが大事だなあと思いました。
・かぶが抜けないときは、「□～ぬけません。」のところを残念な気持ちで読みました。
・「うんとこしょ、どっこいしょ。」は、みんなで声を合わせて、力強く読めたと思います。

よりよい授業へのステップアップ

自分の学びを振り返る

学習活動についての楽しかったという感想にとどまらないように、学習したことに対して理解できたか、考えたことを表現できたかなど、自分の学びを振り返るようにしたい。単元を通して自分の学びが深まったか、考えがどのように変化したかなど、発達段階や学習内容に応じて、自分の学びをメタ認知できるように意識付けていきたい。

資料

1 第3時資料　ワークシート① 17-08

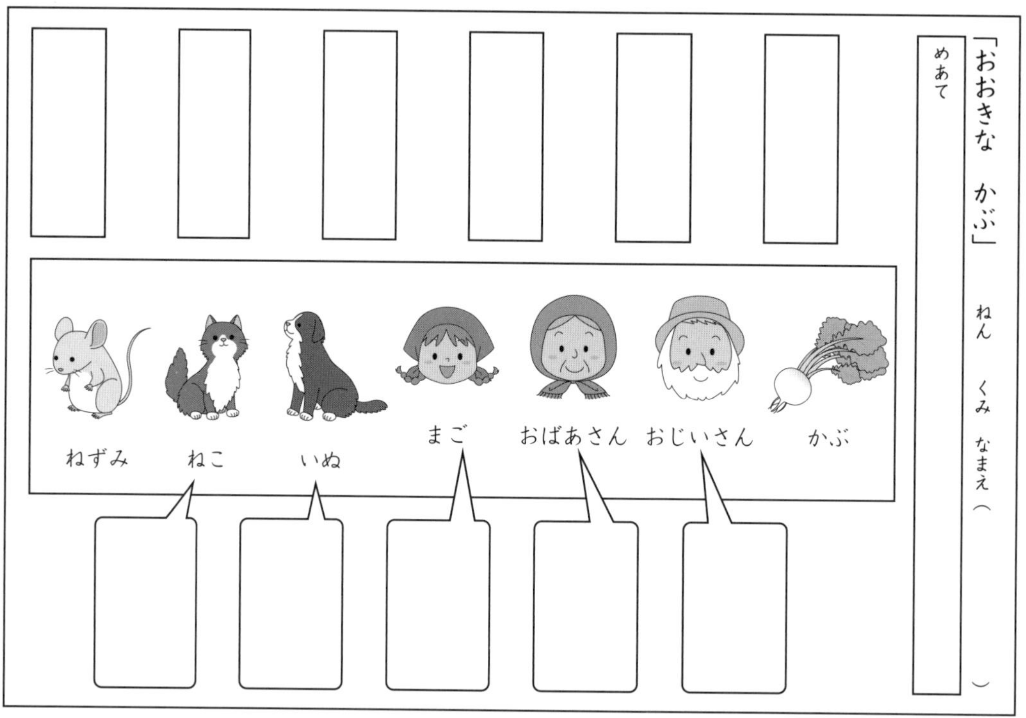

2 第4時資料　ワークシート② 17-09

3 第5・6時資料　ワークシート③ 17-10

「おおきな　かぶ」おんどく　はっぴょうかい

ねん　くみ　なまえ（　　　　　　　　　　）

【　　　】はん　　とてもよかった ◎　　よかった ○　　もうすこし △

やくわり	なまえ	おおきさ・つよさ	はっきり	ゆっくり・ま	リズム	きもちをこめて
じのぶん（ナレーター）						
おじいさん						
おばあさん						
まご						
いぬ						
ねこ						
ねずみ						

〈よかった　ところ〉

4 第5・6時　参考資料

〈音読発表会の工夫〉

○読み手の工夫を明確にして音読する。
　→音読の工夫（観点）を掲示する。（板書計画参照）
　→音読するときの姿勢、立ち方を指導する。

○聞き手の観点を明確にしながら聞く。
　→聞き手の観点を明確にして掲示する。（板書計画参照）
　→「音読発表会リスニングシート」の活用　（資料参照）

○場の設定
　→ナレーター（地の文）やそれぞれの登場人物の立ち位置を工夫する。

（参考）

本単元では言語活動のゴールを「音読発表会」と設定しているが、本教材を読み進める中で児童は自然と登場人物に同化し動作化しながら音読を楽しむものと想定される。動作化を取り入れた「音読劇」を言語活動として設定することも一つである。１年間の学習の見通しをもち、学習のねらいや児童の実態に応じて、言語活動や場の作り方を工夫することが望ましい。

下記の写真は、「音読劇」として実践した様子である。黒板には、音読劇を盛り上げるために、どのくらい大きいかイメージしたかぶの絵が描かれているが、背景におじいさんの畑の挿絵（拡大）があってもよい。

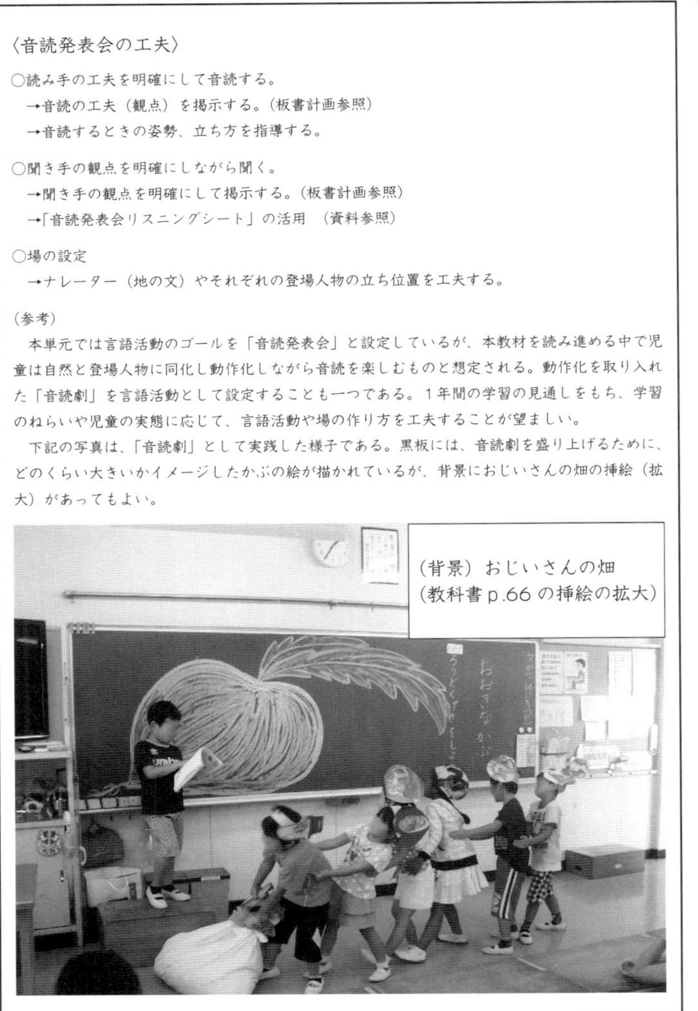

ⓗⓞⓔを　つかおう　3時間扱い

単元の目標

知識及び技能	・助詞の「は」、「へ」及び「を」の使い方を理解して、文や文章の中で使うことができる。((1)ウ)
思考力、判断力、表現力等	・語と語や文と文との続き方に注意しながら、内容のまとまりが分かるように書き表し方を工夫することができる。(B ウ)
学びに向かう力、人間性等	・言葉がもつよさを感じるとともに、楽しんで読書をし、国語を大切にして、思いや考えを伝え合おうとする。

評価規準

知識・技能	❶助詞の「は」、「へ」及び「を」の使い方を理解して、文や文章の中で使っている。(〔知識及び技能〕(1)ウ)
思考・判断・表現	❷「書くこと」において、語と語や文と文との続き方に注意しながら、内容のまとまりが分かるように書き表し方を工夫している。(〔思考力、判断力、表現力等〕B ウ)
主体的に学習に取り組む態度	❸進んで助詞の「は」、「へ」及び「を」の使い方を確かめながら、学習課題に沿って文を作ろうとしている。

単元の流れ

時	主な学習活動	
1	学習の見通しをもつ わにの唱え歌の範読を聞き、助詞の「は」、「へ」及び「を」に印を付ける。 わにの唱え歌を視写し、音読する。	
2	「わ」と「は」、「え」と「へ」、「お」と「を」の違いに気を付けて音読する。 助詞の「は」、「へ」及び「を」の使い方を理解する。	❶
3	助詞の「は」、「へ」及び「を」を正しく使って文を書き、発表し合う。 学習を振り返る 練習問題に取り組み、学習を振り返る。	❷ ❸

授業づくりのポイント

〈単元で育てたい資質・能力〉

本単元のねらいは、助詞の「は」、「へ」及び「を」の使い方について理解を深めることである。「は」と「わ」、「へ」と「え」、「を」と「お」の使い分けに慣れ、正しく読んだり書いたりできるようにする。聞こえる音と表記が一致しないため、難しさや抵抗を感じる子供も多い。そのため、たくさん唱えたり視写したりした後、「は」「へ」「を」を使った文を作る活動を通し、使い方に慣れていくようにする。また、パズルのピースが組み合う教科書の図を使い、助詞の「は」、「へ」及び「を」には、言葉と言葉をつなげる働きがあることを視覚的に捉えることができるようにする。

[具体例]

○教科書の唱え歌を指でなぞりながら教師の範読を聞く。「先生の読み方と書かれている平仮名が違うところを見付けましょう」と伝え、表記と発音が一致するところと一致しないところがあることに気付かせる。さらに、表記のとおりの発音で誤って読んだ例も示し、助詞の部分は発音と表記が異なることを理解できるようにする。

〈教材・題材の特徴〉

わにの唱え歌は、助詞「は」「へ」「を」と平仮名「わ」「え」「お」が使われたストーリー性のある楽しい歌であり、主語と述語の関係や、助詞の働きについて学ぶことができる教材である。音読を繰り返すことで、耳に聞こえてくる音と文字の表記の違いを意識することができる。言葉の使い方のきまりを子供なりに考えさせることで、「不思議だな」「おもしろい」と文字や文への興味・関心をもたせたい。また、「わにはかおをあらう」「わにはいえへかえる」という例文は、単元後も「は」「へ」「を」の使い方に迷ったときに役立つため、繰り返し発音と表記を確認したい。

[具体例]

○助詞の「は」「へ」「を」を○で囲み、「は」「へ」と表記するのに「ワ」「エ」と読むのはどのようなときか、「お」と表記せず「を」と表記するのはどのようなときかを考えてみるよう促す。また、「わに」「かお」「あらう」「いえ」「かえる」を書いたカードを用意し、「は」「へ」「を」を使って文を作る過程を見せ、言葉と言葉をつなげる助詞の働きについての理解を促す。

〈言語活動の工夫〉

これまで学習した教材の中にも、「は」や「を」が使われていたことに改めて気付かせる。教材文を音読して表記と発音を確かめる。

文づくりの活動では、思い浮かぶ場面から自由に書いたり、教師が提示した絵などをヒントにして書いたりすることで、主体的に楽しんで取り組めるようにする。書く際は「は」「へ」「を」を○で囲むなどして、正しく書けているか確認できるようにする。

〈ICT の効果的な活用〉

習熟：教科書の QR コードを読み取ると、練習問題のワークシートが表示される。事前に教師がダウンロードし、学習支援ソフトを活用して子供の ICT 端末に配信しておく。取り組んだものを提出させることで、理解を確かめたり評価に活用したりすることができる。

本時案

ⓗⓞⓗを つかおう

本時の目標

・助詞の「は」「へ」「を」の使い方を理解し、正しく読むことができる。

本時の主な評価

・進んで「は」、「へ」及び「を」の使い方を確かめながら、文を読んだり書いたりしようとしている。

資料等の準備

・わにの唱え歌を拡大したもの

1 2 3

わにの唱え歌の拡大

かわに、わにが　すんで　いた。

わに(は)、かわから　かお(を)　だし、

授業の流れ ▷▷▷

1 唱え歌の範読を聞き、「は」「を」「へ」に印を付ける 〈15分〉

T　わにの唱え歌を読みます。気付いたことを発表しましょう。

○最初は教科書を開かずに、挿絵を見せながら聞かせ歌の内容をつかませる。次に指で文字をなぞりながら聞かせて、表記と発音が一致しないところがあることに気付かせる。

・「は」を「ワ」と読んだり、「へ」を「エ」と読んだりしています。

・「かおをだし」のところは、同じ「オ」と読むのに「お」と「を」がありました。

T　先生の読み方と書かれている平仮名が違うところを丸で囲みましょう。

○子供と一緒にゆっくり音読し、助詞「は」「を」「へ」を確認しながら印を付ける。

○本時のめあてを板書する。

2 助詞「は」「を」「へ」に気を付けて視写する 〈15分〉

T　印を付けた「は」「を」「へ」に気を付けてわにの唱え歌を書きましょう。

○視写をするとき、句読点もよく見て打つように声をかける。

○教科書と同じように視写するために、一行15マスのワークシートを用意するとよい。ノートに視写させる場合は、ノートのマス目の数に合わせて改行しながら、教師が板書し子供に写させる。

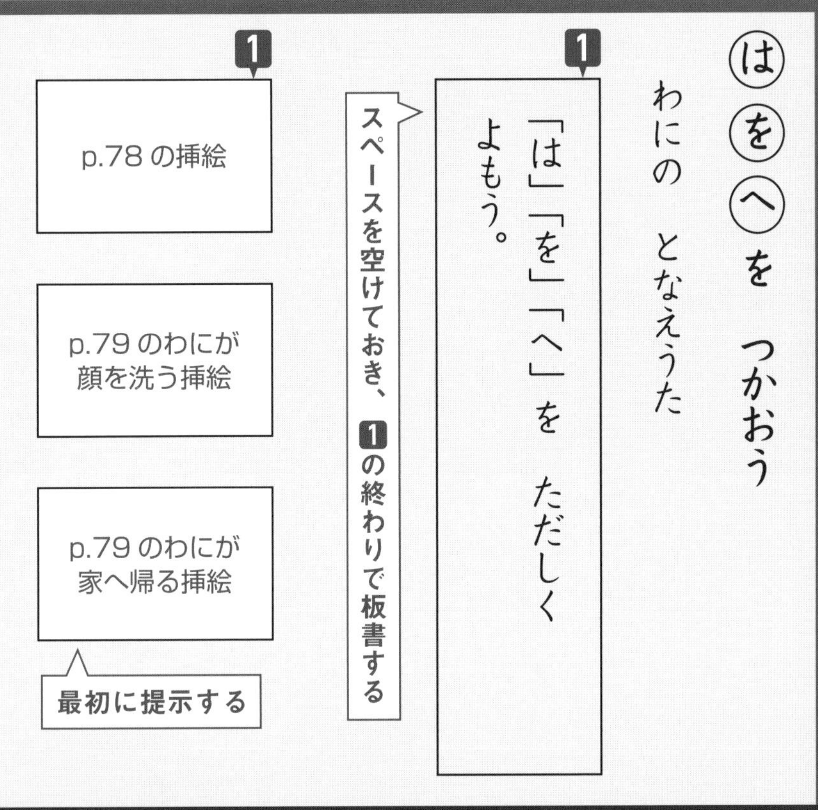

3 わにの唱え歌を繰り返し音読し、学習を振り返る 〈15分〉

○繰り返し読み、「は」「を」「へ」に慣れて、正しく読めるようにする。教師の後に続いて読んだり、２人組で互いに読み合ったりして楽しく読めるようにする。

T　この時間は、わにの唱え歌にある「は」「を」「へ」を正しく読む学習をしました。どんなことが分かりましたか。

・「は」と「へ」は読み方が２つあっておもしろいです。
・「お」と書くときと「を」と書くときがあって難しいです。
・「は」「を」「へ」を正しく書けました。
・間違えないように読みたいです。
・すらすら読めると、歌みたいで楽しいです。

よりよい授業へのステップアップ

「は」「を」「へ」に着目させる

範読するときに、表記のとおりの発音で誤って読んだ例も示すと、発音と表記が違うことがはっきりとする。また、既習の教材「おおきな　かぶ」でも、「おじいさんは、おばあさんを　よんで　きました。」等、「は」（ワ）や「を」が使われていたことを思い出させる。

「は」「を」「へ」に印を付けて、発音や表記の違いを確認しながら繰り返し音読することで、句読点や分かち書きで書かれた言葉のまとまりを意識することができ、リズムよく読むことができる。

本時案

ⓗⓞⓗを つかおう

本時の目標

・助詞の「は」、「へ」及び「を」の使い方について理解を深めることができる。

本時の主な評価

❶助詞の「は」、「へ」及び「を」の使い方を理解して文や文章の中で使っている。【知・技】

資料等の準備

・前時に使用したわにの唱え歌を拡大したもの
・教科書の例文の拡大
・文を作るときに参考になる写真や挿絵
18-01～03
・間違い探しをするための例文

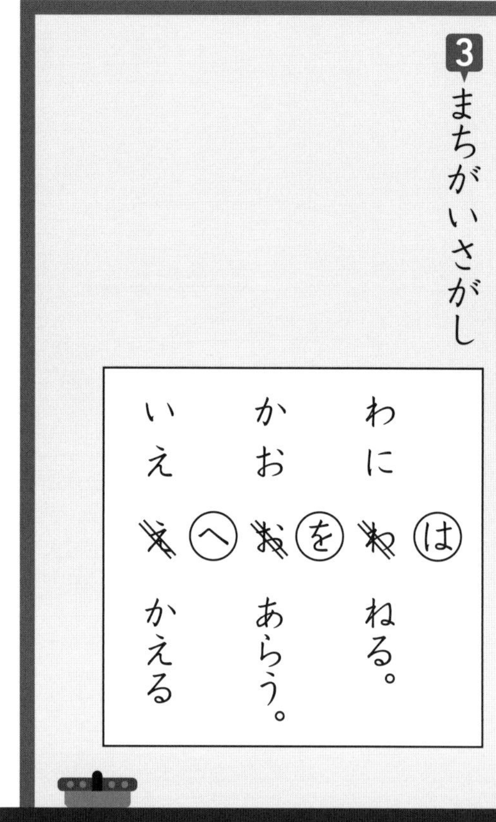

授業の流れ ▷▷▷

1 唱え歌を音読し、「は」「を」「へ」を使った文を考える 〈15分〉

○前時に学習した「は」「を」「へ」の読み方を思い出させ、発音と表記の違いを確かめる。

T 「は」「を」「へ」を使って文を作ってみましょう。

○教科書の文「わには　あらう」「わには　かえる」を示し、「わに」の部分を替えたり「あらう」「かえる」を替えたりして文を作る。

「は」・ぼくは　あらう。
・わには　ねる。
・わたしは　あそぶ。
「を」・てを　あらう。
・えんぴつを　もつ。
「へ」・きょうしつへ　かえる。
・がっこうへ　いく。

2 「は」「を」「へ」の使い方のきまりを考える 〈20分〉

○本時のめあてを板書する。

T 「は」を「ワ」「へ」を「エ」と読むのはどんなときでしょうか。

・「わには」「ぼくは」のように、言葉の後の「は」は「ワ」と読みます。
・「いえへ」「がっこうへ」みたいに、どこ（場所）の言葉の次の「エ」は「へ」です。
・「えんぴつ」も「いえ」も「え」のままです。
・「わに」も「わ」のままです。言葉の中では「は」「へ」は使わないと思います。

T 「を」を使うのはどんなときですか。

・「○○を」と言葉にくっ付くときに使うと思います。

○助詞「は」「へ」「を」のカードを動かして言葉にくっ付く動作を示して理解を促す。

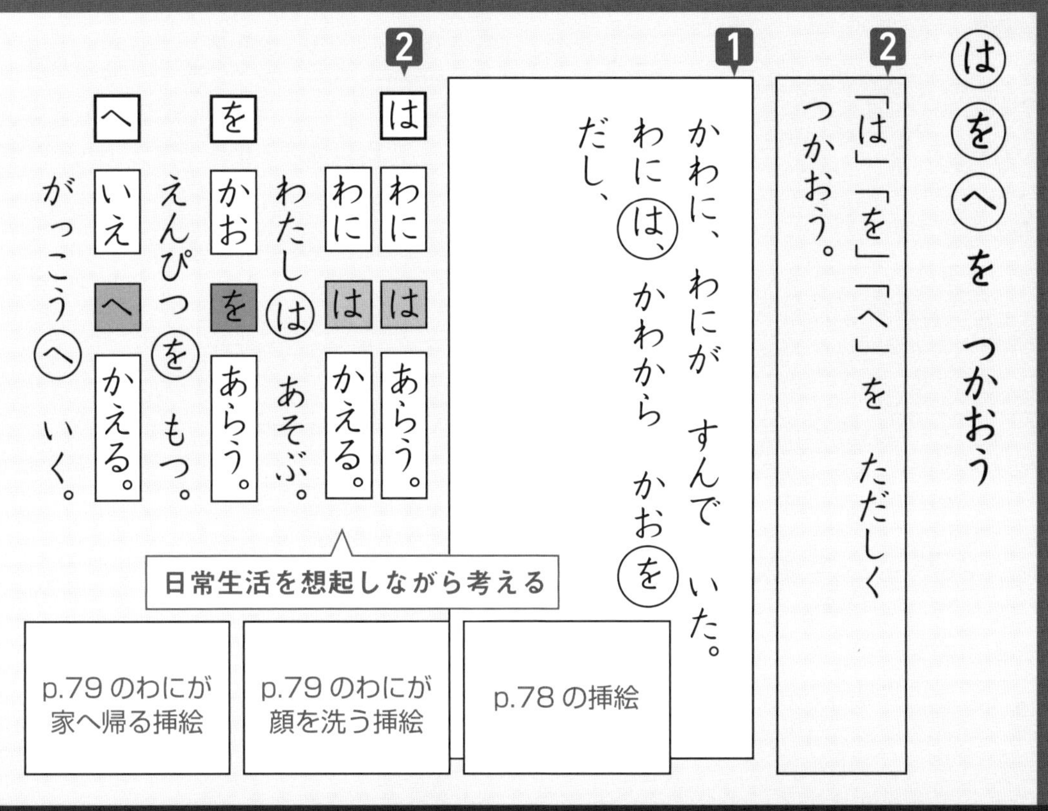

3 「は」「を」「へ」の間違い探しをして、学習を振り返る　〈10分〉

T　言葉の後ろに付く「は」「を」「へ」は、書くときや読むときに気を付けることが大切ですね。

○間違い探しの問題に取り組み、「は」「を」「へ」の使い分けを確認する。

T　この時間は、「は」「を」「へ」を正しく使う学習をしました。どんなことが分かりましたか。

・言葉にくっつくときは、「は」「を」「へ」を使います。
・読むときに、「は」「へ」に気を付けます。
・文を書いたときに間違っていないか確かめたいです。

よりよい授業へのステップアップ

言葉の使い方のきまりを子供なりに考えさせる

助詞「は」「へ」の表記と発音の違いや、「を」と「お」の使い分けについて、子供なりに考えさせたい。「わに」「かお」「あらう」「いえ」「かえる」というカードと助詞「は」「を」「へ」のカードをつなげて文を作る過程を見せることで、助詞が言葉と言葉をつなげる役割をもつことや、どんな場合に読み方や書き方が変わるのかへの気付きを促すことができる。「くっつきの『は』」など、子供なりの言葉で助詞の役割を捉えさせイメージさせるとよい。

本時案

ⓗⓞⓔを つかおう

本時の目標

・助詞「は」、「へ」及び「を」の使い方を理解し、正しく文を書いたり読んだりすることができる。

本時の主な評価

❷語と語や文と文の続き方に注意しながら、内容のまとまりが分かるように書き表し方を工夫している。【思・判・表】

❸進んで助詞の「は」、「へ」及び「を」の使い方を確かめながら、学習課題に沿って文を作ろうとしている。【態度】

資料等の準備

・文を作るときに参考になる写真や挿絵 18-01～03

・「□は、□を□。」「□は、□へ□。」の文を書く学習カードと提示用に拡大した用紙 18-04

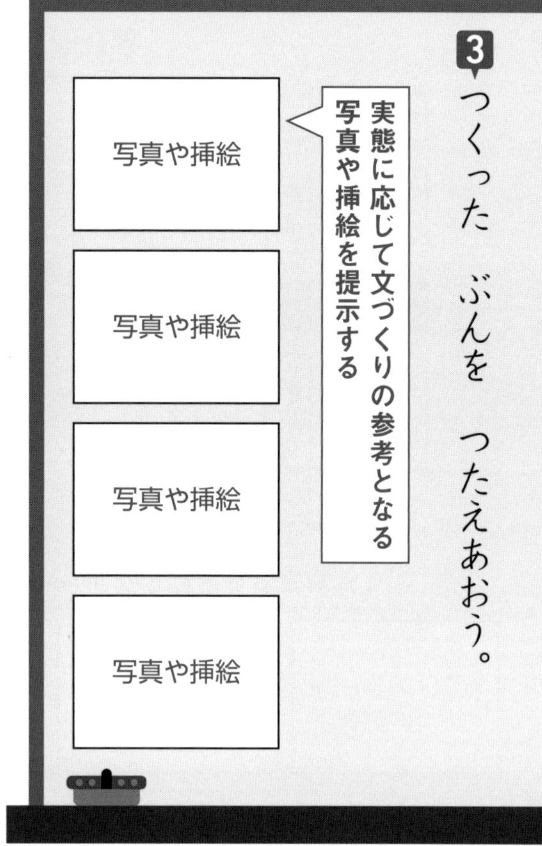

授業の流れ ▷▷▷

1 「は」「を」「へ」の使い方を確かめる 〈10分〉

○教科書の例文を提示し、助詞「は」「を」「へ」は、パズルのように言葉と言葉をつなげる役割があることや、「ワ」「オ」「エ」と読むことを確認する。

T 「わには、あらう。」と「かおを あらう。」を「わには、かおを あらう。」という1つの文にすることができます。

○前時に作った「は」「を」「へ」を使った2文を「□は、□を（へ）□。」の1文にまとめさせる。

T 「わには、かえる。」と「いえに かえる。」も1つの文にすることができますか。

・「わには、いえに かえる。」になります。

○「は」の後に読点、文末に句点を書くことを指導する。

2 「は」「を」「へ」を使って文を作る 〈20分〉

○本時のめあてを板書する。

T 「□は、□を□。」の文を作りましょう。

・わたしは、えんぴつを もつ。

・おねえちゃんは、ほんを よむ。

・おとうさんは、ごはんを たべる。

○思い付かない子供には、写真や挿絵を見せ、対話をしながら文が考えられるようにする。

T 「□は、□へ□。」の文を作りましょう。

・ぼくは、がっこうへ いく。

・いもうとは、ようちえんへ いく。

・みんなは、おうちへ かえる。

○ノートか学習カードに書かせる。

○「は」「を」「へ」に○を付けさせ、間違いがないか確認させる。

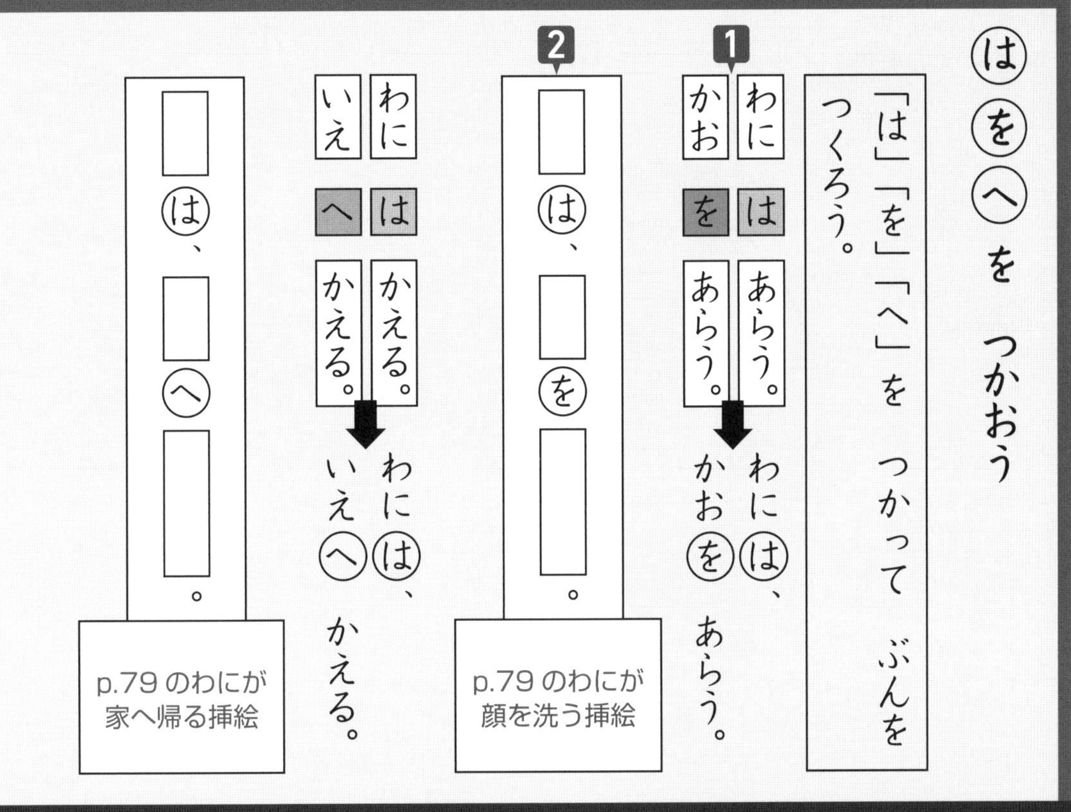

3 作った文を発表し合い、学習を振り返る 〈15分〉

T 「は」「を」「へ」を使ってどんな文が書けましたか。発表しましょう。

○時間と実態に応じて、書き終わった子供から互いに書いたものを読み合ってもよい。

T この時間は、「は」「を」「へ」を使って文を作りました。どんなことを考えましたか。

・「は」「を」「へ」を使って、いろんな文が書けました。

・「を」を「お」と間違えて書いてしまったから気を付けたいです。

・「は」「を」「へ」が言葉をつなげることが分かりました。

○「□は、□を□。」「□は、□へ□。」の文型カードを提示しておき、繰り返し使う中で身に付けさせていく。

ICT 等活用アイデア

文づくりに取り組み、習熟を図る

助詞「は」「を」「へ」を使って文を作り、使い方のきまりの理解を確かにしたい。ICT 端末を活用してノートやワークシートに書いた文の写真を撮り、学習支援ソフトを活用して提出させ、互いに読み合うこともできる。

また、教師が教科書の QR コードを読み込み、ダウンロードして子供の ICT 端末に配信し、練習問題に取り組ませることもできる。取り組んだものを提出させて評価し、個別指導に生かす。

資料

1 第2・3時資料　イラスト 18-01～03

2 第３時資料　学習カード 18-04

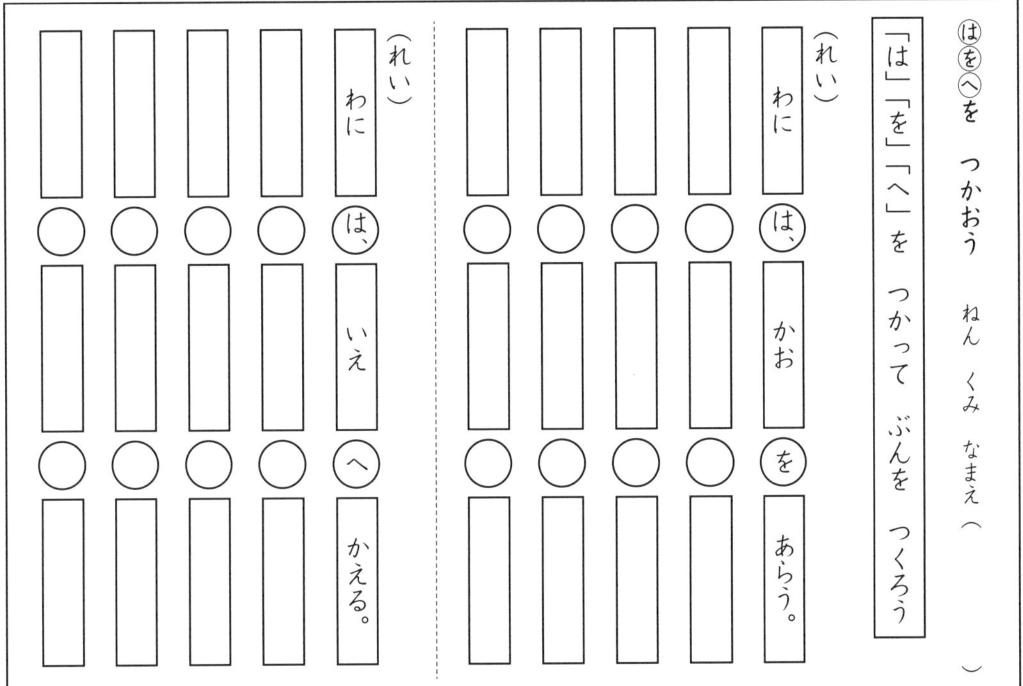

すきな　こと、なあに　7時間扱い

単元の目標

知識及び技能	・言葉には、事物の内容を表す働きや、経験したことを伝える働きがあることに気付くことができる。((1)ア) ・丁寧な言葉と普通の言葉との違いに気を付けて使うとともに、敬体で書かれた文章に慣れることができる。((1)キ)
思考力、判断力、表現力等	・身近なことや経験したことなどから話題を決め、伝え合うために必要な事柄を選ぶことができる。(A ア) ・語と語や文と文との続き方に注意しながら、内容のまとまりが分かるように書き表し方を工夫することができる。(B ウ) ・相手に伝わるように、行動したことや経験したことに基づいて、話す事柄の順序を考えることができる。(A イ)
学びに向かう力、人間性等	・言葉がもつよさを感じるとともに、楽しんで読書をし、国語を大切にして、思いや考えを伝え合おうとする。

評価規準

知識・技能	❶言葉には、事物の内容を表す働きや、経験したことを伝える働きがあることに気付いている。(〔知識及び技能〕(1)ア) ❷丁寧な言葉と普通の言葉との違いに気を付けて使うとともに、敬体で書かれた文章に慣れている。(〔知識及び技能〕(1)キ)
思考・判断・表現	❸「話すこと・聞くこと」において、身近なことや経験したことなどから話題を決め、伝え合うために必要な事柄を選んでいる。(〔思考力、判断力、表現力等〕A ア) ❹「書くこと」において、語と語や文と文との続き方に注意しながら、内容のまとまりが分かるように書き表し方を工夫している。(〔思考力、判断力、表現力等〕B ウ) ❺「話すこと・聞くこと」において、相手に伝わるように、行動したことや経験したことに基づいて、話す事柄の順序を考えている。(〔思考力、判断力、表現力〕A イ)
主体的に学習に取り組む態度	❻進んで伝えたいことを考え、学習課題に沿って、自分の好きなこととその理由を話したり書いたりして紹介しようとしている。

単元の流れ

次	時	主な学習活動	評価
一	1	学習の見通しをもつ 教科書を見て、好きなことを想起し、学習課題を確認する。 すきなことを、ともだちにしょうかいしよう	

二	2	好きなことととその理由をペアの友達に紹介する。 聞いたことについて、感想を言ったり理由を尋ねたりする。	❸
	3	好きなことととその理由をグループの友達に紹介する。 聞いたことについて、感想を言ったり理由を尋ねたりする。	❺
	4	作例を参考にして、グループの友達に話したことを 2 文で書く書き方を知る。 p.82の作例を視写して、名前の書き方や始まりを 1 字下げていることを知る。	❷
	5 6	作例を参考にして、自分の好きなことととその理由を 2 文で書く。 主語と述語の関係や、句読点の打ち方、理由の書き表し方に注意して 2 文で書く。	❹ ❶
三	7	書いた文章を友達と読み合って感想を交流する。 学習を振り返る 理由を伝えることで好きなことが相手によく伝わることを確認し、学習を振り返る。	❻

授業づくりのポイント

〈単元で育てたい資質・能力〉

本単元のねらいは、自分の好きなことととその理由を話したり書いたりして、友達に伝えることができる力を育むことである。「話すこと・聞くこと」において、題材の設定、情報の収集、内容の検討をしていく。そして、「書くこと」において、考えの形成、記述をしていく。自分の好きなことととその理由について話したり書いたりするという 2 段階の学習過程であるので、好きなことを繰り返し友達に伝えることができ、自信をもって主体的に学習に取り組めるようになる。

[具体例]
○教科書には、好きなこととして、「えをかくこと」が挙げられている。そして、その理由は、「たくさんの　いろで　かくと、たのしいから」である。好きなことととその理由について、話したり書いたりするという 2 段階の学習過程によって、子供が自信をもって好きな理由を話すことができる、書くことができるようにする。

〈他教材や他教科との関連〉

いろいろな学習や生活で、自分の考えを述べるときにも、理由を話すことは大切になってくる。

[具体例]
○「どうして　すきなの」と相手に理由を尋ねる話型や、「どうしてかと　いうと、〜からです」という理由を話す話型を掲示したり、朝の会でスピーチをしたりするなどして、理由を話すことを習慣化、日常化できるとよい。

〈ICT の効果的な活用〉

記録：自分の好きなことととその理由を話した様子を動画で記録しておくとよい。それを基に次の書くことの活動へと生かすことができる。また、教師の評価にも生かすことができる。

本時案

すきな　こと、なあに

本時の目標

・好きなことを出し合い「好きなことについて、友達に知らせる」という学習計画を立て、見通しをもつことができる。

本時の主な評価

・好きなことについて、友達に知らせる学習計画を立て、学習の見通しをもとうとしている。

資料等の準備

・教師作成の「好きなことカード」の見本
・学習計画用の模造紙

3 ふりかえり

・これから「すきな　こと　かあど」を
かくのが　たのしみです。
・すきな　ことを　ともだちと　はなすのが
たのしみです。
・ぼくは、かれえらいすを　たべることが　すき
なので、はやく　ともだちに　つたえたいです。

授業の流れ▷▷▷

1 自分の好きなことを発表する 〈5分〉

T　みなさんの好きなことは何ですか。
・絵を描くことです。
・サッカーをすることです。
・ラグビーを見ることです。
・野球をすることです。
・うんていで遊ぶことです。
・一輪車で遊ぶことです。
・ドッジボールで遊ぶことです。
・おにごっこをすることです。
・カレーライスを食べることです。
○好きなことを自由に発表させる。自分の好きなことを言えない子供には、好きな遊び、好きな食べ物、好きな教科、好きな場所など話しやすいことの視点を与える。

2 好きなことについて話して書くという学習計画を立てる 〈35分〉

T　好きなことはたくさんありますね。
・みんなの好きなことについてもっと知りたい。
T　先生の好きなことをカードに書いてきました。
・私も書いてみたい。
・お隣さんやグループで好きなことについて話したい。
・好きなことカードを書いて、知らせたい。
○「好きなことカード」の見本を提示し、学習計画を子供と話し合いながら作っていく。①好きなことをペアで話す。②好きなことをグループで話す。③好きなことについて文章を書く。という学習の流れをつくっていく。

すきな　こと、なあに

2

すきな　ことに　ついて、ともだちに　しらせる
がくしゅうの　けいかくを　たてよう。

2

せんせいの　すきなこと

わたしは、やすみじかんに、さっかあを
することが　すきです。しゅうとが　きまる
と、たのしい　からです。

「好きなことカード」の見本を提示する

2

がくしゅうけいかく

①すきな　ことに　ついて、ぺあで　はなそう。
②すきな　ことに　ついて、ぐるうぷで
　はなそう。
③「すきな　こと　かあど」を　かこう。
④「すきな　こと　かあど」を　よみあおう。

次時以降も使うことができるように模造紙に書くとよい

3 学習の最後に「好きなことカード」を書くという単元の見通しをもつ 〈5分〉

T　好きなことを文で書いて伝えると、もっとみんなと仲良くなれそうですね。

・好きなことをみんなに教えたいです。
・クラスの友達の好きなことを知りたいです。
・友達と好きなことについて話したいな。

○ペアとグループで好きなことについて話すこと、好きなことを文で書くことを伝える。

T　次回は、好きなことをペアで話しましょう。振り返りを書きましょう。

○学習課題を話し合って一緒につくり、単元の見通しをもたせる。次時の予告をし、好きなことについて考える時間を取っておくようにするとよい。

よりよい授業へのステップアップ

好きなことの視点

自信をもって好きなことを言える子供もいるが、そうではない子供もいることを想定し、好きなことの視点をいくつか提示できるようにしておく。

・好きな遊び　・好きな食べ物
・好きな教科　・好きな動物
・好きな場所

活動のゴールの提示

学習の最後に作成する「好きなことカード」を子供に提示すると、イメージをもちやすい。

本時案

すきな　こと、なあに

本時の目標

・好きなこととその理由を、ペアの友達に伝えることができる。

本時の主な評価

❸身近なことや経験したことなどから話題を決め、伝え合うために必要な事柄を選んでいる。【思・判・表】

資料等の準備

・学習計画が書かれた模造紙
・教師作成の「好きなことカード」の見本
・吹き出しカード 19-03
・子供のイラスト 19-01

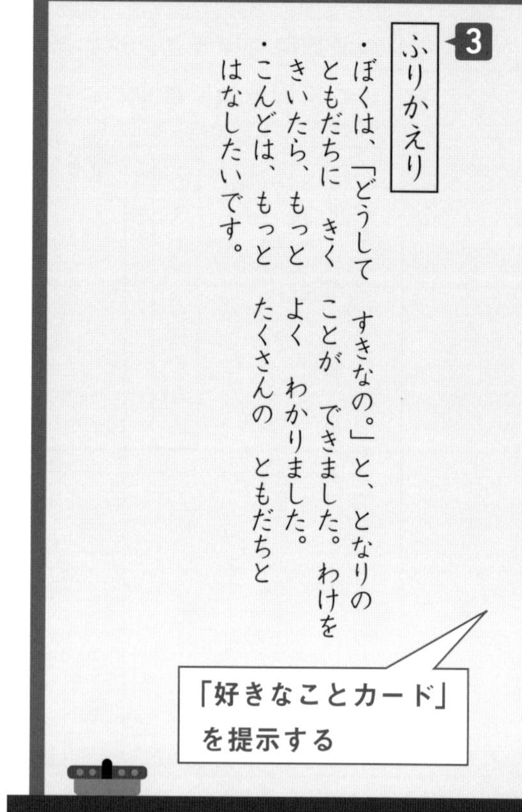

授業の流れ ▷▷▷

1 教師の「好きなことカード」の話し方モデル（ペア）を聞く 〈10分〉

T　先生の「好きなことカード」のペアでの話を聞きましょう。
A　私は、サッカーが好きだよ。休み時間には、いつもみんなでやっているよ。
B　どうして好きなの。
A　シュートが決まると、楽しいからだよ。
○教師が一人二役で見本を示す。ここではあえて丁寧に話さない。まずは、隣の友達とペアになって話すことができるように、友達と気軽に話すことができる雰囲気をつくる。何度か見本を示し、「どうして　すきなの」という理由を聞く言い方を定着させる。
T　みなさんもお隣の友達に「どうして　すきなの」と聞いてみましょう。

2 ペアになって、好きなこととそのわけについて話す 〈30分〉

T　お隣の友達と好きなこととそのわけを話しましょう。
A　私は、カレーライスが好きだよ。給食でカレーが出ると、うれしくておかわりをしているよ。
B　どうして好きなの。
A　とってもおいしいからだよ。
T　わけも話すことができましたか。交代しましょう。
○一定の時間を決めて、理由をきちんと話すことができているか確認したり、声掛けしたりしてから交代させる。実態を見て、いろいろなペアと話せるように、教室内で工夫するとよい。

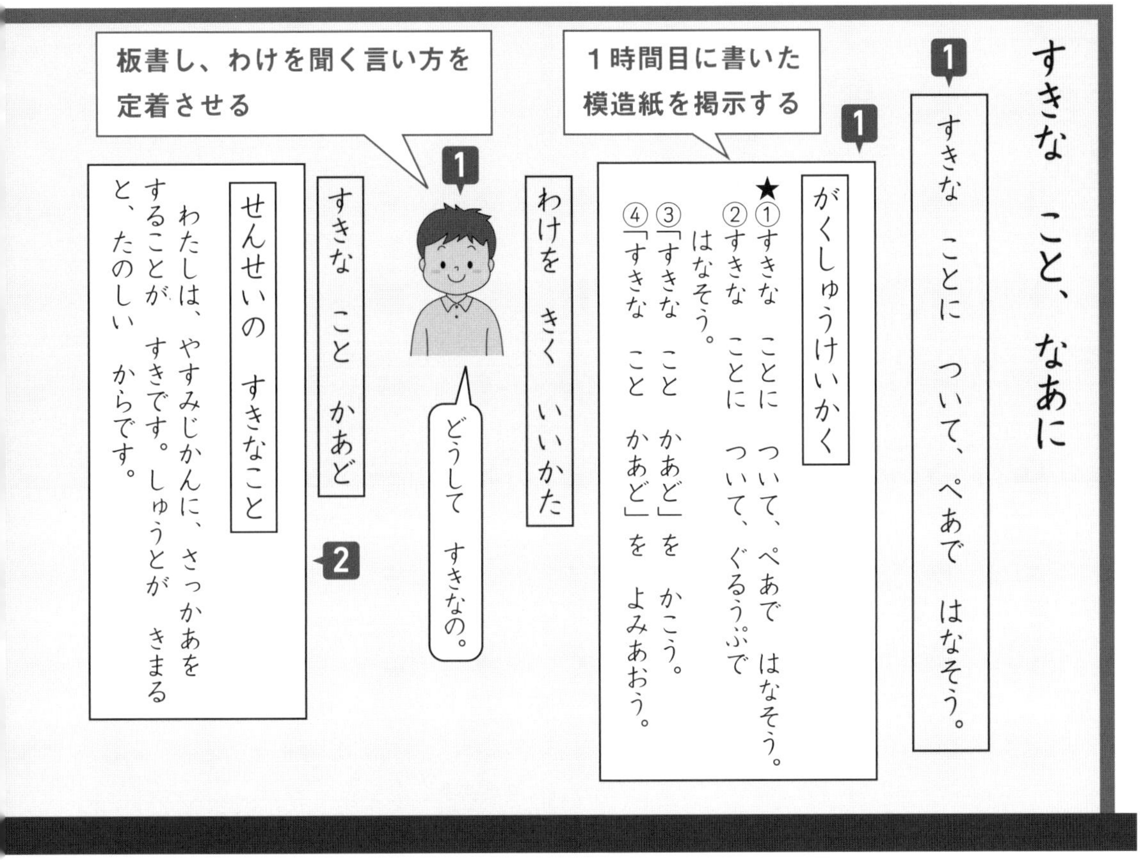

すきな こと、なあに

1 すきな ことに ついて、ぺあで はなそう。

1時間目に書いた模造紙を掲示する

1 がくしゅうけいかく

★①すきな ことに ついて、ぺあで はなそう。
②すきな ことに ついて、ぐるうぷで はなそう。
③「すきな こと かあど」を かこう。
④「すきな こと かあど」を よみあおう。

わけを きく いいかた

1 どうして すきなの。

板書し、わけを聞く言い方を定着させる

すきな こと かあど

2 せんせいの すきなこと

わたしは、やすみじかんに、さっかあを することが すきです。しゅうとが きまると、たのしい からです。

3 全体の前で発表し、次時の見通しをもつ 〈5分〉

T お隣の友達に、好きなこととそのわけを話すことができましたね。みんなの前で話してくれるペアはいますか。

○1時間の学習の成果をクラス全体で共有する。「どうして すきなの」という理由を聞く言い方をできているかを確認する。

T 次回は、グループの友達と話しましょう。振り返りを書きましょう。

・「どうして すきなの」と聞けるようになったから、みんなにも聞いてもらいたいな。
・わけを教えてもらったら、もっとよく分かったよ。
・もっとたくさんの人と話したいな。

○次時の見通しをもたせる。

よりよい授業へのステップアップ

教師の話し方モデル（ペア）

教師の話し方モデルを示すことで、どのように話せばよいのかがよく分かる。他の教師と一緒に話し方モデルを作成し、動画撮影し、視聴させるなど方法を工夫できるとよい。

話型：「どうして すきなの」

理由を聞く言い方を定着させるだけでなく、理由を聞くことのよさも伝えるようにする。この学習だけでなく、様々な場面で理由を考えることにより、考えが深まることも伝える。

本時案

すきな　こと、なあに

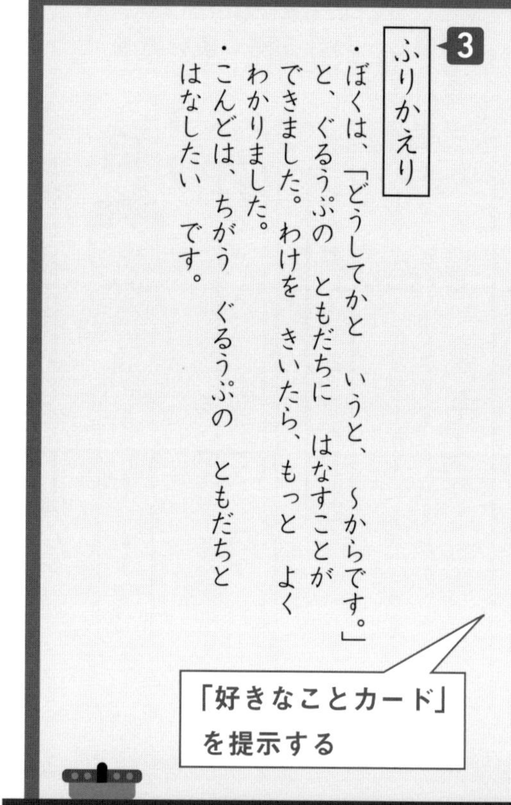

本時の目標

・好きなこととその理由を、グループの友達に伝えることができる。

本時の主な評価

❺相手に伝わるように、行動したことや経験したことに基づいて、話す事柄の順序を考えている。【思・判・表】

資料等の準備

・学習計画が書かれた模造紙
・教師作成の「好きなことカード」の見本
・吹き出しカード 19-03
・子供のイラスト 19-01

授業の流れ ▷▷▷

1 教師の「好きなことカード」の話し方モデル（グループ）を聞く 〈10分〉

T　先生の「好きなことカード」のグループでの話を聞きましょう。
「私は、休み時間に、サッカーをすることが好きです。どうしてかというと、シュートが決まると、楽しいからです。」

〇教師が見本を示す。前時と違い、ここではグループの人に伝える丁寧な話し方をする。前時と違い、丁寧に話していること、声の大きさの違いにも気付かせていく。何度か見本を示し、「どうしてかというと、～からです」という理由を話す言い方を定着させる。

T　みなさんも、グループの友達に好きなことと「どうしてかというと、～からです」とそのわけを話しましょう。

2 グループで、好きなこととそのわけについて話す 〈30分〉

T　グループの友達に好きなこととそのわけを話しましょう。
・僕は、カレーライスを食べることが好きです。どうしてかというと、野菜とお肉がたくさん入っていておいしいからです。
・私は、一輪車をすることが好きです。どうしてかというと、いろいろな技ができるようになるとうれしいからです。

T　グループの友達に好きなこととそのわけをお話しできましたか。交代しましょう。また、タブレットに記録しましょう。

〇わけをきちんと話すことができているか確認したり、声掛けしたりしてから交代させる。2人組でタブレットに記録するとよい。

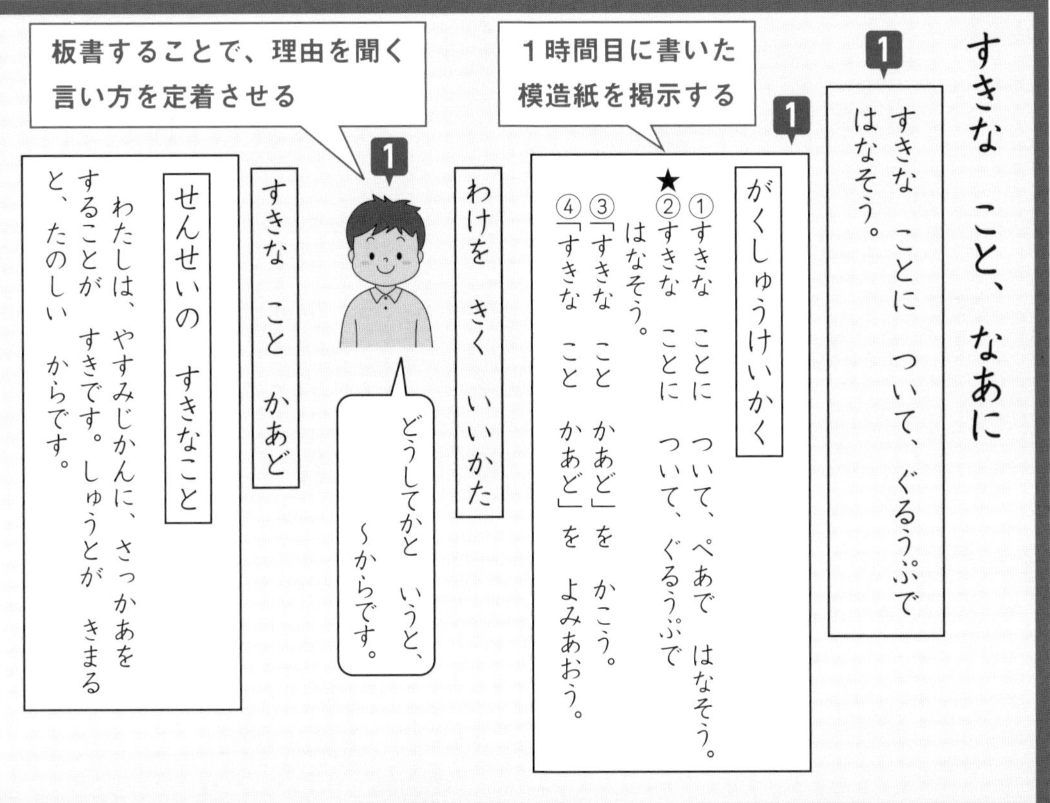

3 全体の前で発表し、次時の見通しをもつ 〈5分〉

T　グループの友達に、好きなこととそのわけを話すことができましたね。みんなの前で話してくれる人はいますか。

・「どうしてかというと、〜からです」と話せるようになったから、みんなにも聞いてもらいたいな。

・違うグループの友達と話したいな。

○１時間の学習の成果をクラス全体で共有する。「どうしてかというと〜からです」というわけを話す言い方をできているかを確認する。

T　次回は、話したことを「好きなことカード」に書いて、もっとたくさんの友達に伝えましょう。振り返りを書きましょう。

○次時の見通しをもたせる。

よりよい授業へのステップアップ

教師の話し方モデル（グループ）

グループで話す場合では、話し方や声の大きさが違うことに気付かせる。また、大勢の人と話すときには、丁寧に話すとよいことにも気付かせたい。

話型：「どうしてかというと〜からです」

わけを話す言い方を定着させるだけでなく、わけを聞くことのよさを再度伝えるようにする。

ICT 端末の活用ポイント

グループ活動の終わりに、２人組になり、話したことをタブレットに記録させるとよい。次時の手立てになる。

本時案

すきな　こと、なあに

4/7

本時の目標

・作例を参考にして、グループの友達に話したことの書き方を知り、視写することができる。

本時の主な評価

❷丁寧な言葉と普通の言葉との違いに気を付けて使うとともに、敬体で書かれた文章に慣れている。【知・技】

資料等の準備

・学習計画が書かれた模造紙
・教師作成の「好きなことカード」の見本
・教科書 p.82「好きなこと」の作例の拡大
・句読点のマス目カード 19–04
・吹き出しカード 19–03
・子供と鉛筆のイラスト 19–01〜02

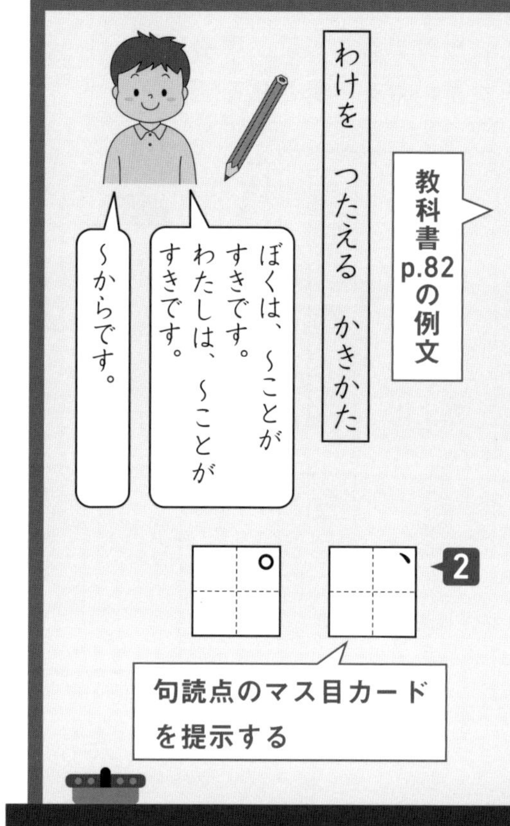

授業の流れ ▷▷▷

1 教師の「好きなことカード」の書き方モデルを知る〈10分〉

T　前に、先生は「好きなことカード」を使って、話をしましたね。今日は、この間、グループで話したことを文で書いてきました。「わたしは、やすみじかんに、さっかあをすることが　すきです。しゅうとが　きまると、たのしい　からです。」
・僕も書いてみたいです。
・文を書いてみんなに知らせたいです。
○１時間目に提示した教師の「好きなことカード」を掲示する。どのような活動をするのかイメージをもたせる。
T　みなさんも自分の好きなこととそのわけについて、文で書けるようにしましょう。
○教科書の作例の拡大コピーを掲示する。

2 自分の好きなことについて文を書くときに気を付けることを考える〈30分〉

T　教科書の文を音読しましょう。好きなことについて、どのような文で書いていますか。
○教科書の作例を音読させ、どのような文を書くかイメージをもたせる。
・「ぼくは、〜ことがすきです。」と書いています。
・「〜からです。」と好きなことのわけを書いています。
○教科書の作例の拡大コピーに、子供の発言を板書したり、文型に線を引いたりする。そのときに句読点のマス目についても指導する。
T　それでは、みなさんもノートに書いてみましょう。
・「わたしのすきなものは、なわとびです。とんでいるとたのしいからです。」

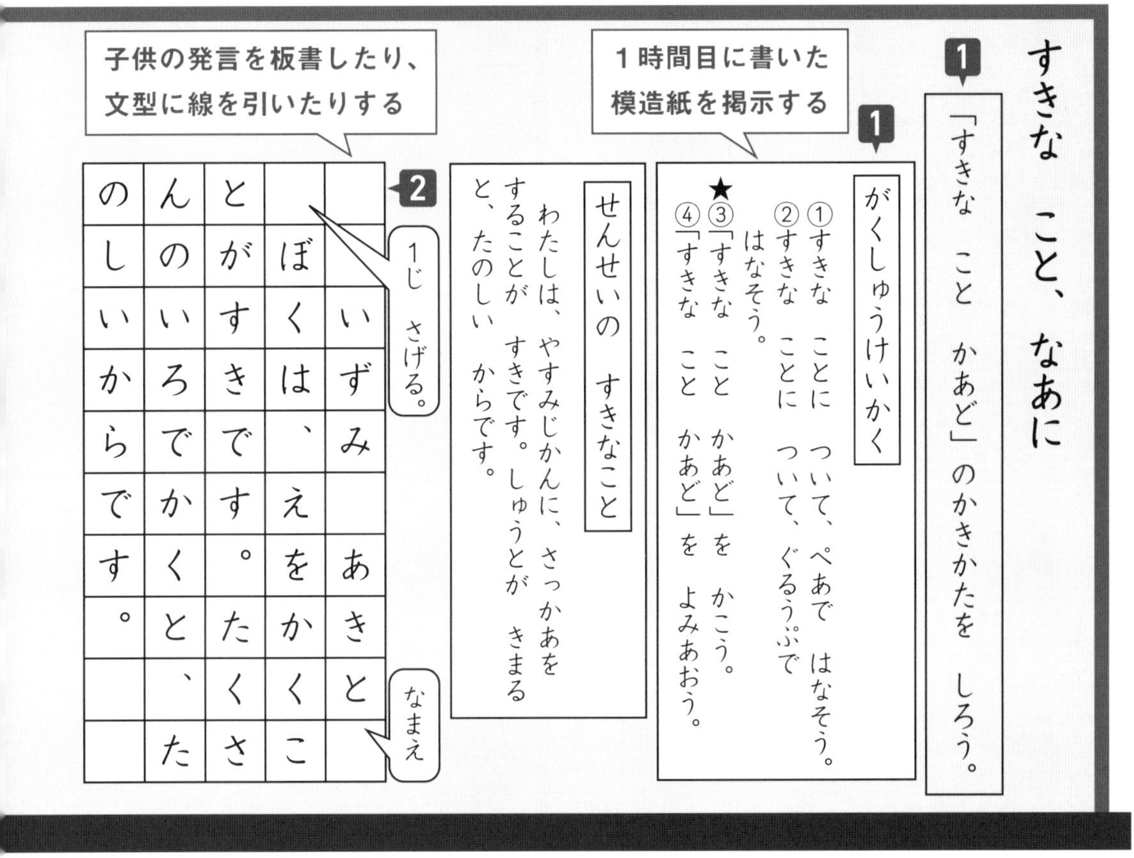

すきな　こと、なあに

1 「すきな　こと　かあど」のかきかたを　しろう。

1時間目に書いた模造紙を掲示する

1 がくしゅうけいかく

①すきな　ことに　ついて、ぺあで　はなそう。
②すきな　ことに　ついて、ぐるうぷで　はなそう。
★③「すきな　こと　かあど」を　かこう。
④「すきな　こと　かあど」を　よみあおう。

せんせいの　すきなこと

わたしは、やすみじかんに、さっかあを　することが　すきです。しゅうとが　きまると、たのしい　からです。

子供の発言を板書したり、文型に線を引いたりする

2

いずみ　あきと（なまえ）

ぼくは、えをかくことがすきです。たくさんのいろでかくと、たのしいからです。（1じ　さげる。）

3 視写を隣の友達と見せ合い、次時の見通しをもつ　〈5分〉

T　書いたノートを隣の友達と見せ合い、アドバイスしましょう。
・丁寧に書けているよ。
・「〜からです。」と好きなことのわけも書けているね。
・「、」と「。」の位置を確認しようね。
・自分の好きなことを早く書きたいね。
〇１時間の学習の成果をクラス全体で共有する。２つの文型が書けているかを確認する。画面に映すなどして全体で確認するとよい。
T　次回は、「好きなことカード」に、今日書いた文を書いていきましょう。振り返りを書きましょう。
〇次時の見通しをもたせる。

よりよい授業へのステップアップ

教師の書き方モデル

教師の「好きなことカード」の書き方モデルを示すことで、どのように書けばよいのかイメージをもたせる。実際のことを示すことで、子供の意欲にもつながる。

文型：「ぼくは、〜ことがすきです。」

前時までに、わけを聞く言い方を定着させてきた。わけを伝える書き方についても学ぶことで、本時は書いて伝えるよさにも気付かせていく。

本時案

すきな　こと、なあに

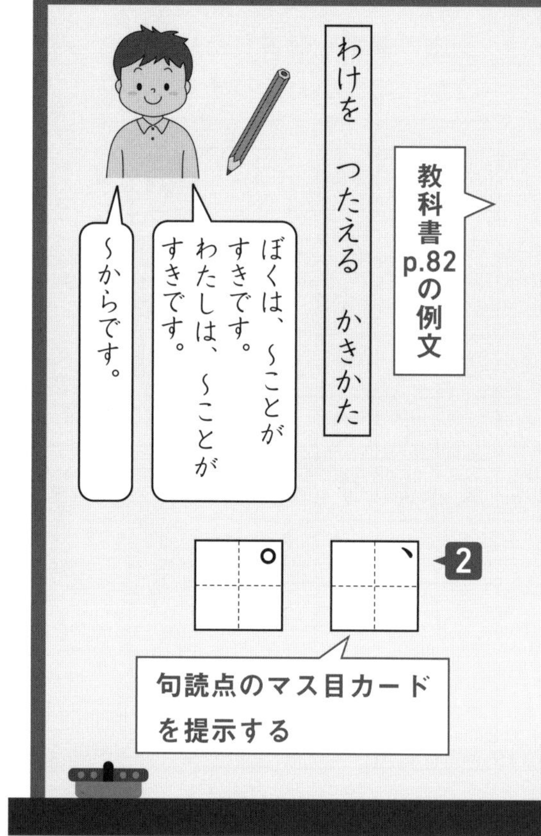

本時の目標

・作例を参考にして、自分の好きなこととその理由を２文で書くことができる。

本時の主な評価

❹語と語や文と文との続き方に注意しながら、内容のまとまりが分かるように書き表し方を工夫している。【思・判・表】

❶言葉には、事物の内容を表す働きや、経験したことを伝える働きがあることに気付いている。【知・技】

資料等の準備

・前時の模造紙と「好きなことカード」の見本
・教科書 p.82「好きなこと」の作例の拡大
・句読点のマス目カード 19–04
・吹き出しカード 19–03
・マスが印刷されたカード 19–05
・子供と鉛筆のイラスト 19–01〜02

授業の流れ ▷▷▷

1 「好きなことカード」の書き方を確認する　〈第５時・10分〉

T　前回は「好きなことカード」に書くための練習をしました。どのような書き方でしたか。

・「ぼくは、〜ことがすきです。」と書いています。

・「〜からです。」と好きなことのわけを書いています。

○前時の教科書の文章の拡大コピーを掲示し、確認する。句読点のマス目についても再度、指導する。

T　みなさんも自分の好きなこととそのわけについて、「好きなことカード」に文で書きましょう。

○マスが印刷されたカードを用意する。

2 自分の好きなこととそのわけを文で書く　〈第５・６時・70分〉

T　それでは、みなさんも自分の好きなこととそのわけを文で書きましょう。

・「わたしは、なわとびをすることがすきです。とんでいるとたのしいからです。」

・「ぼくは、ぷうるでおよぐことがすきです。はやくおよげるとうれしいからです。」

・「ぼくは、ぶろっくであそぶことがすきです。いろいろなものをつくれてわくわくするからです。」

・「わたしは、おむらいすをたべることがすきです。たまごがふわふわで、たべるとしあわせなきもちになるからです。」

○２つの文型、句読点の位置、丁寧に書くことを伝える。

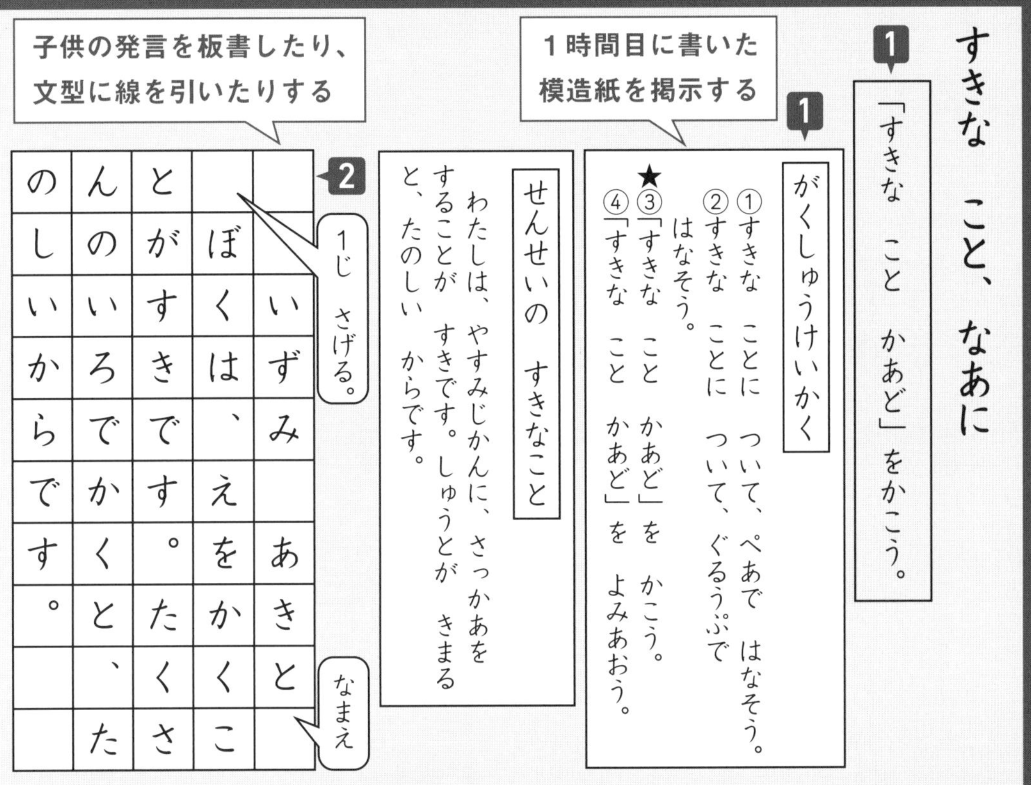

3 隣の友達と書いたカードを確認し、次時の見通しをもつ〈第6時・10分〉

T　書いたカードを隣の友達と読み合い、確認しましょう。

・「ぼくは、かれえらいすをたべることがすきです。やさいとおにくが、たくさんはいっているからです。」

・「わたしは、いちりんしゃをすることがすきです。いろいろなわざができるようになるとうれしいからです。」

○1時間の学習の成果をクラス全体で共有する。2つの文型、句読点の位置を確認する。

T　次回は、いよいよ「好きなことカード」を友達と読み合いましょう。振り返りを書きましょう。

○次時の見通しをもたせる。

よりよい授業へのステップアップ

句読点の位置

「好きなことカード」を書くことを通して、文章を書く技能も身に付けさせていく。特に、句読点の位置については、文を書くときには、必ず出てくるので丁寧に指導し、定着させていく。

推敲

早く書き終わった子供には推敲させるとよい。①「ぼく、わたしは、〜ことがすきです。」②「〜からです。」③句読点の位置の3つのポイントを示し、どのような視点で推敲するのかを分かるように示す。

本時案

すきな　こと、なあに

本時の目標

・書いた文章を友達と読み合って感想を交流することができる。

本時の主な評価

❻進んで伝えたいことを考え、学習課題に沿って、自分の好きなこととその理由を話したり書いたりして紹介しようとしている。【態度】

資料等の準備

・学習計画が書かれた模造紙
・教師作成の「好きなことカード」の見本

ふりかえり

3 ☆ともだち・「〜からです。」と、すきな　ことの
わけが、よく　わかりました。
☆じぶん　・ともだちに、すきな　ことと　わけを
つたえる　ことが　できました。
・ともだちが　きいてくれて　うれしかったです。

授業の流れ ▷▷▷

1 書いた「好きなことカード」の交流の仕方を確認する 〈10分〉

T　今日は、自分の好きなこととそのわけについて、「好きなことカード」を使って、友達に伝えましょう。先生の好きなことを伝えます。

A　私は、休み時間に、サッカーをすることが好きです。シュートが決まると、楽しいからです。

B　私も、サッカーが好きだよ。

A　そうなんだ。今度一緒にやろうよ。

○教師が一人二役で見本を示す。何度か見本を示し、「好きなことカード」で伝えた後、もう一人が内容について話し、また、それに対して答えるというように話を続けることを行い、イメージをもたせるようにする。

2 自分の好きなこととそのわけを友達と交流する 〈30分〉

T　それでは、みなさんも「好きなことカード」を使って、自分の好きなこととそのわけを伝えましょう。

A　僕は、ブロックで遊ぶことが好きです。いろいろなものを作れてわくわくするからです。

B　私も、ブロックが好きだよ。どんなものを作ったの。

A　恐竜だよ。今度一緒に作ろうよ。

○机間指導をしながら話が続いていないペアがあれば、一緒に入って話をする。なるべく多くの子供と交流できるようにし、誰と交流したかが分かるように、カードの端に名前のサインをもらうなど工夫することもできる。

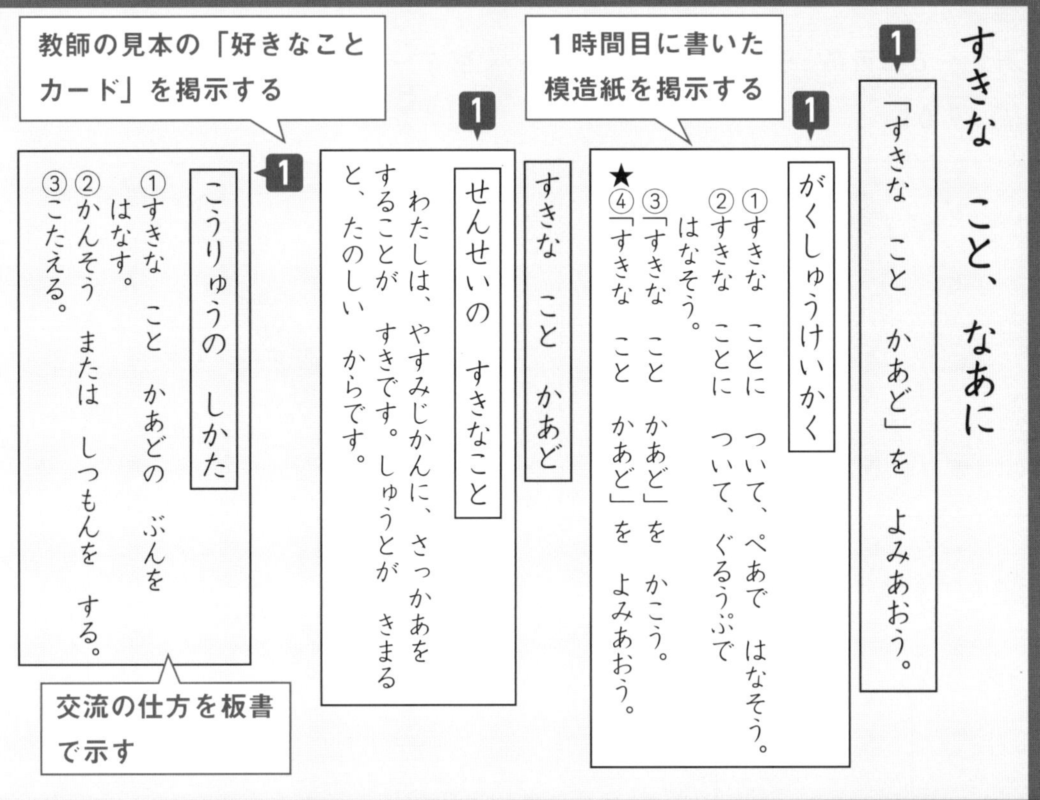

3　交流したことを振り返って、単元の振り返りをする〈5分〉

T　「好きなことカード」で伝えて、友達のよかったところはありますか。

・「〜からです。」と好きなことのわけがよく分かりました。

・○○さんが、ブロックで恐竜を作れると知って、今度一緒に作る約束をしました。

T　「好きなことカード」で伝えて、自分のよかったところはありますか。

・友達に好きなこととわけを伝えることができて、楽しかったです。

・友達が聞いてくれて、うれしかったです。

T　「好きなことカード」で友達に伝えることができましたね。振り返りを書きましょう。

○単元全体の振り返りをする。

よりよい授業へのステップアップ

教師の交流の仕方モデル

教師の交流のモデルを示すことで、どのように交流すればよいのかがよく分かる。他の教師と一緒に交流モデルを作成し、動画撮影し、視聴させるなど方法を工夫できるとよい。

振り返りの観点

単元の振り返りでは、自分が学習してよかったところだけではなく、友達のよかったところも考えさせるようにしていく。交流のよさが、友達のよさにもつながっていくとよい。

資 料

1 第２～６時資料　子供のイラスト
19-01

2 第４～６時資料　鉛筆のイラスト
19-02

3 第２～６時資料　吹き出しカード　19-03

4 第４～６時資料　「句読点のマス目カード」　19-04

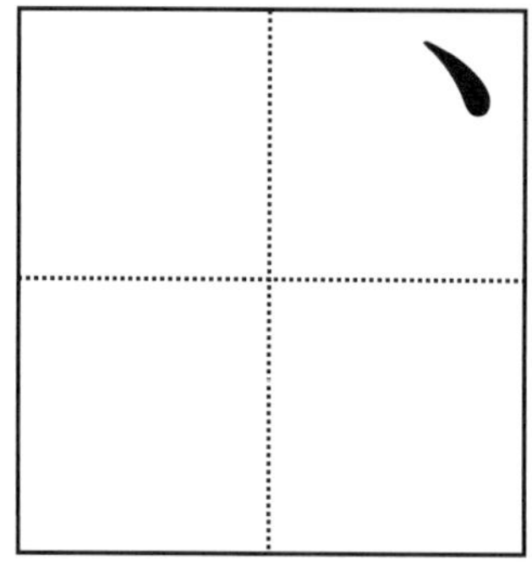

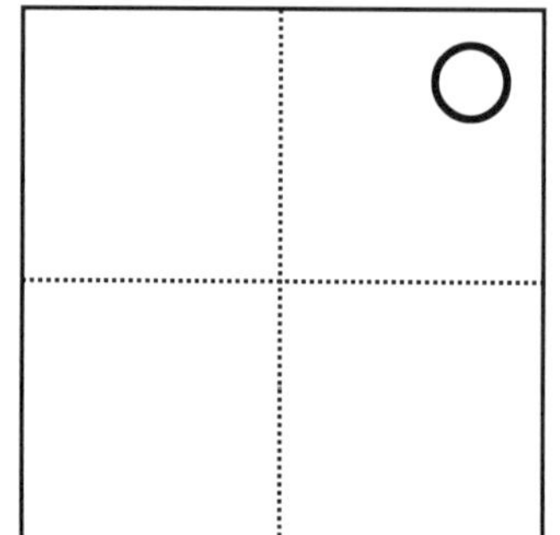

5 第５～６時資料「好きなことカード」＊画用紙に印刷 19-05

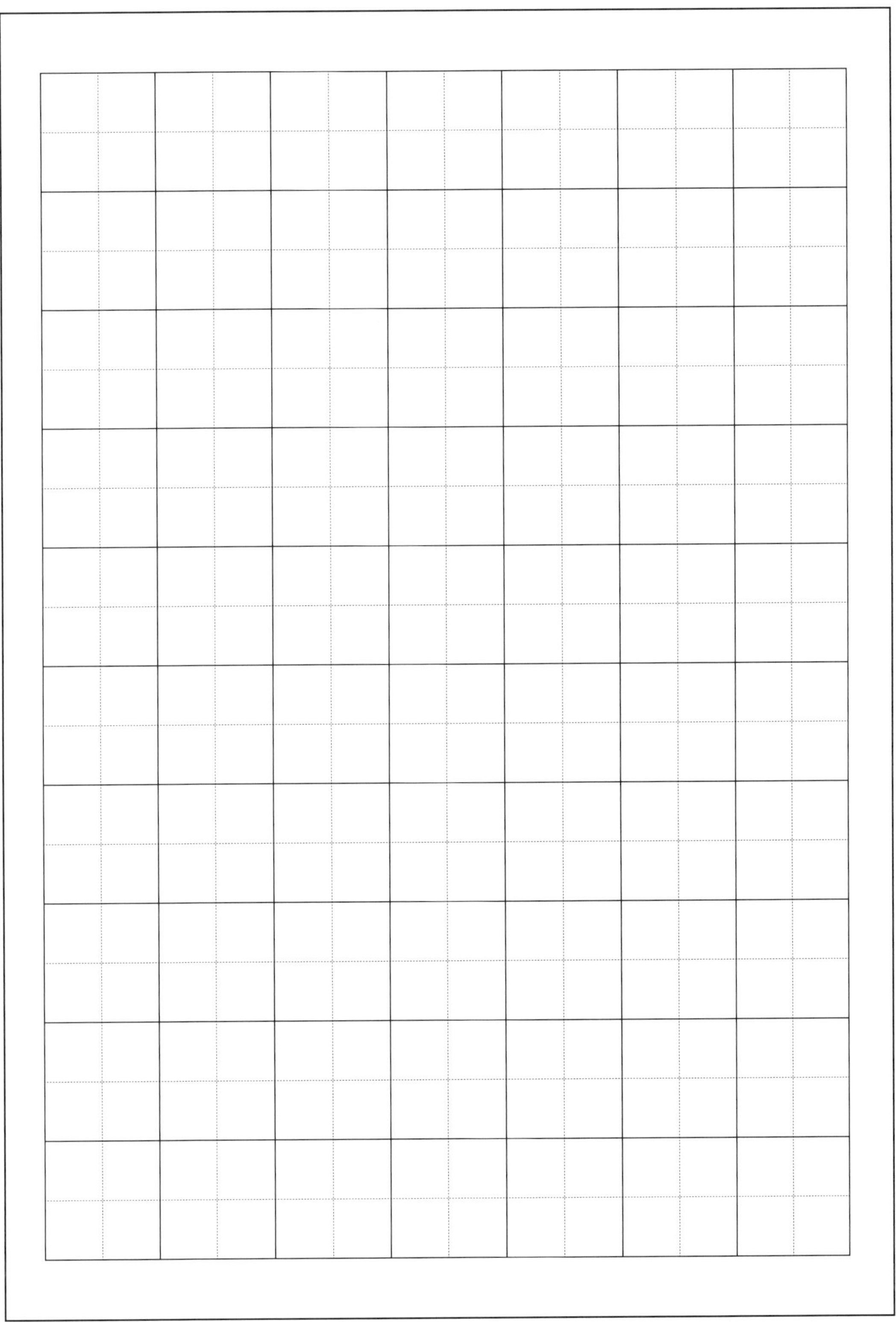

おむすび　ころりん　（5時間扱い）

単元の目標

知識及び技能	・昔話の読み聞かせを聞くなどして、我が国の伝統的な言語文化に親しむことができる。((3)ア) ・語のまとまりや言葉の響きなどに気を付けて音読することができる。((1)ク)
思考力、判断力、表現力等	・場面の様子や登場人物の行動など、内容の大体を捉えることができる。(C イ)
学びに向かう力、人間性等	・言葉がもつよさを感じるとともに、楽しんで読書をし、国語を大切にして、思いや考えを伝え合おうとする。

評価規準

知識・技能	❶昔話の読み聞かせを聞くなどして、我が国の伝統的な言語文化に親しんでいる。(〔知識及び技能〕(3)ア) ❷語のまとまりや言葉の響きなどに気を付けて音読している。(〔知識及び技能〕(1)ク)
思考・判断・表現	❸「読むこと」において、場面の様子や登場人物の行動など、内容の大体を捉えている。(〔思考力、判断力、表現力等〕C イ)
主体的に学習に取り組む態度	❹進んで昔話の内容を捉え、これまでの学習を生かして音読しようとしている。

単元の流れ

次	時	主な学習活動	評価
一	1	学習の見通しをもつ 教師による読み聞かせを聞く。 感じたことを出し合い、学習の計画を立てる。 全体で音読の練習をしながら、言葉の繰り返しやリズムの心地よさを楽しむ。 挿絵を並べ替えたり出来事を確かめたりしながら、物語の大まかな展開を捉える。	❶
二	2	1の場面（はじめ～p.87最後まで：踊り出すおじいさん）を読み、場面の様子やおじいさんの行動をつかみ、グループで音読の練習をする。	
	3	2の場面（p.88～89：穴に落ちたおじいさん）を読み、場面の様子やおじいさんの行動をつかみ、グループで音読の練習をする。	❷ ❸
	4	3の場面（p.90～91：家に帰ってからのおじいさん）を読み、場面の様子やおじいさんの行動をつかみ、グループで音読の練習をする。	
三	5	グループで役割分担をして、音読発表をする。 学習を振り返る これまでの学習を振り返り、感想を伝え合う。	❷ ❹

授業づくりのポイント

〈単元で育てたい資質・能力〉

本単元のねらいは、物語の内容の大体を捉えて読む力を育てることである。そのためには、場面の様子や登場人物の行動に着目して読むことが大切である。「誰が」「どこで」「何をして」「どうなった」に気を付けて読むことができるよう意識する。

また、昔話の一つである本教材の読み聞かせを聞いたり、繰り返し声に出して読んだりすることを通して、我が国の伝統的な言語文化に十分親しむことができるようにしていく。

[具体例]

○入門期の学習のため、物語の「楽しさ」や「おもしろさ」を感じたり、大まかなあらすじをつかんだりすることが主眼となる。挿絵を活用して叙述とつなげながら場面の様子や登場人物の行動を捉えることができるようにする。

〈教材・題材の特徴〉

本教材は、七音・五音の句の繰り返しで書かれており、声に出して読むことによって伝統的な七五調のリズムに親しむことができる。「おむすびころりん」で始まる言葉の繰り返しとともに物語が進行し、声に出して楽しく読むことが内容の理解につながる教材である。保護者の協力を得ながら「音読カード」などを用いて家庭でも音読に取り組めるようにするとよい。

〈言語活動の工夫〉

言葉の繰り返しに着目し、声の強弱や高低などを工夫した音読を目指すとともに、動作化を行い、楽しみながら活動に取り組めるようにする。単元の終末に音読発表を行うという見通しをあらかじめもたせることで音読に取り組む意欲を高めることができる。

[具体例]

○聞き手を意識した音読になるよう、ペアで読み合ったり、グループで役割分担をして読んだりなどする。子供たちが考えたり教師が見取ったりした音読の工夫を全体に紹介し、よりよい音読にしたいという気持ちを引き出す。

〈ICT の効果的な活用〉

記録：ICT 端末の録画機能を用いて音読練習の様子を撮影し、毎時間の振り返りや次時の音読練習、単元末の振り返りに生かす。

共有：音読発表の様子を教師が撮影し、学習支援ソフトを活用して子供の ICT 端末から見ることができるようにする。保護者や異学年の子供（例：６年生）から視聴後に感想をもらうようにすると、次の学習への意欲が大いに高まる。

本時案

おむすび　ころりん

本時の目標

・「おむすび　ころりん」の話に興味をもち、話の流れをつかむことができる。
・本単元の最後に音読発表会をするという見通しをもつことができる。

本時の主な評価

❶昔話の読み聞かせを聞くなどして、我が国の伝統的な言語文化に親しんでいる。【知・技】

資料等の準備

・各場面の挿絵のコピー
・ねずみの歌の短冊

2 おむすび　ころりん　すっとんとん。ころころ　ころりん　すっとんとん。

4 ○おはなしの　とおりに　ならべよう。

p.84 挿絵
p.85 挿絵
p.86 挿絵
p.87 挿絵
p.88 挿絵
p.89 挿絵
p.90～91 挿絵

必要に応じて本文に戻りつつ挿絵を並べ替える

授業の流れ ▷▷▷

1 題名から物語の内容を想像し、範読を聞く〈10分〉

○題名を板書し、物語の内容を想像させる。
T　「おむすび　ころりん」というお話を読みます。さて、どんなお話だと思いますか。
・「おむすび」は「おにぎり」と同じです。
・「ころりん」だから転がる感じです。
・おにぎりが転がっていくお話です。
○子供たちの考えを自由に出させ、受け止めながら楽しい導入にする。
T　では、これから読みます。誰が出てくる、どんなお話かを考えながら聞きましょう。
○本時のめあてを板書する。
○リズムよく、言葉のまとまりに気を付けて音読する。
○場面が変わるところでは、十分に間を空け、子供が場面の変化に気付けるようにする。

2 感じたことを出し合い、学習計画を立てる〈10分〉

T　お話には誰が出てきましたか。お話を聞いて思ったことを発表しましょう。
・おむすびが転がっておじいさんが追いかけたところがおもしろかったです。
・おじいさんが穴に落ちてびっくりしました。
・「すっとんとん」がたくさん出てきて楽しかったです。
・みんなで声に出して読んでみたいです。
T　お話の中に歌が出てきていましたね。みんなで一緒に読んでみましょう。
○ねずみの歌の部分を全員で読む。
T　みんなで声に出して読むと楽しいですね。声に出してたくさん読んで、グループごとに練習して発表会をしましょう。
○子供とやりとりしながら学習計画を立てる。

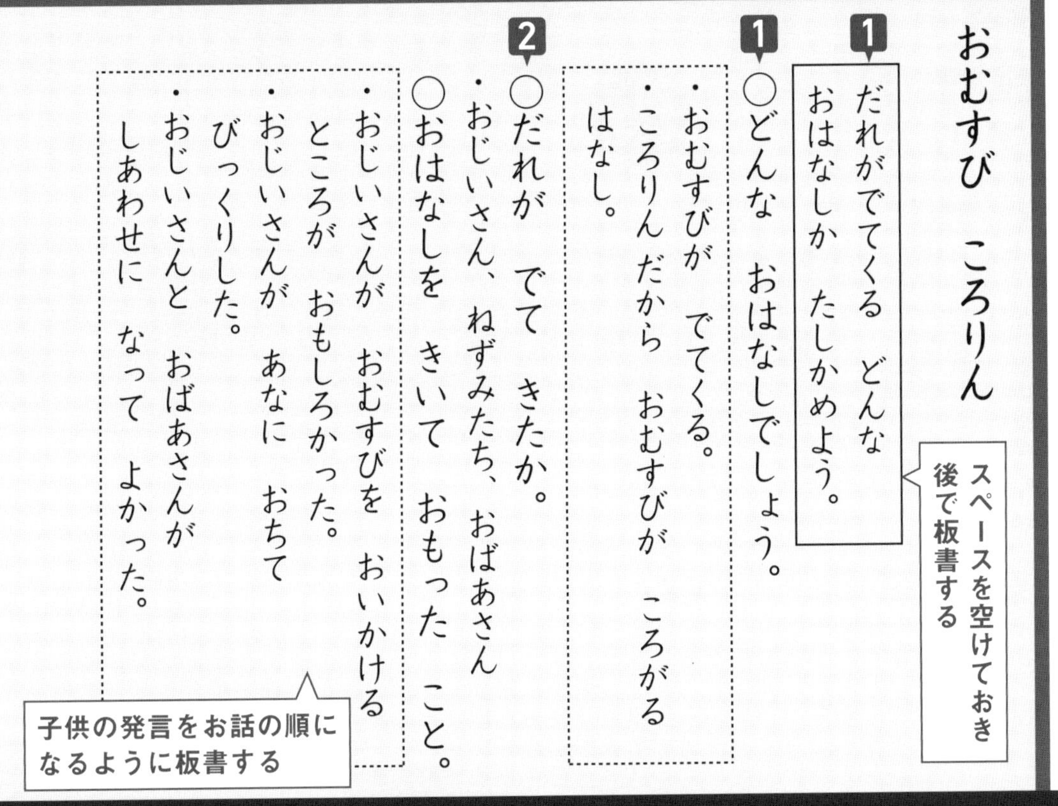

3 音読の練習をしながら言葉のリズムを楽しむ 〈15分〉

T　先生と一緒に声に出して読んでみましょう。

○教師が１行読み、「はい」の掛け声に続いて子供が続いて読む「連れ読み」で、音読が苦手な子供も一緒に読めるようにする。

○言葉のリズムを感じながら読めるよう、適切な部分で区切って読む。全文を読めなくとも、子供が音読の楽しさを味わえればよい。

T　体を動かしながら楽しく読んでいた人もいましたよ。音読してみてどうでしたか。

・リズムがいいです。
・「ころころころりん」が気に入りました。
・踊りたくなりました。

4 挿絵を並べ替えながら物語の大まかな展開を捉える 〈10分〉

T　「おむすび　ころりん」はどんなお話ですか。お話のとおりに絵を並べ替えて考えましょう。

○挿絵を並べ替えながら、出来事を確かめ、大きく３つの場面に分ける。

・最初は、おじいさんがおむすびを落としてしまう絵です。
・おじいさんがおむすびを穴に入れている絵は歌を聞いている絵の後ろです。
・おじいさんが穴に落ちて、ねずみの踊りを見ます。
・最後にお米と小判がたくさん出てきます。

○子供の発言を生かしながら、「誰が」「どこで」「何をして」「どうなった」を確認し、物語の大まかな展開を捉えられるようにする。

本時案

おむすび ころりん

本時の目標

・おむすびを追いかけ、歌に合わせて踊り出すおじいさんの様子を読み取り、音読することができる。

本時の主な評価

❷語のまとまりや言葉の響きなどに気を付けて音読している。【知・技】

❸場面の様子や登場人物の行動など、内容の大体を捉えている。【思・判・表】

資料等の準備

・教科書の挿絵の拡大コピー
・教科書 p.84〜87の文章の拡大コピー

p.87 の挿絵

おなかが　すいてる　ことなんか、
わすれて　しまった　おじいさん。
うたに　あわせて　おどりだす。
おむすび　ころりん　すっとんとん。
ころころ　ころりん　すっとんとん。

3 ○おじいさんの ようすを おもいだしながら おんどくしよう。

授業の流れ ▷▷▷

1 第 1 場面を音読する 〈10分〉

T　今日は 1 の場面を読んでいきましょう。

○まず、教師が挿絵を黒板に貼りながら範読する。その後、教師が 1 文を読み、子供が続いて繰り返して読む「連れ読み」で第 1 場面を音読する。

○正しく読めるよう、ゆっくりと言葉を確かめながら読む。音読が苦手な子供には、指で文字をなぞりながら読ませる。

○本時のめあてを板書する。

2 場面の様子とおじいさんの行動を読み取る 〈20分〉

T　最初におじいさんは何をしていましたか。

・おじいさんは山の畑を耕していました。

・おなかがすいておむすびを取り出したら、おむすびが転がってしまいました。

・おじいさんは、おむすびを追いかけました。

T　おむすびはどうなりましたか。

・穴の中に飛び込んでしまいました。

T　おじいさんはそれからどうしましたか。

・歌が聞こえてきて、おもしろいからもう一つおにぎりを穴に入れました。

・歌に合わせて踊り出しました。

○子供とやりとりをしながら、おじいさんの行動や場面の様子を確かめる。「まて　まて　まて」や「すっとんとんと　とびこんだ」などの表現に着目して様子を想像する。

おむすび　ころりん　1のばめん

1 おじいさんの　ようすを　かんがえて　おんどくしよう。

1 p.84 の挿絵

むかし　むかしの　はなしだよ。
やまの　はたけを　たがやして、
おなかが　すいた　おじいさん。
そろそろ　おむすび　たべようか。
つつみを　ひろげた　その　とたん、
おむすび　ひとつ　ころがって、
ころころ　ころりん　かけだした。

着目する叙述を囲む

p.85 の挿絵

まて　まて　まてと　おじいさん、
おいかけて　いったら　おむすびは、
はたけの　すみの　あなの　なか、
すっとんとんと　とびこんだ。

p.86 の挿絵

のぞいて　みたが　まっくらで、
みみを　あてたら　きこえたよ。
おむすび　ころりん　すっとんとん。
ころころ　ころりん　すっとんとん。

p.86 の挿絵

これは　これは　おもしろい。
ふたつめ　ころんと　ころがすと、
きこえる　きこえる　おなじ　うた。
おむすび　ころりん　すっとんとん。
ころころ　ころりん　すっとんとん。

繰り返しの部分が分かるようにする

3 グループで音読の練習をする〈15分〉

T　おじいさんの様子を思い浮かべて音読しましょう。まずは一人で読んでみましょう。

○①姿勢、②口を開いてはっきりと、③文字を正しく読むことに気を付けるよう伝える。

T　次は、グループで読みましょう。１文ずつ交代で読んでみましょう。

○グループを指名して発表させ、その様子をICT 端末で撮影する。また、音読のよいところを価値付ける。

T　おにぎりを追いかけたり、歌に合わせて踊ったりするおじいさんの様子を思い浮かべながら上手に音読できました。それではみんなで「おむすび　ころりん」の歌を読んで終わりにしましょう。

○全員でリズムを感じながら楽しく読む。

よりよい授業へのステップアップ

動作化を取り入れて理解を促す

「たがやす」「つつみをひろげる」「のぞく」「みみをあてる」などの言葉は、動作化すると、場面の様子を具体的に想像することができる。また、「のぞく」と「見る」の違いを考えたり、「みみをあてる」が「聞く」と同じ意味を表すことにも触れたりすると語彙を広げることができる。

おむすびが「かけだした」「とびこんだ」と、擬人化されている表現のおもしろさを取り上げると、おむすびが勢いよく転がる様子が想像でき、楽しく音読することができる。

本時案

おむすびころりん

本時の目標

・穴に飛び込むおじいさんと、迎えたねずみたちの様子を読み取り、音読することができる。

本時の主な評価

❷語のまとまりや言葉の響きなどに気を付けて音読している。【知・技】

❸場面の様子や登場人物の行動など、内容の大体を捉えている。【思・判・表】

資料等の準備

・教科書の挿絵の拡大コピー
・教科書 p.88, 89の文章の拡大コピー
・こづちの写真や実物
・見付けた音読の工夫を書くための模造紙

○おんどくの　くふう
・リズムに　のって。
・はずむように。
・うたの　ところは　みんなで。
・うたの　ところは　おおきな　こえで。
・おじいさんと　ねずみに　わかれて。

子供の考えを模造紙に書き足していく

授業の流れ ▷▷▷

1 第２場面を音読し、おじいさんの様子を読み取る 〈15分〉

T　前回は、１の場面を読みました。どんな出来事があったか思い出せますか。
・おむすびをおじいさんが追いかけました。
・歌が聞こえておじいさんが踊り出しました。
T　今日は２の場面を読んでいきましょう。
○本時のめあてを板書する。範読の流れは第２時と同様に行う。
T　おじいさんはどうなりましたか。
・おじいさんは穴に落ちてしまいました。
・「とうとう」って書いてあるから、ずっと踊っていて最後に足を滑らせてしまったんだと思います。
・おじいさんはすごく驚いています。
・「おむすびころりん」が「おじいさんころりん」になっています。

2 穴の中のねずみたちの様子を読み取る 〈10分〉

T　おじいさんが飛び込んだ先はどこでしたか。
・ねずみのお家でした。
T　ねずみはどう思ったでしょう。
・「おむすびたくさんありがとう」って言ってるからうれしかったんだと思います。
・おいしいごちそうをあげたり、踊りを見せたりしているから歓迎していると思います。
・おじいさんもうれしそうです。
・ねずみはおじいさんに「こづち」をあげました。
○「こづち」の実物や写真を見せ、振ると宝物が出てくるものだと説明するとよい。

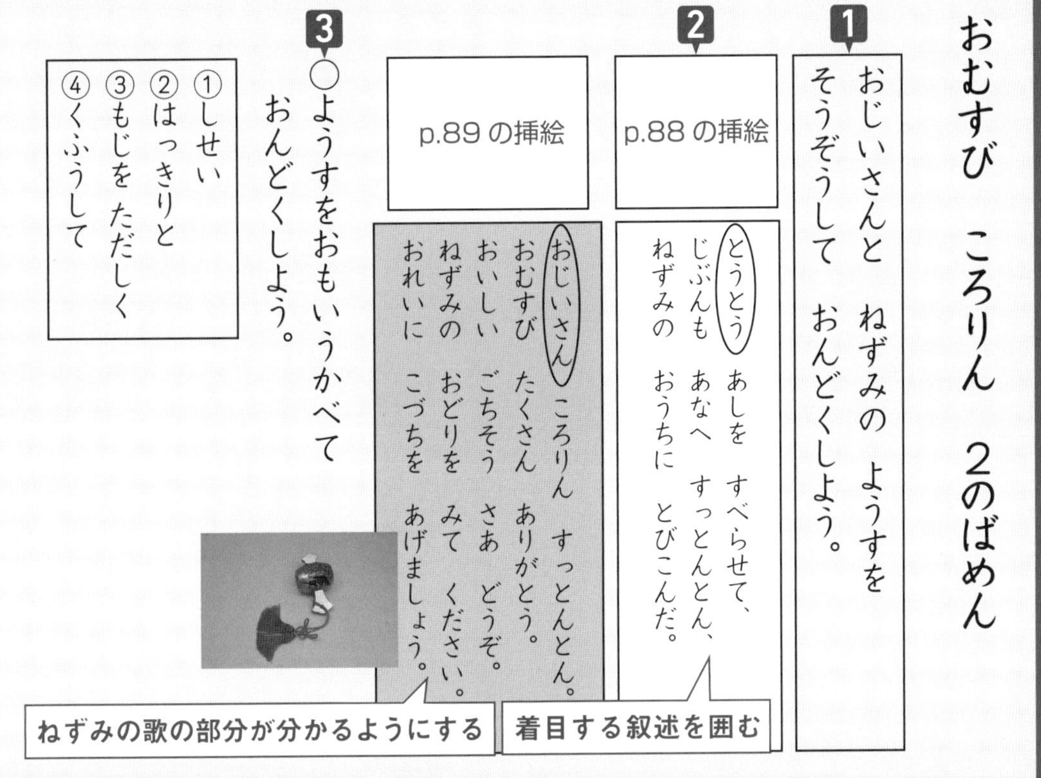

3 グループで音読の練習をする〈20分〉

T　おじいさんとねずみの様子を思い浮かべて音読します。まず一人で読んでみましょう。

○第２時と同様に気を付ける点を伝える。

T　次は、グループで読みましょう。どんな読み方をするとよいか、グループで相談して工夫してみましょう。

○グループを指名して発表させる。どんな工夫を考えたのかを発言してから読ませる。

・歌うみたいにリズムよく読みます。

・ねずみはたくさんいるから、そこはみんなで読みます。

・ねずみの歌のところは声を大きくします。

ICT 端末の活用ポイント

毎回音読の様子を ICT 端末で撮影し、よいところを価値付ける。

よりよい授業へのステップアップ

繰り返し音読に取り組み、音読の工夫を共有する

教材の特徴である七五調のリズムに親しみ、楽しく音読するには、繰り返し声に出して読むことが大切である。授業以外にも音読する機会をつくるため、家庭に協力を依頼し、宿題として取り組ませたり、グループで音読練習する時間を設けたりするのもよい。

本時は、様々な音読の工夫が出てくると思われる。なぜその読み方をしたのかを子供に聞き、学級全体で共有することでよりよい音読にしていこうとする意欲を高めていく。

本時案

おむすび ころりん

本時の目標

・ねずみの家から帰って、喜び合うおじいさんとおばあさんの様子を読み取り、音読することができる。

本時の主な評価

❷語のまとまりや言葉の響きなどに気を付けて音読している。【知・技】
❸場面の様子や登場人物の行動など、内容の大体を捉えている。【思・判・表】

資料等の準備

・教科書の挿絵の拡大コピー
・教科書 p.90, 91の文章の拡大コピー
・小判の写真
・前時までの「音読の工夫」の掲示

○おんどくの　くふう
・リズムに　のって。
・はずむように。
・うたの　ところは　みんなで。
・うたの　ところは　おおきな　こえで。
・おじいさんと　ねずみに　わかれて。
・うごきを　つけて。
・きもちに　なって。
・あいだを　あけて。

前時の工夫に追加して書き足していく

授業の流れ ▷▷▷

1 第３場面を音読し、場面の様子を読み取る 〈15分〉

○前時と同様に学習を振り返り、範読から音読につなげる。本時のめあてを板書する。
T　こづちを振ったときのおじいさんとおばあさんはどう思ったでしょう。
・「あれあれあれ」と書いてあるからびっくりしていると思います。
・「どうしたことだろう」って書いてあるから、不思議だと思ったんじゃないかな。
T　どうしてびっくりしたのか分かりますか。
・こづちを振ったらお米が出てきたからです。
○「ざあらざら」に着目させ、たくさん出てきた様子を想像させる。「ざらざら」との違いも考えさせる。
・小判もたくさん出てきました。

2 後話の部分を読み、物語のあらすじを振り返る 〈10分〉

T　おじいさんとおばあさんはその後どうなりましたか。
・いつまでも仲良く楽しく暮らしました。
・お米もお金もいっぱいあって幸せです。
・「めでたし　めでたし」と付けたい話です。
T　「おむすび　ころりん」がどんな話だったか最初から思い出してみましょう。
○第１場面から挿絵を順序よく提示し、子供と対話しながら物語のあらすじを振り返る。

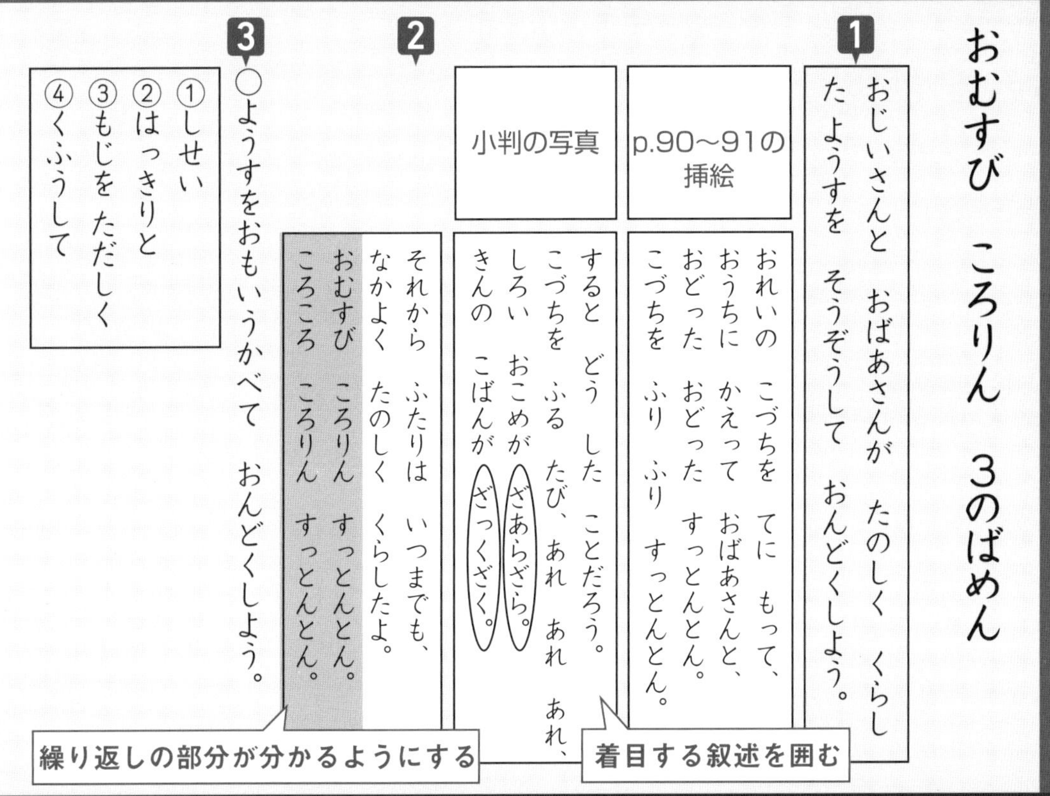

3 グループで音読の練習をする〈20分〉

T　おじいさんとおばあさんの様子を思い浮かべて音読しましょう。

○前時と同様に気を付ける点を伝える。

T　次は、グループで読みましょう。どんな読み方をするとよいか、グループで相談して工夫してみましょう。

○教師はグループを回り、工夫して音読しているグループがあった場合は、一旦練習を止め、工夫している部分を読ませる。どんな工夫があるのかを尋ねて板書する。

○時間がある場合は、全文を通して読む練習をさせる。

ICT 端末の活用ポイント

前時に撮影したグループの音読の様子を練習の前に視聴し、意欲を高める。

よりよい授業へのステップアップ

擬音語や擬態語に着目させて読む

「ころころころりん」や「すっとんとん」などの言葉は、リズムを生み出すだけでなく、その場の様子を伝えるのに役立っていることに気付かせたい。

また、「ざらざら」と「ざあらざら」、「ざくざく」と「ざっくざく」など、言葉のわずかな違いが、意味や印象を変えることを子供と考え、言葉に着目し場面の様子を豊かに想像する力を育てていく。

本時案

おむすび ころりん

本時の目標

・学習したことを生かしてグループで工夫して音読し、友達の音読のよさに気付くことができる。

本時の主な評価

❷語のまとまりや言葉の響きなどに気を付けて音読している。【知・技】
❹進んで昔話の内容を捉え、これまでの学習を生かして音読しようとしている。【態度】

資料等の準備

・教科書の挿絵の拡大コピー
・前時までの「音読の工夫」の掲示
・「よい聞き方」の掲示

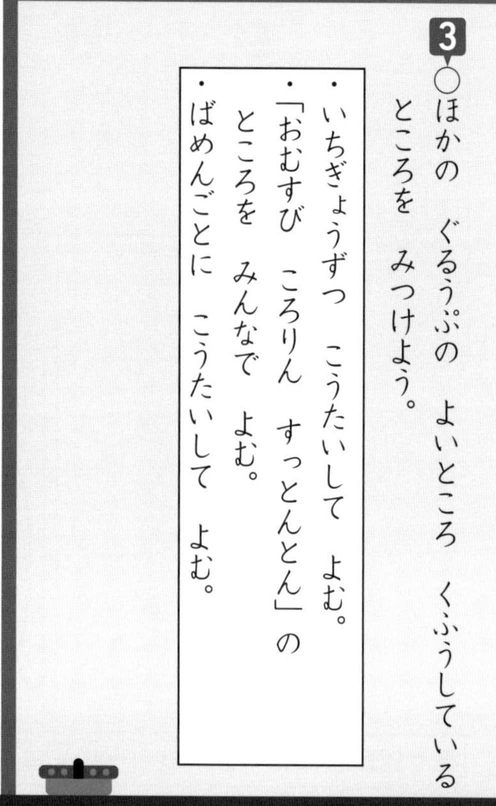

授業の流れ ▷▷▷

1 グループで音読発表の練習をする 〈10分〉

T　今日はいよいよ音読の発表会をします。
○本時のめあてを板書する。
T　グループで考えた音読の工夫を思い出しながら練習しましょう。
○前時までに子供たちから挙がった音読の工夫を掲示する。教師は各グループを回り、工夫した理由を聞いたり、改善点を指導したりする。

2 音読発表会をする 〈25分〉

T　音読発表会を始めます。どんなことに気を付けて読みますか。
・よい姿勢で読みます。
・口を開けてはっきりと読みます。
・リズムよく読みます。
T　発表を聞くときは、こんなことに気を付けましょう。
○「よい聞き方」を提示する。
T　他のグループの音読のよいところが見付けられるといいですね。

ICT 端末の活用ポイント

グループごとの音読発表の様子を、教師が ICT 端末を使って撮影し、共有できるようにする。

おむすび　ころりん

1

ともだちと　おんどくを　ききあおう。

○おんどくの　くふう
・リズムに　のって。
・はずむように。
・うたの　ところは　みんなで。
・うたの　ところは　おおきな　こえで。
・おじいさんと　ねずみに　わかれて。
・うごきを　つけて。
・きもちに　なって。
・あいだを　あけて。

○ぐるうぷで　くふうして　おんどくしよう。

2

○おんどく　はっぴょうかいを　しよう。

〈よい　ききかた〉
・よんで　いる　ひとを　みる。
・よいところ　くふうしている　ところを　みつける。
・みつけた　ことを　おしえる。

3 音読発表会の感想を交流する〈10分〉

T　自分の音読はどうでしたか。

○音読の練習で確認してきた①よい姿勢、②口を開けてはっきりと、③文字を正しく読む、の視点で振り返らせる。

T　友達の音読を聞いて気付いたことや思ったことを発表しましょう。

・○○グループは、「おむすびころりんすっとんとん」をみんなで声を合わせて読んでいてよかったです。
・△△グループは、場面ごとに交代して読んでいたので工夫しているなと思いました。
・□□グループは、「おむすびころりんすっとんとん」がリズムよく読めていていいと思いました。

ICT 等活用アイデア

音読発表会の様子を視聴した感想をもらう

　音読発表会の様子を教師が撮影し、子供の ICT 端末から見ることができるようにする。保護者や交流のある異学年から、視聴後に感想をもらうようにすると学習への意欲が高まる。家庭での音読の効果が、学習発表会で生かされている様子を保護者に見てもらえるとよい。

　第 2 時から第 4 時の音読の様子を撮影したものと、本時の発表の様子を比べ、自分たちの音読の変化に気付かせることもできる。

こんな　ことが　あったよ　（6時間扱い）

単元の目標

知識及び技能	・言葉には、事物の内容を表す働きや、経験したことを伝える働きがあることに気付くことができる。((1)ア)
思考力、判断力、表現力等	・経験したことから書くことを見付け、必要な事柄を集めたり確かめたりして、伝えたいことを明確にすることができる。(B ア) ・文章に対する感想を伝え合い、自分の文章の内容や表現のよいところを見付けることができる。(B オ)
学びに向かう力、人間性等	・言葉がもつよさを感じるとともに、楽しんで読書をし、国語を大切にして、思いや考えを伝え合おうとする。

評価規準

知識・技能	❶言葉には、事物の内容を表す働きや、経験したことを伝える働きがあることに気付いている（〔知識及び技能〕(1)ア）
思考・判断・表現	❷「書くこと」において、経験したことから書くことを見付け、必要な事柄を集めたり確かめたりして、伝えたいことを明確にしている。（〔思考力、判断力、表現力等〕B ア） ❸「書くこと」において、文章に対する感想を伝え合い、自分の文章の内容や表現のよいところを見付けている。（〔思考力、判断力、表現力等〕B オ）
主体的に学習に取り組む態度	❹積極的に経験したことを想起して書くことを見付け、これまでの学習を生かして文章を書こうとしている。

単元の流れ

次	時	主な学習活動	評価
一	1	学習の見通しをもつ 学校生活での出来事や休日や放課後にしたこと、発見したことを出し合い、友達の生活に関心をもつ。 経験したことを書いて読み合おうという意欲をもち、大まかな学習計画を立てる。 どんなことがあったか、えにっきでしらせよう。	
二	2	文章に書く内容や経験を振り返るときの観点を理解し、共通体験を基に文章を書く。	
	3	学校生活で経験したことから書くことを見付け、文章と絵を書く。	❶
	4	休日や放課後に経験したお手伝いから書くことを見付け、文章と絵を書く。	❷
	5	休日や放課後に経験したことから書くことを見付け、文章と絵を書く。	❹
三	6	学習を振り返る 書いたものを読み合い、感想を伝え合う。 単元の学習を振り返る。	❸

授業づくりのポイント

〈単元で育てたい資質・能力〉

本単元のねらいは、経験したことから書くことを見付ける力を育むことである。

子供は、毎日の生活の中で多くのことを経験しているが、書くときになると「書くことがない」と困ることがある。それは、題材を見付けるために、自分の生活を振り返る経験が少ないからである。また、経験を振り返る際の観点がないためでもある。そこで、友達や教師との対話やモデル文、共通体験を用いた学習を通して、いくつかの観点を獲得し、経験を振り返ることができるようにしていく。

本単元終了後も継続して取り組むことで、確かな力となっていく。

[具体例]

○「昨日、プールに行ったよ」という友達の言葉に、子供から「どこのプール」「何したの」「誰と行ったの」等の問いかけが出る。それらの言葉を生かして「いつ」「どこで」「誰と」「何をした」等の観点の短冊を作る。この短冊を掲示することで、経験を振り返る際に活用できる。単元終了後も常掲しておき、新たな観点が生まれたら、短冊を付け足すようにするとよい。

〈教材・題材の特徴〉

絵と文章で経験したことを書く活動である。教科書は、見開き２ページの構成である。モデル文は３文からなり、「いつ」「誰と」「何をして」「どう思ったか」が書かれている。日常生活における些細な出来事が題材となっており、観点としては、「したこと」「見たこと」「聞いたこと」「おもったこと」の４つが示されている。また、読んで感想を交流する活動が大きく示されている。

「書くこと」は、平仮名を学習したての１年生にとって、難しいと感じることの多い言語活動である。多くの人に感想をもらうことで、「この文や言葉がよかったんだな」と自分の文章のよさに気付くとともに、「書いてよかった」と実感し次への意欲を高めることができるように留意したい。

〈言語活動の工夫〉

書くことを見付けることや文章を書くことは継続して取り組み、子供が１人でも題材を見付けて文章を書くことができるように段階的に指導するとよい。その際、子供が「できた」という達成感や満足感を味わい、書くことを「簡単だ」「楽しい」と感じることができるようにしたい。

[具体例]

○二次の４時間を段階的に指導する。まず全員で学習での共通体験について観点で振り返り、言葉を出し合ってから文章を書く。次は休み時間、その次は家庭での「お手伝い」、最後は休日や放課後のことと、題材を選ぶ範囲を徐々に広げていく。全員で経験を振り返るところから始め、友達と一緒に、１人で、というように徐々に子供が１人でできるようにしていく。

〈ICT の効果的な活用〉

共有：書き上げた子供から一人一台端末を使用して絵日記を写真に撮り、学習支援ソフトを活用して提出する。互いの作品を読み合うことで、友達は「どのようなこと」を「どのような表現」で書いたのかを学び、次に書くときに生かす姿も期待できる。実態に応じて無理なく活用したい。集めた作品を PDF 化し、後日共有する方法も考えられる。

本時案

こんな　ことが　あったよ

本時の目標

・経験した出来事を書いて読み合う活動に関心をもち、学習の見通しをもつことができる。

本時の主な評価

・言葉には、経験したことを伝える働きがあることに気付いている。
・絵日記を書いて読み合う活動に関心をもち、学習計画を立てる話し合いに参加している。

資料等の準備

・教科書のモデル文（デジタル教科書または、拡大したもの）

3

えにっきでみんなにしらせよう
やすみじかん・ほうかご・おやすみのひ
けいかく
・おもいだす。
・ぶんをかく。
・えをかく。
・よみあって、かんそうをつたえる

子供の発言を聞きながら、この順序になるように板書する

授業の流れ ▷▷▷

1 休み時間や放課後、休日に経験したことを出し合う 〈10分〉

T　お休みの日にどんなことをしましたか。
・お買い物をした。
・プールに行ったよ。
・お掃除をしたの。
○初めは、したことだけを発表させるが、次第に「誰と」「どうだったのか」など問いかけ、エピソードを引き出すようにする。子供から質問のつぶやきが出たら、答えるように促し、やりとりをさせるとよい。
・ぼくは、昨日プールに行きました。
・どこのプール。
・誰と行ったの。
○やりとりを聞きながら、短冊に出てきた観点を記録しておく。

2 教科書を読み、絵日記の形式や書かれている内容を知る 〈20分〉

T　どんなことが書いてあるか調べましょう。
○まず音読し、その後文章を視写することで、書かれている内容を理解させていく。
・花火をしたことが書いてあります。
T　どんな順番で書いてありますか。
・土曜日に―「いつ」ですね。
・庭で―「どこで」です。
・家族と―「誰と」がありますね。
・花火をしました。―「何をした」ですね。
・とてもきれいでした―「思ったこと」ですね。
・いつまでも見ていたいと思いました―これも「思ったこと」ですね。
○子供とやりとりをしながら、内容を確認し、観点を明確にして短冊を書き足していく。

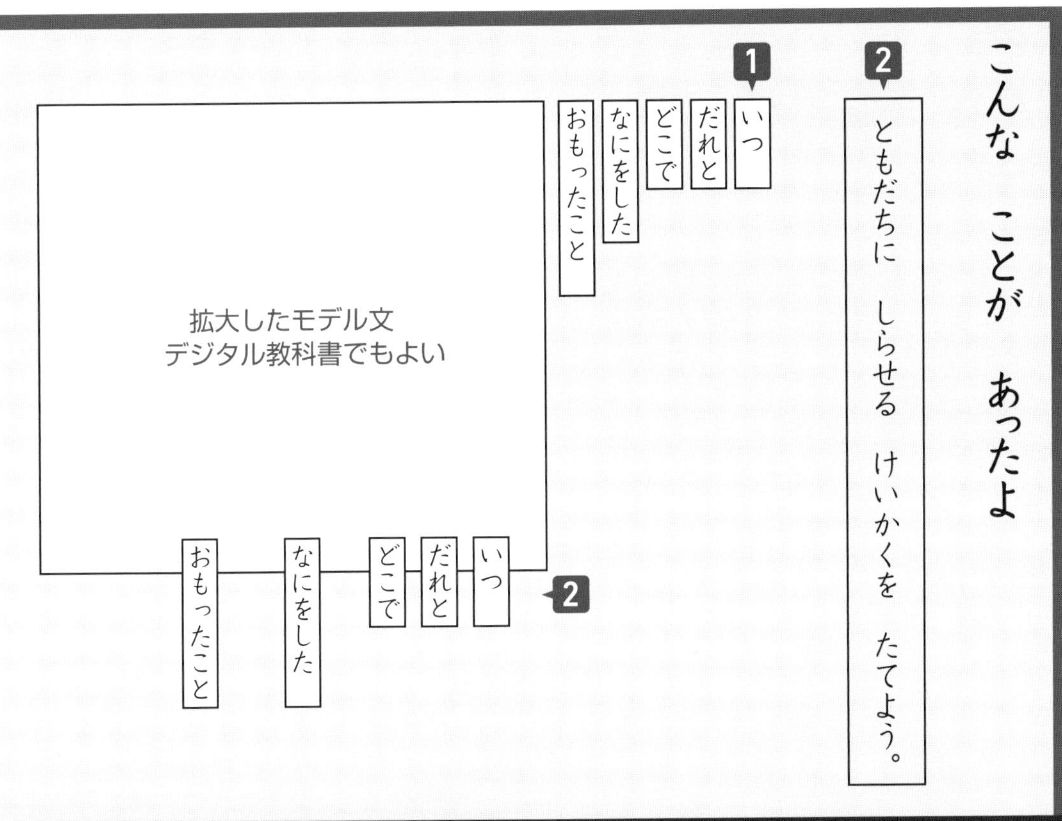

3 学習の見通しをもつ　〈15分〉

○クラスの友達に自分のしたことや思ったことを知らせるために、絵日記を書いて読み合うとよいことを確認する。

T　どうやって絵日記を書きますか。

・何をしたか思い出す。

・文を書く。

・絵を描く。

T　どんなことを絵日記に書いたらよいと思いますか。

・休み時間のこと、放課後のこと、土日のこと等。

○子供の発言を整理し、学習計画を立てる。子供から出ないものは、教師が提案する。

よりよい授業へのステップアップ

題材の幅を広げる工夫

特別な出来事ばかりではなく、日々の生活の中で題材を探して書くことができるようにしたい。

教科書のモデル文は、「したこと」が題材である。経験を出し合う際に、「見たこと」「聞いたこと」等の話題にも触れると、題材の幅を広げることができる。子供から出てこない場合は、問いかけて想起させたい。各自治体で作成している作文集等があれば活用したい。

絵日記は、夏休みの課題として出されることが多い。子供が、何をどうしたらよいのか困らないように指導したい。

本時案

こんな　ことが　あったよ　2/6

本時の目標

・共通の経験を全員で振り返り、想起したものの中から書きたい事柄を選んで文章を書くことができる。

本時の主な評価

・体育の授業で経験したことから書くことを見付け、伝えたいことを明確にして、粘り強く文章を書こうとしている。

資料等の準備

・拡大した絵日記の用紙
・前時に作成した観点の短冊

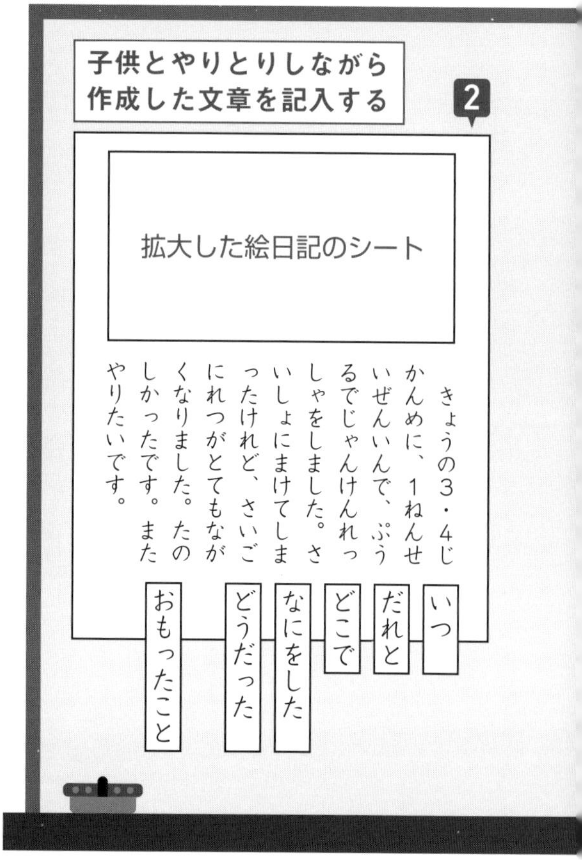

子供とやりとりしながら作成した文章を記入する　2

拡大した絵日記のシート

きょうの3・4じかんめに、1ねんせいぜんいんで、ぷうるでじゃんけんれっしゃをしました。さいしょにまけてしまったけれど、さいごにれつがとてもながくなりました。たのしかったです。またやりたいです。

いつ　だれと　どこで　なにをした　どうだった　おもったこと

授業の流れ ▷▷▷

1 共通体験を基にそのときの出来事を想起する〈10分〉

○学習計画や教科書のモデル文を確認し、本時の学習への見通しをもたせたり、出来事を想起する際の観点を意識させたりする。

T　体育のプールでのことを思い出してみましょう。

・シャワーが冷たくて寒かった。
・じゃんけん列車をした。
・どうぶつかけっこをしたのが楽しかった。
・おにごっこが楽しかった。

○やりとりしながら、したことや思ったことを引き出し、観点ごとに分けて板書する。

2 想起したことを基に全員で文章を考える〈10分〉

T　どんな文章にしましょうか。

・最初は、「今日の３・４時間目に」って書くといいと思う。
・「どこで」は、「プールで」だね。
・次は、「じゃんけん列車をしました」じゃない。

T　じゃんけん列車のことだから、次はこれにしようかな。「最初に負けちゃった」けど、「最後は列がすごく長くなりました」。

○やりとりをしながら、1で出し合ったものの中から観点に沿って選択し、文章化していく。したことは、複数あるので、その中から選択するところも子供に見せ、文章化する際の過程を理解させたい。

こんな　ことが　あったよ

1 ぷうるの　ことを　かいて　しらせよう。

1 いつ
・きょうの
３・４じかんめ

だれと
・１ねんせいぜんいん
・○○くん（じゃんけん）

どこで
・ぷうる

どうだった
おもったこと
・ちょっと　さむかったけど
たのしかった
・かって　うれしかった
・たのしかった
・また　やりたい

なにをした
・おにごっこ
１かいも
つかまらなかった
・じゃんけんれっしゃ
さいしょに　まけた
れつが　ながく
なった
・どうぶつかけっこ
わにの　とき、はなに
みずが　はいった
・しゃわあ
つめたくて　ぶるぶる

観点ごとに分けて板書する

3 書きたい事柄を選んで絵日記を書く　〈25分〉

T　みんなも、プールのことを絵日記に書いてみましょう。黒板に書いてあることから選んでもいいですし、書いていないことを書いてもいいです。

○したことは、複数あるので1で想起したものの中から、どのことについて書きたいか選択することを確認する。

○同じだと思ったことは全員で考えた文章をまねしてよいこと、板書にないものでも書いてよいこと、自分で考えたことを書けるとよりよいことを伝えて書かせる。

よりよい授業へのステップアップ

まねるから学ぶへ

文章を考えて書くのは難しい言語活動である。初めての場合、どのように書いたらよいのか戸惑う子供も多い。「同じだなと思ったところは、まねっこしてもいいよ」と伝えることで、安心して学習に取り組むことができる。

できないことは苦手意識につながる。まずは、書くことを好きにさせること、楽しい・得意だと感じさせることを大切にしたい。できたという達成感が、次もやってみようという意欲につながる。回を重ねるうちに、自分の言葉で書くことができるようになる。

本時案

こんな　ことが　あったよ

本時の目標

・学校生活で経験したことの中から書きたい題材を選び、観点に沿って振り返り、想起したものの中から書きたい事柄を選んで文章を書くことができる。

本時の主な評価

❶言葉には、事物の内容を表す働きや、経験したことを伝える働きがあることに気付いている。【知・技】

・学校生活の中で経験したことから書くことを見付け、観点に沿って必要な事柄を集めて文章を書いている。

資料等の準備

・第１時に作成した観点の短冊
・絵日記ワークシート 21-01
・前時に作成した絵日記の拡大シート

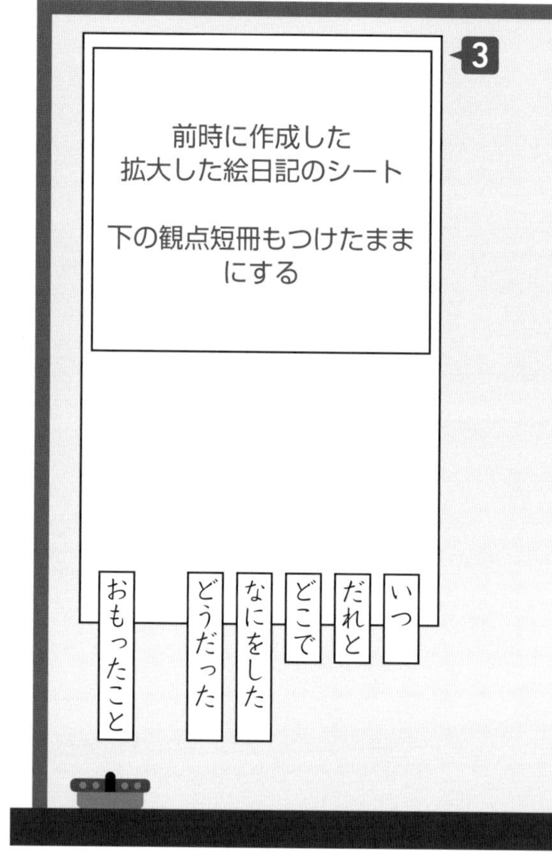

授業の流れ ▷▷▷

1　1日の学校生活の出来事を出し合い、書く題材を選ぶ　〈10分〉

○前時に書いた絵日記を紹介し、よいところを価値付けることで、次はもっと上手に書こうという意欲を喚起する。

T　学校では今日１日、どんなことをしましたか。友達や先生に知らせたい発見は、ありましたか。

・アサガオの花が咲いているのを見付けた。
・中休みにフリスビーで遊んで楽しかった。
・図書館で本を借りた。
・給食を全部食べた。

○子供から出されたものを板書し、その下に名前マグネットを貼る等、誰が何について書こうとしているのかを分かるようにする。

2　観点に沿って、選んだ題材について詳しく想起する　〈15分〉

T　絵日記の文章に書くとよいことは何でしたか。

・「いつ」「どこで」
・「だれと」「なにをした」
・「どうおもった」

○想起する観点が意識できるように前時までに作成した観点短冊を黒板に貼る。

T　どんなことをしたか思い出してみましょう。

○ワークシートを配布し、想起した事柄を記入させる。

T　同じことを書こうと思っている友達と、どんなことがあったか思い出してみましょう。

○友達と話すことで、そのときの出来事が想起されることも多い。

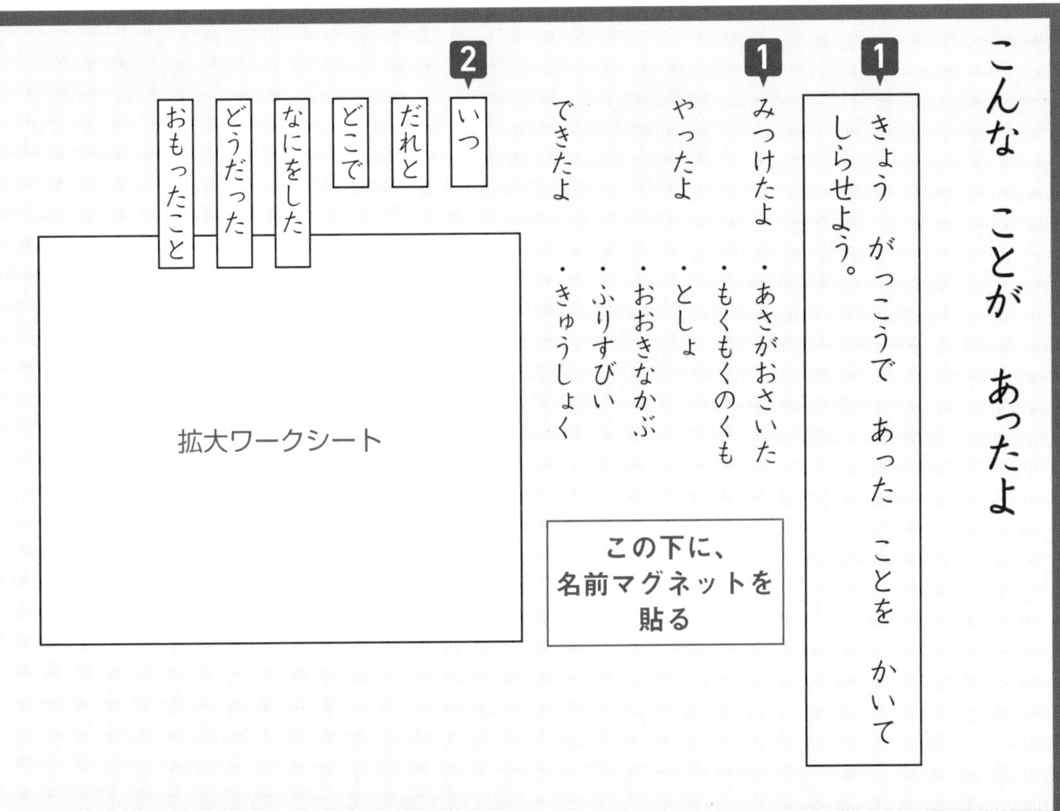

3 想起したことを基に絵日記を書く〈20分〉

T　思い出したことを使って絵日記を書きましょう。

○書き込んだワークシートを見ながら文章化させる。必要に応じて同じ題材を選んだ子供と、書き方やどのようなことを書いたのかを交流できるようにする。

○書き出せずに困っている子供がいたら、黒板の前に集め、前時に作成した絵日記の拡大シートを見ながら、どの観点から書けばよいかを一緒に考えるとよい。

よりよい授業へのステップアップ

対話的な学びを活用する

経験を想起したり、文章化したりすることを、難しく感じる子供も多い。名前マグネットを活用して同じ題材で書く友達が分かるようにしておき、「困ったら相談してみよう」と伝えるとよい。

書くことが好きな子供に

1年生は、すらすらと書くことができたり、教師に「いいね」と褒められたりすることで書くことを得意と感じ、好きになる。まずは、書くことを好きにさせることが大切である。文字や表記の間違いの指摘は程々にしたい。

本時案

こんな　ことが　あったよ

本時の目標

・放課後や休日に経験したお手伝いについて、観点に沿って振り返り、想起したものの中から書きたい事柄を選び、文章を書くことができる。

本時の主な評価

❷放課後や休日に経験したお手伝いについて、観点に沿って必要な事柄を集め、文章を書いている。【思・判・表】
・お手伝いをした経験を想起し、伝えたいことを明確にして粘り強く文章を書こうとしている。

資料等の準備

・第1時に作成した観点の短冊
・第2時に作成した絵日記のモデル文拡大シート
・書き終わったらすることを書いた画用紙

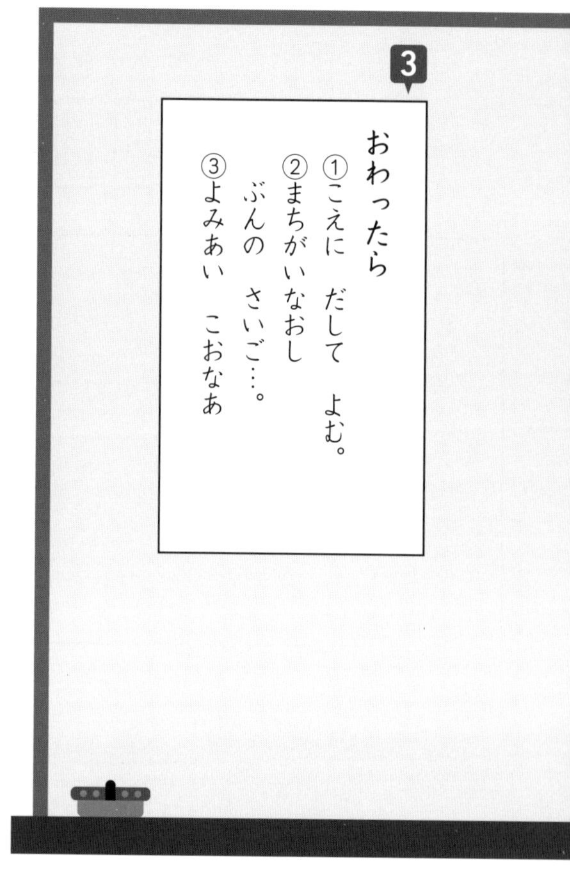

授業の流れ ▷▷▷

1 家で経験したお手伝いを出し合い、書く題材を選ぶ 〈10分〉

○週末に「お手伝いをする」という宿題を出しておき、週明けに本時の学習をするとよい。
T　どんなお手伝いをしましたか。
・布団を敷いた。
・洗濯物をたたんだ。
・弟や妹（赤ちゃん）のお世話をした。
○次々にテンポよく発表させ、伝えたいという意欲を高めた後、本時のめあてを確認する。
○話すことが得意な子供には、想起する観点に沿って問いかけ、答えを引き出す。聞いている子供のもっと知りたいという意欲を高めるだけでなく、自分に置き換えて答えを考えさせることができる。

2 観点に沿って、題材について詳しく想起する 〈10分〉

T　絵日記の文章に書くとよいことは何でしたか。
・「いつ」「どこで」
・「だれと」「なにをした」
・「どうおもった」　等
○想起する観点が意識できるように前時までに作成した観点短冊を黒板に貼る。
T　どんな文章にしますか。小さい声で言ってみましょう。言えたら、絵日記を書きましょう。
○文章を言うことが、観点ごとに経験を想起させることになる。
○必要な子供には、前時に使用したワークシートを配布し、想起した事柄を記入させるとよい。

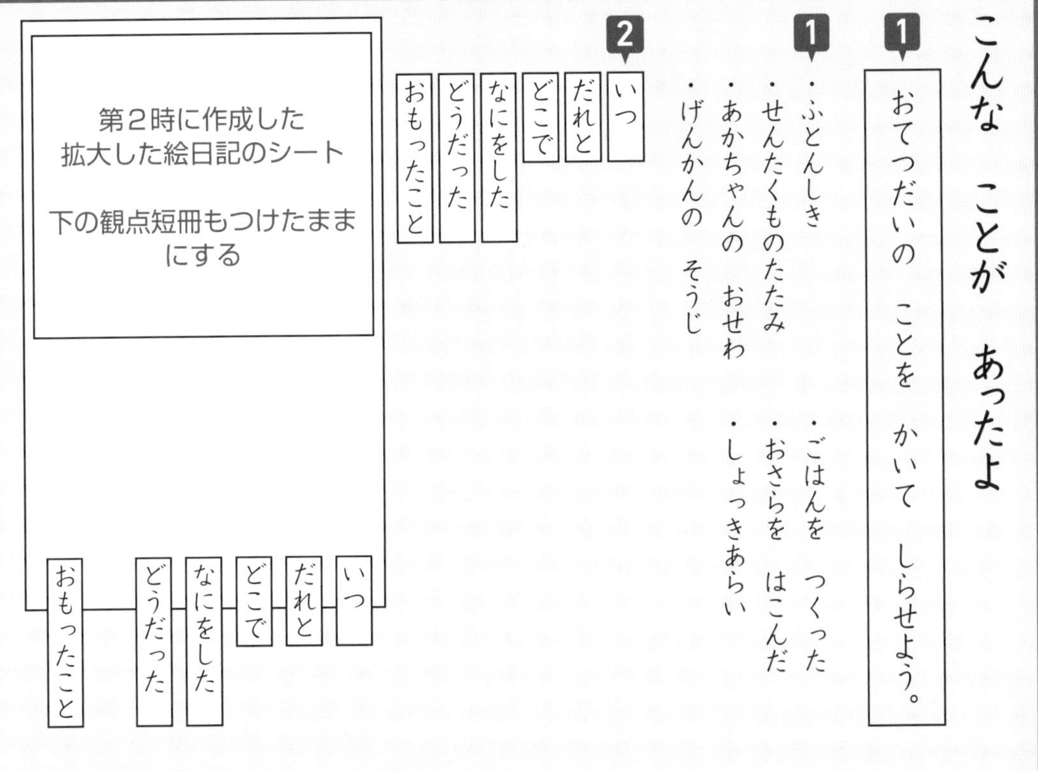

3 想起したことを基に絵日記を書く〈25分〉

T　書くことが決まった人から絵日記を書きましょう。

○経験したことを想起し、文章に書く活動を重ねてきているので、スムーズに書き始める子供が多いことが予想される。それぞれに経験したことが異なるので、困ったときには、教師に相談するよう伝えておく。

○書き終わった後にすることを板書しておく。まず、自分で読み返すという習慣を付けさせたい。

よりよい授業へのステップアップ

意図的な題材の用意

本時の中心は、観点に沿って個人で経験を想起し、文章化することである。「心に残ったことを絵日記に書いてみよう」と言われて、何を書こうか迷っているうちに時間が過ぎてしまうことのないようにしたい。

そこで、事前に「お手伝いをする」「家族と遊ぶ」等の宿題を出す。誰もが題材をもっている状態にすることで、本時の中心となる活動に取り組む時間を十分に確保することができるようにする。誰かと一緒に行うことという視点で選ぶとよい。

本時案

こんな　ことが　あったよ

本時の目標

・放課後や休日に経験した出来事について、観点に沿って振り返り、想起したものの中から書きたい事柄を選び、文章を書くことができる。

本時の主な評価

❹積極的に経験したことを想起して書くことを見付け、これまでの学習を生かして文章を書こうとしている。【態度】

・放課後や休日に経験した出来事について、観点に沿って必要な事柄を集め、文章を書いている。

資料等の準備

・第１時に作成した観点の短冊
・第２時に作成した絵日記のモデル文拡大シート
・書き終わったらすることを書いた画用紙

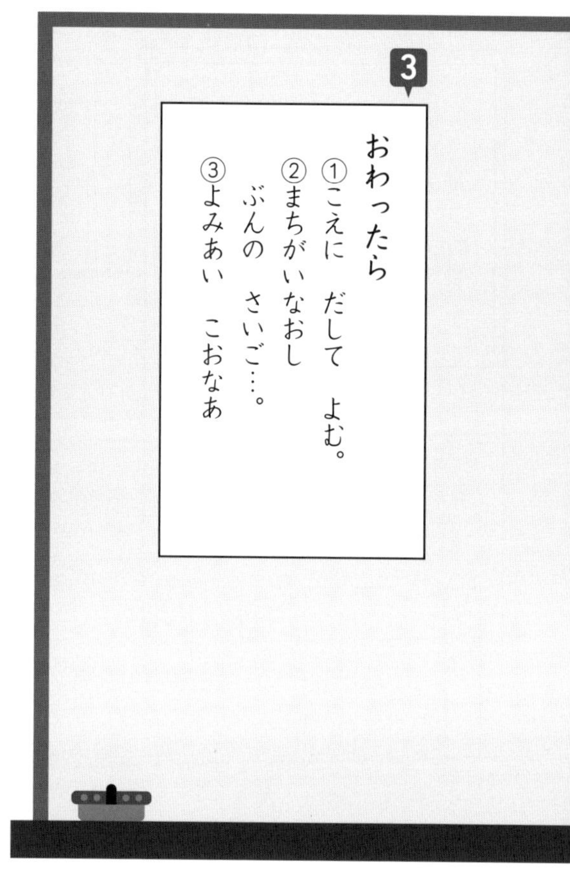

授業の流れ ▷▷▷

1 放課後や休日に経験したことを出し合い、書く題材を選ぶ〈10分〉

T　放課後やお休みの日にどんなことをしましたか。
・公園で遊んだ。
・妹のお世話をした。
・おもしろい夢を見た。
・アイスを食べた。
○次々にテンポよく発表させ、伝えたいという意欲を高めた後、本時のめあてを確認したい。
T　放課後やお休みの日にしたことの中から、絵日記に書くことを１つだけ選びましょう。
○したことを羅列して書くのではなく、１つの題材について書くために１つ選ぶよう指示する。

2 観点に沿って、題材について詳しく想起する〈10分〉

T　絵日記の文章に書くとよいことは何でしたか。
・「いつ」「どこで」
・「だれと」「なにをした」
・「どうおもった」　等
○想起する観点が意識できるように前時も活用した観点短冊を黒板に貼る。
T　どんな文章にしますか。小さい声で言ってみましょう。言えたら、絵日記を書きましょう。
○必要な子供は、第３時に使用したワークシートを活用できるようにし、想起した事柄を記入させるとよい。

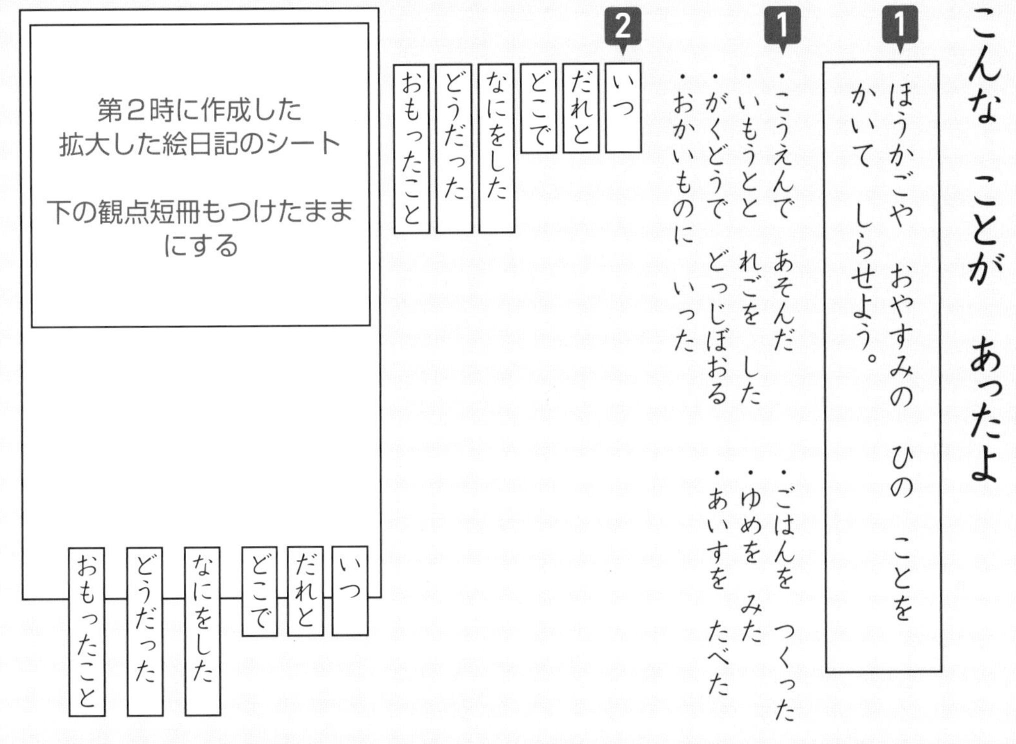

3 想起したことを基に絵日記を書く〈25分〉

T　書くことが決まった人から絵日記を書きましょう。

○それぞれに経験したことが異なるので、困ったときには、教師に相談するよう伝えておく。

T　書き終わったら、まず自分で読み返してみましょう。小さい声で音読するといいですよ。

○声に出して音読すると誤字や脱字に気付くことができる。書きっ放しにせず、読み返す習慣を付けることが、推敲の第一歩となる。その際、視点を示すとよい。誤りに気付かないことも多いが、まずは「読み返す」という活動を行い習慣付けていくことが大切である。

ICT 等活用アイデア

友達の作品に学ぶ

ICT 端末を使用して絵日記を写真に撮り、学習支援ソフトを活用して共有する。教師が PDF 化したデータを子供の端末に配信し共有してもよい。

互いの作品を読み合う中で、友達が「どのようなこと」を「どのような表現」で書いたのかを学び、次に書くときに生かそうとする姿も期待できる。実態に応じて活用したい。

同様の活動を 1 年間継続すると、個人の書くことの記録となる。年度末に見返すことで、子供自身が書く力の伸びを実感することもできる。

本時案

こんな　ことが　あったよ

本時の目標

・書いた文章を読み合い感想を伝え合うことで、自分が書いた文章のよさを意識することができる。

本時の主な評価

❸文章に対する感想を伝え合い、自分の文章の内容や表現のよいところを見付けている。【思・判・表】

・言葉には、事物の内容を表す働きや、経験したことを伝える働きがあることに気付いている。

資料等の準備

・読んだ人が感想を記入する用紙（付箋でも可）

・感想の視点を書く短冊

授業の流れ

1 友達の絵日記の読み聞かせを聞く〈10分〉

T　これまでみんなが書いた絵日記の中から、いくつか紹介します。

○数人の絵日記を教師が読み聞かせる。スクリーンやテレビ等に映し出すことができれば、子供も目で追うことができるためよりよい。

T　感想は、ありますか。

・〜したところがおもしろかった。

・お手伝いでしたことが私と同じだった。

・成功してよかったなと思った。

○出された感想を活用して視点を整理する。

○「次は」「私のは」等の声が上がってきたところで、本時のめあてを確認する。

T　今日は、今まで書いた絵日記を友達と読み合って、よいところを見付けていきましょう。

2 絵日記を読み合い、感想を書く〈20分〉

T　友達の絵日記を読みます。読み終わったら、絵日記の中身のことで感想を書きましょう。

○手順や、感想の視点を確認後、活動に移る。

○感想の視点は、文型で示すと書きやすい。内容や表現に注目して感想を書くように指示する。

○必ず全員が感想をもらうことができるように配慮する。1つずつ席をずらして相手を変えたり、班の中で絵日記を回すようにしたりと様々に工夫ができる。

ICT 端末の活用ポイント

ICT 端末を活用して絵日記を読み合う方法も考えられる。自分のペースで読み、感想を書くことができるというよさもある。

こんな　ことが　あったよ

1
えにっきを　よみあって　よい　ところを
さがそう。

2
やりかた
①1まい　えらぶ。
②こえに　だして　よむ。
③かんそうを　かく。

2
かんそう
○
~で　よかったね。
ぼくも・わたしも~。
~が　おもしろかったよ。
~が　よくわかったよ。

×
じが　じょうずだね。
えが　じょうずだね。

1
1で、出た感想を短冊に整理し、感想を書く際の視点とする。
短冊だと、2になったとき自由に場所を移し替えることができる

3 もらった感想を読み、自分の気に入った絵日記を選ぶ　〈15分〉

○子供は、友達からの感想を喜んで読む。自分の文章のよさに気付いたり、書いてよかったという充実感を味わったりすることにつながるので、時間を取りたい。

T　自分の絵日記の中で、一番「いいな」と思うものはどれですか。

・感想をたくさんもらったからこれにしよう。
・お手伝いの文がスラスラ書けたからこれかな。
・文がたくさん書けたから、これがいいな。

T　絵日記を書いて、友達と読み合いました。やってみてどうでしたか。

・友達の絵日記を読んでおもしろかったです。
・たくさん書けるようになってうれしいです。

○単元の学習を振り返り、学習感想を書く。

よりよい授業へのステップアップ

感想言葉〜日常的に言葉を増やす〜

経験したことを想起して書く際、最後に「たのしかったです」と書く子供が多い。しかし、話し言葉の中では「おもしろかった」「どきどきした」と、書き言葉よりもバリエーション豊かに表現している。そこで、授業中や朝の会等で子供が発した言葉を短冊に書き留めて教室の壁面に掲示していく。そうすることで、感想を表現する言葉を増やし、少しずつ書き言葉の表現を広げることができる。短冊の言葉を使って書いたり、新たな言葉を探そうとしたりする姿が現れる。

資　料

1 第３時資料　絵日記ワークシート 21-01

がつ　にち　ようび

だい

2 第６時資料　絵日記の作品例と壁面掲示例

子供の作品

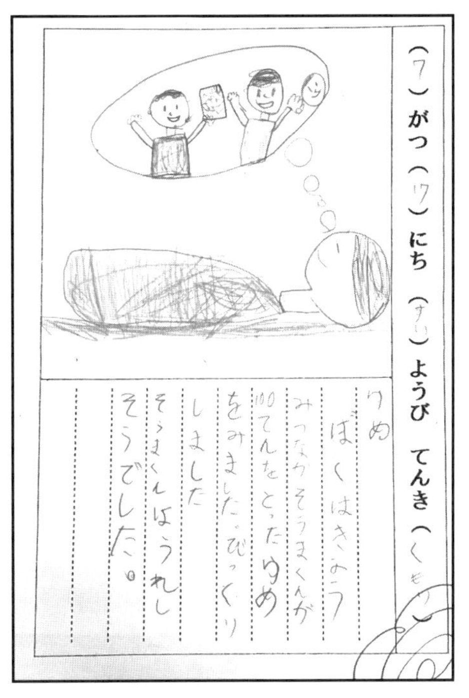

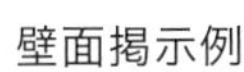
壁面掲示例

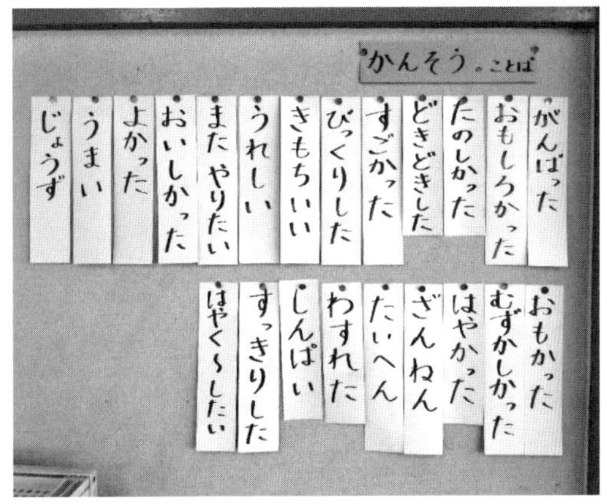

としょかんと　なかよし　2時間扱い

単元の目標

知識及び技能	・読書に親しみ、いろいろな本があることを知ることができる。((3)エ)
学びに向かう力、人間性等	・言葉がもつよさを感じるとともに、楽しんで読書をし、国語を大切にして、思いや考えを伝え合おうとする。

評価規準

知識・技能	❶読書に親しみ、いろいろな本があることを知っている。(知識及び技能(3)エ)
主体的に学習に取り組む態度	❷積極的にいろいろな本を手に取り、これまでの学習を生かして本を選ぼうとしている。

単元の流れ

次	時	主な学習活動	評価
一	1	学習の見通しをもつ 読みたい本の見付け方を知る。 読みたい本を選んで読み、読書記録をつける。 本のおもしろいところを紹介する計画を立てる。	❶
二	2	自分が読んだ本のおもしろいところを紹介するための準備をする。 本のおもしろいところを友達に紹介する。 学習を振り返る 読みたい本を選ぶ。	❷

授業づくりのポイント

〈単元で育てたい資質・能力〉

読書を通して、様々な知識や情報を得たり、自分の考えを広げたりすることができる力の育成を目指して、日常的に読書に親しむことができるようにすることがねらいである。

本単元では、本の見付け方を知り自分の読みたい本を選ぶことや、読んだ本を記録して自分の読書生活を振り返ることができるようにする。

図書館には、様々な種類の本がある。子供に任せて自由に本を選ばせると、ともすればお話の絵本や迷路絵本など、いつも決まった種類の本を選びがちである。読書記録をつけたり振り返ったりする中で、科学読み物や実用的な本、物語など、様々な種類の本を読むことができるように工夫するとよい。

［具体例］

○本の一覧表や読書カードを作成することで、読もうとする子供の意欲を維持するとともに、どの本を読んだのか子供自身が分かるようにする。

〈教材・題材の特徴〉

図書館を活用して読書に親しむための小単元は、年間３回設定されており、今回はその２回目である。５月に学習した「としょかんへ　いこう」では、図書館には様々な本があることや図書館の使い方を知ることができた。本単元では、題名や表紙を見たり司書に尋ねたりするという本の見付け方が示されている。夏休みを前に本の見付け方を知ることで、夏休み中に学校や地域の図書館をより一層活用することが期待できる。

〈他教材や他教科との関連〉

他教材や他教科と関連させながら読書をする機会を増やすことも大切である。「『おむすびころりん』のような昔話をもっと読みたい」「アサガオの育て方を調べたい」「昆虫のお世話の仕方を知りたい」など、目的に合わせて本を選び読む経験を重ねていくとよい。司書と連携することで、調べ学習の場として図書館を活用することもできる。

〈ICT の効果的な活用〉

記録：ICT 端末を活用して読んだ本の表紙の写真を撮りためていくと、読書記録になる。今後、これらを活用して、自分が読んだ本を振り返ったり気に入った本を紹介したりすることもできる。書きためる読書カードと併せて活用したい。

学校によっては「１年生におすすめの○冊」や「○○小の100冊」「夏休みにおすすめの本」などのリストを作成していることもある。本の表紙と題名でカード化し、デジタルリストを作成しておくのもおもしろい。読んだらカードの色を変えるなどすると、読書記録としても活用できる。

本時案

としょかんと なかよし

本時の目標

・本の見付け方を知り、読みたい本を選んで読む。

本時の主な評価

❶読書に親しみ、いろいろな本があることを知っている。【知・技】

資料等の準備

・表紙と題名を確かめるための本
・読書カード（配布用） 22-01
・読書カード（拡大）
・教師の本紹介（ICT 端末上で用意：本の表紙とおもしろいページの写真）

3
ほんを　しょうかいしよう。
①ほんをきめる
②しゃしんを　とる
・ひょうし
・おもしろいぺえじ
③しょうかい　する

授業の流れ ▷▷▷

1 読みたい本の見付け方を知る 〈10分〉

○これまでどんな本を読んだのか、今日はどんな本を読んでみたいのかを出し合う。
T　本を探すとき、どうしていますか。
・前読んでいた友達にどこにあるか聞きます。
・本の表紙を見て選びます。
・本の題名を見て、こんな本かなと考えます。
T　本の表紙や題名を見ると、どんな本か分かりますね。他にも、本を探す方法があります。「○○の本はありますか」などと、司書の先生に相談すると、本を紹介してもらえます。
○司書に相談したら、本を探してもらえることを知らせる。その場で教師が相談し、本を紹介してもらうのもよい。
○読みたい本を探して読む。

2 本を読み、読書記録を書く 〈20分〉

T　どんな本を読んだのか、後で思い出すことができるようにカードに記録していきましょう。
○読書カードを配布し、読んだ本の題名、日付、おもしろかったことを表す印を記録するようにする。
○読んでもらった本も書いてよいことを確認する。
○今後も継続してカードに記録するようにする。徐々に分類やひとこと感想等を書くスペースのあるカードに移行するとよい。

ICT 端末の活用ポイント

読んだ本の表紙を写真に撮り、保存するようにする。読書記録を子供や ICT 端末の実態に応じて取り組ませたい。

としょかんと　なかよし

よみたい　ほんを　みつけて　よもう。

1 ほんの　みつけかた

○ひょうし
○だいめい
○ししょの　せんせいに　そうだん

2 どくしょかあど

読書カードの拡大
または、
電子黒板に投影

3 本の紹介をする計画を立てる〈15分〉

T　読んだ本の中でおもしろかったところはありましたか。

○何人かのおもしろかった本を聞き、友達の読んだ本への関心が高まった後で、読んだ本の紹介をしようという活動を設定する。

T　読んだ本のおもしろいところをクラスの友達に紹介してみましょう。

○子供とやりとりをしながら、活動の計画を立てる。ICT 端末を活用して表紙とおもしろいページの写真を撮り、それらを見せながら紹介することを確認する。

○教師が本紹介を行い、イメージをもたせるようにしてもよい。

ICT 等活用アイデア

読書記録としての写真

写真の撮影は比較的簡単な操作である。子供が ICT 端末を使用できるようになったら、図書館に ICT 端末を持って行き、本を借りた後や返す前に写真を撮るようにするとよい。

表紙の写真を撮り、オクリンクやロイロノートなどの学習支援ソフトを使ってカード化してつなげると、写真による読書の記録となる。

写真を見返すことで、自分の読書傾向を知ることもできるし、お気に入りを選んだり紹介したりする活動にも活用できる。

本時案

としょかんと なかよし

本時の目標

・積極的にいろいろな本を手に取り、これまでの学習を生かして本を選ぼうとしている。

本時の主な評価

❷積極的に図書館について知ろうとし、学習課題に沿って自分で読んでみたい本を見付けようとしている。【態度】

資料等の準備

・教師の本紹介（ICT 端末上で用意：本の表紙とおもしろいページの写真）
・ホワイトボードまたは移動式黒板
・子供・PC のイラスト 22-03〜04

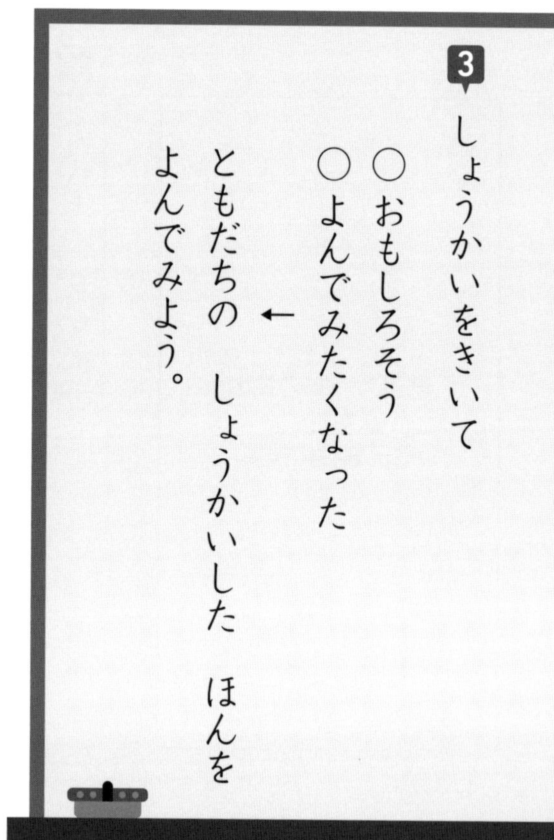

授業の流れ ▷▷▷

1 本の紹介の準備をする 〈15分〉

T 本の紹介の準備をします。どんなことを言うとよいでしょうか。
・「ぼくが紹介する本は○○です」みたいに、何の本か言います。
・「この本のおもしろいところは、〜のところです」と言うといいと思います。
T なるほど。本の題名とおもしろいところを言うのですね。
○どのようなことを言うのかを確認したら、各自で考えさせる。
○子供から出された言葉で話型を作成し、板書しておくと、考える際の助けになる。
○写真を撮っていない場合は、この時間に撮る。

2 本の紹介をする 〈15分〉

T 何の本を読んだのかグループの友達に紹介しましょう。
○「私が紹介する本は、〜です」「おもしろいところはこのページです」「読んでみてください」のように簡単に紹介させるようにする。
○ ICT 端末を活用し、撮った写真（表紙・おすすめのページ）を見せて紹介する。
○紹介の形式は、子供の実態に応じて工夫したい。
　個―全体
　個―個（ペアでどんどん相手を変えて）
　個―グループ（４人程度）

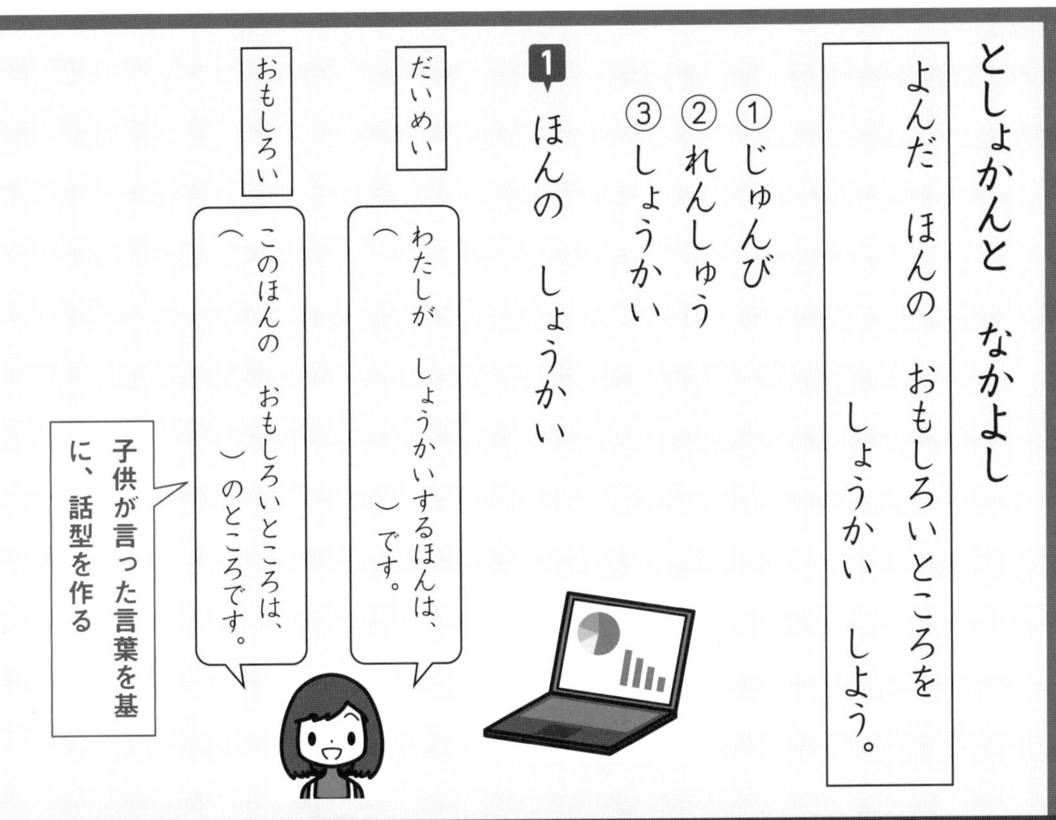

3 読みたい本を選び、借りて読む〈15分〉

T　紹介を聞いて、どうでしたか。読んでみたくなった本はありましたか。

・いろいろな本があって読んでみたくなりました。

・おもしろそうな絵だったので、○○さんの本を読みたいです。

・○○さんが教えてくれた本を読んでみたいです。

・△△さんの本を読んでみたいです。種から家が出てくるのがおもしろいからです。

T　読みたいなと思った本を探して読んでみましょう。

○子供が紹介した本をブックトラック等に集めておき、自由に手に取れるようにしておくとよい。

よりよい授業へのステップアップ

読書の日常化

休み時間や放課後にも本を手に取ることができるよう意識付けたい。専用のブックトラックを用意したり、本棚にポップを立てたりするなど、子供の関心が持続するように工夫したい。

教科書で紹介されている本を中心に「○○小おすすめの○冊」などと、リスト化し紹介するのもよい。様々なジャンルの本をリストに入れておくと、いろいろな本と出合わせることができる。表紙の写真を活用し、オンライン上でリストを作成すると、読んだら色を付けるなど、手軽に記録ができる。

資料

1 第１時資料　読書カード 22-01

ねん　　くみ　　なまえ（　　　　　　　　　　　　　　　　　）

どくしょ　かあど

よんだひ	よんだほんの　だいめい	しるし◎○△
／		
／		
／		
／		
／		
／		
／		
／		
／		
／		
／		
／		

2 第２時資料　子供・PC のイラスト 22-02〜05

22-02

22-03

22-04

22-05

ことばの　たいそう

こえを　あわせて　よもう

2時間扱い

単元の目標

知識及び技能	・語のまとまりや言葉の響きなどに気を付けて音読することができる。((1)ク)
思考力、判断力、表現力等	・場面の様子や登場人物の行動など、内容の大体を捉えることができる。(C イ)
学びに向かう力、人間性等	・言葉がもつよさを感じるとともに、楽しんで読書をし、国語を大切にして、思いや考えを伝え合おうとする。

評価規準

知識・技能	❶語のまとまりや言葉の響きなどに気を付けて音読している。(〔知識及び技能〕(1)ク)
思考・判断・表現	❷「読むこと」において、場面の様子や登場人物の行動など、内容の大体を捉えている。(〔思考力、判断力、表現力等〕C イ)
主体的に学習に取り組む態度	❸進んで詩の内容を捉え、これまでの学習を生かして音読を楽しもうとしている。

単元の流れ

次	時	主な学習活動	評価
一	1	学習の見通しをもつ 詩の範読を聞き、音読活動を行うことを知る。 詩を読み、連ごとに書かれている様子をイメージして、いろいろな読み方をする。 「いちねんせいの　うた」を楽しく歌い、言葉のリズムを味わう。 校庭や屋上に出て、実際にみんなで詩のとおりに音読する。	❶
二	2	班ごとに、詩にぴったり合う読み方を考えて練習し、詩の音読発表を聞き合う。 学習を振り返る 詩集『ちきゅうはメリーゴーラウンド』(13編)の中から詩「一ねんせいになったら」「ふしぎなポケット」などを学習支援ソフトで児童用 ICT 端末に配信し、宿題などで詩の音読を続ける。	❷❸

授業づくりのポイント

〈単元で育てたい資質・能力〉

４月から引き続き、声に出す活動を続けてきている。本単元では、詩に親しみ、声を合わせて読むことを楽しめるようにする。場面の様子や登場人物の行動など、情景を想像する力を育てるために、実感を伴うような体験を豊かに構成したい。空の青さや自然の風を実際に感じながら、登場人物である「ぼく」たちの気持ちを想像できるようにする。ここでは、覚えてしまうくらいに、詩を何度も読み、いろいろな読み方に挑戦する。自分に合った読み方や音読の工夫を考え、詩のリズムや詩のもつ明るさ、元気のよさを感じさせたい。

〈教材・題材の特徴〉

この詩は、リズムのよい４つの連で構成されている。１年生の「ぼく」や「わたし」の視点で表現されており、実際に詩と同じようにやってみたいと思わせる工夫が見られる。「ぼく」たちの目線は大きな黒板に見立てた青い空に向かっており、登場人物の姿は、明るい気持ちで９月からの学習へ向かおうとする子供たち自身と重なる。２・３連では、連の終わりが、漢字の「一」と言い切りの形となり、力強い繰り返しとなる。夏休み明け、久しぶりに会う学級のみんなと体全体を使って、大きな声で、気持ちよく音読するとよいだろう。挿絵には、青空と大きな「一」を書いている子供たちの姿が描かれている。挿絵と同じように気持ちのよい晴天の日に、動作化しながら一緒に楽しむようにしたい。

〈言語活動の工夫〉

「一」を空に大きく書くとき、お日さまの光や風を感じて、どんな気持ちになったのか。実際に体験をすることで、より深く詩の世界をイメージすることができる。様々な「詩」に触れ、声に出したり、動作化したりする中で、短い言葉で感じたことや感動を伝える詩のよさを実感させたい。

[具体例]
よく晴れた日に、校庭や屋上に出て実際にみんなで詩のとおりにやってみたい。「あおい　そらの…」と音読しながら空を見つめ、詩と同じように腕を伸ばし、力を込めて読むと、みんなで活動することの楽しさ、心地よさを味わえるだろう。速さや読み方を変えて様々に読むのもよい。

〈ICT の効果的な活用〉

共有：デジタル教科書の挿絵を示したり、青空の写真を提示したりして共通認識を図る。

記録：ICT 機器の動画機能を用いて、音読の様子を録画し、相互に見直す。撮影した動画を学習支援ソフトを活用して提出させると、評価にも活用できる。

提示：学習支援ソフトを活用して教科書に提示されていない詩を子供の ICT 端末に配信し、自由に閲覧できるようにする。１つ選んで宿題で音読するなど、この時間が終わった後も継続して詩に触れることができる。しばらくしたら、お気に入りの詩を音読して動画で提出させるようにしてもよい。

本時案

こえを　あわせて　よもう「いちねんせいの　うた」 1/2

本時の目標

・「いちねんせいの　うた」を読み、連ごとに書かれている様子をイメージして、いろいろな読み方で音読をすることができる。

本時の主な評価

❶語のまとまりや言葉の響きなどに気を付けて音読している。【知・技】

資料等の準備

・詩の拡大コピー
・漢字指導用の小黒板１枚

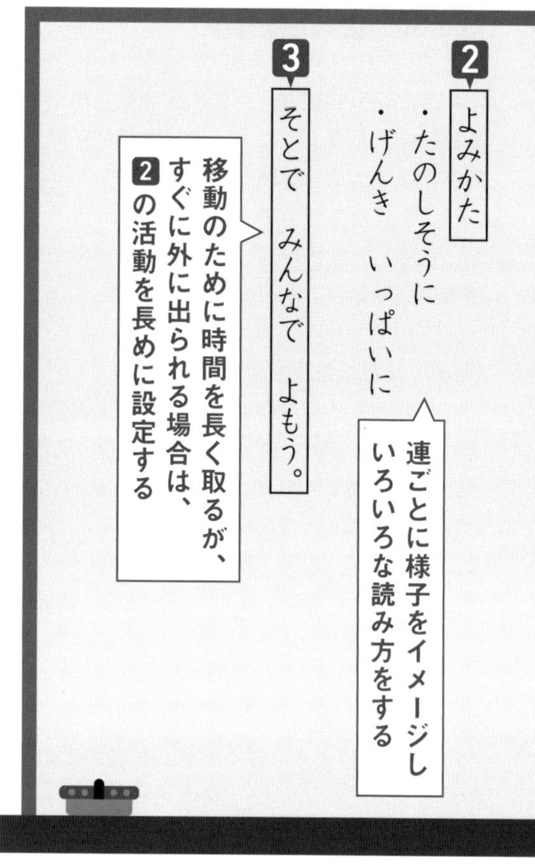

授業の流れ▷▷▷

1 連ごとのイメージに合わせて詩を音読する 〈10分〉

○詩の範読を聞き、音読活動を行うことを知る。ゆったりと伸びやかに範読する。

T　何が出てきましたか。

・漢字の「一」が出てきました。

・青い空が出てきました。

T　どんなことを思って読むとよいでしょうか。

・楽しそうに読みます。

・元気いっぱい読みます。

T　詩のとおりに「一」を書いて感じた気持ちや様子も入れて楽しく詩を読んでみましょう。

ICT 端末の活用ポイント

範読の際に、デジタル教科書を活用できる場合は、詩の挿絵を投影し、詩の大まかなイメージを共有する。

2 詩を楽しく音読し、言葉のリズムを味わう 〈15分〉

T　後について、読んでみましょう。

○「いちねんせいの　うた」を楽しく音読し、言葉のリズムを味わう。

T　今度は、少しゆっくりと読んでみますよ。

○立って読んだり、列ごとに読んだり、速さや口調などに変化をつけて音読する。

T　今日は、青い空でいい天気ですね。どこで詩を読みたいですか。

・屋上がいいです。・校庭で読みたいです。

T　これは、どこから見えた青空でしょうか。さあ、みんなで楽しく読みに行きましょう。

ICT 端末の活用ポイント

青い空の画像を投影し、イメージを共有するとよいだろう。学校から見える青空の日の景色を撮影しておくと、より身近に意識できる。

いちねんせいの　うた

1 こえをあわせて　よもう。

でてきた　もの
・かんじの　一
・あおい　そら

どんな気持ちで読むとよいか確認するとよい

教科書 p.96～97
詩の拡大コピー
（もしくはデジタル教科書を投影する）

学校から見える景色の青空の写真

青空のイメージ写真

3 詩をイメージして音読する 〈20分〉

○校庭や屋上で詩を思い浮かべて音読する。

T 空が大きな黒板のようですね。どのように読みましたか。

・「一」を力いっぱい大きく書いて読めた。

T みんなは、これから、大きな黒板にどんなことを書きたいですか。

・漢字をたくさん書きたいです。
・大好きなものも描きたいです。

○９月からの生活を新たな気持ちで始められるように、みんなで活動することの楽しさを感じながら、子供の活動を認める。

ICT 端末の活用ポイント

音読する様子を動画で撮影し、帰りの会で流して視聴する。そのまま音読しながら楽しく帰宅する姿も見られるだろう。

よりよい授業へのステップアップ

詩のイメージを膨らませる

「いちねんせいの　うた」は、「つづけよう」の学習の１つである。読み方に変化を付けて何度も読むことで、声に出して詩を読むことを楽しむ心を育てたい。

言葉にこだわって確かめたり、体を動かしたりしながら読んでいくことで、詩の音読から言葉の世界が広がっていくことだろう。詩の男の子たちは、どうして「一」と書いてみたのか、みんなだったらどうだろうかと、気持ちも考えるようにすると、詩に書かれた様子を理解しやすくなるだろう。

本時案

こえを　あわせて　よもう「いちねんせいの　うた」 2/2

本時の目標

・詩の世界を味わい、工夫して音読することができる。

本時の主な評価

❷場面の様子や登場人物の行動など、内容の大体を捉えている。【思・判・表】
❸進んで詩の内容を捉え、これまでの学習を生かして音読を楽しもうとしている。【態度】

資料等の準備

・詩の拡大コピー
・（用意のある場合は）デジタル教科書

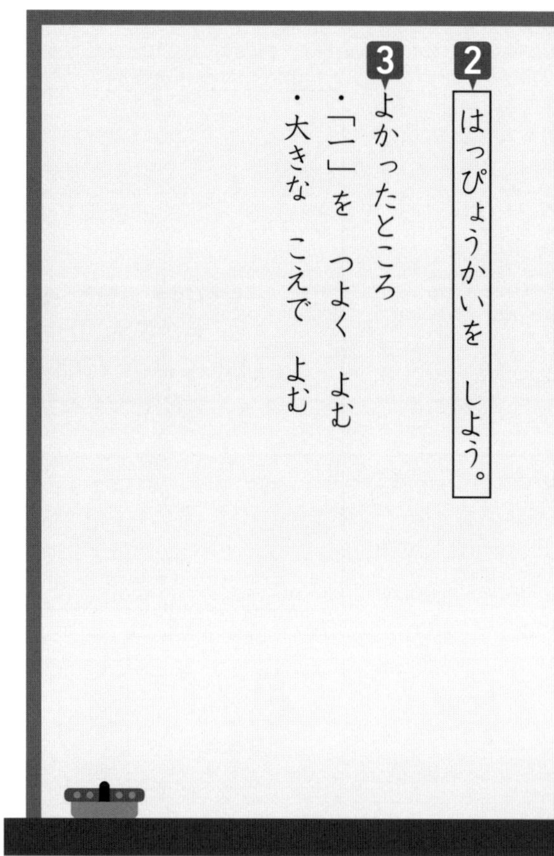

授業の流れ ▷▷▷

1 詩の読み方にぴったりの表現を工夫して練習する 〈15分〉

T　昨日「いちねんせいの　うた」を読んだときに、どんな読み方の工夫をしましたか。
・「ちからを　こめて」は、強く読んだ。
・「おひさま　みてる」は、優しく読んだ。
○前回の４連それぞれの読み方の工夫を思い出して音読する。
T　グループで読み方に気を付けて、ぴったりの音読になるように練習しましょう。
○覚えてしまうくらいに、詩を何度も読み、いろいろな読み方に挑戦する。

ICT 端末の活用ポイント

グループの練習の様子を学習支援ソフトに提出させる。操作が難しい場合は、教師用端末で録画し、保存する。

2 詩の音読発表会をし、班の発表を聞く 〈20分〉

T　詩の中の「ぼく」や「わたし」になったつもりで、心を込めて音読しましょう。
○グループ編成は、多くなると聞いていて飽きてしまうため、３～４グループ程度にする。
T　グループの読み方から、いいな、と思ったことを教えてください。
・大きな声で読んでいてよかったです。
・「一」が強く読めていて上手でした。
○教師が小さな声で「せぇの」などの声掛けをし、グループとしてまとまりのある音読になるよう支える。

いちねんせいの　うた

1 みんなで　よもう。

詩を投影する

投影した詩に、
「つよく」「やさしく」など、
読むときの表現を書き込む

拡大した詩を壁面に貼っておくと、よい姿勢で音読する手立てとなり、詩の世界に入りやすくなる

3 音読発表会を振り返る　〈10分〉

T　昨日の読み方より「頑張ったよ」と思うところはありましたか。

・大きな声が出せた。

・強く読むところを頑張りました。

・「一」を力いっぱい大きく書いて読めた。

○学習支援ソフトを活用して、教科書以外の詩を児童用 ICT 端末に配信し、自由に閲覧できるようにする。

T　これからも、たくさんの詩を音読していきましょう。

ICT 端末の活用ポイント

詩を印刷して配布するのもよいが、学習支援ソフトを活用して、いつでもどこでも詩を読んだり、配信された多くの詩に触れたりする。

ICT 等活用アイデア

記録・評価に生かす

1 年生のこの時期では、まだ ICT 端末を個々で有効に使うことは難しいだろう。

教師の使い方を見せて、自分たちが読んでいる様子を動画に撮ると、自分たちの学びを俯瞰的に捉えるきっかけになる。短い時間で撮り、帰りの会や隙間時間に見せていくと、音読することへの興味・関心を引き出すことができる。

今後は、宿題としてお気に入りの詩を音読して動画で提出させるようにするのもよい。

ことばの　たいそう

みんなに　しらせよう

2時間扱い

単元の目標

知識及び技能	・姿勢や口形、発声や発音に注意して話すことができる。((1)イ)
思考力、判断力、表現力等	・伝えたい事柄や相手に応じて、声の大きさや速さなどを工夫することができる。(A ウ) ・話し手が知らせたいことや自分が聞きたいことを落とさないように集中して聞き、話の内容を捉えて感想をもつことができる。(A エ)
学びに向かう力、人間性等	・言葉がもつよさを感じるとともに、楽しんで読書をし、国語を大切にして、思いや考えを伝え合おうとする。

評価規準

知識・技能	❶姿勢や口形、発声や発音に注意して話している。(〔知識及び技能〕(1)イ)
思考・判断・表現	❷「話すこと・聞くこと」において、伝えたい事柄や相手に応じて、声の大きさや速さなどを工夫している。(〔思考力、判断力、表現力等〕A ウ) ❸「話すこと・聞くこと」において、話し手が知らせたいことや自分が聞きたいことを落とさないように集中して聞き、話の内容を捉えて感想をもっている。(〔思考力、判断力、表現力等〕A エ)
主体的に学習に取り組む態度	❹積極的に友達の話を聞き、これまでの学習を生かして質問や感想を述べようとしている。

単元の流れ

次	時	主な学習活動	評価
一	1	学習の見通しをもつ 夏休みの経験を話す活動への見通しをもつ。 ペアの友達と話して、具体的な様子を想起し、発表する内容を決める。 学級全体の前でどのように話したらよいか考え、練習する。	❶❷
二	2	学級全体で夏休みの経験を発表して聞き合う。 学習を振り返る みんなの前で話すときに大事なことを確かめ、学習感想を書く。	❸❹

授業づくりのポイント

〈単元で育てたい資質・能力〉

本単元のねらいは、話し手が知らせたいことや自分が聞きたいことを落とさないように集中して聞き、話の内容を捉えて感想をもつ力を育むことである。そのためには、話し手の伝えたいことを考え、話の内容を具体的に想像しながら聞く力が必要となる。

話し手は、聞き手に応じて、声の大きさや話す速さなどについても意識させたい。話し手が教室の前に立つことで、聞き手の視線は、自然と話し手へと集中しやすくなる。話し手の声の大きさも、教室全体を意識したものになりやすい。話す内容は2文から3文とする。聞き手が感想をもつためには、ある程度の情報が必要である。また、2文から3文の情報量であれば、さらに具体的に聞きたいことが浮かびやすいと考える。

〈教材・題材の特徴〉

ペアで聞き合う活動を行った1学期の経験を経て、今回は全体の前で話をする。全体での発表をする前に、ペア対話を通じて発表する内容を明確にすることで、不安や緊張を和らげるようにする。

話題は、夏休みの経験である。「ぜひ聞いてほしい」という思いでいっぱいな子供がいる一方、中には後ろ向きの子供もいる可能性があることに留意し、どの子供も安心して取り組めるようにする。

本単元の学びを生かして、「みんなの前で話すときには、声を大きくしよう」「間を空けて聞きやすい速さで話そう」など、全体へ向けて発表する際に、声の大きさや話す速さなどをすすんで意識できるようにしたい。また、疑問や感想を頭に描きながら話を聞く習慣が身に付くことを期待する。

［具体例］

〇この学習を見通して、生き物の観察、家の手伝いなどを夏休みの課題として出しておく。経験したことについて事前に言語化できるので、日記も有効である。

〇全体の前で話すときとペアで話すときでは、求められる声の大きさや話す速さが異なる。声の大きさについては、1学期から使用している「声のものさし」を定期的に確認して、子供たちに意識付けるとよい。

〈言語活動の工夫〉

ペアの友達と話しながら、夏休みの経験を想起させる。その際、質問や感想を伝えるようにするとよい。話し手はより具体的に自分の経験について想起することができる。聞き手は、集中して経験を想像しながら、相手の話を聞くことができる。

多くの人の前で話す経験は、子供の達成感や「みんなに聞いてもらえてうれしい」という気持ちを高める。一方で、緊張してなかなか声が出ない子供もいるであろう。そばに寄り添ったり温かい声掛けをしたりすることで、子供が「失敗してもいい」「挑戦してよかった」と思える環境を整えたい。

学級全体での発表を時間内に行うことは、子供の集中力を考慮すると困難な場合もある。場合によっては、朝の会を活用したりグループでの実施を検討したりする。聞き手の質問や感想が一部の子供に偏らないよう、意図的指名を行うとよい。

〈ICT の効果的な活用〉

表現：絵日記を投影機で映したり、端末で撮影した写真などを共有したりしながら発表することで、話の内容を補う。聞き手にとっては、質問や感想がもちやすくなる。

本時案

みんなに しらせよう

本時の目標

・友達と対話しながら、夏休みの経験を想起し、発表することを決めることができる。

本時の主な評価

❶対話によって、夏休みの経験を伝えている。【知・技】

❷ペアや学級全体の前で発表することを考えながら、声の大きさや工夫して話している。【思・判・表】

資料等の準備

・ワークシート①の拡大コピー 24-01

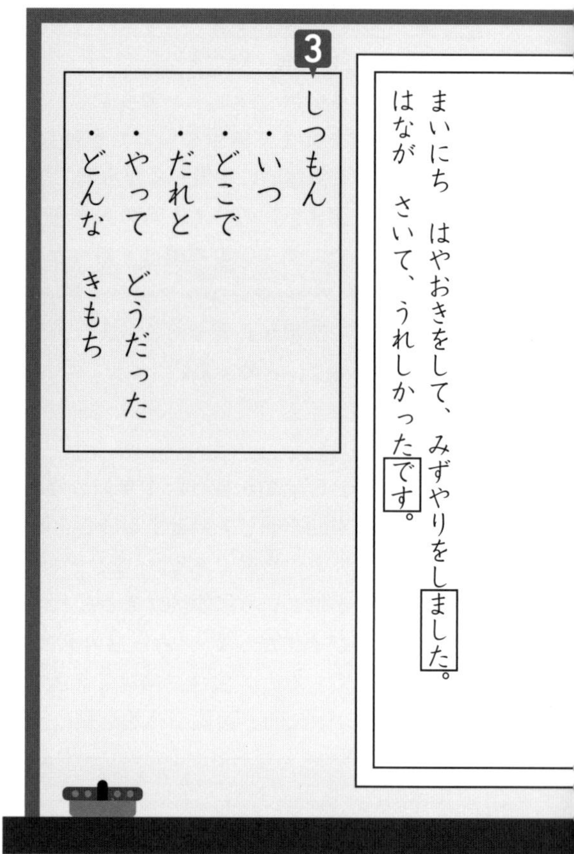

授業の流れ ▷▷▷

1 学習への見通しをもつ 〈10分〉

T 先生は、夏休みに学校のお祭りに行きました。みんなで踊って、楽しかったです。

○教師の経験を話して、質問や感想はないかと問いかける。

T みんなはどんな夏休みでしたか。みんなの前で発表しましょう。発表するときは、どんなことに気を付けるとよいでしょうか。

・話すことを決めて話す。

・みんなに聞こえる声で話す。

・聞きやすい速さで話す。

○教師が声の大きさや話す速さを実演しながら、どんな話し方がよいかを考えさせる。

2 夏休みの経験を振り返る〈10分〉

T 話すことを決めるために、まずは夏休みにしたことを思い出しましょう。

・プール。アサガオの世話。キャンプ。花火。

○ウェビングマップを用いて、思い出すままに書き出す。単語でも枠に収まる程度の文でもよい。はじめに、1の教師のスピーチを基に、板書で例を示すと分かりやすい。

○夏休みの絵日記や一行日記を見ながら想起させるとよい。

○「～つくらい書けるといいね」と具体的な数を示すと、目指す指標となる。経験が少ない子供でも達成できるよう、数に配慮したりアサガオの世話やお家での手伝いなど経験した子供が多い例を示したりするとよい。

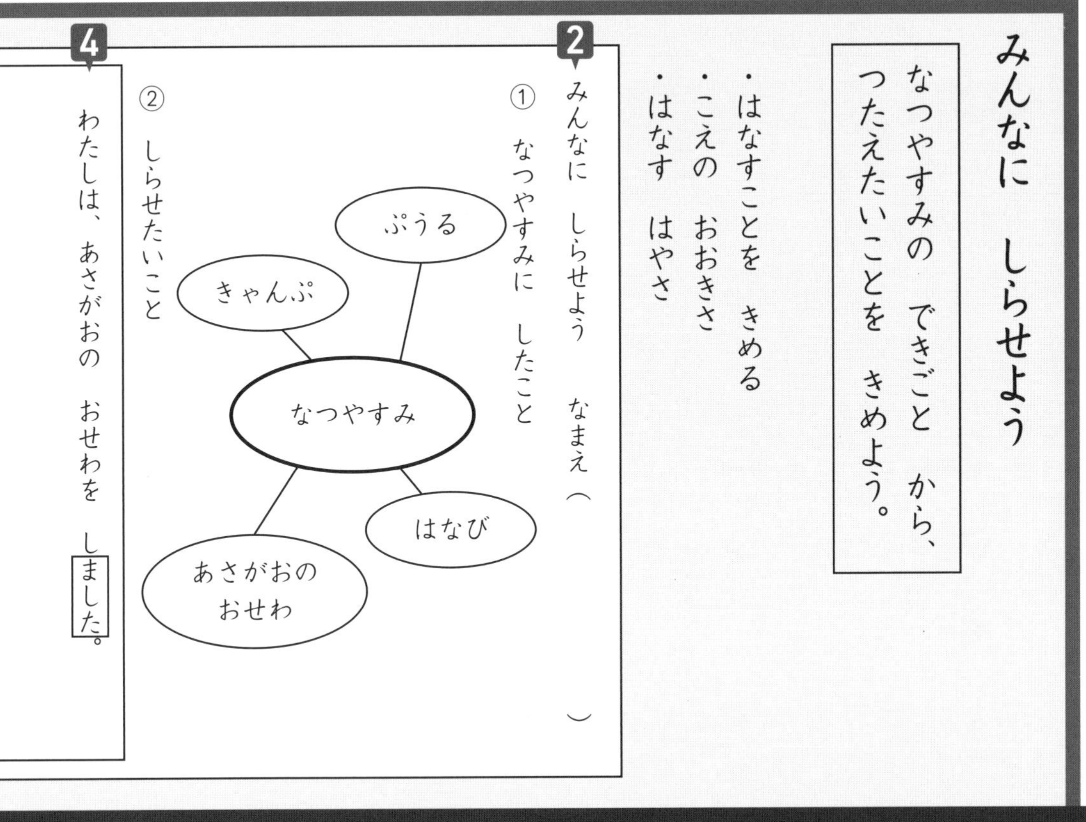

3 ペアで夏休みの出来事を聞き合う〈15分〉

T　夏休みにしたことを友達と話しましょう。
・学校のプールに行ったよ。友達とたくさん泳いだよ。
・どんな気持ちだった。
・水が冷たくて、気持ちよかった。
・いいね。来年は私も行きたいな。
○ペアで夏休みの出来事を話し、質問し合うことで、詳しく経験を想起することができるようにする。
○質問の視点を掲示し、困ったら参考にできるようにするとよい。
○ペアを変えて多くの友達と対話をすることで、話したい内容が明確になっていく。

4 伝えたい題材を選び、話し方を考える〈10分〉

T　みんなに伝えたい出来事を１つ選び、文章に書きましょう。
・私は、アサガオのお世話をしました。毎日早起きをして、水やりをしました。花が咲いて、うれしかったです。
○事柄を選ぶ基準は、「伝えたい」という思いが強いものや様子を詳しく思い返せるものとする。
○2の活動と異なり、主語を入れたり文末表現を丁寧にしたりすることを確認する。

本時案

みんなに しらせよう

2/2

本時の目標

・友達の話を進んで聞き、感想や質問を伝えることができる。

本時の主な評価

❸話し手が知らせたいことや自分が聞きたいことを落とさないように集中して聞き、話の内容を捉えて感想をもっている。【思・判・表】
❹積極的に友達の話を聞き、これまでの学習を生かして質問や感想を述べようとしている。【態度】

資料等の準備

・ワークシート②の拡大コピー 24-02

3〈ふりかえり〉

こえの おおきさや はやさを くふうして はなした。	ようすを おもいうかべながら きいた。	しつもんや かんそうを いった。
◎	○	△

授業の流れ ▷▷▷

1 発表の仕方や聞き方を知り、ペアで話す練習をする 〈10分〉

T 発表するときに大事なことは何でしょう。また、発表を聞くときに大事なことは何でしょう。
・みんなに聞こえる大きな声で話す。
・聞きやすい速さで話す。
・はっきり話す。
・発表する人の方を向いて聞く。
・様子を思い浮かべながら聞く。
○話し手は前に出て話すことや、聞き手は感想や質問を言うことを確認する。全員が発表することはできないので、発表しない子供は特に、聞き手として感想や質問を言えるように耳を傾けることを促す。
○大事なことを確認後、ペアで練習させる。

2 夏休みの経験を発表して聞き合う 〈25分〉

○全体の前で発表する。人数によっては、グループで行うなど工夫する。
・私も花が咲いたときとてもうれしかったです。
・花は何色でしたか。
○話し手から見える位置（教室の後方）に、「おおきいこえ」「はっきりはなす」などのめあてを掲示しておくと意識しやすい。
○「かんそうやしつもんをおねがいします」と投げかける話型を掲示するとよい。
○感想や質問が一部の子供に偏らないようにする。

ICT 端末の活用ポイント

絵日記を投影機に映したり、端末で撮影した写真などを共有したりしながら発表することで、話の内容を補う。

みんなに　しらせよう

1 ともだちの　はなしを　しっかりきき、
かんそうや　しつもんを　つたえよう。

〈はっぴょう〉

はなしかた
・まえで　はなす
・おおきい　こえ
・ゆっくり　はなす

ききかた
・はっぴょうする　ひとの　ほうを　みる。
・ようすを　おもいうかべる。
・かんそうや　しつもんを　いう。

しつもん
・いつ
・どこで
・だれと
・やって　どうだった
・どんな　きもち

3 学習を振り返る 〈10分〉

T　発表を聞き合ってどうでしたか。振り返りましょう。
・みんなの前で話すとき、緊張しました。
・声の大きさや速さに気を付けて話せました。感想を言ってもらえて、うれしかったです。
・質問をすると発表がもっとよく分かりました。
○ワークシートにある振り返りの欄を用いて、振り返らせる。
○質問によって話の内容の深まりがあったことに着目させ、質問することのよさを感じ取らせたい。

ICT 端末の活用ポイント

2の活動で、発表の様子を撮影しておく。よかった発表や感想・質問を再生し、話し方・聞き方のポイントを具体的に確認する。

よりよい授業へのステップアップ

伝え合う活動の継続の工夫

全員の発表を、授業と朝の会の両方の時間で設定してもよい。これを機に、朝の会で短いスピーチを行うことを始めることもできる。

話題は身近なことや経験したことを中心に教師が提示し、交代で伝え合うことで、話す力・聞く力を育みたい。

資料

1 第1時資料 ワークシート① 24-01

みんなに しらせよう

ねん くみ なまえ（ ）

① なつやすみに したこと

なつやすみ

② しらせたいこと

2 第 2 時資料　ワークシート② 24-02

③ ふりかえり

こえの　おおきさや　はやさを　くふうして　はなした。	
ようすを　おもいうかべながら　きいた。	
しつもんや　かんそうを　いった。	

わかったことや　おもったこと

ことばの　たいそう

ことばを　みつけよう

2時間扱い

単元の目標

知識及び技能	・身近なことを表す語句の量を増し、語彙を豊かにすることができる。((1)オ)
学びに向かう力、人間性等	・言葉がもつよさを感じるとともに、楽しんで読書をし、国語を大切にして、思いや考えを伝え合おうとする。

評価規準

知識・技能	❶身近なことを表す語句の量を増し、語彙を豊かにしている。(〔知識及び技能〕(1)オ)
主体的に学習に取り組む態度	❷積極的に言葉遊びに取り組み、これまでの学習を生かして自分でも言葉遊びを作成しようとしている。

単元の流れ

時	主な学習活動	評価
1	学習の見通しをもつ 言葉の表を使った言葉の見付け方を知る。 言葉の表に隠れている言葉を見付ける。 見付けた言葉を出し合い、どのような言葉があったのか確かめる。	❶
2	簡単な言葉の表を自分で作り、友達と問題を出し合って言葉遊びを楽しむ。 学習を振り返る 言葉遊びのコツや学習の感想を共有する。	❷

授業づくりのポイント

〈単元で育てたい資質・能力〉

本単元のねらいは、身近なことを表す語句の量を増し、語彙を豊かにすることである。そのためには、言葉には意味による語句のまとまりがあることに気付く力が必要となる。様々な言葉が隠れた表の中から、自分自身が楽しみながら語句を探したり見付けた言葉を出し合って分類したりしながら、友達が見付けた語句についても知ることで、言葉への関心を高めることにつながる。

[具体例]
○子供にとって、なじみがないと予想される言葉については、一緒に意味を確認したり例や写真などの具体例を示したりするとよい。

〈教材・題材の特徴〉

表に隠された言葉を探す言葉遊びに取り組む。教科書に示された表は、縦４マス×横４マスの16マスで構成されたものと、縦８マス×横８マスの64マスで構成されたものがある。はじめに、16マスの表で遊び方を確認し、次に64マスの表に取り組むとよい。中には、１つの語句から別の語句を見いだせるものもある。まとまりによって語句が変わることや、複数の語句が組み合わさってできたことに気付くこともできる。子供たちが楽しみながら様々な言葉を探せるようにしたい。

[具体例]
○１つの語句から別の語句が見いだせる―「しりとり」と「とり」
○２つの語句が組み合わさって１つの語句ができる―「なつ」と「やすみ」で「なつやすみ」

〈言語活動の工夫〉

表の中から言葉を探す活動の後には、自分で表の中に言葉を入れて問題を作り、友達同士出し合う活動を行う。まずは、縦３マス、横３マスの９マスで構成した表で作成し、段階を追って表の数を増やしていくと、どの子供も取り組みやすい。探す活動でも、作成する活動でも、段階的にマスの数を選択できるように、複数の表を用意し、実態に応じて選ぶことができるようにする。どの子供も自分に合ったものを選び、楽しく取り組めるようにする。

[具体例]
○友達同士、自分が作成した表を交換する際には、１学期の学習を生かして、「○文字の言葉を探してください」と音数を指定して遊ぶのもよい。

〈ICT の効果的な活用〉

共有：友達同士問題を出すときには、問題を作成した時点でコピーをしたり、ICT 端末で撮影したものに囲みをさせたりすることで、繰り返し楽しむことができる。

共有：ペアで交換するだけでなく、４人などの少人数や学級全体で取り組むこともできる。書画カメラや ICT 端末を用いて、問題を映したり見付けた言葉を発表したりする。

本時案

ことばを みつけよう

本時の目標

・教科書の表を見て、縦・横・斜めに隠れている言葉を多く見付けることができる。

本時の主な評価

❶表の中から、身近なことを表す言葉を見付けている。【知・技】

資料等の準備

・言葉の表のコピー
（子供用：教科書と同じ大きさのもの）
（掲示用：拡大したもの）

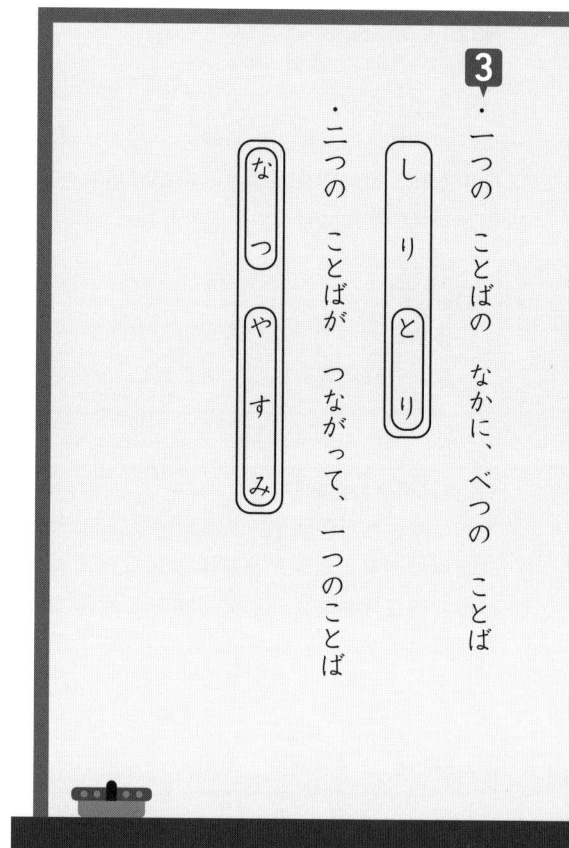

授業の流れ ▷▷▷

1 言葉遊びの仕方を知る 〈10分〉

○言葉の表（縦４マス×横４マス）を掲示する。

T この表の中には言葉が隠れています。どのように隠れているでしょう。

・縦や斜めに読むときは、「上から下」。

・横に読むときは、「左から右」。

○例として「りす」を丸で囲み、隠れていた言葉の可視化を行う。

○他の言葉についても見付けさせ、縦・横・斜めに読んでよいこと、読む順番にきまりがあることを確認する。

2 表の中から言葉を見付ける 〈25分〉

○言葉の表（縦８マス×横８マス）を掲示する。

T 言葉を見付けて、ノートに書きましょう。

○見付けた言葉を丸で囲み、ノートに記入させる。

○丸の囲みは、言葉を見付けていくにしたがい重なっていく。言葉を探しにくくなるので、鉛筆の色を変えて囲んだり、薄く塗り潰したりするなど、見付けた言葉の文字の重なりに配慮した工夫をする。

○時間で区切り、見付けた言葉を発表し合ってから再度探すのもよい。

○見付けた言葉を「いぬ・いちねんせい・ねこ」というように、語句のまとまりとして書く。

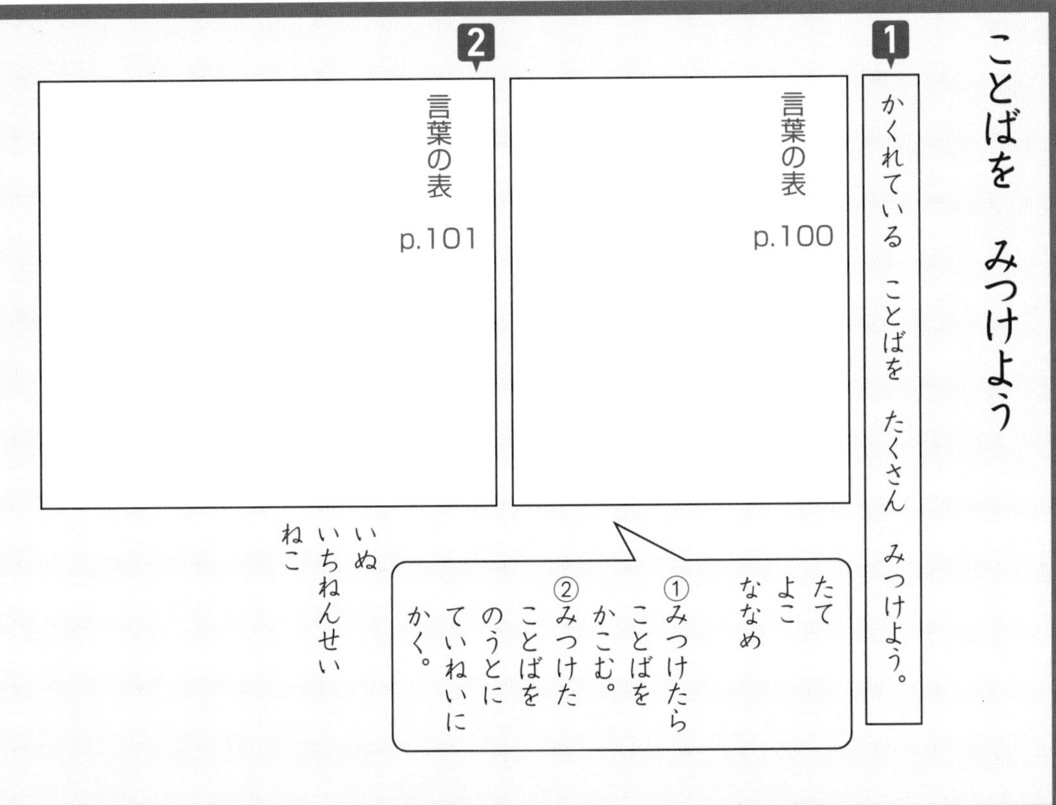

3 見付けた言葉を発表する〈10分〉

T　見付けた言葉を発表しましょう。

○見付けた言葉を表と対応させながら板書する。

T　言葉探しをして気付いたことはありますか。

・1つの言葉の中に、別の言葉が入っています。(「しりとり」と「とり」)

・2つの言葉がつながって、1つの言葉になっています。(「なつ」と「やすみ」で「なつやすみ」)

○言葉の仕組みへのよい気付きは取り上げて、言葉への興味を高める。

○次時は、自分で言葉探しの問題作りを行うことを伝える。

ICT 端末の活用ポイント

子供になじみがないと予想される言葉について一緒に意味を確認する際、写真や動画等を示す。

よりよい授業へのステップアップ

言葉探しへの支援

子供によっては表の文字量に圧倒されて意欲が低下したり、言葉を見いだすことに困難さを感じたりする場合がある。支援として2つの方法が考えられる。一つは、表の半分を伏せて情報量を減らす。表を半分に折り、半分できたところで残りを示す。もう一つは、「いちねんせい」という言葉を横書きで提示し、「い」から縦に「いぬ」が、「ね」からは縦に「ねこ」という言葉が導き出せることを示す。縦読みや横読み、斜め読みの組み合わせ方を、言葉を抜き出して指導すると分かりやすい。

本時案

ことばを みつけよう

本時の目標

・表に言葉を当てはめて言葉探しの問題を進んで作り、友達と出し合って言葉遊びを楽しむことができる。

本時の主な評価

❷積極的に言葉遊びに取り組み、これまでの学習を生かして自分でも言葉遊びを作成しようとしている。【態度】

資料等の準備

・前時で用いた言葉の表のコピー（拡大したもの）
・表のコピー

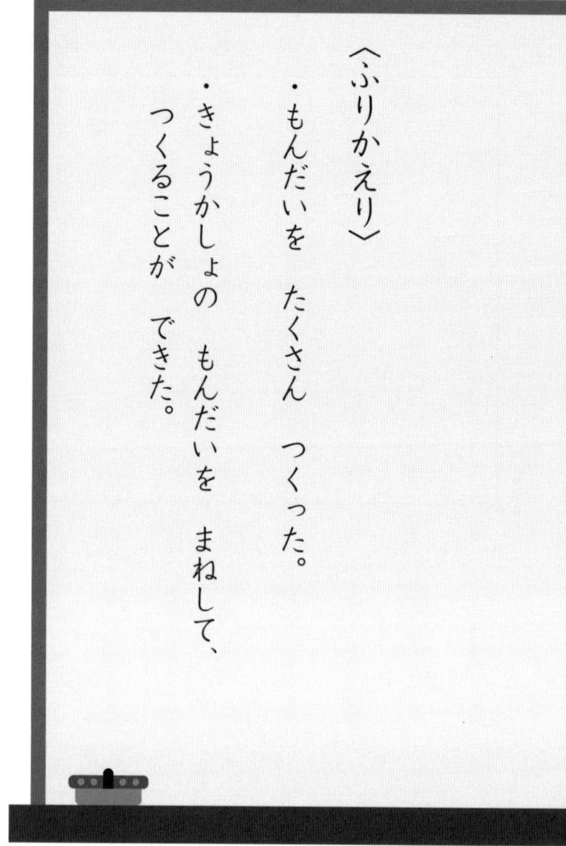

授業の流れ ▷▷▷

1 問題の作り方を知る 〈10分〉

T 言葉探しの問題を自分で作り、友達と出し合います。言葉探しは、どうやって言葉を見付けましたか。
・縦・横・斜めに隠れている言葉を、見付けたら丸で囲む。
○前時の学習を振り返り、表に隠れた言葉の見付け方を確認する。
○まず、２文字か３文字の言葉を考えて、表に書く。次に、その言葉の１文字を含めた別の２文字か３文字の言葉を考え、向きを変えて表に書き込む。
○板書で例を示し、作り方を具体的にイメージできるようにする。

2 言葉探しの問題を作る 〈20分〉

T 縦３マス×横３マスの９マスの表に言葉を入れて、問題を作りましょう。
○表の言葉を書き込んだら、複数の言葉が隠れているかを確かめさせる。
○問題を早く作成した子供には、全９マスの表の２枚目や、縦４マス×横４マスの全16マスの表を渡し、作問への意欲を促す。学級の実態に応じて、始めから自分の好きな表を選んで、取り組ませてもよい。

ICT 端末の活用ポイント

完成した表は、ICT 端末で撮影し友達と共有する。**3**の活動で、これに囲みをすることで、繰り返し楽しむことができる。

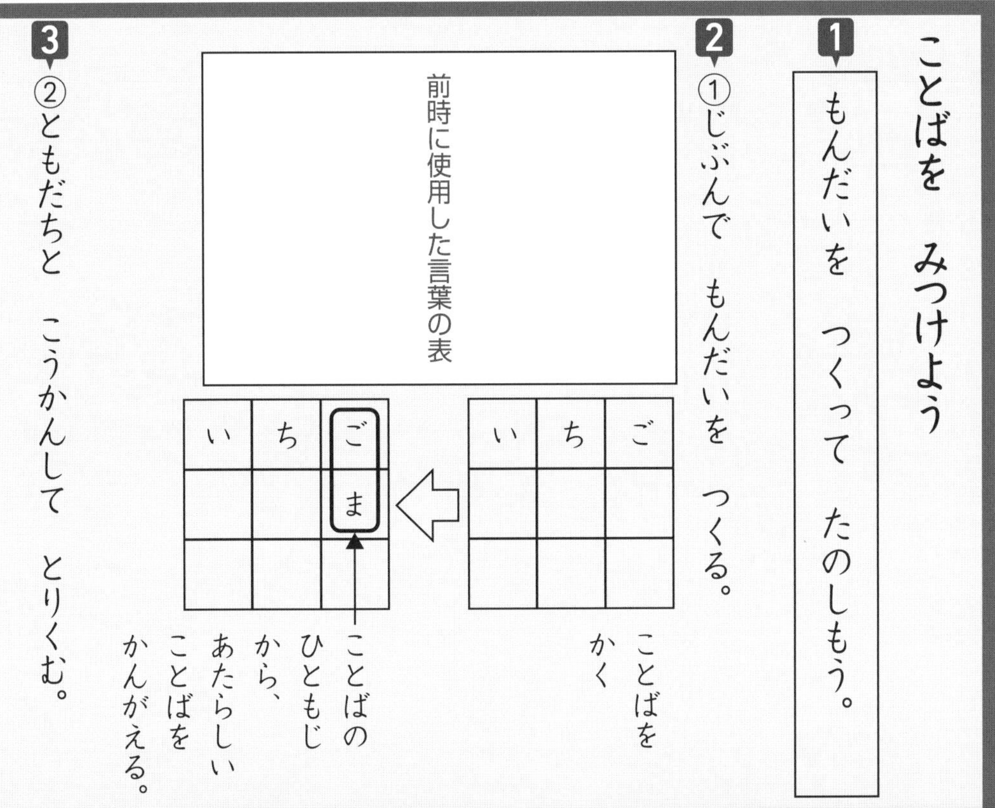

3 友達と問題を出し合う　〈15分〉

T　友達と問題を交換して出し合いましょう。

○問題の交換は、ペアで行ったり、１人のものを学級全体で解いたり、様々な方法がある。

○「３つの言葉を見付けてください」「２文字の言葉を見付けてください」といった、課題を設定して出し合うのもよい。

○最後に、学習の振り返りを行う。言葉の隠れ方や探し方のコツとともに、活動そのものへの感想を取り上げたい。楽しんで活動に取り組んだり、言葉のおもしろさに気付いたりすることができればよい。

ICT 等活用アイデア

子供の作問の提示

問題の交換を２人で行うだけではなく、４人組などの少人数や学級全体で取り組むこともできる。書画カメラや ICT 端末を用いて、問題を映したり見付けた言葉を発表したりする。

一人一台端末のアプリ機能等を用いて、１人が作成した問題を全体に配信したり ICT 端末で撮影したものに囲みをさせたりすることで、交換が容易になり、繰り返し楽しむことができる。

おはなしを　たのしもう

やくそく　（8時間扱い）

単元の目標

知識及び技能	・文の中における主語と述語との関係に気付くことができる。((1)カ) ・語のまとまりや言葉の響きなどに気を付けて音読することができる。((1)ク)
思考力、判断力、表現力等	・場面の様子や登場人物の行動など、内容の大体を捉えることができる。(C イ) ・場面の様子に着目して、登場人物の行動を具体的に想像することができる。(C エ)
学びに向かう力、人間性等	・言葉がもつよさを感じるとともに、楽しんで読書をし、国語を大切にして、思いや考えを伝え合おうとする。

評価規準

知識・技能	❶文の中における主語と述語との関係に気付いている。(〔知識及び技能〕(1)カ) ❷語のまとまりや言葉の響きなどに気を付けて音読している。(〔知識及び技能〕(1)ク)
思考・判断・表現	❸「読むこと」において、場面の様子や登場人物の行動など、内容の大体を捉えている。(〔思考力、判断力、表現力等〕C イ) ❹「読むこと」において、場面の様子に着目して、登場人物の行動を具体的に想像している。(〔思考力、判断力、表現力等〕C エ)
主体的に学習に取り組む態度	❺進んで場面の様子や登場人物の行動を確かめ、学習課題に沿って音読しようとしている。

単元の流れ

次	時	主な学習活動	評価
一	1	学習の見通しをもつ 題名から話の内容を予想してから範読を聞き、感想を書く。物語の場所や登場人物を確かめる。	
	2	登場人物の行動に着目して、話の大まかな展開を読み取り、前時に書いた感想を基に学習計画を立てる。	❸
二	3	1・2の場面（ある　おおきな木　に…／ある　とき…）を音読し、あおむしたちの行動を具体的に想像しながら読み取る。	
	4	3の場面（にひきが　いいあいを　して　いると…）を音読し、あおむしたちの行動を具体的に想像しながら読み取る。	❶
	5	4の場面（その　ときです。…）5の場面の前半（いちばん　たかい　えだに　つくと…）を音読し、あおむしたちの行動を具体的に想像しながら読み取る。	❺
	6	5の場面の後半（とおくには…）を音読し、あおむしたちの行動を具体的に想像しながら読み取る。	❹

三	7 8	全文を音読し、第二次で読み取ったことを基に登場人物や物語の展開について整理する。 学習を振り返る 音読を聞き合い、単元の学習を振り返る。	❺ ❷

授業づくりのポイント

〈単元で育てたい資質・能力〉

本単元のねらいは、場面の様子や登場人物の行動などに着目し、内容の大体を捉える力を育むことである。

そのためには、「誰が」「何をしたか」、「何を言ったか」そして「どうなったか」を把握することを繰り返し、物語全体の内容を正確に理解することが重要となる。行動を表す言葉に着目し、登場人物や主な出来事、結末等を大づかみに捉えることができるようにしたい。内容の大体を捉えることが、登場人物の行動や会話について具体的に想像することにつながっていくのである。

〈教材・題材の特徴〉

自分のことだけを考えてけんかをしていた３匹のあおむしが、広い世界に驚き「一緒に海に行こう」と「やくそく」する物語である。少々長めの話だが、行動や会話から内容の大体を捉えやすい物語である。「いいかえす」「せのびする」など行動を表す言葉に着目することで、登場人物の行動やその理由を具体的に想像することもできる。

〈言語活動の工夫〉

音読を通して、内容の大体を捉えたり登場人物の行動を具体的に想像したりしながら読み進める。

その際、ペープサートを活用することで、「誰が」「何を」話しているのか、「どこで」「どんな」行動をしているのかを意識することができる。

低学年の子供が、想像をするための方法の一つとして音読は有効である。言い合いをしている３匹のあおむしの会話と約束をするときの３匹の会話では、読むときの口調が異なってくる。なぜそう音読したのかを考えることで、登場人物の行動を具体的に想像することができる。「ここに書いてあるから…」「○○ということは…」のように、叙述に基づいたものとなるよう心掛けたい。

言葉の意味や使い方を考える際には、動作化をしたり他の場面での使用例を出し合ったりしながら経験と結び付けて理解できるようにする。

〈ICT の効果的な活用〉

整理：順序を入れ替えた挿絵を子供の ICT 端末に配信する。挿絵の並べ替えを行うことで、登場人物や出来事など物語の大まかな内容や展開を捉えることができる。

記録：ICT 端末で動画を撮影し、音読の様子を記録する。記録した動画を見たり音声を聞いたりすることで、子供が自分の学習を振り返ることができる。一人一人の評価に活用できるのはもちろん、授業の冒頭で前時を振り返る際にも役に立つ。

本時案

やくそく

本時の目標

・読み聞かせを聞き、物語の感想を書くことができる。

本時の主な評価

・物語の展開を楽しみながら範読を聞き、場面の様子や登場人物の行動などに着目して感想を書いている。

資料等の準備

・あおむしのペープサート 26-01〜03

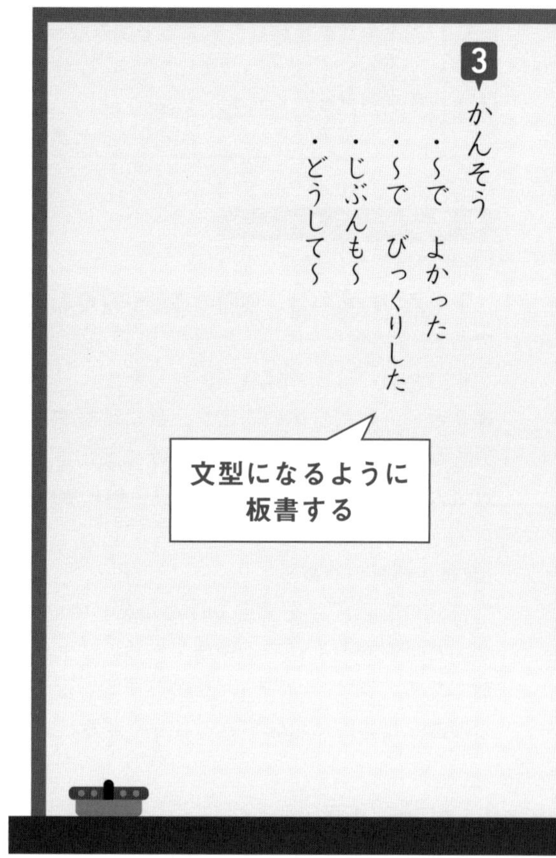

1 「やくそく」という言葉から、話の内容を想像する 〈10分〉

○「やくそく」と板書する。

T 「やくそく」いう言葉から、どんなことを思い浮かべますか。

・大事なこと。

・守らないといけない。

○大切なものであるということを確認する。

T 今から読むお話は、「やくそく」というお話です。どんなお話だと思いますか。

・家族と約束する話。

・約束をやぶっちゃう話。

・友達と約束をする話。

○テンポよく進め、物語への期待を高める。

○お話の名前を「題名」ということを確認し、書いた人を「作者」ということを教える。

2 読み聞かせを聞き、物語の舞台や登場人物を確認する 〈15分〉

○３匹のあおむしが出てくることが分かるよう、声色を変えて読み分けるようにする。

T お話の場所は、どこでしたか。

・木の上。

T お話には誰が出てきましたか。

・あおむし（男の子）。

・そっくりなあおむし（女の子）。

・そっくりなあおむし（男の子）。

・木。

○３匹のあおむしが出てくることを確認する。会話の話し方から性別も考えさせる。

○登場人物という用語に触れてもよい。

やくそく

1
だいじな こと
まもらないと いけない
やぶっちゃだめ

おかあさんと
ともだちと
あそびの やくそく

おはなしを きいて、かんそうを かこう。

おはなしの なまえ…だいめい
↓やくそく

おはなしを つくった ひと…さくしゃ
↓こかぜ さち

2
ばしょ
・木の うえ

でて くる もの…とうじょうじんぶつ
・あおむし（おとこのこ）
・そっくりな あおむし（おんなのこ）
・そっくりな あおむし（おとこのこ）
・木

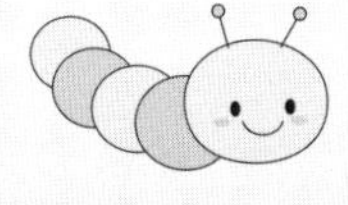

3 物語の感想を書く 〈20分〉

T 「やくそく」のお話を聞いてどう思いましたか。感想をノートに書きましょう。

○数名に感想を言わせ、視点を作ってから書かせるとよい。

○この感想から「読みの課題」を作りたいので、「～でよかった」「自分も～」「どうして～」等と視点を示して書かせる。

よりよい授業へのステップアップ

言葉からイメージを広げる

題名の「やくそく」という言葉について、知っていることを出し合う。もっているイメージを出し合ったり、子供の生活経験と結び付けたりすることで、物語への興味を高める。

用語の理解

学習を進める際には、用語の理解が必要となる。教科書では、単元ごとにその単元で理解させたい用語が示されているので、順次理解させるようにしたい。ここでは「作者」が示されている。

本時案

やくそく

2/8

本時の目標

・時間を表す言葉や出来事に注意して読み、物語の大体を理解することができる。

本時の主な評価

❸場面の様子や登場人物の行動など、内容の大体を捉えている。【思・判・表】

資料等の準備

・各場面ごとの場面絵
・あおむしのペープサート 26-01～03

子供の

とおくに うみが みえ、3びきは
ちょうに なったら いっしょに
うみに いく やくそくを して、
おりて きた。

教科書 p.108 の絵

3

おはなしを よんで みんなで かんがえたい こと
○どうして あおむしたちは、けんかを したのか。
○どうして 大きな 木の てっぺんに のぼったのか。
○3びきは、大きな 木に のぼって どう おもったのか。
○3びきは、どうして けんかを やめたのか。
いつ やめたのか。
○3びきは、どんな やくそくを したのか。

子供の

授業の流れ ▷▷▷

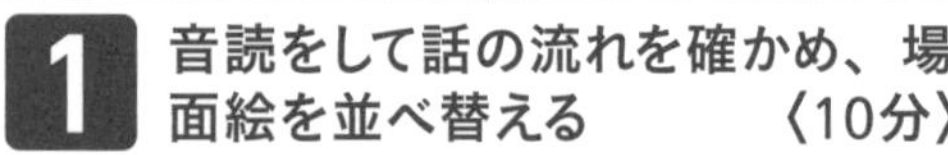

1 音読をして話の流れを確かめ、場面絵を並べ替える 〈10分〉

○本時のめあてを確認し、音読をさせる。
T お話の順番のとおりに絵を並べましょう。
○ICT 端末を活用して教科書の場面絵を並べ替えさせる。
○その後黒板で並べ替え、場面を確認するようにする。（1の場面～5の場面）

ICT 端末の活用ポイント

学習支援ソフトを活用し、挿絵カードを子供のICT 端末に配信する。順番を正しく並べ替えたり、それぞれの挿絵の場面で何があったのかを説明したりする。場面の説明を録音すれば、評価にも活用できる。

2 物語の大まかな内容を捉える 〈20分〉

T いつ・誰が・何をしたかが分かる言葉に注目して、どんな場面か説明しましょう。
○ペアの活動が終了後、クラス全体で文中の言葉を確認し、展開を板書で整理する。
1 あおむしが、葉っぱを食べて蝶になる日を待っている。
2 あるとき、そっくりなあおむしが、葉っぱを食べているのを見付け、言い合いになる。
3 言い合いをしていると、そっくりなあおむしが葉っぱを食べており大げんかになる。
4 そのとき、大きな木が、「うえまでのぼってそとのせかいをみてごらん。」と言う。
5 一番高い枝に着くと、海が見えた。3匹は、一緒に海に行く約束をして、木から降りた。

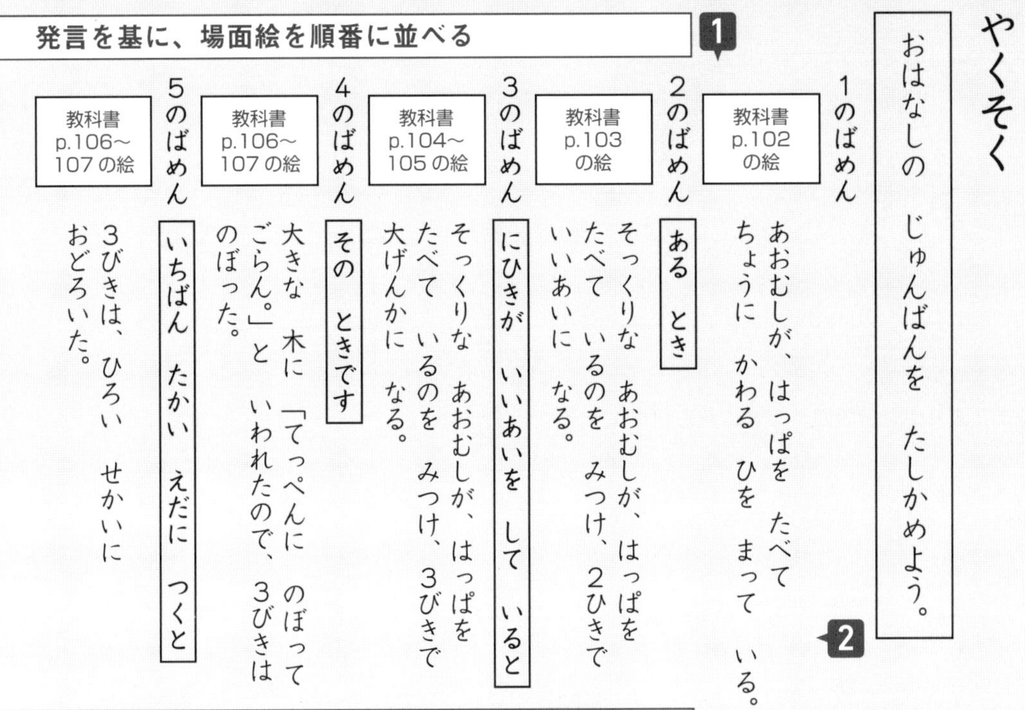

3 前時の感想を出し合い、「読みの課題」をつくる〈15分〉

○初発の感想を出し合い、「どうしてそう思ったのか」「自分だったら…」等のやりとりをする中で読みの課題をつくる。自分たちの感想から学習を始める経験を重ねたい。（以下、例）

・あおむしたちがけんかになってびっくり。
→どうして、あおむしたちはけんかをしたのか。
・木に登って一緒に海を見たのがよかった。
→どうして大きな木のてっぺんに登ったのか。
・木に登ってけんかをやめたのがよかった。
・どうしてけんかをやめたのか。
→3匹は大きな木に登ってどう思ったのか。
・約束して、木から降りたところがよかった。
→3匹は、どんな約束をしたのか。

ICT 等活用アイデア

挿絵で物語の展開を整理

物語の大まかな展開を捉えるためには、挿絵を物語の順番に並べ替えることが有効である。あらかじめ順番を入れ替えた挿絵のカードを作成し、子供の ICT 端末に配信する。教科書を読んで挿絵カードを順番に並べ替えたり、何があったかを友達と説明し合ったりする中で、登場人物や出来事、結末など内容の大体を捉えることができる。

挿絵だけでは、ページの区切りが場面の変わり目だと勘違いする子供も多いので、時を表す言葉を探すなど、文章と対応させて丁寧に確認したい。

本時案

やくそく

本時の目標

・1・2の場面を読み、行動や会話から、あおむしたちの気持ちを想像することができる。

本時の主な評価

・語のまとまりや言葉の響きなどに気を付けて音読している。
・1・2場面の様子に着目して、あおむしたちの行動を具体的に想像している。

資料等の準備

・あおむしの絵
・あおむしのペープサート 26-01〜03
・ワークシート① 26-05

2匹のあおむしが、実
ることに気付けるよう

・はやく　ちょうに　なるために
この　木の　はっぱは、ぜんぶ
わたしが　たべるのよ。
・だれにも　あげないわ。
・よこどり　しないで。

そっくり

「この　木は、わたしの　木。だから、はっぱも、
わたしの　はっぱ。」

授業の流れ ▷▷▷

1 音読し、場面の様子を確かめる 〈10分〉

○1・2場面を音読し、登場人物や出来事を確かめる。
T　あおむしが、毎日葉っぱを食べているのは、どうしてですか。
・早く大きくなりたいから。
・たくさん食べて、蝶になりたいから。
○1の場面では、蝶になるために、葉っぱを食べる必要があること、食べないと大人になることができないことを確認する。
○2の場面では、あおむしが自分とそっくりな女の子のあおむしと言い合いになったことから、本時の読みの課題を確認する。

2 言ったことに着目して読み、言い合いの理由を考える 〈20分〉

○あおむしと、そっくりな女の子のあおむしが言った言葉を確認する。
・「だめ　だめ。この　木は、ぼくの　木。ぼくの　はっぱ。」
・「この　木は、わたしの　木。だから、はっぱも、わたしの　はっぱ。」
○2匹のあおむしになって言葉を言ってみる。
○数組の子供に発表させ、怒った口調で読むことを確認する。
T　あおむしたちは、どうして怒っているのかな。
・葉っぱをあげたくなかったから。
・自分の葉っぱを横取りされたと思ったから。
○あおむしの気持ちを想像し、ワークシートに書かせた後に発表させ、共有する。

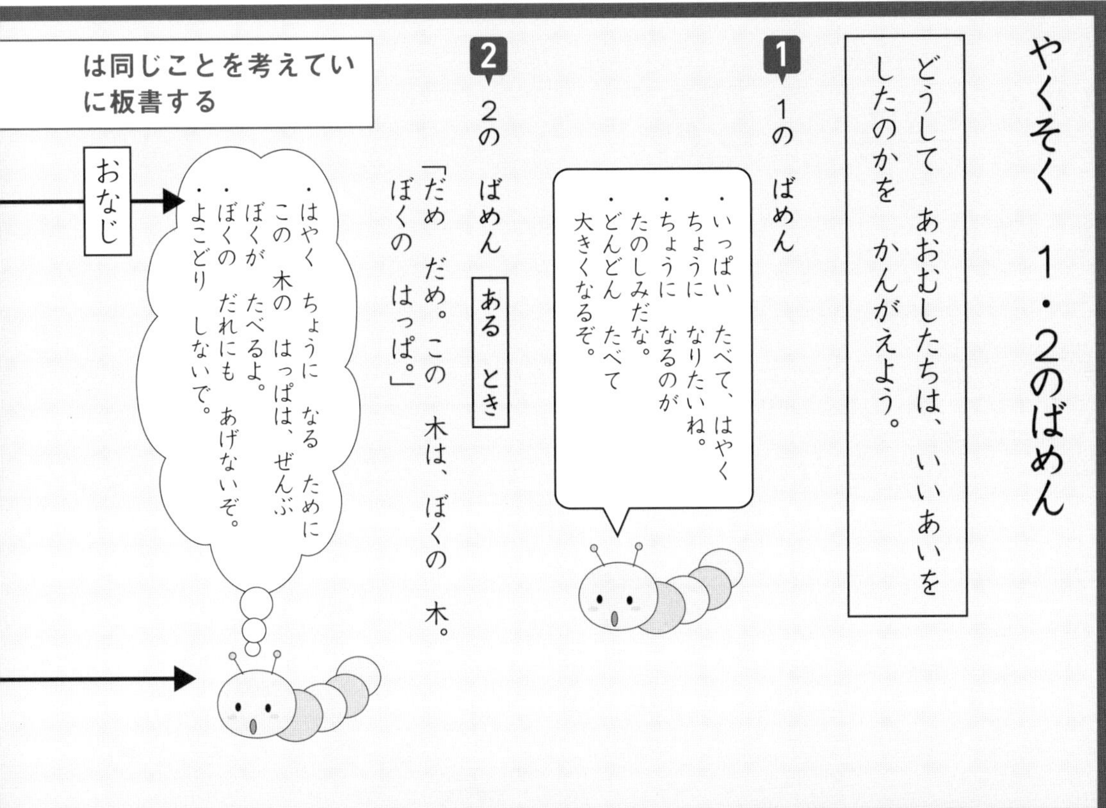

ICT 等活用アイデア

音読を録画して記録

第３時以降は、毎時間その時間のまとめとして音読をする時間を設けている。その際、ICT 端末の動画機能を活用し、音読の様子を記録する。

記録した動画を見たり音声を聞いたりすることで、子供が自分の学習を振り返ることができる。毎時間撮りためていくことで、評価に活用できるのはもちろん、授業の冒頭で前時を振り返ったり単元の終末でこれまでの学習を振り返ったりする際にも役に立つ。

学習支援ソフトを活用すると、互いの音読を共有することも可能となる。

3 音読の練習をし、記録する 〈15分〉

T　２匹のあおむしになって音読してみましょう。

○2で、考えたことを生かして音読する。

○教材文の「　」の後に、自分が想像した（ワークシートに書いた）気持ちを付け足して音読させる。

○ペアで聞き合ったり、ICT 端末で撮影したりする。

○全体の前で数人に発表させ、１・２場面のあおむしの行動や言葉・気持ちを確かめる。

○本時の学習を振り返り、読みの課題の答えを自分なりにまとめる。

ICT 端末の活用ポイント

音読練習では、何度か練習し納得のいく読み方が見付かったら録画して記録するようにする。

本時案

やくそく

4/8

本時の目標

・３の場面を読み、行動や会話から、あおむしたちの気持ちを想像することができる。

本時の主な評価

❶文の中における主語と述語との関係に気付いている。【知・技】
・語のまとまりや言葉の響きなどに気を付けて音読している。
・１・２場面の様子に着目して、あおむしたちの行動を具体的に想像している。

資料等の準備

・あおむしのペープサート ⮋ 26-01〜03

3匹のあおむしが、実ることに気付けるよう

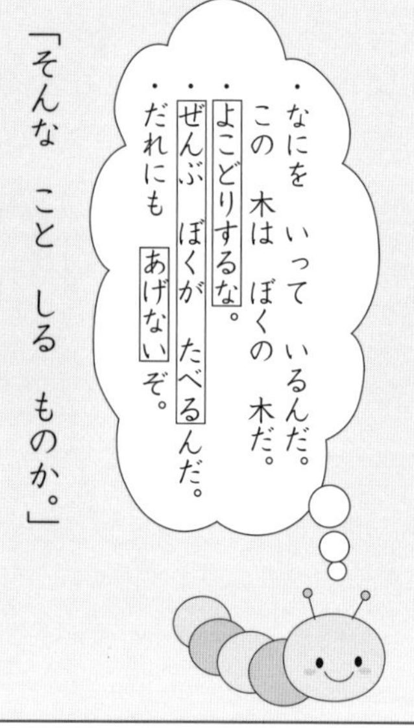

「そんな　こと　しる　ものか。」

ペープサートを動かして、3匹目の食べる音に気が付

授業の流れ ▷▷▷

1 音読し、場面の様子を確かめる 〈10分〉

○音読し、登場人物や出来事を確かめる。
T ３の場面は、誰が出てきますか。また、何が起こりましたか。
・言い合いをしていたら、３匹目のあおむしが出てきた。
・３匹は、大げんかになった。
○言葉の意味を確かめる。「いいあい」「じぶんたちと　そっくり」
○言葉から受け取る感じを出し合う。「もりもり　もりもりと、おとが　きこえます」→どんどん食べている。あっという間に全部食べそう。
○ペープサートを活用し、場面の様子を理解させ、読みの課題を確認する。

2 会話に着目して読み、大げんかになった理由を考える 〈20分〉

○３匹のあおむしが言った言葉を確認し、板書する。
○３匹のあおむしになって、会話の部分だけ声に出して音読させる。
○数組の子供に発表させ、２の場面よりも激しい口調で読むことを確認する。
T あおむしたちは、どうして大げんかになってしまったのかな。
・葉っぱをあげたくなかったから。
・自分の葉っぱを横取りされたと思ったから。
・自分の分が減ってしまうと嫌だから。
・全部自分が食べたいと思っているから。
○あおむしの気持ちを想像し、ワークシートに書かせた後に発表させ、共有する。

やくそく　3のばめん

1

どうして　あおむしたちは、おおげんかを　したのか　かんがえよう。

にひきが　いいあいを　して　いると

「その　はっぱは、ぼくのだぞ。」

2

・ぼくの　はっぱを　よこどり　しようと　して　いる。
・ぜんぶ　ぼくが　たべるんだ。
・ぜったい　あげないから。

「わたしの　はっぱを　たべないで。」

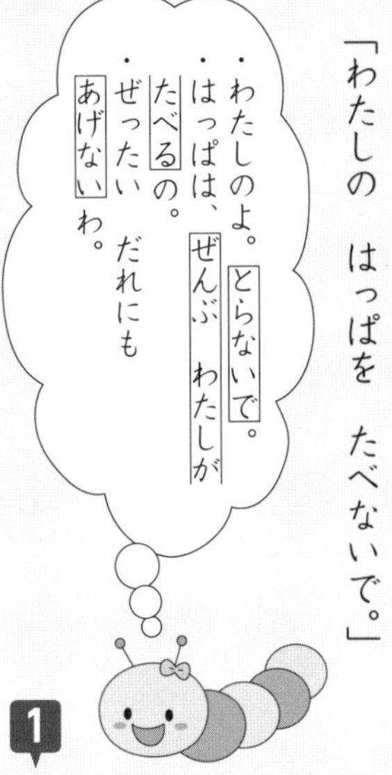

は同じことを考えてい
に板書する。

1

2匹が言い合いをしているときに、
いたことを理解できるようにする。

3 音読の練習をし、記録する〈15分〉

T　3匹のあおむしになって音読してみましょう。

○2で、考えたことを生かして音読するように助言する。

○教材文の「　」の後に、自分が想像した気持ちを付け足して音読させる。

○ペアで聞き合ったり、タブレットで撮影したりする。

○全体の前で数人に発表させ、3場面のあおむしの行動や言葉・気持ちを確かめる。

○本時の学習を振り返り、読みの課題の答えを自分なりにまとめる。

ICT端末の活用ポイント

何度か練習をして、納得のいく読み方が見付かったら、録画して記録するようにする。

よりよい授業へのステップアップ

主体的に読む

設定した読みの課題の答えを考えながら学習を進める。自分たちで課題を立て、追究することが、主体的な読み手を育成することにつながる。

理解を確かにする板書

この物語には、3匹のそっくりなあおむしが登場する。それぞれの気持ちを比較し、共通点に気付かせるように板書する。また、3匹のいる場所が、一本の枝・木の一番上と場面によって変わるので、黒板上でペープサートを操作して行動を確かめるようにする。

本時案

やくそく

5/8

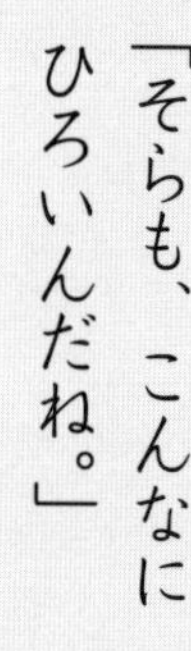

本時の目標

・4の場面・5の場面の前半を読み、行動や会話から、あおむしたちの気持ちを想像することができる。

本時の主な評価

❺進んで場面の様子や登場人物の行動を確かめ、学習課題に沿って音読しようとしている。【態度】
・4・5場面の様子に着目して、あおむしたちの行動を具体的に想像している。

資料等の準備

・木の絵（拡大）26-04
・あおむしのペープサート 26-01〜03

授業の流れ ▷▷▷

1 音読し、場面の様子を確かめる 〈10分〉

○音読し、登場人物や出来事を確かめる。
T　4と5の場面の前半では、誰がどんなことをしましたか。
・大きな木が3匹を怒った。
・木が3匹に「うるさいぞ」と言った。
・3匹は、一番高い枝まで登った。
○ペープサートを活用し、場面の様子を理解させ、読みの課題を確認する。
「どうして3匹は、大きな木の上に登ったのか。」
「3匹は大きな木に登って、どう思ったのだろう。」

2 木の一番上に登ったときの3匹の気持ちを考える 〈20分〉

○木と3匹のあおむしが言った言葉を確認する。
○木と3匹のあおむしになって、会話の部分だけ声に出して音読させる。
○数組の子供に発表させ、けんか口調ではないことを確認する。
T　あおむしたちはけんかをやめたんだね。大きな木に登ってどう思ったのかな。
・こんなに広い世界があるんだ。知らなかった。
・他にも木がたくさんある。
○「目を丸くする」の意味を確認し、初めて見る広い世界に驚いていることを確かめる。
○あおむしの気持ちを想像し、ワークシートに書かせた後に発表させ、共有する。

3 音読の練習をし、記録する 〈15分〉

T　3匹のあおむしになって音読してみましょう。

○2で、考えたことを生かして音読するように助言する。

○教材文の「　」の後に、自分が想像した気持ちを付け足して音読させる。

○ペアで聞き合ったり、タブレットで撮影したりする。

○全体の前で数人に発表させ、4・5場面のあおむしの行動や言葉・気持ちを確かめる。

○本時の学習を振り返り、読みの課題の答えを自分なりにまとめる。

ICT 端末の活用ポイント

記録することに慣れてきたら、共有機能を活用し互いの音読を聞くことができるようにする。

よりよい授業へのステップアップ

語句の理解を読みにつなげる

「目を丸くする」は、驚いたことを表す慣用表現である。驚いて目を大きく見開く様子を表しており、「驚いた」よりも「目を丸くした」の方が驚きが強く伝わってくる。

読み聞かせや日頃の会話の中で、意味を知っている子供もいるが、知らない子供も多い。全体で取り上げて、意味を確かめたり使い方を確かめたりして、理解を図ることで、あおむしたちが広い世界を見て大変驚いていることが想像できる。語句を理解することが、読みに生きるのである。

本時案

やくそく

本時の目標

・５の場面の後半を読み、行動や会話から、あおむしたちの気持ちを想像することができる。

本時の主な評価

❹場面の様子に着目して、登場人物の行動を具体的に想像している。【思・判・表】
・進んで場面の様子やあおむしたちの行動を確かめ、考えたことを生かして音読しようとしている。

資料等の準備

・木の絵（拡大）⤓ 26–04
・あおむしのペープサート ⤓ 26–01～03

授業の流れ ▷▷▷

1 音読し、場面の様子を確かめる 〈10分〉

○音読し、登場人物や出来事を確かめる。
T　５の場面の後半では、誰が、何をしましたか。
・３匹が木のてっぺんから海を見た。
・一緒に海に行く約束をした。
・３匹は、てっぺんから降りてきた。
○ペープサートを活用し、場面の様子を理解させ、読みの課題を確認する。
「３匹は、どうして海に行く約束をしたのだろう。」

2 海に行く約束をしたときの３匹の気持ちを考える 〈15分〉

○３匹のあおむしが言った言葉を確認する。
○会話の部分だけ音読させ、数組に発表させる。
T　３匹は海を見てどう思ったのでしょう。
・何だろう、きれいだな。
・もっと近くで見たいな。
○「せのびを　しました。」を動作化させ、どうして背伸びをしているのか考えさせる。
T　あおむしたちはどうして一緒に海に行く約束をしたのかな。
・初めて海を見たからもっと近くで見てみたい。
・一緒に見付けたから、一緒に行きたい。
○あおむしの気持ちを想像し、ワークシートに書かせた後に発表させ、共有する。

やくそく　5のばめん　こうはん

1

3びきは、どうして　うみに　いく
やくそくを　したのだろう。

5の　ばめん

いちばん　たかい　えだに　つくと

ぜんはん…ひろい　せかいに　とても　おどろいた
こうはん…いっしょに　うみに　いく　やくそくを
した

せのびを　する…もっと　みたい

2

「きれいだね。
からだが　ちょうにかわったら、
あそこまで　とんでみたいな。」

3 木から降りてくるときの3匹の気持ちを考える〈5分〉

○約束をした後の3匹の行動を確かめる。

○「くんねり　くんねり」という言葉から受け取る感じを出し合う。

・のんびりしている。

・ゆっくりしている。

→3匹が穏やかに、てっぺんから降りてきたことに気付かせたい。

T　約束をしててっぺんから降りてくるとき、3匹はどんな気持ちだったでしょう。

・みんなで海に行くのが楽しみだ。

・海に行く途中にどんな世界があるか、わくわくする。

・早く蝶になれるよう、一緒に頑張ろう。

4 音読の練習をし、記録する〈15分〉

T　3匹のあおむしになって音読してみましょう。

○2で、考えたことを生かして音読するように助言する。

○教材文の「　」の後に、自分が想像した気持ちを付け足して音読させる。

○ペアで聞き合ったり、タブレットで撮影したりする。

○数人に発表させ、5の場面後半のあおむしの行動や言葉・気持ちを確かめる。

○本時の学習を振り返り、読みの課題の答えを自分なりにまとめる。

ICT 端末の活用ポイント

共有機能を活用し、友達の音読と比較することで、自分の音読を見直すこともできる。

本時案

やくそく

7/8

本時の目標

・出来事や登場人物の行動に着目して読み、内容の大体を理解することができる。

本時の主な評価

❺進んで場面の様子や登場人物の行動を確かめ、学習課題に沿って音読しようとしている。【態度】

・語のまとまりや言葉の響きなどに気を付けて音読している。

資料等の準備

・各場面の場面絵
・木の絵（拡大）⤓ 26-04
・あおむしのペープサート ⤓ 26-01～03

教科書 p.108 の絵

2
けんかを して いない
・「それなら、みんなで いこう。」
・やくそくを しました
↓いっしょに うみを みたい
↓いっしょに ちょうに なって
うみに いきたい

3
だいめい：やくそく
・けんかを やめて やくそくを したから。
・やくそくが、ともだちの しるしだから。
・3びきに とって だいじな やくそくだから。

授業の流れ ▷▷▷

1 全文を音読し、出来事を確かめる 〈10分〉

○出来事を確かめながら音読する。

○挿絵を並べたり、第3時から第6時で読み取ったことや考えたことを記録した模造紙を見たりしながら、物語の内容を振り返る。

○やりとりの中で「けんかをしていたけど、やめて友達になったんだよね。」等、あおむしの変化に触れる発言が出たら、それを受けて本時の読みの課題につなげる。

T　あおむしは、いつ、けんかをやめたのでしょう。

2 あおむしたちが変化したところを探す 〈15分〉

○けんかをしていることを表す叙述とけんかをしていないことを表す叙述を探し、そこからあおむしたちのどのような気持ちが分かるかを確認し、板書する。

T　あおむしたちがけんかをやめたのは、いつでしょう。

・木のてっぺんに登っているとき。
・一番高い枝に着いて、広い世界を見たとき。
・海に行く約束をしたとき。

○3・4・5場面の音読に合わせて、あおむしのペープサートを操作し、一番高い枝に着いて、広い世界を見たときは、言い合いをしていないことを確かめる。

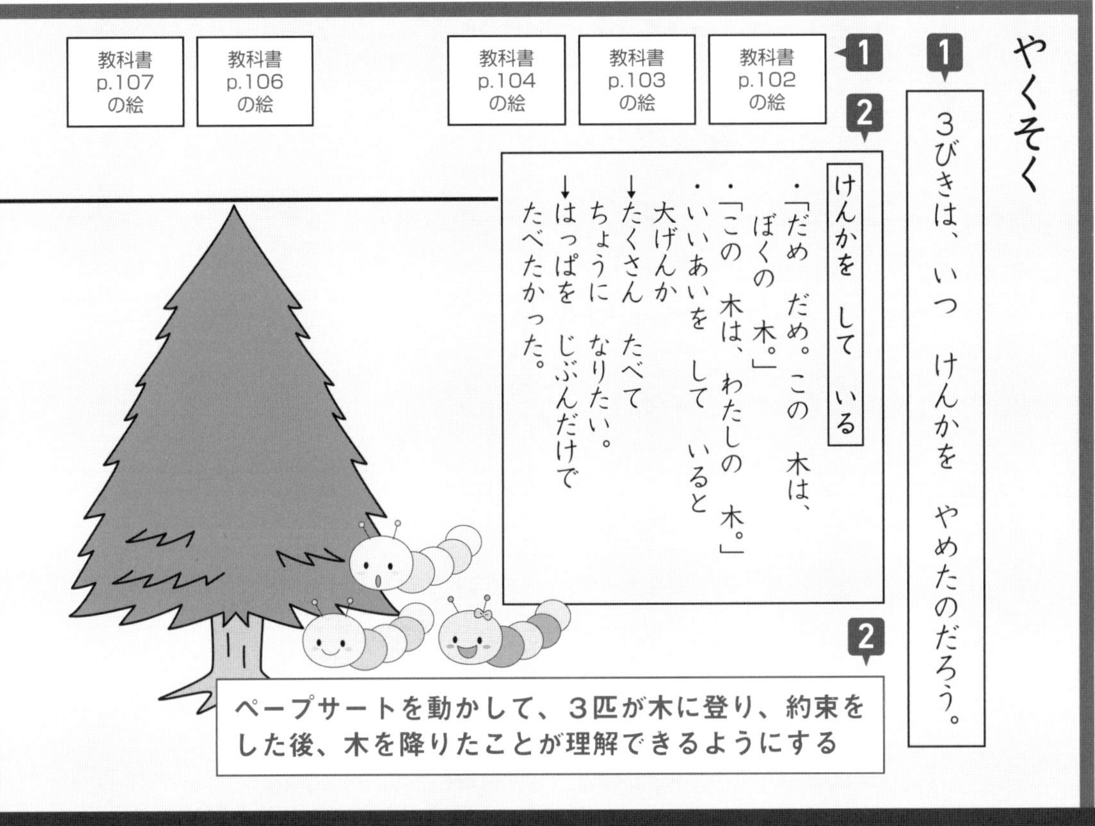

3 題名が「やくそく」になった理由を考える〈5分〉

○題名が「やくそく」になった意味を考える。

T　このお話の題名は「やくそく」です。こかぜさんは、どうして、こんな題名を付けたのでしょうか。

・けんかをやめて約束をしたから。
・約束をしたから、友達になれたのではないか。
・約束が、3匹にとってとても大事なものだから。

○1年生なりに題名の役割を考えさせたい。考えを出し合うことで、物語にとって大切なものが題名になっていることに気付かせる。

4 音読の練習をし、記録する〈15分〉

T　お話の出来事やあおむしたちの気持ちが分かるように工夫して音読しましょう。

○全文の音読を練習する。

○タブレットで撮影し記録する。

○本時の学習を振り返り、読みの課題の答えを自分なりにまとめる。

ICT 端末の活用ポイント

時間に余裕があれば、これまで記録してきた音読と今回の音読とを比較するとよい。自分の読みの変化に気付く子供が現れることも期待できる。

本時案

やくそく

8/8

本時の目標

・物語の感想を書き、友達と感じたことを共有することができる。

本時の主な評価

❷語のまとまりや言葉の響きなどに気を付けて音読している。【知・技】

資料等の準備

・各場面の場面絵
・ワークシート②の拡大 26-06

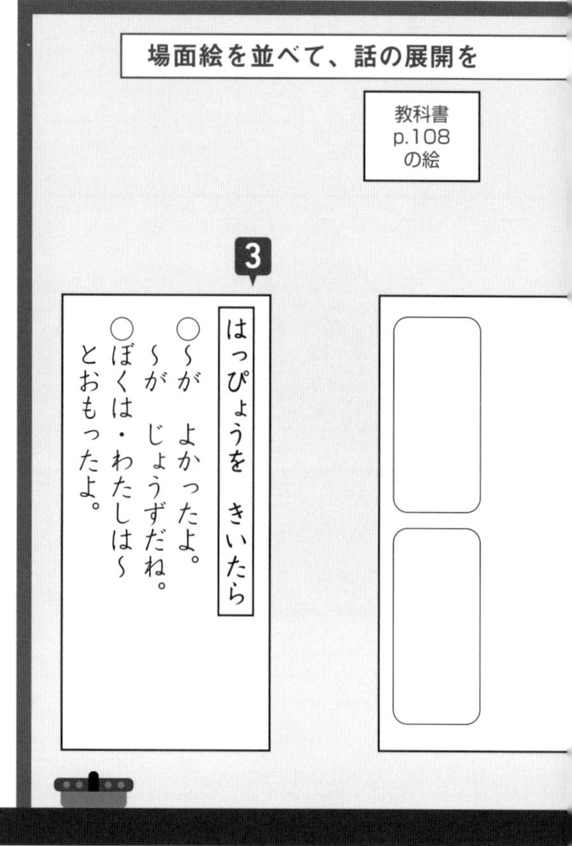

授業の流れ ▷▷▷

1 物語の感想を書く 〈20分〉

○全文を音読し、話の展開を確認する。

T 「やくそく」のお話を学習して、思ったことや考えたことを書きましょう。

・あおむしたちが友達になってよかったと思いました。ぼくも、○○君と友達になったときのことを思い出しました。約束したから、一緒に海に行けるといいね。

○自分の経験とつなげて書けるよう、視点を示す。

○モデル文を提示すると書きやすい。書くことが得意ではない子供の生活経験と関連している内容にするとよい。

2 音読練習をする 〈10分〉

T 感想に書いたことが分かる場面を選び、音読の練習をしましょう。

○感想の根拠となる場面を選び、場面の様子や登場人物の行動・気持ちが伝わるように音読の練習をさせる。

○❸の交流では、感想を読んでから音読をすることを伝え、友達に発表できるように練習させておく。

やくそく

1

おはなしを　よんだ　かんそうを　はっぴょうしよう。

1

教科書 p.102 の絵

教科書 p.103 の絵

教科書 p.104 の絵

教科書 p.106 の絵

教科書 p.107 の絵

確認したり、気に入った場所を選んだりできるようにする。

1

かんそう

よんで　おもったこと
○～が…とおもいました。
○ぼくも・わたしも…

1

本時のワークシートの拡大に、モデル文を記入。

やくそく

○～が…とおもいました。
○ぼくも・わたしも…。

かんそう

5のばめんで、あおむしたちが、きれいなうみをみて、大きくなったらみにいくやくそくをしたところがいいなとおもいました。ぼくもなつやすみにおじいちゃんとうみにいって、またいこうとやくそくしました。やくそくしたのがいっしょだなとおもいました。

3 感想と音読を交流し、単元の学習を振り返る 〈15分〉

○発表は、ペアで行い、相手の発表を聞いたら、必ず感想を言うようにさせる。

T　発表を聞いた後、友達に何と言ってあげるとよいでしょうか。

・～がよかったよ。／～が上手だね。

○子供から出されたものを話型として板書する。自分がどう感じたかも言うとよいことを伝える。話型を示すが、このとおりでなくてよいことも、あわせて伝えておくとよい。

・ぼく／わたしは（も）、～と思ったよ。

○ペアの相手を変えて複数回交流を行い、最後に全体で、数名の発表を聞く。

○単元の学習感想をワークシート②に書く。

よりよい授業へのステップアップ

文型・話型の効果

感想を書くときや伝えるとき、何をどのようにすればよいのかと戸惑う子供には、型を示すことが有効である。

全体でやりとりをしながら文型や話型を作り、活用させるとよい。ゆくゆくは、型がなくても話したり書いたりできるようにしていきたい。

読書感想文との関連

2学期初めは、読書感想文を書くことの多い時期である。自分の経験と結び付けて感想を書くという本時の学習を、読書感想文に生かすことができる。

資　料

1 第３時資料　ワークシート① 26-05

おはなしを　たのしもう

やくそく　　　　１ねん　　くみ（　　　　　　　）

１・２のばめん

どうして　あおむしたちは、いいあいを　したのだろう。

だめ　だめ。この　木は、ぼくの　木。

ぼくの　はっぱ。

この　木は、わたしの　木。だから、はっぱも

わたしの　はっぱ。

2 第８時資料　ワークシート② 26-06

おはなしを　たのしもう

やくそく　　　　１ねん　　くみ（　　　　　　　　　）

おはなしの　かんそうを　かいて　こうりゅうしよう。

◯〇〇が…とおもいました。

◯ぼくも・わたしも…。

ふりかえり

かたかなを　みつけよう　（2時間扱い）

単元の目標

知識及び技能	・片仮名を読み、書くとともに、片仮名で書く語の種類を知り、文や文章の中で使うことができる。((1)ウ)
思考力、判断力、表現力等	・語と語との続き方に注意しながら、文を書き表すことができる。(Bウ)
学びに向かう力、人間性等	・言葉がもつよさを感じるとともに、楽しんで読書をし、国語を大切にして、思いや考えを伝え合おうとする。

評価規準

知識・技能	❶片仮名を読み、書くとともに、片仮名で書く語の種類を知り、文や文章の中で使っている。(〔知識及び技能〕(1)ウ)
思考・判断・表現	❷「書くこと」において、語と語との続き方に注意しながら、文を書き表している。(〔思考力、判断力、表現力等〕Bウ)
主体的に学習に取り組む態度	❸進んで身の回りから片仮名で書く言葉を見付け、これまでの学習を生かして簡単な文を書こうとしている。

単元の流れ

時	主な学習活動	評価
1	学習の見通しをもつ 教科書（p.110）の唱え歌を音読し、片仮名が使われていることに気付く。 唱え歌から片仮名を見付けてノートに書く。 片仮名の長音、拗音、促音、濁音の書き方を確かめ練習する。 片仮名で書かれている言葉を集める。	❶
2	身の回りから探した片仮名で書く言葉を集めてノートに書いたり、友達と交流したりする。 教科書（p.126～127）の片仮名表を参考にし、片仮名で書く言葉が入った簡単な文を書く。 学習を振り返る 表記のきまりやどのような言葉を片仮名で書くのかを確認する。	❷ ❸

授業づくりのポイント

〈単元で育てたい資質・能力〉

本単元のねらいは、片仮名を読み、書くとともに、片仮名の長音、拗音、促音、撥音などの表記の仕方を理解して、文や文章の中で使うことができるようにする力を育むことである。そのためには、片仮名で書かれている言葉を多く読んだり書いたりすることが必要となる。片仮名で書かれている言葉に興味をもち、身の回りにある言葉を集めて見比べる中で、表記の仕方に慣れるとともに片仮名で書く言葉の種類にも気付くことができるようにしたい。

〈教材・題材の特徴〉

「かたかなを　みつけよう」は、片仮名で書く語の種類を知る教材である。教科書（p.110）の唱え歌だけでなく、挿絵の中からも片仮名の言葉を探して楽しみながら学習できる。１学期に習得した平仮名と今回習得する片仮名の長音、拗音、促音、撥音などを合わせて表記することで、共通点と相違点を確かめることができる。さらに、平仮名と片仮名の使われ方や感じ方の違いも考えさせてみると、どんな言葉が片仮名で表記されているかを少しずつ意識できるようになっていくであろう。

〈言語活動の工夫〉

「言葉集め」を行う。道具箱や教室の中のものなどから始めて、学校の中の表示や掲示物、カードで集めることで、集めたいという意欲を高めたり、集めた言葉を分類・整理したりすることもできる。

[具体例]

○カードの活用

見付けた言葉を書きためることでカードが増え、言葉集めへの意欲が高まる。集めた言葉でカルタ遊びをすることもできる。

○カードの分類

子供たちから出てきた言葉を基に、「外国の名前や人名」「外国から来たもの」「音、鳴き声」のように分類し、整理して掲示物にまとめることもできる。

〈ICT の効果的な活用〉

共有：端末の写真記録や描画機能を用いながら、片仮名で表記する言葉を集め、語彙を増やしていくようにする。自分で集めた言葉を確認したり、クラス全員で共有したりすることで語彙を拡充することができる。

記録：端末の写真記録や描画機能を用いて、写真や絵と文字（言葉）を連携させながら言葉集めをする。

習熟：教科書（p.111）の QR コードを読み込み、ワークシートを活用して練習することもできる。写真で集めた言葉は、ノートやカードなどに書き写すなど、鉛筆で書いて練習する時間も大事にしたい。

本時案

かたかなを みつけよう

1/2

本時の目標

・片仮名を見付け、読んだり書いたりすることができる。
・片仮名で書く語の種類を知り、文や文章の中で使うことができる。

本時の主な評価

・片仮名を見付け、読んだり書いたりしている。
❶片仮名で書く語の種類を知り、文や文章の中で使っている。【知・技】

資料等の準備

・教科書の唱え歌の拡大版
・教科書の挿絵の拡大版
・言葉集め用カード

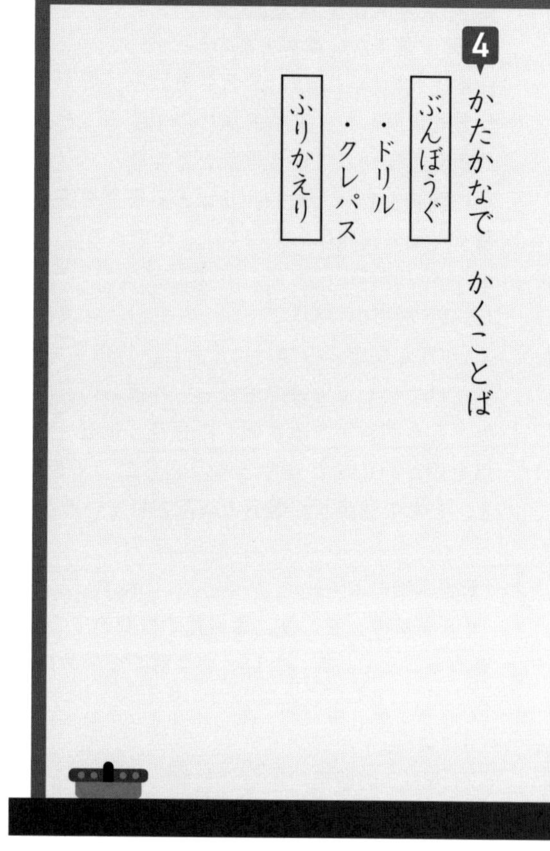

授業の流れ ▷▷▷

1 教科書の唱え歌で、片仮名に気付く 〈10分〉

○教科書の唱え歌を音読し、その中の片仮名を見付ける。赤丸で囲むなど、片仮名を意識させることから始める。
T　唱え歌からたくさんの片仮名の言葉を見付けられましたね。まずは、先生と一緒に読んでみましょう。
○赤丸を付けた片仮名の言葉を指し示しながら読み、長音、拗音、促音、撥音なども合わせて意識させていく。
・「スープ」や「スプーン」などの伸ばす言葉は、平仮名のときは「う」と書いていたけれど、棒線で書けばいいんだね。
・「リ」や「ヤ」は平仮名の字と似ています。
T　見付けた片仮名の言葉から大事なことに気付きましたね。

2 教科書の挿絵から、他の片仮名言葉を探す 〈10分〉

T　では、この絵からはどんな片仮名の言葉を見付けられるでしょう。
○教科書の挿絵を提示し、文字だけでなく、絵の中から探すことで、言葉を見付けることの楽しさを実感させたい。
・さっき、唱え歌に出てこなかったのは、フォークです。
・ジャムやバターを塗る、バターナイフを使っています。
・テーブルクロスを敷いています。
・サラダの中には、トマトやブロッコリー、レタスもあります。
○教師は子供から出された片仮名の言葉を板書していく。その際、カードに書いて貼っていくとよい。

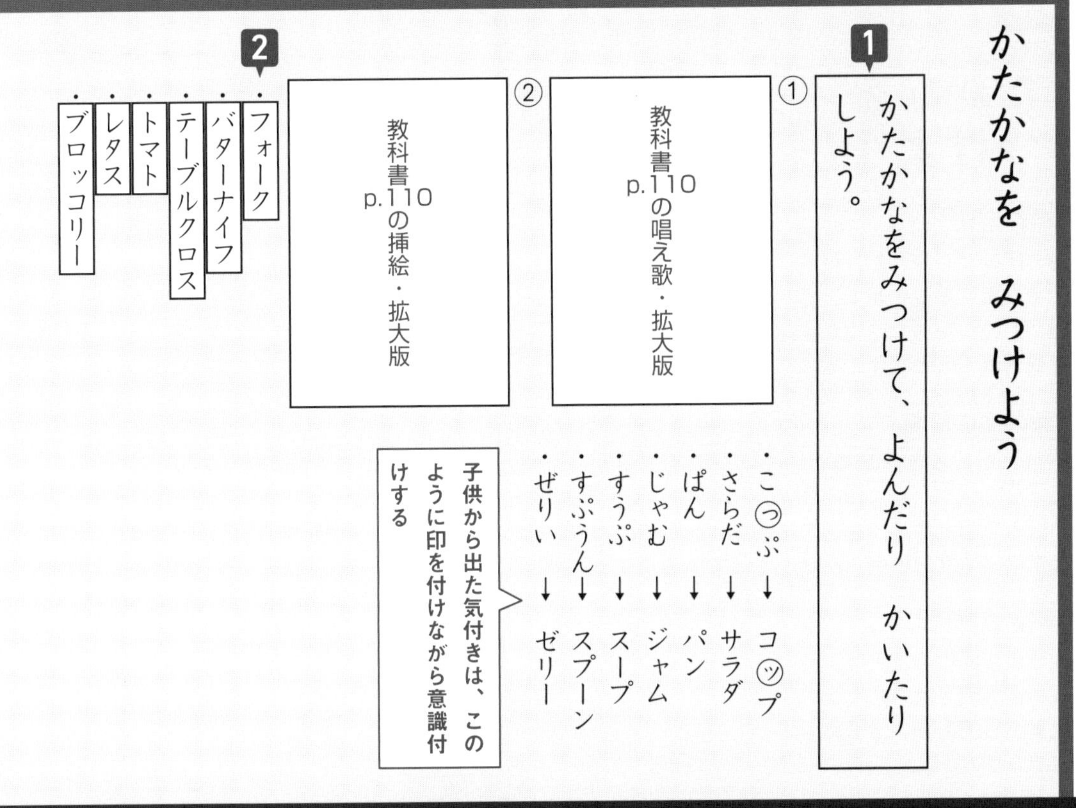

3 片仮名の読み方、書き方を確認し、練習する〈15分〉

T　今までに見付けた片仮名の言葉をノートに書いてみましょう。

○板書した片仮名の言葉を一緒に読んで確認した後、ノートに書いて練習する。

○唱え歌の平仮名と片仮名の言葉から、片仮名で表す言葉は平仮名で表す言葉とどう違うのかを考えさせてみてもよい。

T　「ぎゅうにゅう」は英語では「ミルク」というように、日本の言葉は片仮名ではなく、平仮名で書きます。外国の言葉は片仮名で書きますね。

4 身近なところから片仮名で書かれている言葉を集める〈10分〉

T　いろいろな発見がありましたね。では、自分の周りにはどんな片仮名の言葉が隠れているか、探してみましょう。

○道具箱の中から無理なく見付けさせていくとよい。その後、教室内、校舎内と広げていく。見付けたものはカードに記録し、ICT 端末で写真を撮るようにする。

ICT 端末の活用ポイント

本時を基に、休み時間や放課後に友達や家族と一緒に楽しみながら片仮名の言葉集めをする。カードだけでなく、見付けたものの写真を撮っておくようにする。

本時案

かたかなを みつけよう　2/2

本時の目標

・身の回りから探した片仮名について、友達同士で交流することができる。
・語と語のつなぎ方に注意しながら、簡単な文で書き表すことができる。

本時の主な評価

・見付けた片仮名を友達と進んで交流している。
・片仮名を語と語のつなぎ方に注意しながら、簡単な文や文章の中で使おうとしている。

資料等の準備

・教科書の挿絵の拡大版
・教科書の唱え歌の拡大版
・言葉集め用カード、写真
・タブレット PC

3 ぶんを　かく
・サラダを　たべる。
・フォークを　つかって　サラダを　たべる。
・サラダに　ドレッシングを　かけて　たべる。

ふりかえり
かたかなで　かく　ことば
・がいこくから　きたもの
・おと
・なきごえ

片仮名の書き方やどのような言葉を片仮名で書くのかを確認する

授業の流れ▷▷▷

1 集めた片仮名の言葉について、友達と交流する〈10分〉

○休み時間や放課後に集めた片仮名の言葉や写真などをペアまたはグループの友達と紹介し合う。

T　自分の身の回りには、どんな片仮名の言葉が隠れていましたか。友達と紹介し合いましょう。

○写真を見せ合いながら紹介し合うようにする。

T　集めた片仮名の言葉を、みんなで確かめてみましょう。

○子供に発表させながら、初めは教師が意図的に片仮名の言葉を仲間ごとに板書（または、子供が集めたカードを提示）する。

2 集めた片仮名の言葉を仲間分けする〈20分〉

○教師が意図的に仲間分けしていくと、子供も段々意識が芽生えてくる。

・キウイフルーツとか、グレープとか、オレンジとか、果物に片仮名のものが多いです。

・お店に行ったら、フィリピン産とかオーストラリア産とか、外国の国の名前も片仮名で書いてありました。

○集めたカードを自分たちで黒板に貼らせたり、グループごとに自分たちで仲間分けさせたりしてもよい。

○「たべもの」「くにのなまえ」「くだもの」など、上位語と下位語を意識させる機会につなげていくとよい。

かたかなを　みつけよう

1 みつけてきたかたかなのことばを　しょうかいしよう。

前時で活用した拡大版の掲示物を用意してもよい

2 なかまわけ

たべもの
・パン
・サラダ
・ジャム
・スープ
・ゼリー
・トマト
・レタス
・ブロッコリー

くだもの＝フルーツ
・グレープ
・オレンジ
・チェリー
・バナナ
・キウイフルーツ

くにのなまえ
・アメリカ
・オーストラリア
・フィリピン
・エクアドル

がいこくのひとのなまえ
・アンナ
・ジェニー
・マックス

3 片仮名で書く言葉が入った簡単な文を書く〈15分〉

T　片仮名の言葉がこんなにたくさん集まりました。せっかく集めたのでこれを使って、簡単な文を作ってみましょう。

○初めは、「サラダをたべる。」「フォークをつかってサラダをたべる。」など、簡単な例文を提示する。

○自分たちで集めた片仮名の言葉や教科書の巻末にある片仮名表を参考にして、片仮名で書く言葉が入った簡単な文を書く。

・スプーンを使ってスープを飲む。

○表記のきまりやどのような言葉を片仮名で書くのかを確認する。

T　外国の名前や人名、外国から来たもの、音や鳴き声を片仮名で書くことが分かりました。伸ばす言葉は「ー」と書きます。

よりよい授業へのステップアップ

言葉集めの掲示物

学習を進めながら、教室掲示物として活用できるように子供たちと一緒に模造紙などに貼っていったり、写真で集めたものを片仮名の言葉とともに掲示したりしていくと言葉への意識が高まり、語彙の拡充にも役立つ。言葉だけの掲示よりも写真や絵を活用することで子供たちが具体的にイメージをもちやすくなる。さらに、教科書での学習が終わった後も日常的に言葉集めしたものを掲示物に増やしていくと、子供たちの「もっと言葉を集めたい！」という意欲にもつながる。

よんで　たしかめよう

うみの　かくれんぼ

8時間扱い

単元の目標

知識及び技能	・文の中における主語と述語との関係に気付くことができる。((1)カ) ・事柄の順序など情報と情報との関係について理解することができる。((2)ア)
思考力、判断力、表現力等	・文章の中の重要な語や文を考えて選び出すことができる。(C ウ) ・事柄の順序などを考えながら、内容の大体を捉えることができる。(C ア)
学びに向かう力、人間性等	・言葉がもつよさを感じるとともに、楽しんで読書をし、国語を大切にして、思いや考えを伝え合おうとする。

評価規準

知識・技能	❶文の中における主語と述語との関係に気付いている。(〔知識及び技能〕(1)カ) ❷事柄の順序など情報と情報との関係について理解している。(〔知識及び技能〕(2)ア)
思考・判断・表現	❸「読むこと」において、文章の中の重要な語や文を考えて選び出している。(〔思考力、判断力、表現力等〕C ウ) ❹「読むこと」において、事柄の順序などを考えながら、内容の大体を捉えている。(〔思考力、判断力、表現力等〕C ア)
主体的に学習に取り組む態度	❺粘り強く文章の中の重要な語や文を探しながら読み、分かったことを表現しようとしている。

単元の流れ

次	時	主な学習活動	評価
一	1	学習の見通しをもつ 海の生き物について知っていることを出し合う。 全文を読み、感想（初めて知ったことや気になったこと、疑問など）を書いて、交流する。	
	2	出てくる生き物に着目して、大まかな内容を捉える。 疑問を出し合い、クラスの問いを設定する。 学習計画を立て、これからの学習の見通しをもつ。	❷
二	3～5	はまぐり・たこ・もくずしょいについて、どこに隠れているか、特徴、隠れ方を読み取る。	❶ ❸ ❹
	6	全員共通の文章から、海の生き物の隠れ方を読み取り、文章に書く。 自分が「かくれんぼカード」に書きたい海の生き物を決める。	❶

三	7 8	自分が選んだ生き物の隠れ方を、本で調べ、カードに書く。 書いたカードをお互いに読み合う。 **学習を振り返る** 説明的な文章を読む際に大事なことを確認し、学習感想を書く。	❺

授業づくりのポイント

〈単元で育てたい資質・能力〉

本単元では、どのような事柄の順序で説明が書かれているのかを確かめ、自分で重要な語や文を選び出す力を育てたい。そのために、主語や文末に着目して読むことが、何が書かれているのか判断することにつながることを理解できるようにしていく。

基本形となる簡単な構成の説明文だからこそ、問いが初めにあり、答えに当たる例が３つ並んでいることを押さえたい。そのことが、後にもっと難しい説明文でも構成を考えられる力へとつながっていく。文章が短く、段落分けや、各段落が何について書かれているかの確認もしやすい。説明文の基本的なことを確認し、少しずつ身に付けさせていく。

〈教材・題材の特徴〉

海に住む生き物の身の隠し方について書かれた説明的文章である。「なにが、どのようにかくれているのでしょうか。」という問いに対して各段落に答えがあり、「何が」「どのように隠れているのか」が書かれている。段落を順に読んでいくうちに、隠れている場所、隠れるための体の仕組みや機能、隠れ方に当たる重要な語や文を自分で見付けられるようにしていく。「このほん、よもう」に載っている本などにも隠れる生き物が多く載っている。自分で説明的文章の本を読んでみるきっかけをつくりたい。

〈言語活動の工夫〉

教材文を読み、分かったことを「かくれんぼカード」にまとめていく。第三次では関連する図書資料から自分が選んだ生き物の「かくれんぼカード」を作る活動を設定する。「読んでみよう」と本を手に取る理由をこちらからつくり、説明している文章の本に親しませたい。

読み進めながら「何がどのように隠れているのか」を読み取り、感じたことも書かせる。１つでも書くことができれば、読んだことから自分なりに考え、表現できたと捉えたい。

［具体例］

○教材文を読みながら「潜って隠れる仲間」など名前を付け、読み聞かせで似ている他の生き物のことも紹介したい。「○○の仲間」という呼び名があると、自分で読んでいても見付けやすい。

○「たこは体の色を砂の色に変えられるのがすごい」等、よいと思うところがその生き物の工夫しているところに当たるので、それぞれの生き物について見付けさせたい。もっと書ける子には、工夫を詳しく書かせたり、隠れる理由など気付いたことをさらに書かせたりする。

〈ICT の効果的な活用〉

調査：QR コードを使って生き物の映像を見ることで、自分たちが本文から読み取ったことが合っているのか確かめさせる。最初からは見せず、自分で読み取る力も大切であると教えていきたい。

共有：学習支援ソフトの共有機能を活用し、ICT 端末から全員の「かくれんぼカード」を見ることができるようにする。家でも見られると、保護者が同じ学齢の子の作品に触れる機会にもなる。

本時案

うみの かくれんぼ

本時の目標

・「うみの　かくれんぼ」を読み、初めて知ったことや気になったこと、疑問に思うことなど感想を書くことができる。

本時の主な評価

・「うみの　かくれんぼ」を読んで、感じたことや分かったことを感想に書こうとしている。

資料等の準備

・海、はまぐり、たこ、もくずしょいの写真
・教科書の文をＡ３に拡大コピーしたもの
・クラス人数分の水色・桃色のシール（切り分ける）

2 はじめてしった、きになった。

○○ページ
～をはじめてしった。
～だからきになる。

文型を示す

ぎもん

●●ページ
なぜ～

3 ㋫

～がわかった。
～をがんばった。
○○さんの、～というのがよかった。

「ふりかえり」ではなく㋫と略して書かせ、負担を減らす

授業の流れ ▷▷▷

1 これから読んでいく気持ちをもって、範読を聞く 〈10分〉

○知っていることを出させてから、「海のかくれんぼ」とはどんなかくれんぼだと思うか投げかけ、本文に興味をもたせる。

T 「海」について知っていることや、「海」と聞いて思い浮かべることはありますか。

・青い。 ・かにややどかりがいる。

T 「かくれんぼ」についてはどうですか。

・鬼がいる。 ・木の後ろに隠れる。

T 「海のかくれんぼ」は、どんなかくれんぼだろうね。

○感想を書くという本時のめあてについて確認する。

○範読をする。QR コードに興味をもつ子供がいた場合、今日は見ずに、読み進めてから内容を見ることを伝える。

2 内容を簡単に確認し、感想を書く 〈20分〉

T このお話の中にはどんな生き物が出てきましたか。

・たこが出てきました。 ・はまぐりです。

・かに、みたいなのがいました。

T もくずしょい、というかにがいましたね。

○子供に問い掛けながら、出てくる順に写真を並べ替える。３つの生き物のかくれんぼについての説明文であると確かめる。

○感想の書き方を説明し、好きなところと理由、疑問を書かせる。ページ数も書かせておくとよい。

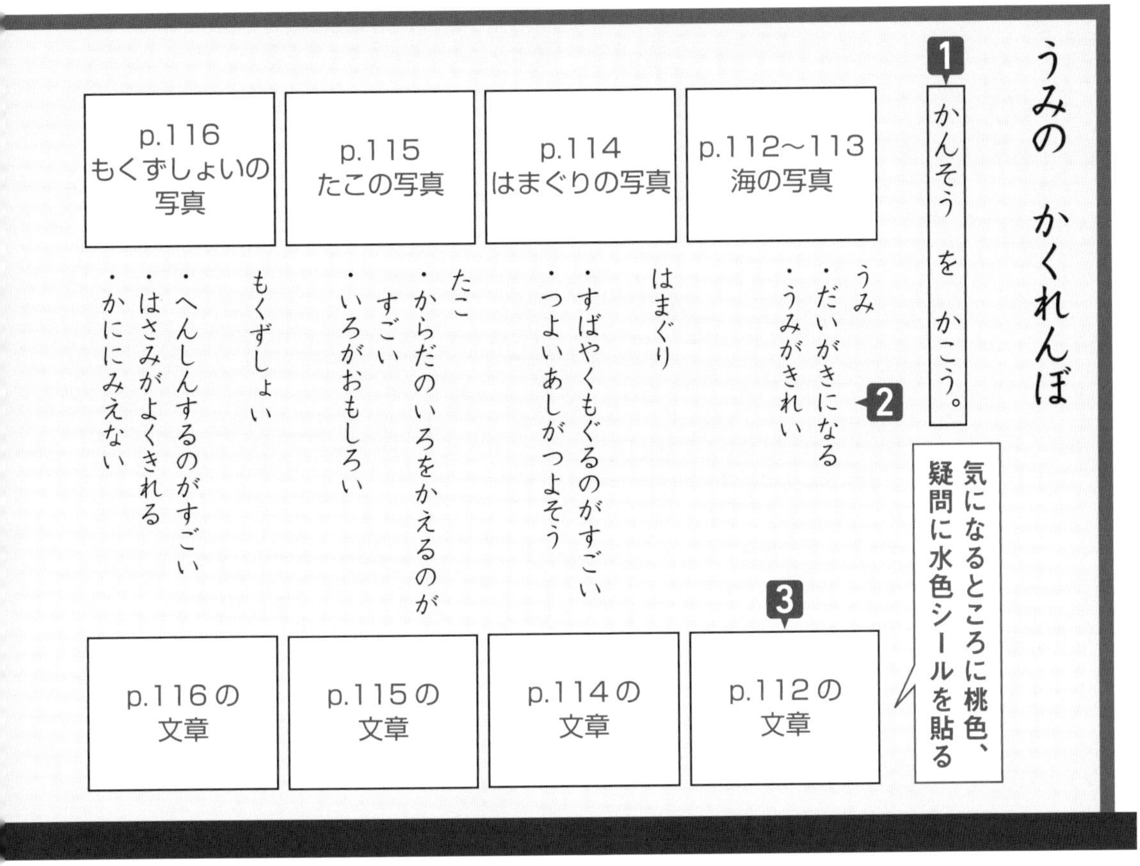

うみの　かくれんぼ

1 かんそう　を　かこう。

p.112〜113 海の写真	p.114 はまぐりの写真	p.115 たこの写真	p.116 もくずしょいの写真

うみ
・だいがきになる
・うみがきれい

はまぐり
・すばやくもぐるのがすごい
・つよいあしがつよそう

たこ
・からだのいろをかえるのがすごい
・いろがおもしろい

もくずしょい
・へんしんするのがすごい
・はさみがよくきれる
・かににみえない

2

3

気になるところに桃色、疑問に水色シールを貼る

p.112の文章	p.114の文章	p.115の文章	p.116の文章

3 感想をシールで貼って交流、好きなところを発表する　〈15分〉

○教科書の文をA3にコピーし、感想に合わせて色分けしたシールを貼らせ、感想を目に見える形にする。どこに感想をもったのかが形として見えると、感想を交流したい気持ちが高まる。大きめのシールを使い名字の最初の1文字を書かせておくと、誰の感想かが分かる。貼らせるだけで「あ、同じだ」「ここに貼ったの誰？」など会話が始まる。

○友達の気になるところや理由を聞いて、同じ感想をもっている子がいることに気付かせたい。注目させたい言葉が感想の中に出てくることも多い。発表の場で褒めて内容の確認に使うのもよいし、本文を学習していく中で取り上げて扱うのもよい。

よりよい授業へのステップアップ

共有の時間を大切にする態度を育てる

1年生では、共有する活動を重ねることで「友達の考えを聞くのは勉強になる。楽しい」という感覚を育てたい。全てを聞くのは難しいので、よい考えや大事な言葉が出てきたときには教師が確認のために声をかけたい。発表者を前に立たせて1人ずつ話をさせると、話し手に注目しやすく聞きやすい。発表する力を付けることを重視するなら、1人1回前に出ることをルールとしてもよい。子供の実態（聞く力、感想の文量等）により変えてよい。

本時案

うみの かくれんぼ 2/8

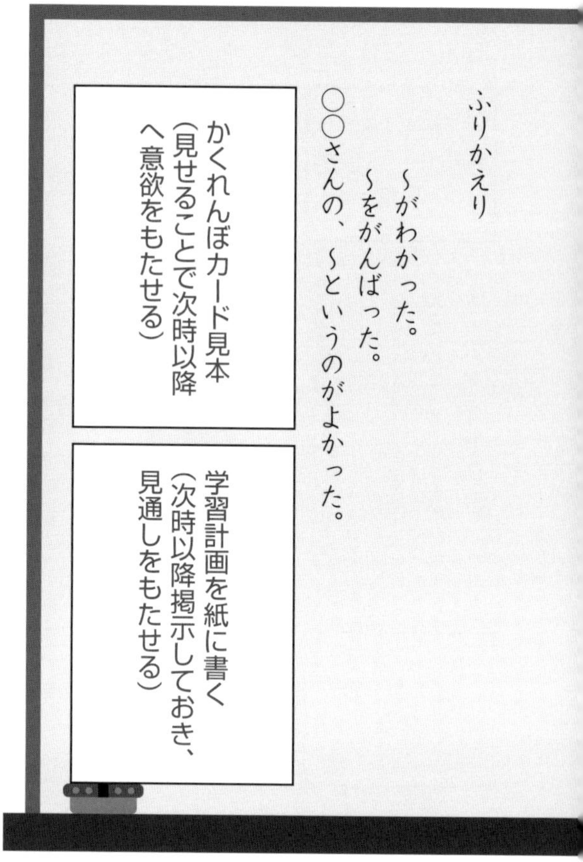

本時の目標

「うみの　かくれんぼ」を読み、何の説明をしているかや問いの文章を見付けて、内容の大体を捉えることができる。

本時の主な評価

❷各段落に書かれている内容の大体を読み、段落の題を考えようとしている。【知・技】
・「うみの　かくれんぼ」を読んで、疑問に思ったことを友達に伝えたり、聞いたりしている。

資料等の準備

・はまぐり、たこ、もくずしょいの写真
・海の生き物の本（分かりやすいものを選んで）
・「かくれんぼカード」の見本 28-01

ふりかえり
〜がわかった。
〜をがんばった。
○○さんの、〜というのがよかった。

かくれんぼカード見本
（見せることで次時以降へ意欲をもたせる）

学習計画を紙に書く
（次時以降掲示しておき、見通しをもたせる）

授業の流れ ▷▷▷

1 音読、段落分けをして、問いを確かめる 〈10分〉

○授業のはじめに、必ず音読の時間を取る。どの子にも読ませたいので、ペアで１文ずつ交代で読ませる。音読が難しい実態があれば、読点でも交代するようにするとよい。

○「問い」を探させる。文末の「〜か。」に注目させ、なるべく全員に自分で見付けさせたい。

T　説明文には「問い」と「答え」があります。「うみの　かくれんぼ」の「問い」はどこですか。

○見付けた子供にヒントを出させて、文末を見ることや質問をするときに「〜ですか」「〜でしょうか」を使うことを確かめる。

○何が隠れているのか、どのように隠れているのかを聞かれていることを確かめる。

2 段落の題を付け、前時に考えた疑問を発表する 〈25分〉

○段落の大体の内容を捉えるために、段落の題をクラス全体で付ける。

○題は、内容と逸れていないものであればよい。１段落は海や生き物、隠れるという言葉、２〜４段落はその生き物の名前が入るとよい。

○１段落には話題と問い、２〜４段落には答えが書かれていることを確認する。

T　この文章で、海には何が隠れていますか。

T　何が隠れているのかの答えは、はまぐり、たこ、もくずしょいなのですね。

○前時にノートに書いた疑問を、ページごとに発表させる。すぐに解決できる疑問は解決する。子供とやりとりしながら、みんなで解決したい疑問を整理する。

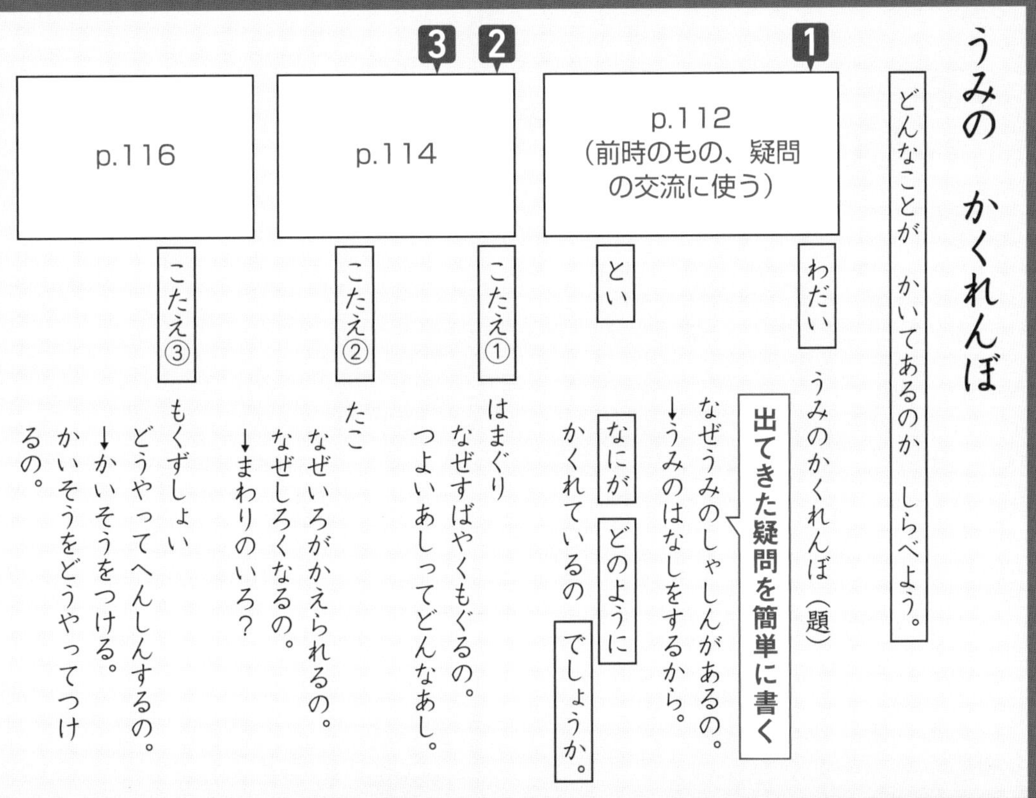

3 学習計画を立てて、見通しをもつ〈10分〉

○2で解決できなかった疑問を、これからの学習で解決していこうと伝え、クラスで計画を立てる。計画に入らないものも、自分の問いとして解決していこうと伝える。

1．かんそうをかいてつたえあう。
2．けいかくをたてる。1だんらくをよむ。
3．2だんらくをよむ。なぜ〜なの。
4．3だんらくをよむ。なぜ〜なの。
5．4だんらくをよむ。なぜ〜なの。
6．オリジナルかくれんぼカードをかく。
7．かくれんぼカードであそぶ。

○みんなで解決したい疑問には、文章を読む中で分かってくるもの、気付いてほしいものを選ぶ。2段落であれば、なぜ強いあしがあるのか、なぜ素早く潜るのかなどである。

ICT 等活用アイデア

疑問の解決の工夫

疑問が多く出ている場合、全体で発表する前に、いろいろな子と疑問を交流する時間を取る。答えが分かりそうなら答え、分からない場合は分からないことを確認すればよい。すぐに解決できる疑問の大体はその中で解決し、本人も満足する。

また、本文からは答えが分からない疑問もある。生き物の隠れ方に関係する本から解決できることもあるだろう。手に取れるように教室に本をそろえておくことが必要である。

本時案

うみの かくれんぼ

本時の目標

２段落を読み、はまぐりがどこに隠れているか、はまぐりの特徴、はまぐりの隠れ方を見付けて、自分が感じたことを書くことができる。

本時の主な評価

❸隠れている場所が書かれている文、体の特徴が書かれている文、隠れ方が書かれている文が書かれていることを知り、言葉を見付けようとしている。【思・判・表】

資料等の準備

・はまぐりの写真（教科書の写真の拡大）
・はまぐりの隠れ方が分かる本
・本「もぐってかくれる」（教科書に掲載）
・？マーク、ハートマーク（掲示用に作っておくと便利）
・問いの文の短冊

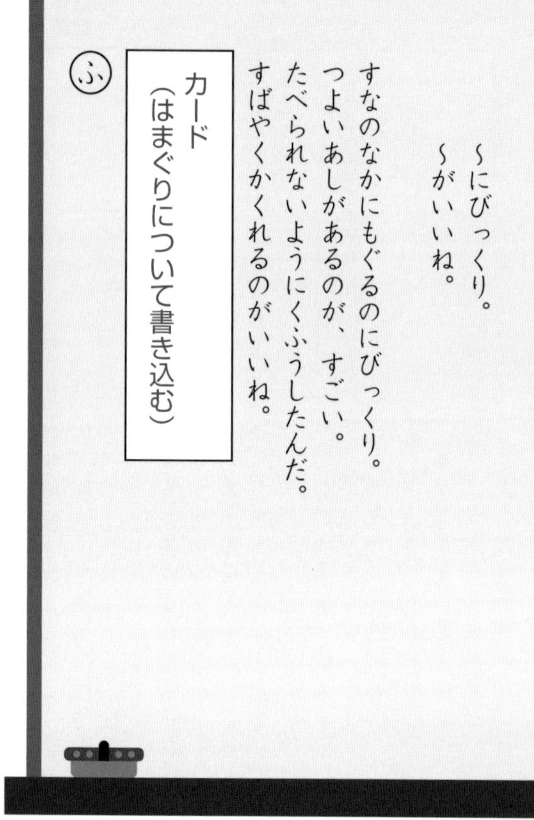

授業の流れ ▷▷▷

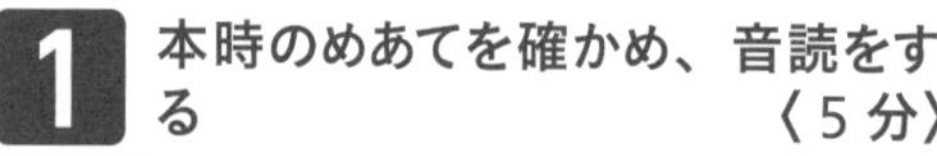

1 本時のめあてを確かめ、音読をする 〈５分〉

T　この文章の問いは何でしたか。
・「なにが、どのようにかくれているのでしょうか。」です。
T　そうですね。２段落の答えを読んでいきましょう。みんなの疑問も解決しましょう。
○ペアで音読をする。
○「あしをのばす」とはどういうことか、「はやい」「すばやい」の違いを考えたり、なぜそうするのか、理由を考えたりする。
○「あし」等の大事な言葉が出てきたら、写真も使って全員が分かるよう確かめる。

2 隠れる場所と特徴、隠れ方を２段落から読み取る 〈20分〉

○はまぐりの隠れ方を読み取る。
・はまぐりが（場所）に隠れています。
・はまぐりは（体の特徴）をもっています。
・（隠れ方）隠れます。
○主語や文末に気を付けて読んで探し、見付けたらサイドラインを引くことを教える。
○２段落を読み取る中で、みんなの疑問について考え、解決できるようにしていく。
○「素早く隠れる」のはなぜか確かめたい。資料の文にも出てくるが、天敵に食べられないためと、遠くに転がらないためである。

ICT 端末の活用ポイント

QR コードを読み取り、はまぐりの隠れ方を映像で確かめる。端末は実態に応じて教師が操作し、全体で見るようにしてもよい。

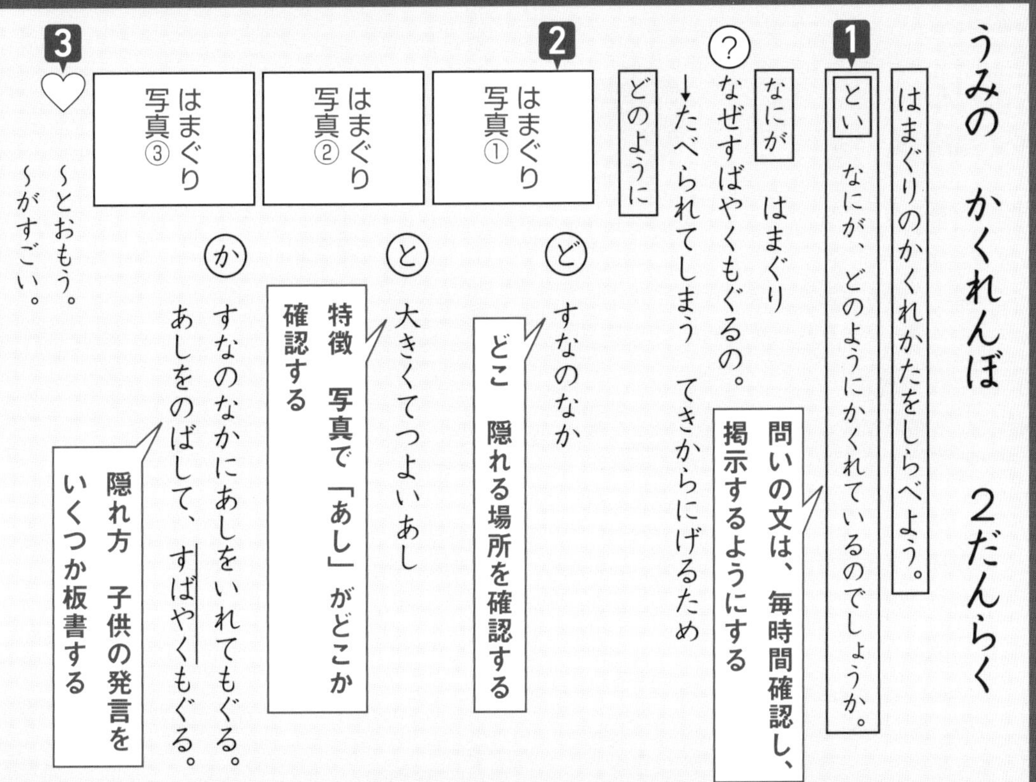

3 はまぐりの「かくれんぼカード」を書き、読み合う　〈20分〉

○「かくれんぼカード」には、名前、隠れる場所、体の特徴、隠れ方とともに、自分が感じたことや思ったことを書く。また、すごいと思った数だけ星の色を塗らせる。見せ合って星の数を比べたり理由を話したりするとよい。

○「～とおもう。」だけでもよいが、他にもいくつか文末を示すことで書きやすくしたい。(～がすごい。～にびっくり。～がいい。～がじょうず。など)

○まとめとして教師が、かくれんぼカードにはまぐりのことを書き込む。

○振り返りに分かったことを書かせる。資料から知ったことや、話していて分かったことについても書いてよいと伝える。

よりよい授業へのステップアップ

科学的な読み物の読書につなげる

単元の終わりに「かくれんぼカード」を書く活動があることもあり、子供たちの中には本に興味をもち手に取って見ている子もいるだろう。時間があるときに、学習の中でどんどん紹介していくことで「海の生き物っておもしろいのだなあ」と思わせ、手に取る子を増やしたい。

「潜って隠れる仲間」「色を使って隠れる仲間」「形を変えて隠れる仲間」と名前を付けることで、「～の仲間を見付けたよ」と子供たちの話題にものぼりやすくなる。

本時案

うみの かくれんぼ

本時の目標

3段落を読み、たこがどこに隠れているか、たこの特徴、たこの隠れ方を見付けて、自分が感じたことを書くことができる。

本時の主な評価

❹隠れている場所が書かれている文、体の特徴が書かれている文、隠れ方が書かれている文を読み、たこのことを読み取っている。【思・判・表】

・たこの隠れ方を知って感じたことを書き、伝えようとしている。

資料等の準備

・たこの写真（教科書の写真の拡大）
・たこの隠れ方が分かる本
・色を変えて隠れる生き物のことが分かる本

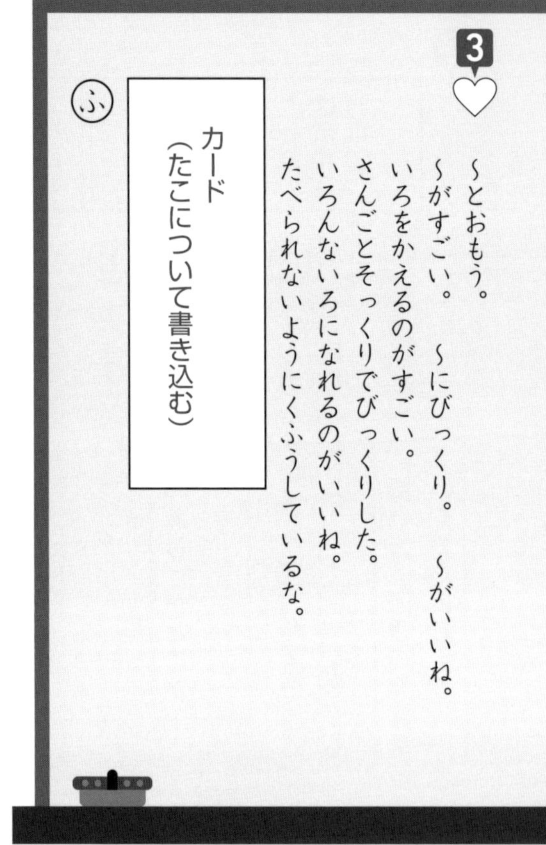

授業の流れ ▷▷▷

1 音読をして、資料を見てたこについて知る 〈10分〉

T　この前ははまぐりの隠れ方を調べました。どんなふうに隠れていましたか。
・足を使って潜っていました。
・食べられないように素早く潜っていました。
T　そうでしたね。はまぐりは潜って隠れる仲間でした。今日の生き物は何ですか。
・たこです。
T　どのように隠れるのか、読んでいきましょう。みんなの疑問も解決しましょう。
○ペアで音読をする。

2 隠れる場所と特徴、隠れ方を3段落から読み取る 〈15分〉

○たこの隠れ方を読み取る。少し書き方は違うけれど、書かれている順序は同じである。
・たこが（場所）に隠れています。
・たこは（体の特徴）ができます。
・（隠れ方）隠します。
○見付けたらサイドラインを引き、ノートに書かせる。文を全部書き写すのではなく、大事な語を抜き出して書くようにする。
○全体で確かめる際には、自分で書いたものは消さず、必要であれば色を変えて書き加えるよう声をかける。

ICT 端末の活用ポイント

QR コードの読み取りは、素早くできる子供に作業を任せ全体で確認してもよい。音読の宿題のときに開いてみるよう声掛けをしてもよい。

うみの　かくれんぼ　3だんらく

たこのかくれかたをしらべよう。

1 とい　なにが、どのようにかくれているのでしょうか。

なにが　たこ

？　なぜしろくなるの。　しろだけじゃない　いわのうえなら
→すなのいろ
いわのいろ

2 どのように

①たこ写真

ど　うみのそこ

②たこ写真

と　からだのいろをかえられる
しろっぽい　すなのいろ　さんご
あかっぽい　いわ　かいそう
⬇まわりとおなじいろになって
てきにみつからないようにする

③たこ写真

か　まわりとおなじいろになってかく
れる。
いろをかえて、じぶんをみえにく
くする。

3 たこの「かくれんぼカード」を書き、読み合う 〈20分〉

○前時でうまく書けていた子供のものを紹介することで、どんな内容がよいかイメージできる。

○静かに考えて書く時間を十分に確保したい。その後に近くの子と何を書いたか交流する時間を取るとよい。

○思ったことが書けていない子にはまず星を塗らせて「どうしてその数にしたの？」「何がすごいと思った？」など問いかけて話をさせてからアドバイスするとよい。書くことはできなくても話すことができる子も多い。

○友達の発表を聞いて、いいなと思ったものを書いてもよいことにすると、どの子も安心して学習に参加することができる。

ICT 等活用アイデア

動画を見る前に、読んだり話したりして考えさせる

疑問として出てきたことを解決するために、文や写真から読み取らせ考えさせたい。「なぜ白くなるの？」と疑問が出ていれば、「この写真のことですね。なぜ白くなっているのでしょう？」と全体に問いかける。

・周りと同じ色になると書いてある。

・周りの砂が白いから。

他の色にはならないのかと続けて問いかければ、周りの色に合わせて違う色にも変化するのでは？と声が上がるだろう。その後に動画を見ると、たこの隠れ方がよく分かる。

本時案

うみの かくれんぼ

本時の目標

４段落を読み、もくずしょいがどこに隠れているか、もくずしょいの特徴、もくずしょいの隠れ方を見付けて、自分が感じたことを書くことができる。

本時の主な評価

❶文の中の主語や述語を手掛かりとして、隠れている場所や体の特徴、隠れ方を本文から見付けている。【知・技】

・もくずしょいの隠れ方を知って感じたことを書き、伝えようとしている。

資料等の準備

・もくずしょいの写真（教科書の写真の拡大）
・もくずしょいの隠れ方が分かる本
・形を変えて隠れる生き物のことが分かる本

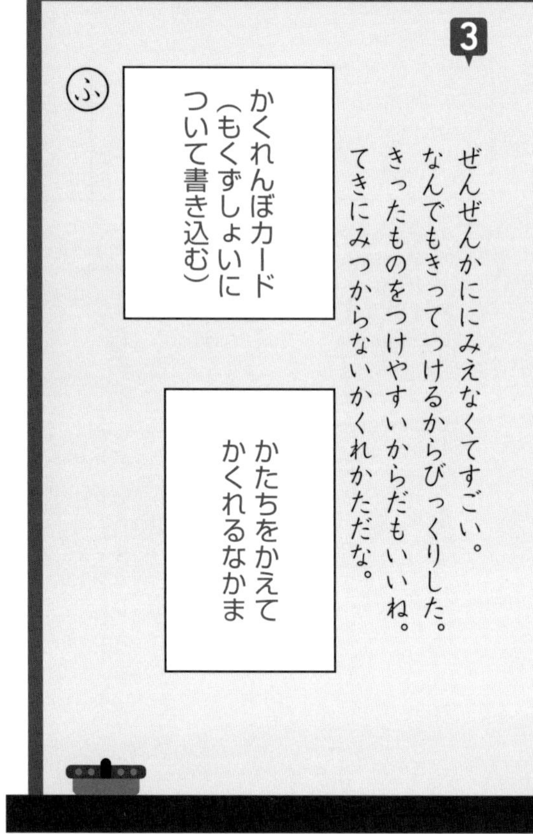

授業の流れ ▷▷▷

1 音読をして、資料を見てもくずしょいについて知る 〈10分〉

T　はまぐりは潜って隠れる仲間、たこは色を使って隠れる仲間でした。今日の生き物は何ですか。

・もくずしょいです。

T　そうですね。これがもくずしょいです。

○写真を見せて、もくずがどれなのか、もくずしょいは何なのか、理解を確かにする。

○めあてを確認し、ペアで音読をする。

2 隠れる場所と特徴、隠れ方を４段落から読み取る 〈15分〉

○もくずしょいの隠れ方を読み取る。

・（もくずしょいの説明）もくずしょいが（場所）に隠れています。

・もくずしょいは（体の特徴）ができます。

・（隠れ方）変身するのです。

○あまり知られていないので、もくずしょいの説明も付いているが、どこに隠れるかはほとんどの子が自分で読み取ることができる。

○体の特徴によって文末が少しずつ違っていることを押さえる。

○「変身する」という表現にはなっているけれど、隠れ方について書いていることを確認する。

○４段落を読み取る中で、みんなの疑問について考え、解決できるようにしていく。

うみの　かくれんぼ　4だんらく

もくずしょいのかくれかたをしらべよう。

とい　なにが、どのようにかくれているのでしょうか。

なにが　もくずしょい

どのように　かいそうをどうやってつけるの。

？ →ちいさくきる　なんかいもつける　まがったけにつける

2

もくずしょい　写真①

ど　いわのちかく

もくずしょい　写真②

と　はさみでかいそうなどを小さくきる。
　も…かいそうなど
　くず…かけら　きれはし
まわりにあるいろいろなものをきって
つける

もくずしょい　写真③

か　かいそうを、からだにつけてかくれる。
きったものをつけて、へんしんする。
かいそうをつけて、みえないようにする。

♡　～とおもう。　～にびっくり。　～がいいね。
～がすごい。

3 もくずしょいの「かくれんぼカード」を書き、読み合う　〈20分〉

○たこについてよく書けていた子供のものを紹介する。３回目なので、できるだけ見守り、静かにじっくりと取り組ませたい。

○たこのカードが書けていなかった子を確認しておき、最初に見に行きたい。複数人いるなら、今日はこの子から見ようと決めておき、達成感がもてるよう支援したい。

○近くの子と交流の時間を取ると、全体の前で発表できない子も発表の機会をもてる。

○友達の発表を聞いて、いいなと思ったものをノートに記録してもよいことを伝える。

気になる生物を写真に撮る

次時で別の生き物のカードを書くために、本を読んで気になった生き物を写真に撮っておくようにする（著作権については話をしておく）。

よりよい授業へのステップアップ

まずは、ノートに書く力を育てる

１年生なので、書くことのできる量にかなり個人差がある。ただ、１年生でも続けてノートを書いていくと、書ける量も増え速く書けるようになってくる。今どのくらい書けるかを把握し、書かせる内容を調整すれば、多くを読み取らせても時間内に授業を終えることができる。確認のため、事前に教師もノートに書いてみるとよい。

まずは紙と鉛筆を使ってしっかりと書く力を育てることが、後のタブレットを使った意見交流にもつながっている。

本時案

うみの かくれんぼ

本時の目標

ハナタツがどこに隠れているか、ハナタツの特徴、ハナタツの隠れ方を見付けて、「かくれんぼカード」に書くことができる（ここの生き物は、教師が本の中から１つ選び提示する）。

本時の主な評価

❶２段落の文章を読み、どこにどのように隠れているか説明するときの主語と述語の続き方に気付いている。【知・技】

・ハナタツがどこにどのように隠れているのか、写真や資料から考えて、文章に書くことができる。

資料等の準備

・ハナタツの写真（隠れ方の分かるものを大きく印刷）
・読みやすいシリーズの本を選び多めに用意
・かくれんぼカード 28-02

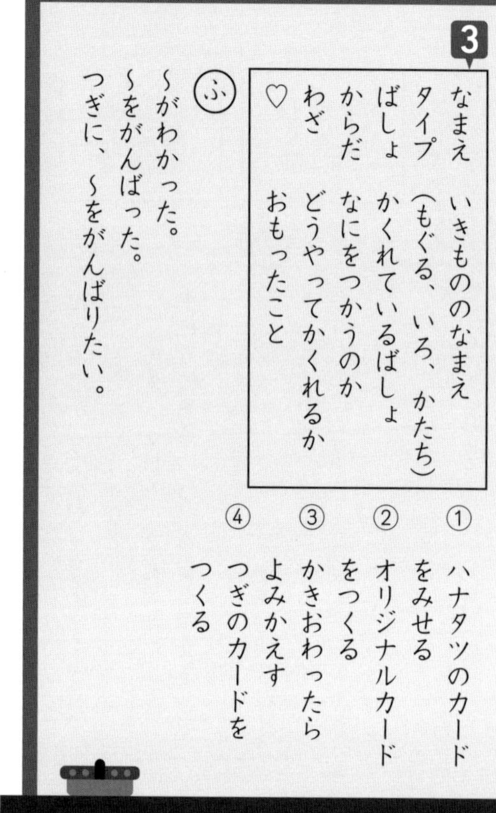

授業の流れ ▷▷▷

1 資料を見て、ハナタツについて気付いたことを発表する〈10分〉

○もくずしょいの上手なカードを紹介する。

○クラスで一緒にハナタツについてカードに書くことで、自分が選んだ生き物について自分で書けるようになることを確認する。

○ここまでに並行読書をしながら自分が書きたい生き物を見付けるように促しておく。

○２段落を全員で音読する。３つの文にそれぞれ、隠れている場所、体の特徴、隠れ方が書いてあったことを確認する。

○ハナタツの写真を見て、気付いたことをたくさん出させる。

ICT 端末の活用ポイント

ハナタツの本のページを写真に撮り、端末に配信する。サイドラインを引かせて提出させると、どこから見付けたのか把握することができる。

2 写真と文から読み取り、ハナタツの「かくれんぼカード」を作る〈20分〉

○「○○の仲間」と仲間分けをするなら何の仲間か考える。（タイプ）

○今まで読み取ってきたことを参考に、生き物の名前（なまえ）、隠れている場所（ばしょ）、隠れるために使う体の特徴（からだ）、隠れ方（わざ）を見付け、思ったことを加えてカードに書く。

○なるべく分かりやすい文章で説明が書かれたシリーズの本を選び、書き方を紹介しておくと、多くの子供がオリジナルのカードも自分の力で書くことができる。写真から読み取ったことも使ってよいと伝えておく。

○絵をかくことに抵抗のある子供がいれば、写真を印刷して貼らせてもよい。

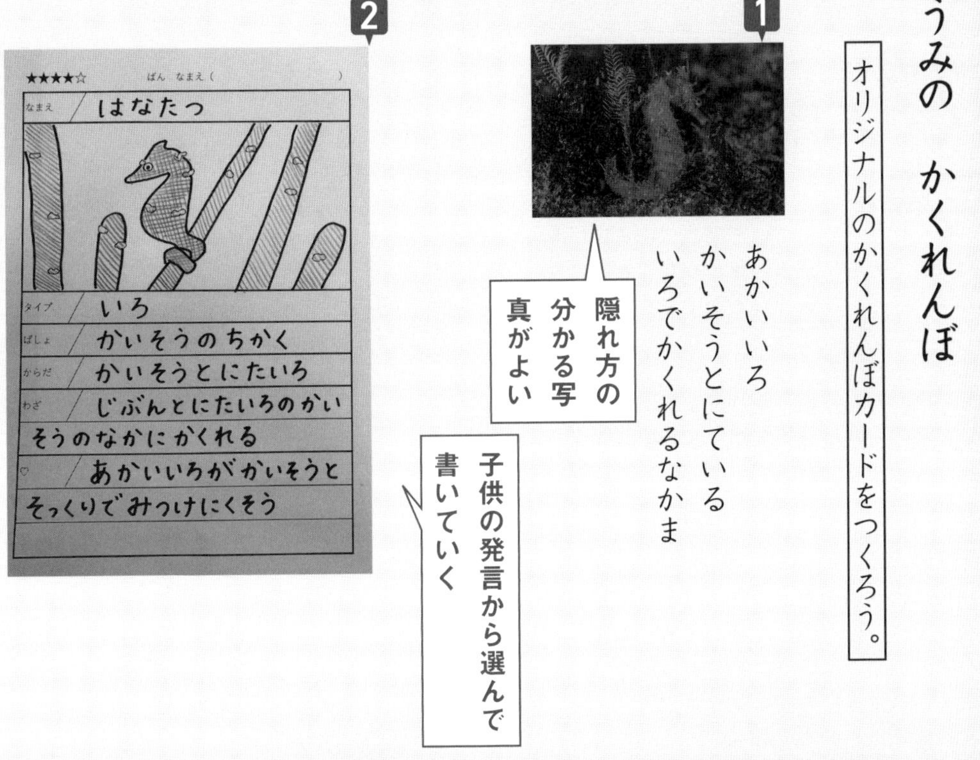

3 自分が選んだ生き物の「かくれんぼカード」を作る〈15分〉

○**2**の活動で書けたカードを持ってこさせ、一人一人が書けているか確認していく。全員が書けたか教師が確認できるように、合格したハナタツのカードには、スタンプを押すなど分かりやすく印を付けておく。

○書けた子は、自分の好きな生き物のカードを書き始める。書けていない子とは個別にやりとりしながら内容を確認したい。

○**2**の活動で確認したことを板書しておくと、大体の子が書くことができる。

○作業の手順や終わってからやることも板書しておくと、黒板を見ながら自分で活動することができるようになる。

ICT 等活用アイデア

本を拡大して写し、抜き出す言葉を一緒に確かめる

本の中から自分で大事な言葉を見付けることは、なかなか難しい。この時間で見付け方を確認し、大体の子が自分で探せるようにしたい。言葉が見付けやすい本を限定しておくのもよい。好きな生き物を書く活動では、資料の写真を撮らせて各自で作業をさせる、隣に机を持ってきて同じものを読み取る子で助け合う等できる。

「隠れ方」は生き物によって少しずつ書き方が違うので、写真から見付ける等簡単な方法も示して確認したい。

本時案

うみの かくれんぼ

本時の目標

自分の選んだ生き物について隠れている場所等を見付けようとして読み、分かったことを「かくれんぼカード」に書くことができる。

本時の主な評価

❺自分の選んだ生き物の隠れ方を説明するために、文章の中から重要な語や文を探しながら読み、分かったことを表現しようとしている。【態度】

資料等の準備

- ６時間目に板書で書いたカード（モデル文）
- 下書き用紙（絵の欄に × をしておくとよい）
- カードの用紙（画用紙に印刷する）
- 隠れている生き物の様々な本
- かくれんぼカード 28-02

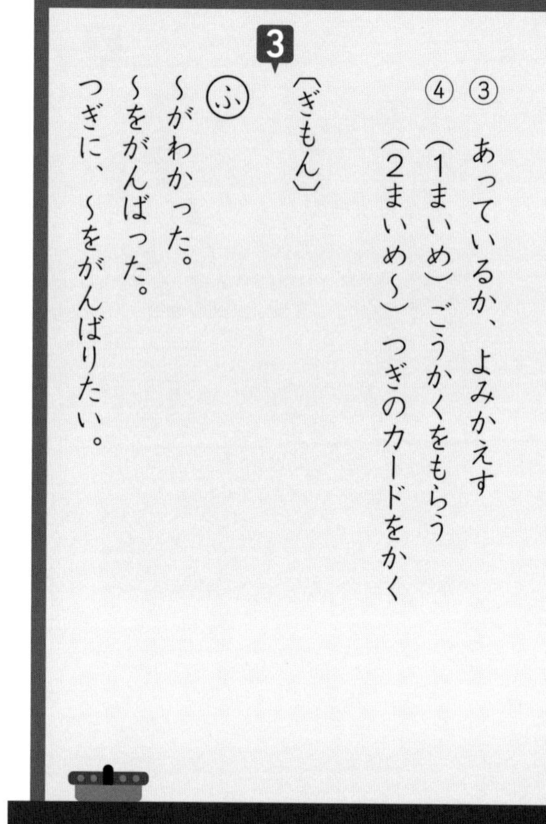

授業の流れ ▷▷▷

1 書く内容や、作業の仕方を確認する 〈５分〉

○２段落を全員で音読する。３つの文にそれぞれ、隠れている場所、体の特徴、隠れ方が書いてあったことを確認する。

○６時間目に学習したハナタツについての文を読み、隠れている場所、体の特徴、隠れ方を書くときの書く欄と書き方を確認する。６時間目に板書で書いたカード（モデル文）を貼っておくと、見てイメージがつかめる。

○１枚目のカードができたら、見せに来るようにさせる。できていない子を確認しておき、２枚目以降で一緒に確認するとよい。

2 自分の見付けた生き物の「かくれんぼカード」を作る 〈25分〉

○カードを書いた後に読み返して、合っているか確認するとよいことを伝える。

○多めの本やコピーを用意する、席を移動する、選んだところを写真に撮って見る等して、じっくりと本に向き合って大事な言葉を見付ける、書く時間を取りたい。

○選んだ本によっては、読み取りづらいものもあるので、困ったら相談に来てよいことにしておく。

写真に撮って近くで見る

同じ本の別のページが見たい場合、写真に撮ったものを見て自分の机で作業できる。著作権について話し、単元の後に写真は消すようにする。

うみの　かくれんぼ

オリジナルのかくれんぼカードをつくろう。

1

★★★★☆　ばん　なまえ（　　　）

なまえ	はなたつ
タイプ	いろ
ばしょ	かいそうのちかく
からだ	かいそうとにたいろ
わざ	じぶんとにたいろのかいそうのなかにかくれる
♡	あかいいろがかいそうとそっくりでみつけにくそう

2

① じぶんのなまえをかく

② いきもののことをかく　えをかく

なまえ　いきもののなまえ
タイプ　（もぐる、いろ、かたち）
ばしょ　かくれているばしょ
からだ　なにをつかうのか
わざ　どうやってかくれるか
♡　おもったこと

3 気付いたことの共有、解決していない疑問の解決 〈15分〉

○様々な種類の本を読む中で、生き物について気付いたことを共有する。「こんな不思議な生き物がいるんだよ」「この生き物は隠れ方がはまぐりと似ていたよ」「新しい隠れ方の生き物を見付けた」等、各自の気付きを全体で共有したい。

○本文を読む中では解決しなかったクラスの疑問や、個人で解決したい疑問が残っている場合は、それらを解決する時間を取る。全体で考えを出しきっても解決しないものは、教師が答えを示してもよい。

○分かったことや自分が頑張ったこと、次回頑張りたいことを振り返らせ、次回の作業へ意欲をもたせる。

よりよい授業へのステップアップ

個別に学習する大切さを教える

全体で一斉に作業することはできるけれど、各自で進めていく作業は難しいという子もいるだろう。次に何をしたらよいのかが分からなくなったときに板書を確認する習慣を付けていくとよい。

併せて、静かに取り組むことや、諦めないで仕上げることを指導していきたい。困ったらそのままにしないで相談すること、自分で今日のめあてをもつことやできたことを振り返ることも教えていく。

本時案

うみの かくれんぼ

8/8

本時の目標

自分の選んだ生き物について隠れている場所等を見付けようとして読み、分かったことを「かくれんぼカード」に書くことができる。

本時の主な評価

❺自分の選んだ生き物の隠れ方を説明するために、文章の中から重要な語や文を探しながら読み、分かったことを表現しようとしている。【態度】

資料等の準備

- 6時間目に板書で書いたカード（モデル文）
- 下書き用紙
- カードの用紙
- 隠れている生き物の様々な本
- かくれんぼカード 28-02

③ あっているか、よみかえす
④ つぎのカードをつくる
3 しゃしんをとる　タブレットでおくる
ともだちのカードのよいところをみつける
カードであそぶ
ふ 「うみの　かくれんぼ」で、
～がわかった。
○○さんの～ところがよかった。
～とおもった。　こんど～したい。

授業の流れ ▷▷▷

1 前回書いたカードの紹介をする 〈5分〉

○前回までに書いたカードをペアで紹介し、どんな生き物を見付けたのか伝え合う。
○子供の作品の中からよく書けているものを全体でも何枚か紹介すると、どう書けばよいのかイメージをつかむことができる。
○２段落を全員で音読する。３つの文にそれぞれ、隠れている場所、体の特徴、隠れ方が書いてあったことを確認する。
○ハナタツのカードで書き方を確認する。
○後から見直したときにも読みやすいよう、カードの文字は丁寧に書くことを確認。

ICT 端末の活用ポイント

１年生なので作業に時間はかかるが、写真を撮って学習支援ソフトの共有機能で見合うと、友達の作品をいつでも開くことができる。

2 カードを作る 〈20分〉

○７時間目に書いた全員のカードを確認しておく。アドバイスの必要な子には付箋等でメモをして貼っておく。大きく直さなくてはいけない子については呼んで直接話し、直せるように手助けするとよい。
○各々が作業を進める時間、そばについて進めないと難しい子が何人かいる場合は、その時間のみ席を替えて１カ所に集め、そばについて指導するのもよい。今回は各自が本を読んだりカードを書いたりする作業に向かうことが目標になっているので、内容が全員合っているところまで目指さなくてもよい。クラスの実態を見て、支援できる範囲で、教師側もその時間の目標を決めて指導していくとよい。

うみの　かくれんぼ

1 オリジナルのかくれんぼカードをかんせいさせて、あそぼう。

★★★★☆　ばん　なまえ（　　）
なまえ　はなたつ
タイプ　いろ
ばしょ　かいそうのちかく
からだ　かいそうとにたいろ
わざ　じぶんとにたいろのかいそうのなかにかくれる
♡　あかいいろがかいそうとそっくりでみつけにくそう

ていねいにかこう

2
① じぶんのなまえをかく
② いきもののことをかく　えをかく

なまえ　いきもののなまえ
タイプ（もぐる、いろ、かたち）
ばしょ　かくれているばしょ
からだ　なにをつかうのか
わざ　どうやってかくれるか
♡　おもったこと

3 書いたカードをお互いに見合う〈20分〉

○書いたカードを写真に撮り、学習支援ソフトの共有機能で共有する。作業に時間がかかること、うまくいかない子供も出ることが予想されるので、ある程度時間に幅をもたせて支援できるようにする。素早く作業ができて早く終わった子にタブレットのミニ先生として手助けしてもらうのもよい。

○作業の終わった子供から、友達の作品を見るようにする。

○友達の作品からよいところを見付けさせたい。「友達の作品を読んでいろいろな生き物のことが分かるといいですね。見付けたこんなところがいいを後で教えてね」と伝えておき、いくつかの作品の紹介をする。振り返りは単元のまとめとして行いたい。

よりよい授業へのステップアップ

カードの仲間分け

作ったカードを使って、どんな仲間分けができるか、考えることができる。潜る、色、形という3タイプには分かれているが、その中でもよく似ているもの、少し違うものがある。3タイプに当てはまらないものもあるだろう。

実際のカードを使ってクラスで黒板上に分けるのもいいし、共有機能でお互いのカードを送り合い、それを使って自分のページで自分の考えた仲間分けをしてみるのもよい。カードの形態を活用し、集めてから遊ぶのも楽しい。

資　料

1 第２時資料　「かくれんぼカード」の見本 28-01

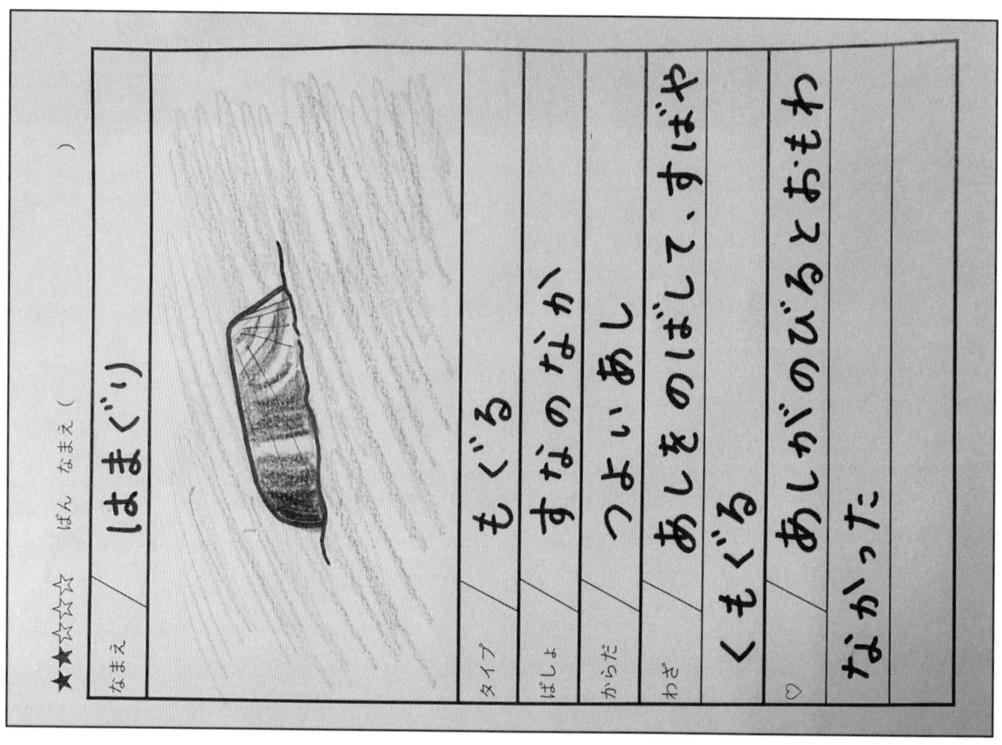

2 第３・４時資料　子供のノート例

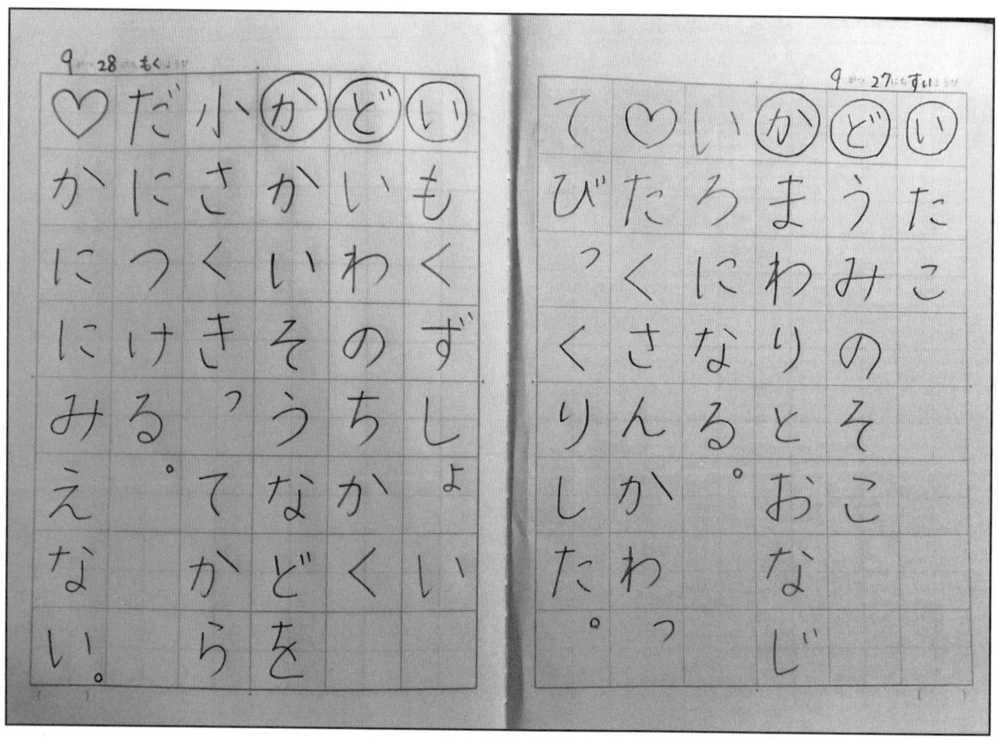

3 第６～８時資料　かくれんぼカード・板書掲示用モデル文例 28-02

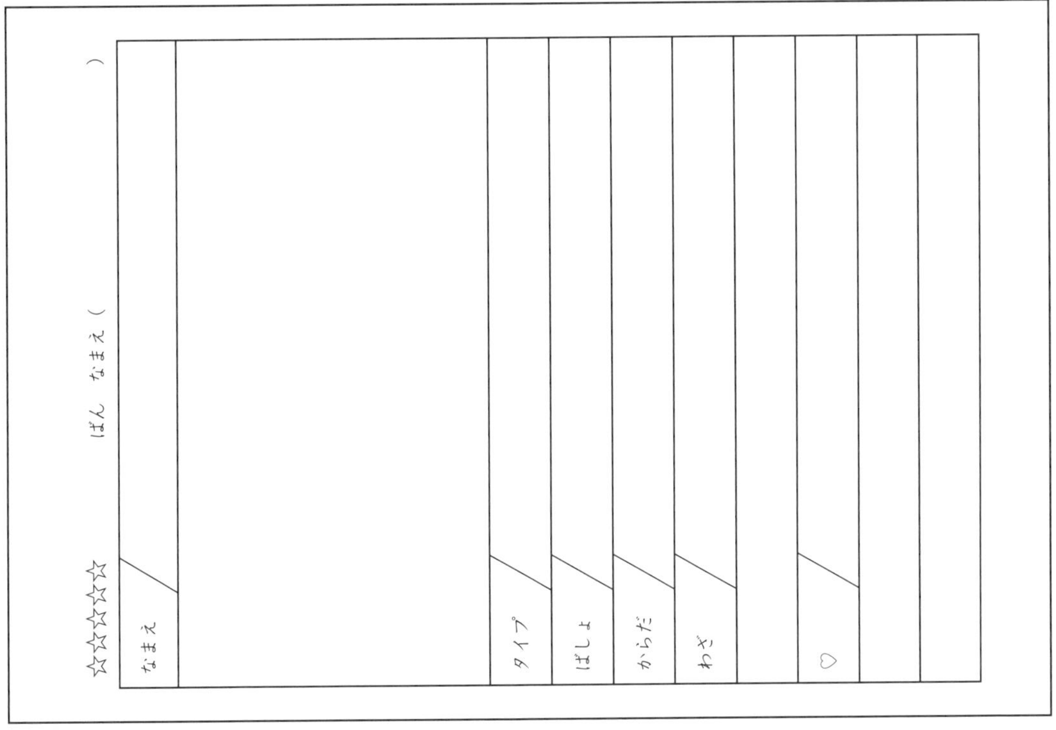

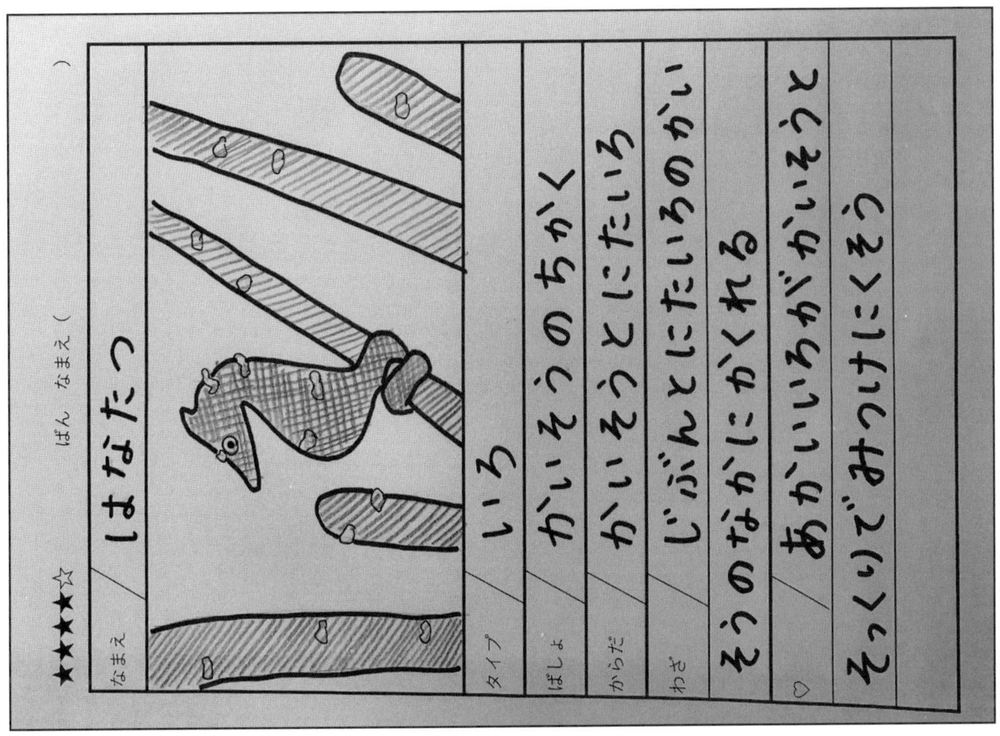

かずと　かんじ　4時間扱い

単元の目標

知識及び技能	・第１学年に配当されている漢字を読み、漸次書き、文や文章の中で使うことができる。((1)エ)
思考力、判断力、表現力等	・語と語や文と文との続き方に注意しながら、内容のまとまりが分かるように書き表し方を工夫することができる。(B ウ)
学びに向かう力、人間性等	・言葉がもつよさを感じるとともに、楽しんで読書をし、国語を大切にして、思いや考えを伝え合おうとする。

評価規準

知識・技能	❶第１学年に配当されている漢字を読み、漸次書き、文や文章の中で使っている。(〔知識及び技能〕(1)エ)
思考・判断・表現	❷「書くこと」において、語と語や文と文との続き方に注意しながら、内容のまとまりが分かるように書き表し方を工夫している。(〔思考力、判断力、表現力等〕B ウ)
主体的に学習に取り組む態度	❸積極的に数の数え方に興味をもち、これまでの学習や経験を生かして、漢字を使った数え歌を書こうとしている。

単元の流れ

次	時	主な学習活動	評価
一	1	学習の見通しをもつ 「こぶたの数え歌」を読む。 「こぶたの数え歌」を手拍子や動きを付けながら読む。 「こぶた」の部分を他の動物に置き換えて数え歌を読む。	❶
	2	一から十までの漢数字を１つずつ、筆順や「とめ・はね・はらい」に注意しながらノートに書く。 一から十までの漢数字には、様々な読み方があることを理解する。 「こぶたの数え歌」を読んで、読み方を確認する。	❶
二	3	教科書にあるものや身の回りにあるものの数え方を確認し、助数詞について理解する。 教科書にあるものや身の回りにあるものを使った「数え歌」を、漢数字を使ってノートに書く。	❷
	4	ワークシートの□に漢数字や言葉を書き入れて、自分だけの数え歌を作る。 学習を振り返る 作った数え歌を友達と読み合う。	❸

授業づくりのポイント

〈単元で育てたい資質・能力〉

本単元では、漢数字の書き方や読み方を正しく理解すること、また身近にあるものの数え方に興味をもち、助数詞に気を付けながら使うことをねらいとしている。

そのためには、漢数字そのものの書き方や読み方だけでなく、漢数字と算用数字との関連性や違いを正しく理解すること、その数がどんな様子を表すのか具体的にイメージすることが大切である。

〈教材・題材の特徴〉

本教材は、数を表す漢字の書き方を練習することに加え、数え歌の形で読むことで、数を表す漢字の読み方や書き方を楽しみながら学習できるようになっている。同じ漢字でも使い方によって様々な読み方があることを理解でき、また順番に数えていくことで、その漢字がどんな数を表すのか、具体的にイメージしやすくもなっている。さらに、数え歌の形にすることで、リズムを楽しみながら漢数字に親しめることに加え、「ひき」「まい」「こ」などの助数詞についての理解も深められる教材となっている。

〈言語活動の工夫〉

漢数字の書き方と読み方に同時に親しめる教材だからこそ、そのよさを生かした言語活動を展開したい。漢数字や助数詞を声に出して読む機会を多く設定したり、クイズ形式で漢数字を書かせたりすることで、子供の興味が高まるであろう。また、個人の活動にとどめるだけでなく、グループや全体での活動も取り入れ、学級全体で漢数字や助数詞を楽しむ雰囲気をつくりたい。「○○は、どうやって数えるのかな」と子供が疑問をもち、そこから助数詞を集めたり調べたりする学習も展開できる。

[具体例]
- ○毎時間のはじめに漢数字のクイズを出す。
- ○数え歌の最後の部分だけ隠して、「こぶたはどのように数えますか」などと聞いて、子供が答える活動をする。
- ○数え歌をグループで練習し、全体の前で発表させる。
- ○こぶたを折り紙などに変え、「どのように数えますか」などと聞いて、子供が助数詞を考える活動をする。こぶたを別のものに置き換えることで助数詞の違いに目を向けさせ、身の回りの様々なものの数え方を考えてみる。
- ○家族に聞いて調べてきた数え方を出し合って見比べ、助数詞のきまりを見付ける。

〈ICT の効果的な活用〉

共有：家庭学習として、「数え歌」を読む様子を撮影する課題を出し、学習支援ソフトを活用して動画を提出させる。撮影したものを見返したり授業の中で共有したりすることで、漢数字を正しく読めているか確かめたり、新たな助数詞を知ったりすることができる。
提出された動画を見て個々の状況を評価し、その後の指導に生かすこともできる。

本時案

かずと　かんじ

本時の目標

・「こぶたの数え歌」を漢字の読み方に気を付けながら、リズムよく読むことができる。

本時の主な評価

❶漢数字を前後の言葉に合わせた正しい読み方で読んでいる。【知・技】

・一から十までの漢数字を用いた数え歌を進んで読もうとしている。

資料等の準備

・「こぶたの数え歌」の拡大図

出てきた工夫を板書する。読んだ工夫には、花丸を書いていく

4

○がくしゅうの　ふりかえり

子供に学習の中で気付いたことを発表させ、次時の学習につなげる

授業の流れ ▷▷▷

1 「こぶたの数え歌」を見て、今までと異なる点を見付ける 〈5分〉

T　「こぶたの数え歌」を声に出して読んでいきます。書かれていることを見て、何か違いに気付きましたか。

・漢字が出てきています。

・いろんな読み方が書いてあります。

・「ぴき」と「ひき」と「びき」があります。

○漢数字の学習をすることを教師から提示するのではなく、子供たちに見付けさせることで、学習への興味をもたせる。

T　そのとおりです。みなさん、漢字を正しく読んだり書いたりできますか。今日は漢字の読み方に気を付けて、数え歌の音読を楽しみましょう。

2 「こぶたの数え歌」を音読する 〈10分〉

○はじめに教師が範読する。その際、漢字と助数詞の読み方、リズムを意識する。手拍子で子供を参加させてもよい。

T　それでは「こぶたの数え歌」を読んでいきます。漢字の読み方に気を付けながら、私の後に続いて読んでいきましょう。

T　次に「○ひき」の後に手拍子を入れてみましょう。

・こぶたがたくさん増えておもしろいです。

・他の動物でもできそう。

○今回は漢字の読みの学習が主なねらいになるので、繰り返し読むようにする。

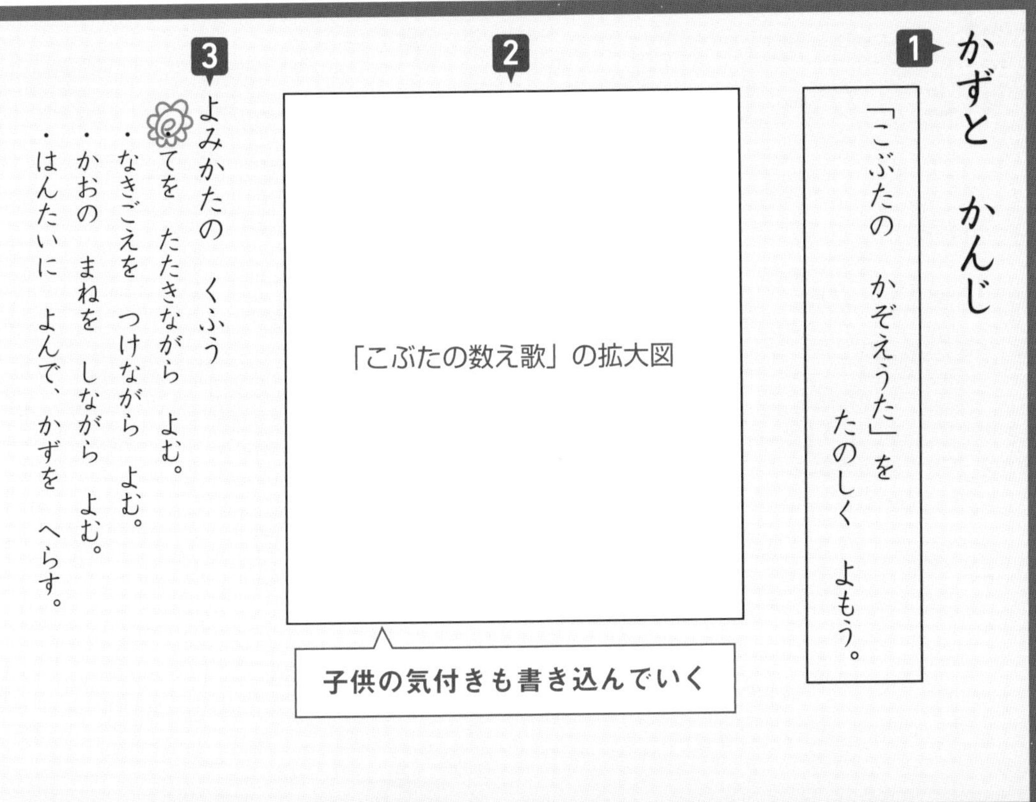

3 読み方の工夫について話し合う〈15分〉

T　もっと楽しくできそうな読み方はありますか。近くの人と話し合ってみましょう。

・鳴き声を入れてみるとおもしろそう。
・他の動物でもできそうです。
・手のたたき方も工夫できそうです。

○発達段階を考え、読み方の工夫についてはペアや全体で話し合い、様々な考えを互いに共有できるようにする。意見が出ないようであれば、教師がいくつか例示する。

4 読み方を工夫しながら、音読を楽しむ〈15分〉

○数え歌の工夫を共有する。発表した子供に実演させてもよい。

・こうやって手のたたく場所を変えます。
・ぶたの顔をまねして読みます。

T　読み方の工夫がたくさん出ましたね。みなさんの考えた工夫を使って、数え歌を替え歌で歌ってみましょう。

○学習を振り返る。

・いろいろな動物が増えました。
・動物園みたいです。
・数え方が変わることが分かりました。

○漢字を読むことが楽しいと気付かせ、次時以降の漢字を書く学習への意欲を高めておく。

本時案

かずと　かんじ　2/4

本時の目標

・一から十までの漢数字を、正確に読んだり書いたりすることができる。

本時の主な評価

❶一から十までの漢数字を正しく書いたり、読んだりしている。【知・技】
・一から十までの漢数字を「とめ・はね・はらい」に気を付けて書いている。

資料等の準備

・「こぶたの数え歌」の拡大図
・漢字用のマス黒板　10枚

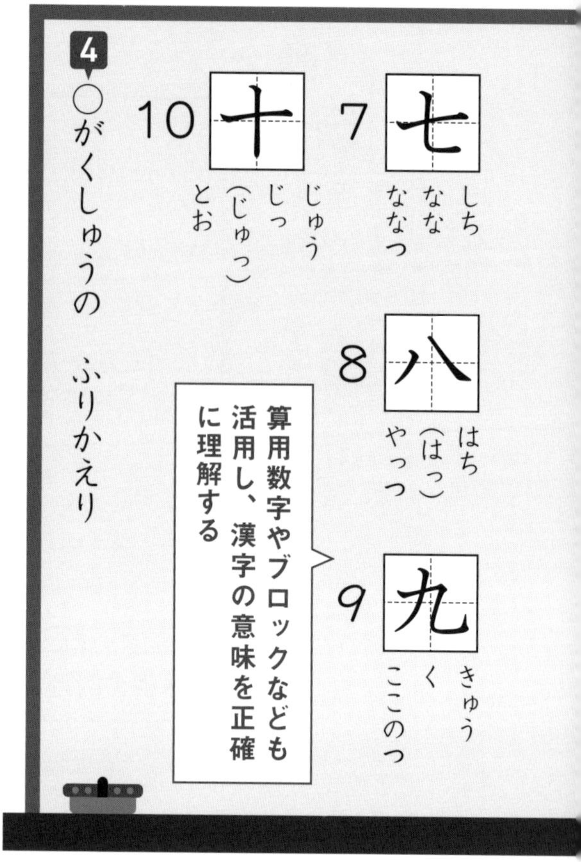

7 七 しち なな ななつ

8 八 はち（はっ） やっつ

9 九 きゅう く ここのつ

10 十 じゅう じっ（じゅっ） とお

算用数字やブロックなども活用し、漢字の意味を正確に理解する

4 ○がくしゅうの　ふりかえり

授業の流れ ▷▷▷

1 「こぶたの数え歌」を音読する 〈5分〉

○「こぶたの数え歌」やその替え歌などを音読し、前時の学習を振り返るとともに、漢数字の存在に気付かせる。
T　（音読後）何が増えていましたか。
・こぶたの数が増えていました。
T　数はどのように書かれていましたか。
・漢字で書かれていました。
T　そうですね。それでは今日は、数を表す漢字を書いたり読んだりする学習をしていきましょう。

2 字形や書き順を確認しながら、漢数字を書く 〈20分〉

○ノートに漢数字を一から順に書いていく。
T　それではまず、数の漢字をノートに練習しましょう。漢字の形や書き順、鉛筆の持ち方にも気を付けましょう。
○まずマス黒板に教師が見本を書く。書き順が分かるデジタル教材を活用してもよい。空書き→ノートに指で書く→鉛筆で書く、の順で行う。机間指導をしながら書けたときに丸を書いていく。
○漢数字の下に算用数字やブロックなども提示し、大きさを具体物でも理解させる。
T　どんなところに気を付けると、漢字を丁寧に書けますか。
・ゆっくり書きました。
・どのマスに書くか、気を付けました。

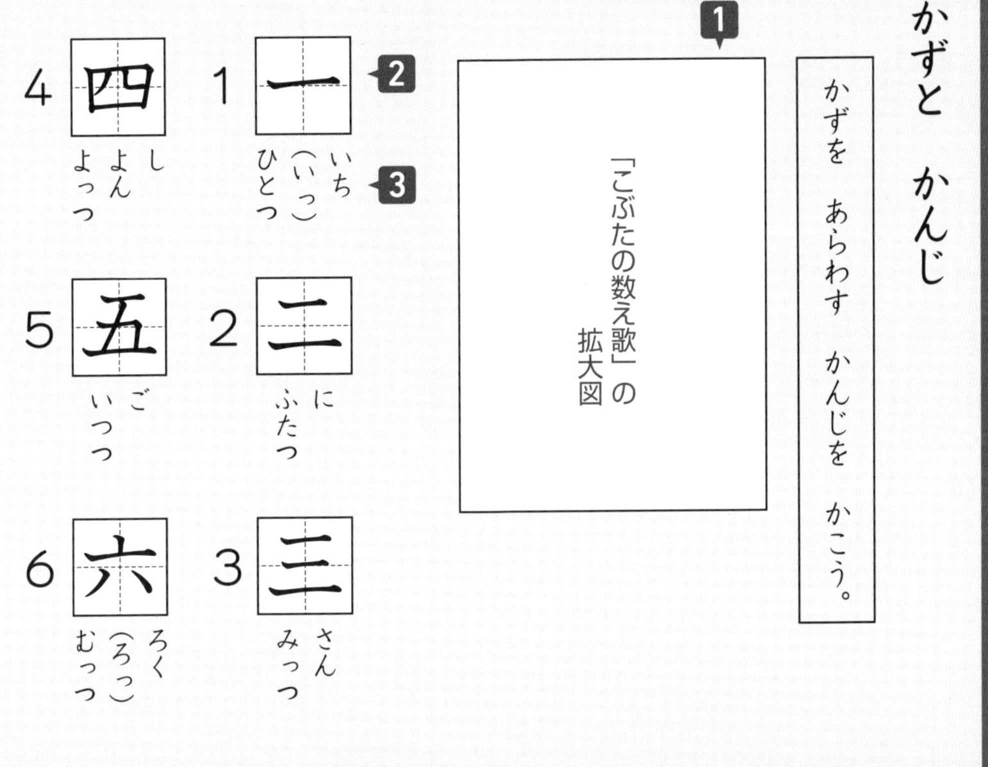

3 漢数字の読み方を確認し、本時の学習を振り返る〈20分〉

T　漢字にはいくつかの読み方があるものもあります。違いに気を付けながら読みましょう。

○2つ以上の読み方がある漢数字について、どんなときにそれぞれの読み方をするのかを確認する。そのことが第3時の助数詞の学習にもつながる。

○読み方に気を付けながら、「こぶたの数え歌」を音読する。書いた漢字に赤線を引くと、より本時の学習の意識付けができる。

T　今日の学習を振り返りましょう。

・書き方も覚えて、漢字に詳しくなりました。

・他の漢字も書いてみたくなりました。

・読み方を間違えそうなので気を付けたいです。

ICT 等活用アイデア

音読動画を評価に活用

家庭学習で「数え歌」の音読をする際、保護者にも協力してもらい、ICT端末を活用して動画の撮影をし、学習支援ソフトの提出機能を活用して提出させるようにする。提出された動画を確認することで、一人一人が漢数字を正しく読むことができているのかを把握し、個別の指導に生かすことができる。

自作の「数え歌」を音読した動画を子供同士で見合うことができるように設定しておくと、新たな助数詞との出合いも期待できる。

本時案

かずと　かんじ

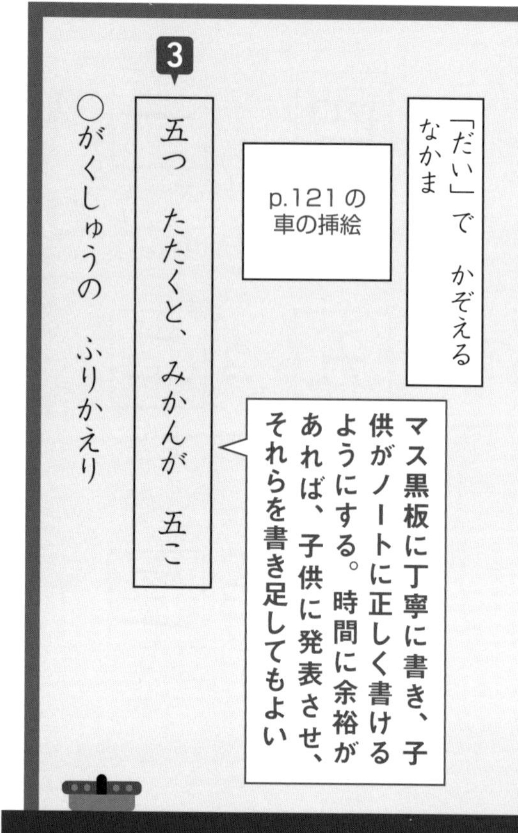

本時の目標

・様々なものの助数詞について理解し、正しく数を数えることができる。

本時の主な評価

❷漢字や助数詞を正しく理解し、語と語との続き方に注意しながら、まとまりのある文を書いている。【思・判・表】

資料等の準備

・「こぶたの数え歌」の拡大図
・身の回りのもののイラスト
・教科書の挿絵

授業の流れ ▷▷▷

1 助数詞について理解する〈10分〉

○はじめに「こぶたの数え歌」を読んだ後、漢字に付いている助数詞に注目させる。

T　前回は、数を表す漢字を書きました。今日は数の後ろに付く言葉の学習をします。例えば「こぶた」ならどうですか。

・一「ぴき」と言います。

T　お皿だったらどうですか。

・一「まい」です。

・数えるものによって後ろに付く言葉が違います。

T　そうですね。他にはどんな言葉があるかも学習していきましょう。

2 様々なものの助数詞を確認する〈15分〉

○教科書にある「おりがみ」「りんご」「えんぴつ」「にんじん」「ほん」「くるま」「おにぎり」の助数詞を確認し、数え歌を読む。

T　いろんなものが教科書に書かれていますね。一つ一つ、数え歌を読んでみましょう。まず「折り紙」はどう数えますか。

・「一まい」と数えます。

T　それでは折り紙の数え歌を読みましょう。

○代表の子供が１人発表し、その後に他の子供が続く形で行うと、より意欲的に取り組める。

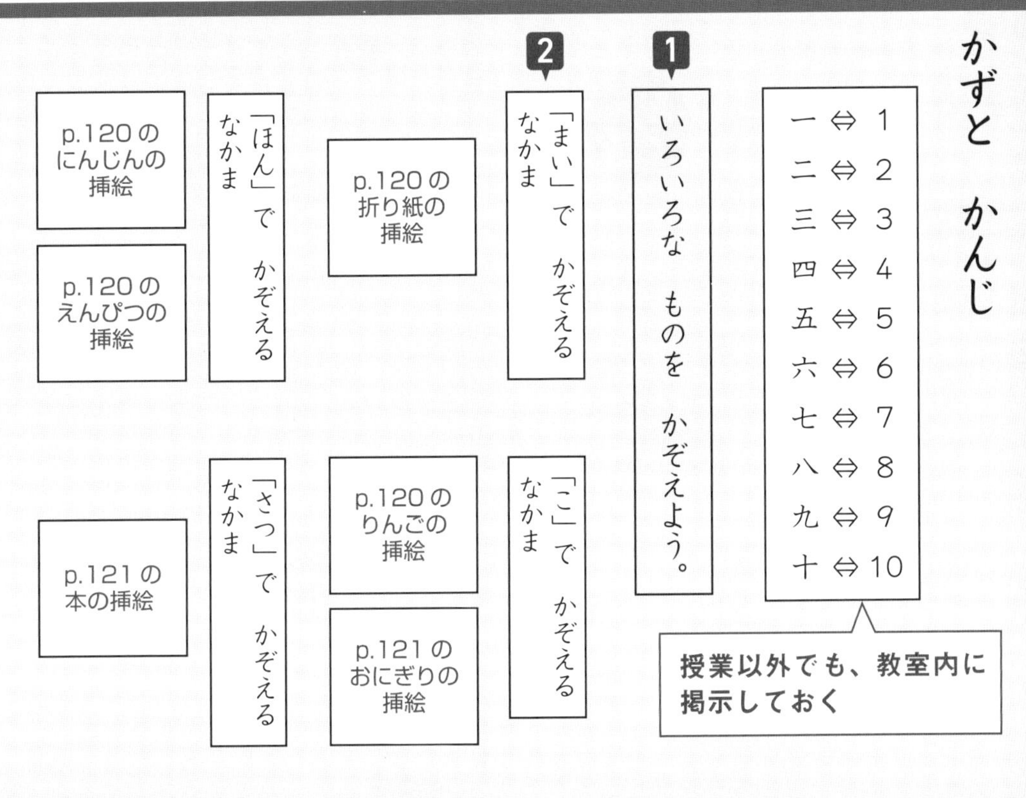

3 身の回りから助数詞で数えるものを想起し、数え歌を書く〈20分〉

T　身の回りには数を数えられるものが他にもありそうですね。

・コップは「一つ」です。

・友達は「三にん」と数えます。

T　自分が好きなもので、数え歌を考え、ノートに書きましょう。

○p.120，121の挿絵から好きなものを選んで数え歌を考え、ノートに書く。

○書いたものは小グループや全体で共有し、読み合うことで、より助数詞への理解を広げることができる。

よりよい授業へのステップアップ

助数詞を日常的に意識する

・数の数え方カード

数の数え方カードを教室内に置いておき、生活の中で見付けた助数詞を書かせ、自由に提出できるようにする。カードが提出されたら、授業の中で紹介し、助数詞への理解を深める。

・フラッシュカード

イラストのカードを提示しながら「一つたたくと、車が一（　）、二つたたくと、りんごが二（　）…」など、様々な助数詞を確認する。

本時案

かずと　かんじ

本時の目標

・これまで学習した漢数字や助数詞を使って、数え歌を書くことができる。

本時の主な評価

❸漢数字や助数詞を正しく使って、数え歌を進んで考え、書こうとしている。【態度】

資料等の準備

・「こぶたの数え歌」の拡大図
・これまで学習した漢数字の一覧
・これまで出てきた助数詞の一覧
・数え歌の教師見本

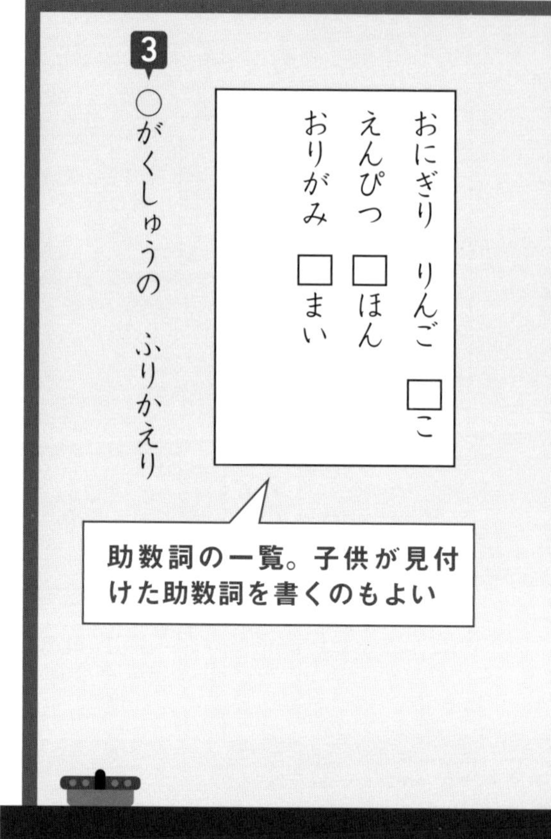

授業の流れ ▷▷▷

1 これまでの学習を振り返る 〈5分〉

○前時までに学習した漢数字を確認したり、「こぶたの数え歌」を読んだりして、これまでの学習を振り返る。

T　前の時間までに、どんなことを学習しましたか。
・「こぶたの数え歌」を読みました。
・数を表す漢字を書きました。
・漢字の読み方が、数えるものによって変わることが分かりました。

T　「こぶたの数え歌」をもう一度皆で読みましょう。

○漢数字と助数詞のところを教師が指し示し、意識させる。

○助数詞について、こぶた以外のものも掲示物などで確認する。

2 漢数字の書き方や助数詞に気を付けて、数え歌を作る 〈25分〉

○本時の活動内容を確認した後、漢数字の書き方について、空書きで確認する。

T　今日は、自分だけの数え歌を作ります。教科書に載っているものや自分で見付けたものを使って、数え方に注意しながら作りましょう。

○数えるものと漢数字、助数詞の部分を空欄にしたワークシートを作成し、一から十までの漢数字、助数詞を考え書けるようにする。はじめに作品見本を提示する。

○教科書以外に考えられるもの
ノート→○さつ　　消しゴム→○こ
くつ→○そく　　馬→○とう

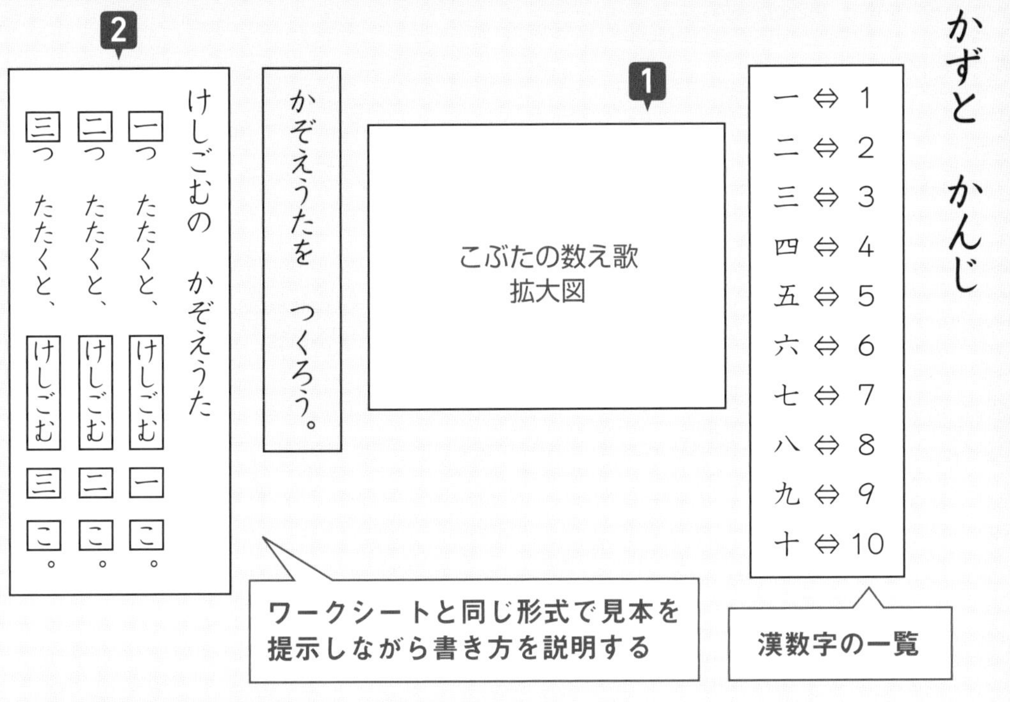

3 作った数え歌を声に出して読む〈15分〉

T　みなさん、書けましたね。まずは近くの人と読み合って、感想も言いましょう。

・とてもおもしろいです。

・思い付かなかったことが書いてありました。

・なるほどな、と思いました。

〇教師も自作の数え歌をもって、子供と関わるようにする。

T　それでは、皆の前で発表してもらいます。

〇自薦と他薦、両方行うとよい。

T　数の漢字やものの数え方を学習しました。生活の中でも使うことができそうですね。

〇学習の成果をこれからの生活につなげることを意識できるようにする。

よりよい授業へのステップアップ

数え歌の共有

・相談コーナー

教室の一角に相談コーナーを設け、完成した作品を読み合ったり、困ったときに相談したりできるようにする。早く作品が完成した子がミニ先生となり、困っている子にアドバイスするようにするのもよい。

・教室内での掲示

本時のワークシートを教室内に掲示したり、新たに数え歌を作った子供がいたら、その作品も紹介したりして、教室内で共有する場面を多くつくる。

監修者・編著者・執筆者紹介

＊所属は令和５年11月現在。

[監修者]

中村　和弘（なかむら　かずひろ）	東京学芸大学 教授

[編著者]

岡﨑　智子（おかざき　ともこ）	東京都練馬区立向山小学校主任教諭
山下　美香（やました　みか）	東京学芸大学附属大泉小学校教諭

[執筆者]　＊執筆順。

中村　和弘	（前出）	●まえがき　●「主体的・対話的で深い学び」を目指す授業づくりのポイント　●「言葉による見方・考え方」を働かせる授業づくりのポイント　●学習評価のポイント　●板書づくりのポイント　● ICT 端末等活用のポイント
岡﨑　智子	（前出）	●はるが　きた　●としょかんへ　いこう　●こんなことが　あったよ　●としょかんと　なかよし　●やくそく
福田　淳佑	（文教大学付属小学校教諭）	●第１学年の指導内容と身に付けたい国語力　●さあはじめよう
赤堀　貴彦	（東京都大田区立都南小学校主幹教諭）	●こえに　だして　よもう「あさの　おひさま」　●ぶんを　つくろう　●かずと　かんじ
伊藤あゆ美	（東京都板橋区立板橋第十小学校主任教諭）	●よく　きいて、はなそう　●ことばを　さがそう　●みんなに　しらせよう　●ことばを　みつけよう
迎　有果	（東京都中央区立佃島小学校主任教諭）	●はなの　みち　●こえを　あわせて　よもう
笠原慎太郎	（東京都目黒区立原町小学校主幹教諭）	●かきと　かぎ　●ねこと　ねっこ　●おもちやと　おもちゃ
菊池　桂子	（東京都新宿区立富久小学校教諭）	●わけを　はなそう　●おばさんと　おばあさん　●かたかなを　みつけよう
浦田　佳奈	（東京都練馬区立光が丘夏の雲小学校教諭）	●あいうえおで　あそぼう　●うみの　かくれんぼ
池上　優子	（東京都世田谷区立松沢小学校指導教諭）	●つぼみ
山下　美香	（前出）	●おおきく　なった　●おおきな　かぶ　●すきな　こと、なあに
小黒　靖子	（東京都葛飾区立道上小学校主任教諭）	●ⓗⓞⓗを　つかおう　●おむすび　ころりん

『板書で見る全単元の授業のすべて 国語 小学校1年上〜令和6年版教科書対応〜』付録資料について

本書の付録資料は、東洋館出版社ホームページ内にある「マイページ」からダウンロードすることができます。なお、本書のデータを入手する際には、会員登録および下記に記載しているユーザー名とパスワードが必要になります。入手の方法は以下の手順になります。

【東洋館出版社 HP】

URL https://www.toyokan.co.jp　東洋館出版社 検索

❶東洋館出版社オンラインのトップページにある「丸いアイコン」をクリック。

❷会員の方はメールアドレスとパスワードを入力しログイン、未登録の方は「アカウント作成」から新規会員登録後ログイン。

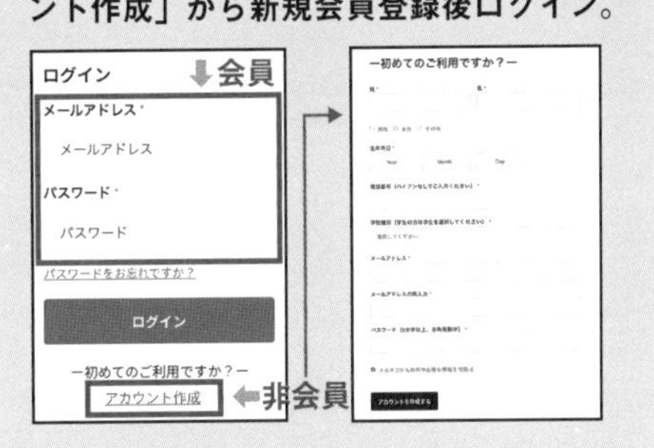

❸マイアカウントページにある「ダウンロードコンテンツ」をクリック。

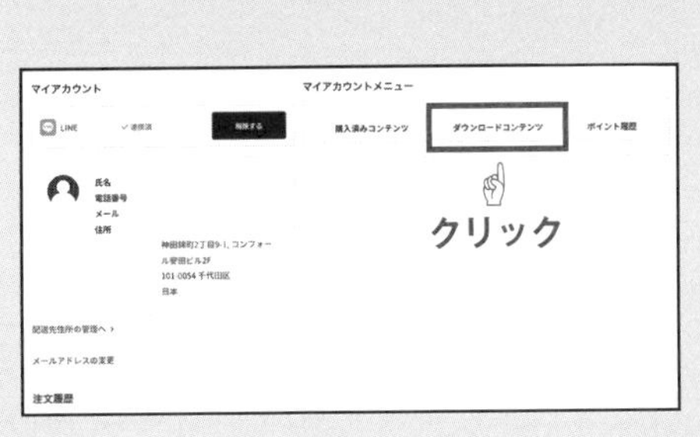

❹対象の書籍をクリック。下記のユーザー名、パスワードを入力。

ユーザー名：shokoku_1j
パスワード：NC4t2x8R

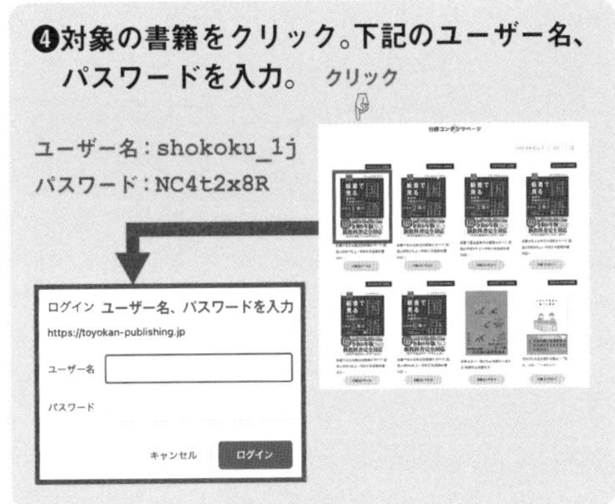

【使用上の注意点および著作権について】

- リンク先にはパソコンからアクセスしてください。スマートフォンではファイルが開けないおそれがあります。
- PDFファイルを開くためには、Adobe Readerなどのビューアーがインストールされている必要があります。
- 収録されているファイルは、著作権法によって守られています。
- 著作権法での例外規定を除き、無断で複製することは法律で禁じられています。
- 収録されているファイルは、営利目的であるか否かにかかわらず、第三者への譲渡、貸与、販売、頒布、インターネット上での公開等を禁じます。
- ただし、購入者が学校での授業において、必要枚数を生徒に配付する場合は、この限りではありません。ご使用の際、クレジットの表示や個別の使用許諾申請、使用料のお支払い等の必要はありません。

【免責事項・お問い合わせについて】

- ファイル使用で生じた損害、障害、被害、その他いかなる事態についても弊社は一切の責任を負いかねます。
- お問い合わせは、次のメールアドレスでのみ受け付けます。tyk@toyokan.co.jp
- パソコンやアプリケーションソフトの操作方法については、各製造元にお問い合わせください。

カスタマーレビュー募集

本書をお読みになった感想を下記サイトにお寄せ下さい。レビューいただいた方には特典がございます。

https://toyokan.co.jp/products/5394

板書で見る全単元の授業のすべて
国語 小学校1年上
〜令和6年版教科書対応〜

2024(令和6)年4月1日　初版第1刷発行

監 修 者：中村　和弘
編 著 者：岡﨑　智子・山下　美香
発 行 者：錦織　圭之介
発 行 所：株式会社東洋館出版社
〒101-0054　東京都千代田区神田錦町2丁目9番1号
コンフォール安田ビル2階
代　　表　電話 03-6778-4343　FAX 03-5281-8091
営 集 部　電話 03-6778-7278　FAX 03-5281-8092
振　　替　00180-7-96823
U　R　L　https://www.toyokan.co.jp

印刷・製本：藤原印刷株式会社

装丁デザイン：小口翔平＋村上佑佳（tobufune）
本文デザイン：藤原印刷株式会社
画像提供：PIXTA
イラスト：株式会社オセロ

ISBN978-4-491-05394-3　　Printed in Japan